Tâi-oân

台湾学術文化研究叢書

グローバリゼーションに向き合う女性と男性

「外国人嫁」の台湾

夏暁鵑［著］　前野清太朗［訳］

東方書店

本書は蔣経国国際学術交流基金会の助成を受けて刊行された。

◉「台湾学術文化研究叢書」刊行の辞

王徳威

「台湾学術文化研究叢書」は日本、台湾、アメリカの学者の共同作業によって産み出された出版プロジェクトである。このプロジェクトは、古典から現代にいたる広義での漢学研究（Chinese Studies）における成果を、幅広く日本の読者に紹介し、関心を持っていただくための試みである。取り扱う領域は文学、歴史、社会、そして思想の各分野にわたる。この種の出版物は過去にも存在したであろうが、この叢書には、三つの大きな特徴がある。

第一に、これは広義での漢学研究の紹介にとどまらず、「研究者」こそが研究課題について思考し、構築し、再考する際の重要なファクターであることを強調したものである。この叢書の執筆者たちは現在、台湾、香港、北米といった各地に散らばっているが、彼らはいずれも台湾で大学教育を終え、海外に留学したか、台湾国内で研究を続けた経験を持っている。このため、彼らは方法論についての訓練、歴史的な視点、そして自地域の人文に対する関心について、他地域で大学教育を受けた者とは異なる特色を持っている。

第二に、この叢書では「孔子と儒教」、「明代の都市生活」といった伝統的な漢学研究のテーマにとどまらず、最近の新しい課題についても取り扱っている。例えば、「中国の山水画と東アジアの絵画との影響関係」、「清末小説の研究」などである。これは、私たちが漢学研究とは前人の成果を受け継ぎ未来を拓くものであり、また日々進化するものだと考えているためである。

第三に、もっとも重要なのは、私たちが「人」と「研究」が交わる場として現代台湾を位置づけていることにある。そのためこの叢書では、台湾を座標に据えた研究成果に中心を置きつつ、台湾から東アジア、更には東南アジアへとその視野を広げている。台湾のエスニックグループと世代別の変化から、満洲国での台湾人の境遇、さらには台湾が直面するグローバル化の試練に至るまで、それぞれはみな台湾の人文という要素が加わったからこそ、漢学研究の発展に独特で多元的な活力がもたらされたことを明確に示している。

伝統的な漢学研究は中国文明の精粋の表れであり、それ自体、代々受け継いでいく強固な価値を有し、「原道（あるべき道）」「宗経（宗とすべき経典）」といった神聖なる暗示をも含んでいる。しかしながら、中国はもはや不変の存在ではなく、中国に関する研究も時代とともに変化すべきである。本叢書の執筆者たちにとって、漢学研究は単なる「人が云うから我も云う」式の伝承ではない。中国の歴史文明が悠久に続いてきたのは、その豊穣なテクストとコンテクストが常に議論、解釈、批判の焦点となることで、脈々と続く対話と再考を生み出しているためである。

台湾の学術研究の過去数十年の飛躍的な進歩は、伝統との別れをその出発点としているが、依然としてその影響が続いていることも承知している。本叢書の執筆者たちは、こうした枠組みと状況を自覚しつつ、新たな見解を打ち出そうと試みている。各巻は、古典から現代まで、中国から台湾といった議論だけでなく人文上のカノンの転換、文化という場の変遷、政治的信念や道徳的信条および美学上の技法の取捨に至るまで考察を行っている。そして最も重要なのは、認識論的に、知識と権力、真理と虚構に対して思考と議論を続けていることである。

「台湾学術文化研究叢書」の構想、立案、そして訳書の選定は四人の編集委員（王徳威、黄進興、洪郁如、黄英哲）の議論を通じて行われた。この叢書の出版に関わっている専門家や学者はいずれも台湾の学術界で大きな業績を有している。彼らはそれぞれのテーマについて、新たな解釈を提起しており、彼ら自身のそうした研究態度と方法こそ、多年に及ぶ台湾の人文教育の成果を端的に示すものだといえる。最後に、この出版を引き受けてくださった東方書店に御礼申し上げる。

◉ 日本語版序文

二〇一七年末、日本語版序文を書いていた私は、北海道大学での訪問講義を機に札幌の移民サービスセンターを訪れてみた。雪の舞い散る日ではあったが、古めかしい建物には存外な暖かさが満ちていた。初対面の友人たちは各国料理を楽しみながらフィリピン・ロシアなどの国々から北海道へ嫁いできた女性の現状を丁寧に教えてくれた。私のほうも彼女たちへ自身関わってきた「南洋台湾姉妹会」とAMMORE（Alliance of Marriage Migrants Organization for Rights and Empowerment）が台湾内および国際的なレベルで結婚移民の権利向上とエンパワーメント[1]について行ってきた成果を披露した。この日でもう本書の中国語版を出版して一五年、私が「外国人嫁」についてのアクションリサーチをはじめてから二三年になるのだ。

一九九五年、私は台湾の——高雄は美濃鎮の農村で「外国人嫁識字教室」を立ち上げた。そのころ心に期していたのは、中国語学習を通し結婚で台湾に移民してきた東南アジア人女性へ相互扶助のネットワークをつくり、自己のために声を発する団体を立ち上げていってほしいということであった。この二〇年間、私と結婚移民・台湾人ボランティアはかつて汚名と差別の裡にあった「外国人嫁[1]」が苦難をはねのけ声をあげていくのを目にしてきた。二〇〇三年には結婚移民の女性によるはじめての自主的・全国的組織が立ち上げられた。これは台湾の人びとが彼女たちに対して持っていたステレオタイプを覆したのみか、移民の権益に関する法改正を行い、台湾から国際的に各地の結婚移民と権利向上活動家たちを結び付けていった。二〇一七年に結婚移民のための国際的連合組織AMMOREが立ち上げられたことは、結婚移民のテーマを国際移民／労働者運動の側へ認知させていくことにもなった。

私は一九九四年に「外国人嫁」現象の研究をはじめてよりこのかた、国際的な結婚移民は台湾特有の事例ではないと考えてきた。資本主義のグローバル化につれて〔「外国人嫁」現象は〕グローバルな現象へ変じていくであろうと考えてきたのだ。あのころの私は自分が不断の心血を注いで事にあたれるものと希望をもっていた。移民女性のエンパワーメントの術を探せる、仲間を集めて法改正の呼びかけができる、他国の友人たちと台湾の経験をシェアして、世界各国と国際組織から注目されるテーマとしていけるであろうと信じていた。若く理想あふれる当時の私ではあったが、はやる気持ちを抑え、自分にタイムテーブルはつくらないでおいた。ゆく道のりの険しさを承知していたからだ。私はくじけるたび自分を励まし、暗がりの先の光をひたすら求めてきた。幸いにして二〇年間のあいだ、私が自己の初心にそむくことはなかった。ともに歩む仲間は増えており、トンネルの先の光へと着実に近づいている。

本書日本語版の出版は結婚移民運動がいよいよ国際化する折になされた。今回の出版を推進してくれた出版社および台日両国の研究者と訳者へ感謝の念を表したい。彼らの努力によって日本語世界の友人たちへ私たちの二〇年来のエンパワーメントと権利向上の経験をシェアすることができる。いつの日か私たちがパートナーシップを発揮できる日が来ることを願っている。

【注】

（1）「外国人嫁」はメディア由来で一般化した名称である。第三世界の女性に対する差別に満ちた名称だ。ゆえにあえて括弧をつけてその背後にあるイデオロギーへの注意を促すものとする。

【訳注】

〔1〕社会的に脆弱な立場におかれている人びとに対して、彼／彼女たちが自律的に団結してゆくことのできる力（パワー）をもてるようになるために、第三者が側面から行う援助をいう。「主体形成」と意訳されることもある。

◉ 序

ジョー・R・フィーギン
（アメリカ社会学会前会長／フロリダ大学大学院教授）

一五世紀から一六世紀にかけて出現した資本主義世界システム（the capitalist world system）は世界のすべてを覆い尽くし、人類の関係性を永遠に変えてしまった。世紀をへて現在に至るこの世界システムの発展は、地球上のあらゆる地域が資本主義による投資・貿易・搾取のシステム内に取り込まれたことを意味する。人類の関係性もこれに伴って商品化した。外部への植民地主義と帝国主義がヨーロッパより拡大して地球の大部分をとりまき、社会・経済・政治の領域に新たなる分業と配置を創りだした。ヨーロッパ外部に住まう人びとに対し、この新たなる分業と配置は決定的にマイナスの影響をもたらした。外部への植民地主義は、要するに外部からの植民の力によって非ヨーロッパの経済と政治をコントロールすることであった。

一定期間、特定の地域は資本主義世界システムの外にあった。この数十年にあってさえ、なお外にありうる地域があった。少なくとも一部分、少なくとも僅かの間ではあったが。都市文明以外の区域に分散して存在する小グループ、あるいは無文字社会はかつて資本主義世界システムの外にあった。ソ連と社会主義中国も、多少なりとではあるが、かつてシステムの外で活動していた。だが最後には、無文字社会も旧ソ連・中国も資本主義世界システムの一部分に徹底して組み込まれてしまった。地球上に一つとしてシステムへ絡め取らるるを免れた区域はなかった。現在までの数十年の間に、世界の労働者、労働者の家庭、その他の社会機構の間に一種の三分岐（a tripartite division）が生まれてきている。世界の大部分の人びとが今や資本主義世界システムの中心・半周辺・周辺に属す国家へと組み込まれている。

資本主義世界システムについては多くの社会分析が批判的角度からなされており、システム内での労働と生産から生じる人類間の関係性へ目が向けられてきた。だが資本主義世界システムがもつ別の重要な側面に対しては十分な注目がなされてこなかった。その一つが、人びとが世界システム内のある地理的な領域から別の領域へ移動する、ないしは移動させられるあり方についてである。投資者や財団は中心にある資本主義国家から周辺の国家へ移動してきた。これによって中心にある国家の労働機会が奪われてしまった。近年では同様の状況が半周辺の国家でも見られるようになっている。同じように、製造業や国外資本は、通常、周辺国家において新たな低賃金の労働を作り出す。他にも周辺の国家にあっては産業資本主義が伝統的な農業地帯の中へ各種の国際貿易協定とともに侵入する。資本主義世界システムは農村がつくっていた在来の農業経済を破壊に追い込み、自身と自身の家族を維持できない労働者を大量に生み出すのだ。これが意味するのは大規模な流動化である。低技術水準の労働者はいたるところで就業機会を探し求める。多数の家族とそれらのコミュニティは分解していく。

資本主義世界システムは常に新しい移動と流動を生み出す。人びとがシステム内とシステムの構成国家内で行う移動の頻度はそれまでの頻度の遠く及ばぬほどのものである。この種の移動が労働者のみでなく労働者の家族、および（それまで労働者の）家族を構成していた人びとの移動をも含むことは意義深い。歴史的にみて、同種の移動はヨーロッパの帝国主義―植民地システムの一側面であった。すなわち女性が配偶者として相対的に低発展の国家から発展した西側の工業国家に移動していった。たとえば第二次世界大戦の退役軍人に嫁いだ日本人女性、朝鮮戦争時のアメリカ兵に嫁いだ韓国人女性、インドシナ戦争時のフランス兵やアメリカ兵に嫁いだヴェトナム人女性がそれに含まれよう。これら移民ブームが主としてアジアの国家から中心にある欧米の工業国家へ向かうものであったことには着目がなされてよい。

しかしながら本書において、読者のわれわれは異なる類型の国際移民を見てとることになろう。本書で移動するのは、資本主義世界システムの半周辺地区たる台湾の独身男性である。彼らは周辺地区たる東南アジア諸国に赴き配偶者を探すのだ。彼らの探し当てた女性は、配偶者となって相対的に低発展の国家――とりわけインドネシア、ヴェトナム、フィリピン――から相対的に発展した半周辺の国家へと移動する。本書の踏み込んだ分析は十年近くにわたって継続的になされた研究成果が反映されている。夏暁鵑博士は本研究において台湾の男性と、インドネシアその他の東南アジア諸国の女性との間で発達した商品化された国際結婚へ取り組んでいる。この先駆的なリサーチにおいて彼女は数多くの研究資料と調査方法を斬新に用いた。新郎・新婦と結婚仲介人にたいするインタビューに加え、公的な報告書・メディア報道を用い、さらには自身での参与観察[1]をも行った。階級・ジェンダー・エスニシティ[2]が構築され変容して、まさに国境を越えようとする時代に際して、夏暁鵑の著述は相互に関連したテーマを解きほぐしてくれる。

毎年、何千という東南アジア女性が故郷を離れ台湾へ嫁ぎ、定住をする。夏暁鵑は国境をまたいだ関係性にあって経験された現実、関連したやり取り、個人の受けた衝撃について描き出すに留まっていない。彼女はわれわれが現代の資本主義世界システムを理解する上での確固たる理論的基礎を与えてくれる。事例の国際結婚には個人とシステム間の複雑な配置が関わっている。この配置関係には、それぞれのカップル、結婚仲介人、および送出国と受入国の移民・婚姻業務を管轄する官僚機構が組み込まれている。

夏暁鵑の収集資料は移民に対する伝統的なイメージに挑戦している。〔伝統的な研究は〕家父長制とジェンダーの問題にのみ着目し、ジェンダーないしエスニシティの問題を世界システムの階層的な広い文脈において考慮しない。だが、移動は当事者と当事者の家族の生活を改変するのみならず、本来ならば変化しない官僚機構ほかの社会機構をも再構成していく。本書では「ブライド・トレード」（bride trade）、「メールオーダー・ブライド」（mail-order bride）に関する既存文献が鋭く分析されている。夏暁鵑が提起した問題は多数の研究者が軽視してきた問題であり、西洋的伝統を受け継いだフェミニズム研究の問題であった。西洋由来のフェミニズムの、ブライド・トレードに対する批判において通常問題化されるのは家父長制的な男性であった。農村部とブルーカラーの男性はしばしば性差別的な偏見をもち、家父長制的で、あるいは「現代的な」婚姻の何たるかを知らないとされた。だがこのような分析には分析者の階級的な偏見が多分に反映されている。非中産階級の男性は家父長的なメンタリティを露骨にもつと分析してしまう。夏暁鵑が指摘するのは、男性たちが直面する階級的な抑圧を軽視している研究があまりに多いということである。彼女は商品化された国際結婚が資本主義世界システムの文脈に組み込まれているととらえる。ゆえに関わる男性たちは孤立した存在とはいえず、特段に性差別的で家父長制的な世界観をもつ悪人であるわけでもない。彼らはゲームのなかの一部分にいるにすぎない。ゲームはさまざまな階級が組み合わさって成立しており、その進行を実際にコントロールするのは男性の家族、結婚仲介人、国家の行政組織である。一方彼ら自身は国際的な階級ゲームのなかの駒の一つであって、彼ら自身が当事者として自らの目標と希望をもっている。

夏暁鵑の立場ははっきりしている。すなわち彼ら当事者個々人は資本主義世界システムの文脈に置いてとらえられなければならない。一九八〇年代に台湾は世界システムの周辺地域の地位から脱して半周辺地域となり、中心に位置する国家の一群に近づきつつある。世界システム内部の新たな地位を得て台湾も周辺国家の労働者と労働者家庭に対する搾取へ入り込んでいった。周辺国家では大量の貧困がつくられている。台湾ではそうした大規模な貧困は存在しないが、零細農家とブルーカラーは——富める同胞たちに比べて——相対的に搾取される立場にある。非熟練労働者は多分に景気の影響を被るが、それは周辺国家と半周辺国家のいずれにおいても同様である。夏暁鵑の理論枠組みでは、資本は相対的に低発展の国家——たとえばインドネシア——に投資され、しばしば経済破綻を引き起こして貧困層を移住労働者（migrant worker）に変える。インドネシアやヴェトナムといった相対的に低発展の国家では独身女性が多分に台湾のような相対的に発展した国家へ嫁ぐことを考えなければならない。結婚移民（marriage immigration）は、相対的に発展した国家たる台湾の経済へ、新たな低賃金の労働力を提供した。家事・出産・子育てに無償の労働力を提供しもした。政府が徴収するビザ手続費と旅行手続費を通じて送出国へ一定の収入をもたらしてもいる。一方、台湾には大量の不完全就業あるいは低賃金の労働者がおり、彼らは努力して配偶者を得ようとする。彼らが身を置く家父長制的な環境では男性の地位は女性の地位よりも高くなくてはならない。ゆえに夏暁鵑が強調するように、「外国人嫁」交易にあっては二つの国家において周辺化された男女が結びつくのだ。資本主義世界システムは国際的なブライド・トレードに対しても新たな影響力を発揮する。

行政とメディアの「外国人嫁」への報道に現れた表向きの修辞（public rhetoric）に対し、夏暁鵑は鋭い分析をしてみせる。女性たちは常に「劣った」、教育のない、異国の「他者」として台湾人の社会を害しているかのように描かれる。さりながら現実には女性たちこそ害されているのであり、彼女たちは自身が属す新社会へ大量の労働力を安価に提供している。さらに女性たちと夫たちは、抑圧され、マイナスの価値付けの社会的構築を被りながら、それぞれの自己と家族のアイデンティティをつくっていかなければならない。

幸いにして夏暁鵑は抽象的な分析家ではなく、大学のオフィスで細々と著作をものす浮世離れた研究者でもなかった。研究とともに夏暁鵑は社会参加につとめている。彼女は「外国人嫁」に関わる著述へ行動実践の要素を付け加えた。「外国人嫁」へのインタビューへ取り組んだ数年間に、行動者としての使命感から中国語の学習補助を通して「外国人嫁」たちの境遇改善に向けた努力をはじめた。台湾へ戻り職を得たのちは、いっそう積極的に「外国人嫁」の中国語学習グループ創設へ動いた。以上のように、夏暁鵑博士は批判社会学の理解に多大な貢献をなしたのみならず、この世界を周辺化された男性と女性に生きよい世界へ向かわせようと取り組んでいる。夏暁鵑はこの世界をわれわれ全ての人びとにとって生きよい世界へ向かわせているのだ。

二〇〇二年二月三日

〔中国語訳（鍾永豊訳）からの翻訳〕

【訳注】

〔1〕研究のための観察を行う研究者が観察の対象となる人びとの活動に自らも参加しながら記録していく手法をいう。参加を伴わない直接観察（direct observation）と対比される。民族学と都市社会学から発達してきた手法であり、しばしば数カ月から数年間にわたり対象となる人びととの生活を共にする形で観察を行う。

〔2〕ある人びとが自らを特定の民族集団《エスニック・グループ》に所属していると考えるとき、その集団への帰属意識をいう。肌や瞳の色などの身体的かつ「自然科学的な」特徴から区別できると考えられてきた人種（race）とは異なり、当事者自身のアイデンティティや他者との関係性によって決まる。

◉自序

はじめて「外国人嫁」現象について調べようとの衝動が浮かんでより、またたくまに十年近くとなる。ここ数年はインタビューや講演を通じて広く私が研究と実践を通じ会得した内容をシェアしてきた。さりながら、多年にわたる難産の書の出版にあたって、頭のなかがまっしろで、何をどう自序に書いたものか迷うとは思わなかった。

悩めるままに近刊の『台湾社会学季刊』「大いなる和解?」特集号を手にとってみた。そこにはちょうど私の文章もあって、編者の趙剛《ジャオガン》が編集言に記していた。私の論文「外国人嫁のメディアによる構築」は、その意義の根本にあってやはり「大いなる和解」へ取り組む問題に関わるのであると。まさに一言にして目が覚めるようであった……。

台北の眷村《ジュエンツン》〔1〕〔外省人居住区〕〔2〕での記憶。一人の元兵士が夕暮れ時になると、豆花〔トゥファ。豆腐の砂糖がけ〕を担いでやってくる。外省人居住区の子供たちは、彼のはっきりとした「トォー…ファァーィ…」の声を聴くと、すぐさま家に戻ってお椀と五銭のコインをつかんで跳んでいくのだ。豆花売りのおじさんのことを、私はしっかりと覚えている。私は子供たちのなかでも食べるのが一番遅かった。他の子たちがきれいさっぱり平らげて、売り子から満足気に離れてまた遊びだす頃になっても、私はまだ同じ所で頑張っているのだった。何度となく、おじさんは別の村へ売りに行こうと焦って、やむなく「暁鵑《シアオジュエン》、持って帰ってお食べ、お代は今度でいいから」というのだ。その後、国民党政府は外省人居住区の団地化推進を決めた。私たちの村は外省人居住区の中でも人口が一番少なかったから、自ずとテスト村に指定されて、外省人居住区の住民は次々引っ越していった。私たち家族も桃園の郷村地区へ引っ越した。改築の速度は遅く、家族はときおり元いた居住区に戻って、持っていけなかった荷物を整理した。あるとき私は兄と外省人居住区に戻って、多分に老け込んでしまった豆花売りのおじさんに出くわした。兄がおじさんに話しかけると、彼はぼそりといった。「カカァは男と逃げちまったァ……」。覚えている限り、おじさんの奥さんは原住民[3]〔台湾の少数民族出身者〕だった。そのころまだ幼かった私は、おじさんへの親しみゆえ、会ったこともないその原住民の女性に、故なき憎しみを抱いたものだった。「おじさんを捨てて別の人と出て行くなんて！」と。

「大いなる和解？」特集号で、南北朝鮮と台湾の元兵士が帰郷に際して流した涙を陳光興《チェングアンシン》が記すのを読みながら、私もつい涙を流してしまった。私の父は〔中国大陸と台湾との〕両岸交流が開放されてまもなく、単身、湖南省の故郷へ戻り、その後も何度か帰郷を繰り返した。だが、「あそこは辛い。お前たちには耐えられない」といって、ついぞ私たち妻子を伴うことはなかった。父の故郷にもはや彼の親族はいなかった。父母も兄弟も、一九五〇年代に相次いで死去していた。そこには兄弟の子どもたちが残るばかりであった。数度の帰郷で父は少なからぬ金銭を浪費して、台湾〔にのこる〕母は父の際限ない浪費へ黙っていられずに、家ではいつも父への愚痴をつぶやいていた。母の家計をやりくりする大変さは知っていたが、心中つねづね父親に同情していたものだ。十代前半で故郷を離れ、四十年後に戻る心境は痛ましいもので、あのお金はつまるところ、父の傷を癒すものであろうと考えていた。けれども、このことは父に話したことはなかったし、母にいったこともなかった。それというより、この類の問題と向き合うのを望まなかったのだ。あるいは陳光興が、ついぞ母の北京に置いてきた妹へ会いに行かなかったのと同じようなものであったかもしれない。

豆花売りのおじさんと出て行ってしまった原住民の奥さん、あるいは父と苗栗県《ミアオリー》の田舎出の母、彼らが一緒になったことは「大いなる時代の中の小さな物語」であった。その裡の怒り、果ては恨みといったものは、かくも正しくありながら、かつまた相容れぬゆえに、和解するすべなきにいたっている。「外国人嫁」と周りの人びとも同様である。ならば、私の「外国人嫁」研究も己が内なる和解を求めてゆえのものなのだろうか。

陳光興が記述する南北朝鮮、大陸・台湾間の数十年をへだてた再会の光景は私の記憶を刺激した。父と、あまりの金銭を大陸に費やす父をついぞ理解しなかった母と。幼いころ天秤を担いで日々外省人居住区へやってきた豆花売りの元兵士と、それから誰かと出て行ってしまった原住民の奥さんと。記憶する限り、家族が大陸の人間はいかに金好きか、外省人居住区の隣人が原住民の女はいかに信用ならないか話すのを聞いても、私はなんとも思わなかった。家族が互いに傷つけ合うような感覚は嫌いだった。後々、私は相手にしない、果ては蔑むような態度でこの種の（湧き上がる）感情へ向き合うようになった。しだいに母も私に愚痴をいうことはなくなっていった。帰省は形式的なものになり、「感情」は存在しなくなったかのようになって、蔑みによって生み出される距離は私に安心感をもたらした。もっともそれは敢えて触らぬ傷口で、取るに足るほどの傷でないにすぎなかった。つまりは私にとって深い感情を伴うからこそ、冷淡に包み隠さざるを得ない領域だったのだ。

もしかしたら、「外国人嫁」研究は私にとって己が内なる和解を求めてのものなのかもしれない。（自身の向きあう問題と）似通っていながら、それでいて適度に安全な距離を保つことができる。研究を通して私は幼い頃より探し求めていた問題の答えをみつけたのかもしれない。「どちらも良い人で、間違っていないのに、どうしてあんな深く傷つけ合うのだろうか」。人と人との間の残酷さや傷つけ合いは、あるいはより大きな歴史と構造のもとでとらえてこそ、深い理解へ達しうるのであり、彼我の「交わり」を見つめうるのではないのか。和解もかくして可能となるものであろう。

十年に及ぼうとする期間、数え切れない人びとがさまざまな形で私とこの本へ影響を与えてくれた。まこと感謝に堪えない。だがやはりなんといっても、「外国人嫁識字教室」の各国出身の姉妹たちが、彼女たちの勇敢さ・たくましさで私の人生に豊かさを与えてくれた。桂英《グイイン》、和香《ホーシアン》、梅英《メイイン》、秀桜《シウイン》、秀鳳《シウフォン》とすべてのボランティアの皆さん。

静如《ジンルー》、自淳《ズーチュン》、長青《チャンチン》、怡佩《イーペイ》、慧明《フイミン》、淑英《シューイン》、彩旻《ツァイミン》、瑞梅《ルイメイ》、玲華《リンホア》、秀妃《シウフェイ》と多くの美濃鎮《メイノン》の仲間たち。彼らのサポートゆえに私は孤独に陥ることもなく、「外国人嫁識字教室」もどんどん発展していった。

「美濃鎮」はかつての私にとって中学生の頃の連続ドラマ「星は心を知っている」のごく薄い印象しかなかった。中央研究院の徐正光《シュージョングアン》教授の導きが、私を美濃鎮へいざなった。あのころ秀梅《シウメイ》、永豊《ヨンフォン》、允斐《ユンフェイ》の三人は、美濃鎮への帰郷を決心した若者たちだった。彼らは根本的に私の世界観を組み替えてくれた。永豊はインドネシアの幾度かの調査のたびに私の助手をつとめてくれた。この数年間というもの、彼は理論面で、執筆面でアイデアを提供してくれたし、私が行き詰まったときには活力を与えてくれた。

アメリカ留学中、ジョー・フィーギン（Joe Feagin）とハーマン・ヴェラ（Hermán Vera）の両教授からは学問上の厳格さのみならず、研究者の社会実践に対する熱意と継続心を学んだ。彼らの励ましと助力がなければ、私はとうに研究の道を諦めていたであろう。フィーギン教授は本書の英文ゲラを読むと、忙しいなかこころよく序文執筆を引き受けてくれた。この十年間、私に与えてくれたサポートと同じように。友人たち（Amir Marvasti、Sylvia Ansay、Debi van Ausdale、James Bazán、Nikitah Imani）は私がアメリカ生活を理解する手助けをしてくれ、また苦しいなか救いの手を差し伸べてくれた。

留学中に私へ苦痛を与えた教師たちはとんでもない連中だったが、彼らの残酷な仕打ちから私は悟りをえた。単に知識的に関心をもっていたにすぎない人種差別やステレオタイプといったものは、私の骨身に刻まれたものとなった。自身の人生と「外国人嫁」たちの運命との間に、消えることなき類似性を見いだすことにもなった。当時は苦痛極まる経験だったが、新たな体験を与えてくれたことには、心中感謝している。

執筆中、成露茜《チョンルーシー》所長、信行《シンシン》、益人《イーレン》、志弘《ジーホン》、正慧《ジョンフィ》、嘉苓《ジアリン》、趙剛ほか本当に多くの友人たちの気遣いを受けた。おかげで私は怠け癖を免れることができた。審査委員からのアドバイスと、仕哲《シージョー》による細心の校正によって、本書は一層優れたものとなった。

最後に、この本を家族に捧げたい。幾十年ものあいだ、私の反骨を受け入れてくれたことへ感謝している。

【訳注】

〔1〕外省人居住区と訳した。狭義では国民党政権の台湾移転に従った軍人とその家族（眷属）のために整備された住宅区域（軍眷住宅）をいう。初期には接収された日本人住居が転用されることもあった。広義では教師・警察など外省人系の公務員のために整備された住宅区域を含み、通俗的には外省人系の移民が自ら形成した居住区域を指すこともある。二〇〇〇年代以降、住宅の老朽化に伴って団地への建て替えがすすむとともに、建築物保存が行われるようになった。

〔2〕一九四五年の日本敗戦後まもなく、中国国民党と中国共産党の間の内戦が勃発した。一九四九年に中国大陸での戦闘に破れた中国国民党は台湾へ逃れ、以後一九八〇年代末まで権威主義体制を維持した。一九四五年の日本敗戦以降、中国国民党に従って中国大陸から移住した人びとを「外省人」とよぶ。これに対して一九四五年以前から台湾に居住する漢人（漢民族）系の住民がいわゆる「本省人」（主として福佬《ホーロー》系と客家《ハッカ》系）である。ただし本書でいう「外国人嫁」などの形で一九九〇年代以降に台湾へ住むようになった中国大陸出身の人びとについては「外省人」に含むことは少なく、「大陸人」と呼ばれるか、後述（日本語版のための補章）の「新住民」に含まれることが多い。

〔3〕一七世紀以降の中国本土からの漢人入植以前に台湾に居住していた先住民族の総称。台湾原住民、原住民族とも呼称される。日本統治初期には「生番《せいばん》」と呼称され、のち「高砂族《たかさご》」と改称された。台湾が国民党に接収されると「高山族《ガオシャン》」「山地同胞《シャンディートンバオ》」と一括して呼称された。一九八〇年代から一九九〇年代にかけて先住民としての権利認定が進んでいる。現在政府の認定を受けているのは一六民族（アミ、タイヤル、パイワン、ブヌン、プユマ、ルカイ、ツォウ、サイシャット、ヤミ（タオ）、サオ、クヴァラン、タロコ、サキザヤ、セデック、サオロア、カナカナブ）。本書の背景となっている台湾のエスニック関係については本叢書の、王甫昌（松葉隼・洪郁如訳）二〇一四『族群　現代台湾のエスニック・イマジネーション』東方書店、も合わせて参照されたい。

目次

「台湾学術文化研究叢書」刊行の辞……i
日本語版序文……iii
序（ジョー・R・フィーギン）……vii
自序……xiii

第一章　イントロダクション――物語・伝記・学術・実践……1
ある光景……1
疑念……3
「さとり」とまなざしの転移……7
黄昏の鐘……10
リンゴの甘み――アメリカンドリームの種……12
「外国人嫁」――一つの鏡……15
夢から悪夢へ――自己への投影……19
客観性をこえたラディカル経験論へ……22
学術的トレーニングと記述の他者化……25
我が身をそこに置いて……28

私の立場……30

第二章　探索への道……39

研究のはじまり……39

データの収集……41

実践式研究を継続的運動の一部分に……49

主なフィールド——美濃……57

第三章　真実の社会的構築——公的理解の構築……67

自省……67

「真実」の社会的構築……69

公的理解の構築……71

台北経済貿易代表処のつくる「社会問題なるもの」……74

サービス対象の構築……80

第四章　真実の社会的構築——アイデンティティの構築……109

自省……109

結婚における当事者……111

社会問題の被害者……125

「台湾人夫」のアイデンティティ構築……138

「外国人嫁」のアイデンティティ形成……148

第五章　真実の社会的構築――マスメディアによる構築 163
自省 163
社会問題の原因 164
女性のイメージ 172
男性のイメージ 178
真実の社会的構築をめぐるパワーゲーム 183
真実の構築がもつ構造的性質 204
第六章　資本のグローバル化と商品化された国際結婚 211
自省 211
資本のグローバル化と「結婚移民」 215
台湾・東南アジア依存関係の形成 219
資本主義化のねじれ発展と「結婚移民」の発生 223
国際結婚が資本のグローバル化から受けるフィードバック 246
国際結婚――国際分業の個人的関係化とジェンダー関係化 249
小結 253
第七章　識字の教室、姉妹の教室 257
自省 257
「外国人嫁識字教室」の実践式研究プロセス 258
「外国人嫁識字教室」が教えてくれるのは 280

実践式研究からの社会研究……294
自己批判のすすめ……297
第八章　課題・情勢・展望……301
自省……301
結婚の「誠実なフィクション」……303
結婚——家族の事柄……308
個人主義のロマンス——解放か孤立か……315
「自己」と「他者」の構築……320
横断性——異／同の合一……327
反省は始まり　実践の道行きへ……330
日本語版のための補章……333
訳者あとがき（前野清太朗）……357
解説　台湾の結婚移民現象に関する夏暁鵑のポジション（横田祥子）……361
参考文献……375
索引……393

《関連地図》

台湾
台北市
苗栗県
澎湖島
美濃
高雄市

インド
中華人民共和国
沖縄
台湾
ミャンマー
ラオス
タイ
フィリピン
カンボジア
ホーチミン
(旧サイゴン)
ベトナム
パラオ
マレーシア
ブルネイ
シンカワン
シンガポール
カリマンタン島
(ボルネオ島)
バンカ島
ポンティアナック
ブリトゥン島
インドネシア
パプア
ニュー
ギニア
ジャカルタ
東ティモール

◉第一章　イントロダクション——物語・伝記・学術・実践

ある光景

一九九〇年代、ＧＡＴＴとＷＴＯが台湾の農業経済に与える影響は日増しに拡大しつつあった。労働集約型の工業は大量に外部へ移転し、若い農民・工業労働者は何千何万人と故郷を離れていった。仲人に伴われて農民と労働者たちは現代化された国際空港にやってきた。ボーイング社製の旅客機と壮観なターミナル、複雑な入関手続、そして無表情な出入国管理官がひとつの奇観を織りなし、彼らの控えめなまなざしをかき乱すのであった。彼らの抑圧された生活にあっては、これらの遭遇は正常な事態ではなかった。

異国情緒あふれるジャカルタ国際空港に着くと、つづけて台湾人男性たちは見なれない風景に惹きつけられた。インドネシアの入関職員はニコニコしながら袖の下を求め、タクシーの運転手は争って客を引こうとする。はっきり異なる言語、生活スタイル、汚れた道にさまざまな奇妙な交通手段……。幸い彼らのとまどいや焦りは現地ブローカーの丁寧なもてなしによって緩和される。彼ら台湾人男性が久しく期待していたお見合いがそれから始まるのである。お見合いにやってきた男性たちにとってみればこれが初めての出国経験なのであった。

同じころ、南太平洋の端でブローカーと仲人が荒れ果てた街路、あるいは地の果ての辺境を行き来して若い女性たちにお見合いへ参加するよう勧めていた。数十名の一六歳から三〇歳の若い女性が仲人の案内のもと次々と台湾人男性が泊まるホテルを訪れる。ここで意にかなう夫を探し当てることを期待してである。出会いの場で男性たちは急いて相手を探し求め、女性は恥ずかしげにしている。ブローカーたちは熱心に引き合わせを試みる。

数日後、見合いに成功した男女は婚約式をあげる。そしてインドネシアと台湾の両側で登記を行って法律上正式の夫婦となるのだ。婚約した男性は台湾に戻り、しばしば数カ月から一年の間待たされ、やっと駐インドネシア台北経済貿易代表処[1]との面談通知を受け取ることができる。[1]ビザの許可を得るためには彼のインドネシア人配偶者が面接に同行しなければならない。ビザの許可が得られて新婦はようやく台湾に向かうことができる。台湾の夫の家では台湾の習俗に合わせた結婚式が挙げられる。こうして彼らは形式上の「法的夫婦」から社会的に認められた「社会的夫婦」となるのである。

こうした国際結婚を結ぶ過程は、長く、高くつき、複雑でややもすれば一般農民・工業労働者家庭の貯蓄の大半をたちまち使いはたしてしまう。婚約に成功した男性はブローカーと仲人に対し概ね三〇万から五〇万元の新台湾ドルを支払う。[2]そのうち新婦の家庭が受け取るのは結納金の十分の一に過ぎない。しかしながらこの結納金も消費水準が比較的低いインドネシアの人びとにとって決して低い額ではない。概ね二年間の給与に相当するのだ。[3]

こうした現象は決して目新しいものではない。一九八〇年代の初期に少なからぬフィリピンの女性たちが台湾の農村に配偶者として現れた。メディアの社会面においてもしばしば彼女たちに関するニュースが取り上げられていた。一九八四年、政府は東南アジア人の女性が観光ビザで来台し人身売買に遭遇している状況へ鑑み、[4]東南アジアからの単身女性に対するビザ発給を禁止した。それ以来、東南アジア人女性を妻にしようと考える台湾人男性は必ず自ら南方に赴く必要が生じたのである。一九九〇年代初め、インドネシアは台湾人男性が東南アジアで嫁探しをする主目的地となった。毎年二〇〇〇名を超えるインドネシア人女性が故郷を離れて彼らが憧れる「宝の島」台湾にやってくる。インドネシア人女性が入国する速度を緩めようと駐インドネシア台北経済貿易代表処は審査速度を遅くし、それがビザ面接を待つインドネシア人女性をさらに焦らせることになった。現地ブローカーは我慢しかねて香港へ「赤い糸」を伸ばしていった。そして台湾人男性は次第にヴェトナム・カンボジアといった場所に「外国人嫁」[5]のアテを求めて向かうようになった。

すぐにホーチミンやプノンペンでもジャカルタ同様に随所で妻探しをする台湾人男性が見られるようになった。こうして台湾の農村地区と都市部、さらには原住民地区においても、思いがけず「ヴェトナム人嫁品質保証」「めざせクメール人嫁」といった広告を見かけるようになった。

疑念

台湾でいう「外国人嫁」は概ね東南アジアからやってきて、台湾籍の男性と結婚する女性である。メディア報道においては高等教育を受けておらず貧困層の家庭からやってきているとされる。その結婚対象となるのは台湾において妻をめとることができない男性であり、彼女たちの結婚は往々にして「売買婚」で台湾における社会問題の生産者だと簡略化して理解される（Hsia 1997; 夏暁鵑 2001）。

しかしながら「売買婚」という言葉は人びとの「外国人嫁」に対する偏見を強化するのみならず、この現象を説明ないし解釈するには十分ではない。台湾との間の国際結婚は全世界的な女性貿易の中の一部分として理解されなければならない。決して単一にして独特の現象ではないのである。アメリカにおいてはアジア・東欧・ロシアから輸入される女性たちがカタログ上に並べられメールを通じて買われるのを待っている（Lai 1992; Glodava and Onizuka 1994）。日本・オーストラリアおよび旧西ドイツにおいてはフィリピン人配偶者の入国が各方面での議論を呼んでいる（佐藤隆夫 1989; del Rosario 1994; Aguilar 1987; Cooke 1986）。婚姻関係における女性は跡継ぎを作るための道具として矮小化されて久しい。世界経済システムの中の周辺国家において輸出される女性の運命はみじめなものである。販売される商品となり、時には結婚を通して生存の問題を解決していかなければならない。台湾における「外国人嫁」現象はこの全世界的な状況のもとで検証されなければならない。

　これらの国際結婚はその他の留学・移民・労働などの要素によって形成される国際結婚とはかなり異なっている。それに関わっているのは異なる国・文化の男女双方とその家族のみならず、数多くの仲介業者を含んでおり、なおかつ両国間の経済貿易関係と深く関わっている。多種の国際結婚と区別するため、これら「外国人嫁」とメールオーダー・ブライドの現象を「商品化された国際結婚」と命名したい[6]。

「商品化された国際結婚」の歴史は長い。第二次大戦後、アメリカとヨーロッパの兵士が第三世界からかなりの数の女性を連れ帰ってきた。だがこれら重大かつ広きにわたる問題に関する学術的研究は多くない。国際結婚について記録する研究の多くは商業的結婚と非商業的結婚の間の区別について議論していない。メールオーダー・ブライドなどの新しいブライド・トレードの問題を無視しているか（Brewer 1982; Rhee 1988; Rho 1989; Rousselle 1993）、さもなくばその他の形態の国際結婚と混同してしまっている（Donato 1988）。

　メールオーダー・ブライドと台湾の「外国人嫁」現象の間の関係性は強い。メールオーダー・ブライドに関する研究は多く「社会問題」への指向性を持っている。なおかつメールオーダー・ブライド当事者に対する同情的態度のもとに彼女たちの個別の悲惨な運命について描いているのだが、往々にして「ヨーロッパ中心論」の罠に陥ってしまっている。すなわちメールオーダー・ブライド当事者たちを「珍奇《エキゾチック》な他者」（exotic others）として構築してしまっている。たとえば『メールオーダー・ブライド――売られる女性たち』（Mail-Order Brides: Women for Sale）は西洋の人びととのアジア人女性に対するステレオタイプを痛烈に批判している。「従属的で、男性の喜びを誘う優れもの」であると（Glodava and Onizuka 1994, p38）。だが奇妙なことに、彼らは自身も西洋側のステレオタイプにはまり込んでしまっていることに気がついていない。作者はアジア人女性を伝統的に隷属的な存在として捉えている。

彼女たちは不幸な婚姻関係を放棄することを望まず、また責任を負うことができない、夫が彼女たちの尊敬と愛を得るにふさわしいかどうかということに疑いを持っていない、というふうに考えている。専門のカウンセラーである作者はメールオーダー・ブライド当事者が専門的なセラピーを受けない現象に着目する。彼らはその原因を女性を権威に服従させることで婚姻の平穏を求めるアジア文化に求めている（Glodava and Onizuka 1994, p109）。こうした言説の背後にはアジア文化の被害者としてのアジア人女性のイメージが存在する。彼女らは伝統文化を放棄し、西洋的な個人主義を受け入れることで唯一解放されうるというのである。彼らにとっての東西文化の差異は「汎アジア的な文化面の価値観と生活哲学及びカウンセリング治療への啓発」という表に最も明確に現れている。この表は大きく「アジア・太平洋」と「西洋」の二つの対立した価値体系へ分けられている。「アジア・太平洋」の欄における価値観は、個人の抑圧・宿命論・役割と地位の厳格な規定・権威への服従、などが並べられている。一方、西洋の欄では、その特徴は独立的・個人による運命の把握・役割と地位の弾力性・権威への挑戦、とある。「アジア」と「西洋」の文化的対比によって、アジア人女性がアジア文化のもとで抑圧を受けていることを強調し、彼女たちとその文化を「劣った他者」（inferior other）とみなして、西洋個人主義文化によって救済される対象として構築しているのだ。

「ジェンダー」はこれらの研究の重要な焦点となっている。しかしながら研究者は往々にして国際結婚の当事者を社会の異分子としてみなしがちである。たとえば彼らは「伝統的な」ジェンダー差別文化を現代化のなかに残存した存在としてみなしている（佐藤隆夫 1989, Glodava and Onizuka 1994）。異国間の結婚における男性は父権の極致として理解される（del Rosario 1994）。ジェンダー差別は当然ながら商品化された国際結婚の中の重要なテーマである。しかしながら研究者は往々にして「外国人嫁」をめとる男性がいかにして父権の代理者となるかについて関心を抱くのみで、彼ら〔男性〕が身を置く社会の中においてしばしば周辺化されたグループであることは無視される。研究者たちはそれによって既存の階級差別を強化してしまう。すなわち高等教育を受けていない農民やブルーカラーの労働者のみがかくも父権的で、「現代的」婚姻がいかなるものか知らないとされるのだ（Cooke 1986）。

比較してみると以上の論点は商品化された国際結婚を「社会問題」として、さらには「個人の問題」としてまとめてしまうなど、マクロ分析への志向性を欠いている。またメールオーダー・ブライドに関する別の研究の流れでは構造的な力の作用に重点を置いている。すなわち先進国と低開発国の間の不平等な関係がメールオーダー・ブライド現象の主要な原因となっているとする研究である。たとえば『フィリピン政治経済構造下の女性』（Women in the Political Economy of the Philippines, 1987）の中でアギラール（Aguilar）は娼婦とメールオーダー・ブライドたちの間の並行的な対応関係について論じている。いわく、両者はいずれもアメリカ植民地主義の産物である。ある面ではフィリピンのアメリカ経済に対する依存が失業、インフレと普遍的飢餓をまねき、女性を娼婦やメールオーダー・ブライドの境遇へ追いやっていた。もう一面で、アメリカ文化の影響が強い植民地的状況の中で、太平洋を渡って背が高く肌が白い白人男性に嫁ぐことは、すでにロマンチックな幻想にまで昇華されてしまっている。

アギラールは政治経済的角度からフィリピン女性をアメリカ帝国主義の歴史的文脈のもとにおき、植民地主義が具体的にいかにしてジェンダーをゆがめてきたかを検証している。それは一部のフェミニストがもつ「ジェンダーのみ」の本質論的思考へ欠けていた部分を我々に気づかせてくれる。しかし同時に注意しなければならないのは、商品化された国際結婚とはアメリカとフィリピンの間だけに発生するものではないことである。ゆえに嫁たちの輸出国（たとえばフィリピン）と輸入国（たとえばアメリカ）の間の（失業のような）「プッシュ（圧力）」および（就業機会のような）「プル（吸引力）」だけではこれらのグローバル現象を説明するには不十分だ。我々はよりマクロな分析枠組みを必要としている。同じく構造的な記述は比較的マクロな視野を提供してくれるが、実際の男女の顔・声・心をなおざりにしてもいけない。

本書がめざすものは商品化された国際結婚に対する理論的な分析枠組みの構築である。まず国際結婚がいかにして各種の「参与者」に理解されているかにつき述べる（国際結婚の男女当事者以外に、その家族、さらには行政とメディアも含まれる）。続けて彼らの理解・解釈がいかなる構造的文脈のもとで形成されているかについて論じる。この理論枠組みは一面において商品化された国際結婚をマクロの国際政治経済構造のもとで理解することを可能にするとともに、もう一面では当事者たちがいかにしてこの構造下で活路を見いだし、出くわした現象に対しいかなる解釈と対応を行っているかを取り扱う。これにより参与者の行動を通じて国際的な政治経済構造がいかにして強化され発展しているかも明らかになるであろう。最後に筆者はまた上に述べたような商品化された国際結婚が国際的な政治経済の不平等構造によって不断に複製・強化され、循環しうる可能性について検討する。理論の空洞化を避けるため、本書は焦点を台湾における「外国人嫁」現象に絞る。これによって商品化された国際結婚の一般的な理論枠組みの基礎を将来のため築いていきたい。

「さとり」とまなざしの転移

本章冒頭の一段は現象についての描写から始めた。これは一九九四年に私が博士論文奨学金を申請した時の研究計画から引いてきた文章だ。計画名は「女性貿易——台湾人男性とインドネシア人女性の国際結婚」（Trade in Women: the Transnational Marriage between Taiwanese Men and Indonesian Women）であった。計画中で、私は台湾・インドネシア間の婚姻をブライド・トレードとして理解した。大半のフェミニストと同じように私の主関心はインドネシア人女性がいかにして国際婚姻市場の中で商品化されているかであった。当時の私は客観主義がもつ問題性を警戒してはいたけれども、それでも自信たっぷりに「科学的な」知識を提示し、個人の分析からこの現象に対する貢献をなしうるだろうと考えていた。研究計画の中で私はこう宣言している。

本論文はグローバルなブライド・トレードにおける知識の製造に関して次の二つの貢献をなしうる。第一に、台湾・インドネシア間に新たに生じつつあるブライド・トレードのプロセスの検証によって、本論文はグローバルなブライド・トレードが形成している知識〔なるものの様態〕を示しうる。第二に、世界を劇場化してしまう伝統的かつ構造的な論点、あるいは行為者を規制する構造を全く無視するミクロな観点とは異なり、本研究では構造・行為者両面の角度からブライド・トレードについて検証する。

長期にわたる論文作成プロセスは、皮肉にも学術的なトレーニングの中で培われてきた客観主義を精算していくプロセスとなった。もはや「外国人嫁」たちを商品化された交換対象として単純化はできなかった。私のまなざしは「外国人嫁」の人生と私自身の経験の類似性へ及ぶようになっていた。そしてそれを研究の検証対象とするようになったのである。私はかねてから研究対象者尊重の原則を持ってきたし、彼女たちと私の間の類似性にはかなり鋭敏な感覚を保ち続けてきた。けれども私には伝統的な学術規範から離れる勇気が足りなかったのである。研究者が必ず持つ主観性へ毅然として向き合う勇気を持たなかった。

博士論文の研究計画が通ってから、立て続けにいくつかの事件が起こった。そして私の研究対象へ向き合う姿勢を根本的に変えてしまった。あれらの事件は私の人生の中のある種の「さとり」[7]（epiphanies）であった。デンジン（Denzin）の言い方を借りるなら、「さとり」とは個人の人生の中で残されるある種の烙印であって、根本的な意味づけの構造を変えてしまうような相互作用《インタラクション》であり、目覚めの経験である（Denzin 1989）。デンジンは「さとり」の概念を研究対象に対してのみ用いているが、私は研究者についても同様に当てはまると考えている。「さとり」は研究者の理解を変えるのみならず、研究テーマが立ち現れてくる方式も変えてしまう。研究プロセスの中での「さとり」は私の注目するポイント、すなわちまなざし（gaze）を、実証主義的な「そこにある」（out there）客観的資料を探すことから、「外国人嫁」現象がどういった言説（discourse）やまなざしによって理解されているか分析することへと変えていった。

フーコー（Foucault）は言説が知識の構築・形成・伝達において果たしてきた役割について着目してきた。彼は我々が理解し経験を再現する方式が歴史的な言説構造の中に根を持っているとする。言説というのはある種の記号システムであるのみならず、それを用いて物事・行動の内容や意義付けを示す指標的な要素（signifying elements）でもある。言説は日常的に実践される（practices）ものであり、系統立ってみずからそれが言及する対象の客体を創造する。グブリアムとホルスタイン（Gubrium and Holstein 1997）が指摘するように、社会科学の言語は研究者の世界観を構成している。

> 手法についての語彙（method talk）は実際のところ彼ら（研究者）を経験の領域へ導き入れるものである。それは研究プロセスの中で操作的な語彙となる。ある種の慣用的な言い回しによって、事実・イメージによって形作られた真実の世界から、真実の世界をいかに概念化し描写するかへ研究者の関心をたちまち転じさせるのである。（Gubrium and Holstein 1997, p3）

ゆえに学問的なトレーニング（discipline）は研究者のまなざし（gaze）を構成し、研究者はそれに従って理解や経験を再現していくのである。

まなざしは言語の世界に主権を見いだす。それは労せずして言語の世界へ明確な言い回しを見つけ出し、それによって次のレベルの・同様な言い回しの再現を行う。（Foucault 1973, p117）

しかしながら社会科学者は往々にして自身の著作中の「まなざし」に目を留めず、中立的なロジックにより推論した結果であると考えている。フーコーがいうように「……こうした見えない一般化が、（本来）基盤となり、正当化を行い、精緻化を行うための道具たる言語を見えないものとしてしまう」（Foucault 1973, p117）。私を「さとり」に至らせた事件がすすむなかで、元来くらまされていたものが明白になっていった。このエピソードは私を幼時の記憶に立ち返らせ、台湾人男性とインドネシア人女性の間の結婚を見る視点を変えていった。過去、私がブライド・トレードの研究テーマとして理解していたものは、私の人生と根本的に交わらないものであった。いまや、注意深くそれらを見れば、私自身と私が親しい人びとの影めいたものを見いだしうるようになった。この主観的な経験のエピソードがあったゆえに、劇的に私の「まなざし」は組み換えられた。読者とこのプロセスを共有し、キーとなった「さとり」を通じて読者にはこの変化の過程を理解してもらいたい。そしてそれがいかにしてあなたが現在手に取っているこの本に影響したかをわかってほしい。

黄昏の鐘

あの台湾人たちは本当に自分のことをすごいと思ってる。自分たちは金を持っていて、何でもあると思ってる。あいつらはインドネシア人嫁がみんな教育を受けたことがない貧乏人だと思ってて、金のある台湾人を探し求めて金持ちになろうとするっていう。彼らの金を騙し取ろうとしているっていうんだ。あいつらは忘れているんだよ。たかだか二〇、三〇年前には台湾の女も同じようにアメリカの軍人に嫁ごうとしていたじゃないか。

李《リー》さん[8]が彼の旅行会社のオフィスで吠えるように話したのをはっきりと覚えている。あれは一九九五年、インドネシアはジャカルタのある暑い午後のことだった。李さんはある旅行会社の社長だった。台湾客家《ハッカ》[2]の農村男性が妻を求めて陸続とインドネシアへ来るようになってから、彼の商売は急成長をとげていた。旅行サービスの手配をする他に、李さんはインドネシア人女性のお見合いの仲介もするようになった。李さんは自らも華人で、自身を汎中華主義者だと考えていた。彼は、台湾人男性がインドネシアの華人女性をめとるのは、中国人が仲間を助ける行為だと考えていた。そしてインドネシア人花嫁を卑しむ人間を軽蔑していた。「どんな人も貧しい時は何とかしてそこから脱出しようとするものだよ」。李さんは憤って話した。

私は自分の学術的なまなざしを駆使して「客観的に」李さんが示したようなインドネシア人嫁と過去の台湾人女性がアメリカ軍人に嫁いで行った状況の間の類似をなんとか分析しようとしたのを覚えている。一年後、台湾人女性とアメリカ軍人がパートナーになってアメリカ最大の海軍基地に住まっていた家庭を、私自身も訪れていたことがあったことにハッと気づいた。デイビー、ジュリー、マリーおばさん、ジムおじさんの写真を見ながら、私は次第に自身が「外国人嫁」を論文のテーマとする皮肉さについて考えるようになった。間もなく「外国人嫁」と国際結婚のテーマは非常に接近したものへと変わった。そして「外国人嫁」はもはや私の心の中では接近をはばかるテーマではなくなった。彼女たちは私のファミリーヒストリーの一部となったのだ。こう聞くと随分突拍子もないが、私にはそれが天職のごとく与えられた研究の道であると思われた。

リンゴの甘み――アメリカンドリームの種

一九九六年四月、私の母は千里をこえて私とアメリカへ移住した姉を訪ねにきた。何日か孫を可愛がる日々を過ごして後、母はこの一〇年間会っていない親友を訪ねたいといった。マリーおばさんと幼い頃から呼んでいたその女性は、母の幼馴染であった。彼女たちは苗栗《ミアオリー》県の農村で育った。母がいうにはあのころは誰もが貧しく、母とマリーおばさんは毎朝四時に山へ柴を拾いにいった。彼女たちの友情は暗い暗い闇の森の中で少しずつ養われたものであった。

貧しく辺鄙な田舎で育った子供にとっては、耳に聞く繁華な台北で頑張るのが最大の夢であった。母とマリーおばさんもまた例外ではなかった。彼女たちは十代そこそこで故郷を離れ、見知らぬ台北で仕事を探した。そして自分と家族を養うことをめざした。母は常々、マリーおばさんは非常に行動力旺盛な人だといっていた。彼女は当時台北で人気の英語教室「メルトン」に通っていた。そして親切にも母のために授業登録をしてくれた。母はいささか後悔するように、その頃の彼女が英語の授業にまったく興味がなかったことについて話した。そしてずっと、あの頃あんな浪費をせず貯金しておいたなら、田舎に残してきた兄弟（おじさん）に畑を買ってあげることができただろうと話していた。マリーおばさんは努力の末英語のカリキュラムを修了し、そして望み通りアメリカ軍基地[3]とアメリカンスクールで仕事を見つけることができた。あの頃のおばさんがどれほど〔アメリカ人の〕同僚たちを羨んでいたかはわからない。

ジムおじさんは第二次大戦時にフライングタイガース[9]の一員だった父親の影響を受け、ずっと飛行隊の隊長を夢見ていた。しかしながらジムおじさんの視力は十分でなかったので次善をとって海軍に入った。フライングタイガースになる夢は破れたけれども、彼はもう一方の夢を実現した。アジアで軍役について彼がイメージしていた貞淑な中国人女性をめとって帰ってきたのだ。マリーおばさんと結婚してから彼と二人の娘デイビーとジュリー一家で台湾に何年か住んでいた。そして台湾とアメリカの外交関係が断絶する何年も前に異動によってアメリカに帰っていった。

マリーおばさんのアメリカの家を訪ねるのは初めてだった。興奮しながら、そして少しばかりビクビクしていた。願い通りにようやくデイビーに会えるのだ。幼い頃の最も愛しかった友人と。あのころ私は四歳に過ぎなかったのだが。私はデイビーに会ってもどうしたらいいかわからないのを恐れてもいた。私はまだ覚えている。幼いころ私たちは豪華なスプリングベッドの上で飛んだり跳ねたりして遊んだものだ。私は自分が英語を話せるふりをしていた。面白いのは、まだ幼くて何もわからなかったころ、言語はほとんど障碍にならなかったことだ。

デイビーはいなかった。彼女はほかのアメリカの若者たちと同じように、両親からの自立を待ちきれずに一人暮らしをしていた。マリーおばさんの家にはいかにも中国らしい雰囲気が溢れ出ていた。仏像と中国の書画、それから彼らが台湾で生活していた頃のスナップ写真が置いてあった。それはおばさんが上手に家の中を飾り立てたものでものであった。私は深く信じて疑っていなかった。あの私が何年も大事にとっていたデイビーと一緒の写真。あれはきっと何千枚何百枚とある白黒写真の中に残されているはずだと。なぜなら私たちはあんなに親しかったのだから。失望と傷心が、考えてみればおかしな確信の後に続いた。びっしりと貼られた写真の中に私と家族の写真は一枚もなかった。このおかしな失望は決して見知らぬものではなかった。私が高校三年生のころ、母はアメリカのマリーおばさんに手紙を送った。当時姉の夫がアメリカに留学しようとしていたので、母はマリーおばさんの苗栗県に残っている家族からマリーおばさんの住所を聞いてきて、姉の夫がアメリカに渡ってから訪ねて行けるようにしたのだ。私はすぐにデイビーに手紙を書いた。まだその時の喜びは覚えている。私はデイビーは必ず私と同じようにワクワクしてくれると信じていた。けれども彼女は半年も経ってやっとごくごく短い手紙をよこし、すっかりあの頃のことを忘れてしまった、そしてマリーおばさんが常々催促するので早く手紙を送らなければならないと思ったと説明してよこした。

失望こそしたものの私はデイビーを責めたことはなかった。台北を離れたとき二歳ばかりだった小さな女の子に対して、それはいうもおろかなことだった。台北の飛行場で見送りをしたあの日は、私の人生の中で確かに替えがたい日であった。今あの短くも強烈な記憶を思い出してみるにつけ、それがデイビー自身から来たものであったのか、それとも彼女の周りの見慣れぬ事物からやって来たものであったのかと考えざるをえない。

幼い頃、九歳上の姉を馬鹿だと罵ったことがあった。彼女は二歳に過ぎないデイビーのように流暢な英語を話すことができなかったからだ。そのとき姉はとても怒ったけれど、私にはどうして姉が自分の頭が金髪碧眼のデイビーにかなわないと認められないのか理解できなかった。「大したことでもないのに」私は不満げにそう思っていた。

当時、マリーおばさんはいつも一袋のリンゴを私たちに見せてくれた。それは鮮やかな黄色で果汁たっぷりの大きなリンゴだった。あの頃では豊かな家がようやく買えるような品物だった。幼い頃しばしば何気なく台北の外省人居住区と苗栗県の田舎で幼い友人たちに話したものだ。「私が一番好きな果物はリンゴだよ」。彼らの羨ましげな目に私は幾日かの夜を楽しい気分で過ごした。リンゴでいっぱいの薄いコーヒー色の袋。あれはまさにモダンを代表していた。あの頃私は深く信じていた。デイビーのようなアメリカ人こそがこういった豪華でモダンなものを使う資格があるのだと。四歳の私にとってあのコーヒー色の、分厚い、そして変わった臭いがする紙袋は星条旗よりもずっとアメリカらしいものだった。あの頃の（おばさんの）家の中にはモダンなものがいっぱい溢れていた。フリントストーンズ[4]柄のビタミン剤、デイビーが使っていた白雪姫の時計、読めない英文のジュエリー雑誌、石鹸の匂いがする鮮やかな衣服が。

まるで昨日のことのようだ。私は台北の空港で駄々をこねた。泣きながら母親に私をデイビーと一緒に巨人のような飛行機に乗せてほしいといった。デイビーがかけている花輪がそれはそれは羨ましくてたまらなかった。デイビー一家のような人たちだけがあんな綺麗な花輪をつけられるなどといって、どうして母が私を騙そうとしたのかはわからない。

台北は天母《ティエンムー》地区にあるデイビーの家と比べてみると、私たちはまるでスラムに住んでいるようなものだった。唯一私が「自慢」できたのは父親がバービー人形を作る工場で働いていたことだった。あのスタイルのいいバービー人形とボーイフレンドのケンは当時の台湾ではお金があっても買えないような品物だった。デイビーはいつも目をまんまるに見開いて私の嘘を聞いていた。「バービーは皆私のパパが作ったものなんだよ」。あのほんの一瞬のめまいがするような誇り、それは唯一デイビーに勝っていると私に感じさせてくれる瞬間だった。

「外国人嫁」――一つの鏡

美濃鎮《メイノン》で調査をしていたころ、台湾人男性たちはいかにインドネシア人女性が彼らの流行りの服や靴、豊かさに憧れていたかを誇らしげに語っていた。聞くだにまるで二〇年前の私がリンゴや〔コーヒー色の〕クラフト紙や、フリントストーンズを拝んでいたようであった。長らく農村で暮らしていた台湾の男性はインドネシアで初めて人から羨ましがられ憧れられる悦びを味わったのである。啓文《チーウェン》さんは長男で、美濃鎮の実家を守っていた。外に飛び出て行った家族に対する彼らの思いは、内心忸怩たるものがあった。「家に残るってえのは本当にひどいぜ。責任をとらなきゃなんないのに、人様から見下されるんだからな」。偶然の縁から彼は故郷に残っていた若者たち何人かを連れてインドネシアにお見合いに行くようになった。そして彼が一行を連れていった経験について話すとき、彼は本当に顔を輝かせていうのだった。「台湾の金はジャカルタでいくらでも使えるんだ。毎度毎度クラブに入ると、支配人が自ら出迎えてくれる。ホステスたちも競って俺の気を引こうとするんだ。本当に、金持ちの喜びってのを味わうことができたよ」。おそらく、あの頃の駐台アメリカ軍の兵士たちもこんなふうに天に昇るような快感を味わっていたのだろう。

台湾へ嫁いでくるインドネシア人女性の大半は華人である。彼女たちの祖先の多くは鉱山労働者となって、あるいは戦争や生活上の困難によって南方へたどり着いた。筱梅《シアオメイ》がいうには、インドネシアでは、とくにお金がある家族は子供をヨーロッパやアメリカに留学させる。そこそこであれば台湾に行くことも考慮できる。貧乏人だけが観念してインドネシアへ残るのだと。筱梅自身も以前台湾の大学へ留学していた華人学生だった。台湾で仕事が見つからず、やむを得ずインドネシアに戻ったのだった。そして駐インドネシア台北経済貿易代表処で事務仕事をみつけた。その主な仕事は台湾へ嫁ぐインドネシア人女性のビザ処理であった。筱梅は台湾の経済力に対する憧れを余すことなく述べた。「小さいころ私は両親に恨み事をいったものです。どうして〔中国大陸から船に乗った〕おじいさん・おばあさんはあのとき台湾で船を降りなかったのだろうと。あの人たちがちょっとでも早く船を降りていたなら、私たちは今ごろ台湾人たちと同じようにお金持ちになれていたのに、ってね」。筱梅の話を聞いて、私は子供たちが社会生活に対して持つ鋭敏な観察力に思い至った。彼らは時に鋭く大人たちが目にしながら見えていない社会的暗示を指摘する。思えば小さいころ、父がデイビーの父親と同じようにアメリカ軍にいればと夢見たものだ。私はお金も力もある家が羨ましかった。特別扱いされたかったのである。

一九九四年、初めて駐インドネシア台北経済貿易代表処を訪れた際、職員たちは私が「外国人嫁」を論文のテーマにしたいというのを聞いて、こぞって心から歓迎すると述べた。彼らは商売以外の関心で東南アジアへ来る人間に出会えた事を喜んでいた。「李登輝《リードンフィ》総統はずっと南向政策[5]を推進しているけれども、東南アジアに対し深い理解を持っている人は本当に少ない。あなたは私が知る中で初めての、自らここで学術的研究をしようとしている人ですよ」。職員が親しげに私へ向かっていった。とくに彼らが喜んだのは、私が国際結婚を主要なテーマにしていたからであった。「これは台湾のとても重要な社会問題なんです。第一に嫁いで行こうとする女性たちはほとんど教育を受けていません。話をするにもうまく話せない人たちなのです。多くは小学校すら卒業していません。彼女たちがどうやって私たちの次の世代を良くしていくことができるでしょう。私たちの国民の質が大いに下がっていきかねません。私たちの政府にどうすればこういう人たちが台湾に嫁ぐのを禁止できるか告げてほしいのです」。ある職員は私に力を込めて述べた。

　面白いのは、私が出会った駐在職員の多くは台湾の農村出身であったことだ。生活のために国を離れて努力するというストーリーは、彼らにとってかけ離れたものでなかったはずである。あるいは啓文さんのような年長の兄弟が故郷で老親の面倒を見てくれるおかげで、彼らは安心して外で活動できていたのかもしれない。過去、彼らの周りにマリーおばさんのような女性がいたとしてもおかしくはない。小説家の黄春明《ホアンチュンミン》が書く『リンゴの甘み』[6]を、彼らはきっと身をもってわかっていただろう。だが彼らは「外国人嫁」に対する道徳的な憎悪を隠そうとはしなかった。「彼らはほとんどが売買婚をしているのです。私は彼らがものすごい勢いで毎日台湾に入り込むのを見ています。本当に心配しているんです。でもどうしようもないんですよ」。話しをしつつ私は彼らの無力感を感じ取れた。膨大な仕事からくるストレスのもと、彼らは自分の役割が国家という機械の中の一つのゴム印でしかないことを理解していた。複雑でとても手間がかかる事務がもたらす恨みは、当然のように彼らがいうところの「水準に達していない」人びとへの憎悪に変化していくのであった。彼らの立場と苦しみについて我々は理解することができる。では「外国人嫁」と「台湾人夫」たちの立場からメディアが争って報道するテーマを捉えてくれる者はいるだろうか？

陳《チェン》秘書は駐インドネシア台北経済貿易代表処のインドネシア人配偶者ビザ業務を担当していた。彼女はインドネシア人嫁と彼らの夫に対してかなり強い道徳的な嫌悪感を有していた。私はマリーおばさんのような台湾人女性とインドネシア人嫁の間に一体どういう違いがあるのかと尋ねたことがある。彼女は一瞬考えたあと答えに詰まってしまった。翌日、彼女は私に対していった。両者の間にはとても大きな違いがあると。彼女がいうには、マリーおばさんのような台湾人女性は外国の旦那さんと知り合ってから愛情を育んだのであるけれども、インドネシア人嫁はほとんど夫について何も知らない状況で結婚している、それは完全な商取引でしかないと。「それならば、私たちが伝統的に行っているお見合い結婚とはどう違うんでしょうか」。陳秘書はいくぶん耐え切れないという風に答えた。「わからないけれど、私は違うと思うんです。つまり彼女たち（インドネシア人嫁）の結婚は問題だらけだってことです。あれは純粋な売買婚なんですよ」。陳秘書は、どうして私が彼女のみるところ学もなく台湾の将来的な問題の製造者たる人びとと同じ側に立とうとするのか理解できないようであった。

私がアメリカに留学した数年間は、アメリカ人の移民に対する敵視が次第に表面化しはじめた時期であった。ある日、論文を書き疲れてテレビをつけると、丁度あるアメリカ人が移民が生活の質を破壊していると抗議するニュースをやっていた。彼らは一切の同情なしに、移民への各種社会サービスを停止し、病院・公立学校から追い出して、「英語だけを使う」政策を進めていくべきだと主張していた。要するに彼らは移民を母国へ追い返そうといっていたのだ。「彼らは私たちアメリカ社会の最大の社会問題です。私は人種差別意識を持ってはいない。ただ毎年苦しい思いをして払った税金を彼ら外国人に対して使ってほしくないだけなんです」。ある怒れるアメリカ人はインタビューを受けて叫ぶようにそう告げた。それはあたかも駐インドネシア台北経済貿易代表処の職員が、インドネシア人嫁に対する自分の考えを述べるのを見るかのようだった。突如、ふだん台湾の各メディアが「外国人嫁」に対して使っている軽蔑的な言葉やマイナスの報道が、もはや単なる社会学研究上のテーマとは感じられなくなった。それは彼らへの人身攻撃として感じられるようになった。私は自己のライフヒストリーと私の研究対象との間に消えぬ類似性を見いだしたのだ。

夢から悪夢へ——自己への投影

アメリカへ留学する数日前、ある客家サマーキャンプでアメリカから帰って来たばかりの阿枝《アージー》と知り合った。彼女は強い感情を込めて自身が客家としてのアイデンティティを持つに至った過程を語った。「私はもともと客家って何なのかぜんぜん知らなかった。アメリカに行って多くの黒人の友人たちと付き合って、やっとそれがわかった」。それを理解する人はなかった。私たちはこっそりからかっていったものだ。「彼女は勉強しすぎだと思う。勉強しすぎて頭がショートしてしまったんだ。客家とアメリカ黒人の間に一体何の関係があるんだか。生き別れの兄弟に出会ったとでもいうのかねぇ」。数年後、彼女の言葉がようやく耳に蘇ってきた……。

エスニック関係を主専攻とする私は、アフリカ系アメリカ人の歴史と現在の問題についてかなり勉強してきたつもりだった。だが差別的な言葉や行為、いわゆる「差別」「偏見」に自分がさらされてはじめて、単純な学問上の興味が血の通った体験となったのである。

「おいでよ台大、行こうぜアメリカ」の社会的風潮のもと、毎年数万人になる台湾の大学生たちと同じように私もアメリカ留学を成功へのハイウェイとして考えていた。アメリカの大学院での生活を始めたばかりの頃、ひとりの白人教授が自ら私の指導教員となることを申し出た。彼はアジア研究に対して深い関心を持っていた。一年後の夏休み、彼が台湾にやってきて国際会議へ参加する機会があった。彼の短い台湾滞在の間、私は社会活動に参与している友人たちとともに、心を込めて「社会学ツアー」のガイドを買ってでた。その後も母親がアメリカにきたときは、彼の家族のために本場の中国料理を作ってもらった。私たちはそれが中国文化を愛する友人に対する一つの友情からの返答だと考えていた。彼らはそのとき、本場のアメリカ料理でお返しをしようといった。残念なことに、それが実現することはなかった。そして私は親を自分の先生のコックにしてしまったことへ強い後悔を感じた。

この白人の教授はジェンダー研究で名が知られていた。私は彼としばしば中国の父権的社会における女性への不平等待遇について議論した。〔しかし〕次第に私は自分がある種の危うい境遇に陥りつつあることに気がついた。私は中国文化は劣った本質を持つとの彼の理論の生きた証拠となってしまっていたのだ。彼の私に対する賞賛は、往々にして私が中国文化の特例だとの文脈下でなされていた。「君は他の中国人たちと違っている。たとえばだれそれはとても伝統的だね。君は彼女とは全然違っている」。私がアメリカの文化帝国主義について批判を述べると、彼はいつも問いかけるのだった。「君はフェミニストなんだろう。もしそうならどうして中国文化を保存しようとするのか」。これらの問いに私はとても失望した。けれども私に多くの啓示を与えてもくれた。失望してしまったのは私が二元論的ロジックの中に陥ってしまったからである。もし私が自分はフェミニストであると宣言するならば、私は絶対に中国文化の背教者とならなければならない。さもなければフェミニズムの反逆者となることを運命づけられてしまう。私は解決しえない袋小路に追い込まれたように感じていた。私の文化と信念は相互に対立するものとして構築されてしまっていたのだ。この要らざるジレンマゆえに私は二元対立的な思考モデルを反省することになった。そして非白人中産階級のフェミニストによる主流フェミニズム理論に向けた批判をより理解できるようになった（たとえば bell hooks 1984; Patricia Collins 1990）。彼女たちがなぜ声を荒げてジェンダー・階級とエスニックグループ間の複雑な弁証関係について研究しなければならないと主張するのか理解できるようになったのだ。

けれどもこれらの身をもっての経験は私が台湾の「外国人嫁」の問題を研究していく上でのとまどいを生んだ。

私は異国間の結婚の当事者たちをエキゾチックで劣った「他者」(other) として描いてしまうことで、西洋の読者たちがやはり中国文化は劣っているとの仮説を証明する手助けをしてしまうのではないだろうか。学者たちが首肯しながら話すのは想像に難くなかった。「ああ、二一世紀にもなろうというのに、中国人は相変わらず妻を買うような陋習を変えられずにいるのか」。こういったことを考えて、私はアメリカや西欧などいわゆる第一世界の国で長らく行われてきたメールオーダー・ブライドの問題を論文に組み入れることを決めた。それによってこの種の国際結婚が人種・性別・階級的な不平等が絶えずグローバル化してきた結果であると説明しようとしたのだ。同時に私は例の教授を説得して私の論点に同意してもらわなければならなかった。かといって自分の頑固さが固定観念に固まった教授の怒りにふれて卒業できなくなる可能性も気にかけなければならなかった。考えを巡らせたすえ、私は長期にわたってエスニック・マイノリティ集団の研究を行い、積極的に人権運動にも関わってきたもう一人の教授へ私の共同指導教員になってもらうことを求めた。私の苦境を助けてくれるよう望んだのだった。私と元の指導教員が論文の焦点について討論していた際、つと私がもう一人の共同指導教員の件についてうちあけると、彼は驚くべきことにこういい放った。「なるほど中国人が陰険だ (crafty) といわれるのはもっともだ」。驚きか、憤りか、あるいは悲しみなのか、当時の感覚をどう形容したらいいか私にはわからない。かつて客家サマーキャンプで聞いた阿枝の言葉が蘇ってきた。生まれながらのアメリカ人ではない苦しみ・失望・怒りはもはや単に人を引き付けるための学問的テーマではなくなった。それは私が身をもって感じ取った具体的経験となった。

皮肉にも私はかつて自らに戒めていた。一見屈辱的に思われる言葉も実際には無意識の過ちで、過度に敏感になってはいけないと。以前エスニック・マイノリティの友人が、彼らがしばしば向き合うさまざまな差別によって感じた怒りや失望について話したとき、私は何とか彼らを説得しようとした。みんなきっと誤解が生んだものなんだ。彼らは過敏になっているのだと。フィーギンとサイクス (Feagin & Sikes 1994) が指摘するように、「経験の累積性」は日常生活における差別のキーである。「絶えず人種差別へ向きあう人にとっては、経験の累積による影響は、傍観者が見て取ることができる経験の総和よりはるかに多いのである」（Feagin & Sikes 1994, p16）。これら繰り返される不愉快な経験は、とうとう私の心理的な防衛線をぶち破ってしまった。あたかもフィーギンとヴェラの研究（Feagin & Vera 2001）でひとりの被インタビュー者が指摘する通り「あんたは自分のことを疑い始めた」のだ。健康が損なわれるようなとき、差別には現実的なコストが伴う。周囲の友人たちも、私が血色が悪くなってゆき、食欲を失って慢性の頭痛を抱えていくのに気づきだした。

この一連の苦しみは、とても教育的な体験となった。私は長らく抑圧してきた客家のアイデンティティを省みるようになった。さらに私の研究対象だった「外国人嫁」と「台湾人夫」たち——彼らが毎日向きあっている偏見と差別について感じ取るようになっていった。そう、私は確かに「外国人嫁」になったことはないけれども、私たちの間の類似は差異よりずっと意味があるものだったのだ。

客観性をこえたラディカル経験論へ

私が経験したのは特別なケースだったのだろうか。私と研究対象との類似は偶然の一致にすぎないのだろうか。レナート・ロサルド（Renato Rosaldo）がイロンゴット族の首刈りについて記した研究報告の一節を引用させてほしい。

もしあなたが、フィリピンは北ルソンの、イロンゴットの老人に対して、どうして人間の頭を狩らなければならないのかと聞いたとしよう。彼は簡単に、どうして人類学者はもう一歩思考をめぐらせられないのかと答えるだろう。悲しみからくる怒りが彼をして他の人間を殺めさせるのだと。死者の頭を狩り取り、捨て去ることで、ようやく気分を和らげることが出来るのだ。そうして親しい人を失った怒りを追いやろうとするのだと。文化分析の営みはこの老人の言葉を合理的で理解可能なものとすることである。ところがさらに尋ねてみても、老人は親しい人を失うことと怒り、それらと人間の頭を狩ることとの間の関係性を説明できないのである。その関連は彼にとってあまり強烈ゆえにいかなる説明も必要としないかのようだ。〔各々の関係は〕理解できるか全くできないかしかない。実のところ、ずいぶん長い時間をかけたが、私にもわからない。

老人が悲しみと人間の頭を狩らせるに至る怒りについて簡単に述べてから、一四年が経った。一四年が経ってはじめて、私はその溢れるような力について理解できた。何年もずっと、さらなる語りさえあれば……あるいはもう一段階の分析があれば……きっと正確に彼らが悲しみからくる怒りのゆえ他の人間の頭を狩る理由を理解できるだろうと思っていた。**私自身が自ら経験して初めて、イロンゴット族の老人が本当にいいたかったこと、親しい人を失う痛みとは本当に彼らをして人間の頭を狩らせるほどの欲求の源であるとわかったのだ。**

（Rosaldo 1984, pp178～179。太字は筆者強調）

ジャクソン（Jackson 1989）によれば、ロサルドの「自身の経験」とは彼の妻が一九八一年にルソン北部で亡くなったことである。それまでロサルドはイロンゴット族の老人の話を取り上げていなかった。彼はそうした語りは「あまりに簡単で、薄っぺらで、曖昧で、合理的でなく、ステレオタイプであるか、さもなければ自分を満足させてくれないものだ」と考えていた（Rosaldo 1984, p179）。親しい人を失う経験を経て、ロサルドは別の角度から理解し、彼とイロンゴット族の経験に関連を感じ取ることができるようになったのだ。

実は多くの社会科学分野のフィールドワーカーたちがすでに自己と研究対象との類似性に気づく過程を記録して

いる。たとえば女性社会学者のキャロリン・エリスは誠実に自分と研究対象との類似性について記録している。彼女は論文を発表して何年か経ってから、長期の研究に携わってきた村へと戻った。意外にも、多くの研究対象者たちは彼女が本の中で書いた内容に対して穏やかならざる怒りを感じていた。予期せぬ弾劾にエリスは改めて自分のライフヒストリーを振り返ることとなった。彼女のライフヒストリーと研究対象者の人生は交わるようになったのだ。

私は意識して両親の「ようにはならない」ようにと考えていた。彼らを「他者」としてから、私の中で彼らはもはや教育のない田舎者だった。「他者」とは新しく生じてきた自己にとって何とかして隠したいものであった。この種の分裂を成功させるため、私は自己と彼ら漁民を全く異なるカテゴリーとして扱わなければならなかった。なぜなら彼ら漁民は両親と同じように極度の田舎者だったからだ。しかし同時に、私は自分の生まれ育ったバックグラウンドが彼らと同じであったがゆえに、そして主流社会の周辺で育ったがゆえに、深く漁民たちに惹きつけられたのである。本の中での私の焦点は、彼らがいかに自分と異なっているか見つけることだった。なぜなら「差異」こそ主流の社会学コミュニティが追及し公にするものであるからだ……。私は彼ら漁民と私が違うことを望んだけれども、〔その実彼らと私は〕相互に似通っていたがゆえに簡潔に社会学の概念をもって彼らを描写することができたのだった。（Ellis 1995, p91）

上記のような研究者と研究対象のライフヒストリー上の類似性へ誠実に向き合う傾向を持つのがM・ジャクソン（M. Jackson 1989）がいう「ラディカル経験論」（radical empiricism）である。それは異なる文化間の類似性や差異を「発見すること」に関心を持たない。むしろ我々自身の経験とその他の経験との異同の探求に関心を持つ。この傾向は伝統的な経験論に背を向けるものである。伝統的な経験論は認識者が認識される対象と関連がない異なる二つの世界に存在することを仮定している。研究者の経験は研究そのものから全く超越している。

客観性なるものについてはすでに多くの厳しい批判がある。フェミニスト社会学者のドロシー・スミス（Dorothy Smith）は、いわゆる「客観」とは、男性によって維持される思考方式の概念と方法を確保するにすぎないものだという。経験を「偏見」の源と強調する客観主義は認知者と認知の対象を区分する。この区分こそ男性の経験を権威化するもので、女性の生活経験を矮小化するものである。どういうことか。父権的な社会のもとで女性は料理・家事といった雑事を担わねばならない。一方、男性は憂いなく「抽象的」な思考と理論の組み立てに専念できる（Smith 1990）。徐々に多くの女性が社会科学の研究に加わりつつあるが、社会科学の主流はいまだに客観性の強調によって男性が担っている。学術的な養成のプロセスの中で、我々はいかなるテーマが研究に値するものなのかを学び、傍観者となることを学ぶ。個人に関する（personal）ことは極限まで消し去るべきものか、あるいは客観性を脅かすものとみなされる（Smith 1990; Ellis 1995; England 1994）。社会学的なトレーニングが我々に男性的な思考ロジックを内在化させ、自己の経験と向き合わせないようにする。研究対象を自己の人生と関わりがない物体としてみなすようにしてしまうのである。

学術的トレーニングと記述の他者化

自然科学とは異なり社会科学の研究対象は生命である。それは感情を持っており、「相互的な」活動（reciprocal activity）にたずさわる。そして相互に経験し合うのである（Devereux 1939, pp18～31）。社会科学の研究対象は石ころではなく、逆らい、かつ反撃する（talk back）のである（hooks 1989）。社会学者エリスは彼女がいかに研究対象者から問い詰められたかを記録している。研究対象者は彼女を良き友人とみなしていた。そして彼女に向かって多くの秘密を漏らしていた。ある研究対象者はエリスが漁村へ戻ったとき、怒りながら彼女に向かっていった。

あんただけが私と男たちの間にあったことを知ってた。今ではみんなが知ってしまった。そのうえ書いたりしただろ。私はちょっとお喋りをしただけだったのに。……彼らはもう何もかも知ってるよ。私はあんたに医者が胎児は尿と出ていくといったなんて喋ったことはないよ。私は医者からセックスをした後にトイレに行ったほうがいいといわれただけだ。私たちは良い友達だと思ってた。ただおしゃべりをしているだけだと思ってた。あんたがこういう事を本に書くなんて全く思ってなかったんだ。ましてあんたは村じゃ子供が一〇歳でもう誰かと寝るなんていってるよね。そして私たちを「島民」と呼んでる。私たちは売女だらけだといったんだ。私は二一歳まで経験がなかったのに。私はあんたがいうような売女じゃない。(Ellis 1995, pp78 ~ 79)

エリスはすぐさまなんとか償いをするすべはないかと尋ねた。その研究対象者はエリスの本を力一杯投げ捨て、冷たくいった。「ないよ。もうこの中に書いてある」。

論文中でエリスは正統派の民族誌を批判している。研究者が自己とフィールドの中で感じたことを省略していると。そしてエリスは物語的叙述・対話によってフィールドへ戻った際に起こった事件・感情について細かに記録している。民族誌の記述者が研究対象者との間に行っている相互のやりとりについて顧みることで、「他者」のみを記し「自己」を覆い隠すという規範に挑戦しようとした。

多くの研究者が研究対象者を「他者」として描き出してしまう危険性について指摘している(たとえば Lincoln & Denzin 1994; Sampson 1993)。サイード(Said)の古典的著作『オリエンタリズム』(1978)は学問的言説が「東洋」

人と「西洋」人を極度に差異化し、あたかも差異は天性のものであるかのように描き出したと述べた。社会科学的トレーニングにおいて、我々は自身の研究対象を何種類かのカテゴリーと行為モデルへ変換することを学ぶ。そしてこうした一般化（generalization）を通し「他者」は単純で同質的なものへ仕立てられる。反面で我々は研究者自身を複雑で、優位で、そして全く異なった存在と考えるのである（Abu-Lughod 1993; Ellis 1995）。

だがアブー＝ルゴッド（Abu-Lughod）が指摘するように、一般化は客観的・専門的な言説において避けることができない（Abu-Lughod 1993）。しかもそれは避けえない権力の言語である（language of power）。それらは抽象的で、描写対象から超越したプロフェッショナルが使用する言語であるように思われる。スミス（Smith）は、一見超越的に思える社会観察は実際のところ「立場を有する」（located）ものであって、専門・管理・行政のレベルからの視点を代表したものだと考える（Smith 1987, p62）。それは労働者・女性・黒人・貧困者・犯罪者など社会内の特定集団に対する管理に根ざしている。スミスは客観的で専門的な記述を「社会の統治器具」（the ruling apparatus of this society）と称している。スミスの観点はフーコーのそれに近い。『監獄の誕生』（1979）においてフーコーはパノプティコン（panopticon）がいかにして中央監視システムから囚人を制御するか議論している。高所を押さえる位置は観察者に無上の権威を与え、囚人は彼の「まなざし」のもと社会と政治（social and political being）へ絶対的に服従しなければならない。アブー＝ルゴッドは人類学に対する批判は社会学とその他の社会科学にも当てはまるとする。

専門的で権威的な一般化の言説と、日常生活における言語（我々自身と彼ら他者との間）の隔たりは、まさに人類学者と彼／彼女たる読者の間、そして描写対象との間を根本的に分離させる要因である。さらにこの分離は他者を特異で劣った存在として構築することに進む。（Abu-Lugard 1993, pp8～9）

私を例にとってみれば、自身の家族に対する理解がいかに浅かったかに気がついてはじめて、過去の私が観察対象者を「他者」として習慣的に観察・分析してきたことに気づいた。数年間にわたる私の民族誌的研究について ざっくりといえば、研究対象者のライフヒストリーについて事細かに把握していながら、自身のファミリーヒストリーについてははるかに理解が及んでいなかった。恥ずかしいことだが、母親がいったいいつ故郷を離れ台北にやってきたのか、台北でどういう仕事をしていたのか、過去の私は全く知らなかった。国際結婚に関するこの研究を始めて母親から友人がアメリカ軍人に嫁いだ話を聞く中で、ようやく母親が一度ならず自身について物語っており、私がそれをちゃんと聞いていなかっただけだと気が付いたのである。母親のライフヒストリーが台湾の数十年間にわたる社会経済的発展プロセスを象徴するものだとは考えたこともなかった。意識的・無意識的に私は母親の話を科学的な研究の価値がないくだらぬ呟きと扱ってきた。私が質的研究に「改宗」したのちですら「よその人」のライフヒストリーを研究するのみで、「彼ら」と私の最も近しい家族の経験との間にかくも多くの類似性があろうとは意識したことがなかった。一〇年にわたる大学院での社会学的な訓練によって、私は「他者」を「物」として取扱い、研究対象の生活世界から自身をかけ離れた存在とするようしつけられたのである。

我が身をそこに置いて

研究対象を他者として描き出してしまう危険について気づいてのち、それに続いた問題は「いかにして社会学研究をし、描写をすれば、私に人生経験を与えてくれた人びとに栄誉と力を感じてもらえるか」であった。たとえ彼らと私の世界を見る角度が異なったとしてもである（Richardson 1992, p108）。私は「他者を物神化する」[7]（fetishizing the other）ことを避けなければならない（Probyn 1993）。あるいは「学術的な覗き」（academic voyeurism）となることも避けなければならない（England 1994）。

「まず自己の経験から始めてのみ、他人について理解できる」とはジャクソンの言葉である（Jackson 1989, p17）。我々が厳格に客観主義に対する批判に向き合おうとするならば、社会学およびその他の社会科学は「立場を有する」（stated）ことから逃れられない。そして「必ずこれを起点として、方法論・理論戦略を解きほぐす一環としなければならない」（Smith 1990, p22）。スミスが提言するのはある種の代案《オルタナティブ》的な社会学である。彼の社会学は社会学者とその知識、および問題が意識する対象との間の関係を新たにつくり直す。それは第一に「社会学者をいるべき位置に据える」こと、第二に「自らの直接的な日常経験を知識の基礎とすること」である（Smith 1990, p22）。この新しい指向性を持った社会学は、研究者が「経験の主体」（experimental subject）となり「経験を一次データ（primary data）として向き合うこと」を通じて徹底的に「経験の超越を装った立場」を放棄することにある（Jackson 1989）。イングランド（England）によるなら、研究者は他人に代わって発言できない、まして自分に代わっては発言できない。我々が研究しようとするのはそこに身を置いた人によって解釈される世界であり、彼らと我々の世界の「横断性」（betweeneness）を研究することである。この新しい研究指向のもとでは、研究者は自ら研究プロセスの中に自分を当てはめ、自分の位置を探さなければならない。そして自分のいる立場をつかみ、立場がどう我々の問題意識・研究手法・論文叙述に影響しているのか省みなければならない。簡単にいえば、社会学者は「みずから身を置く」（getting personal）ものでなければならない（England 1994）。

やはり第三世界である台湾においても、多くの地方住民たちは「客観的な」研究のもとで「他者」として見られる経験を有している。美濃鎮に代々住むある友人の家族は、かつてアメリカの人類学者の研究対象となった。中国人は他所からやってきた客人を手厚くもてなすものだが、この客家の素朴で小さな街も、それを存分に発揮した。数年後、人類学者は再びこの小さな街に戻ってきた。家族の家に幾晩か泊まり、彼らの素朴なあり方が変らぬかどうかしっかりと観察していった。さらに数年後、友人の父は農閑期にアメリカにいる娘を訪ねにいった。しかし不幸にも途上で具合が悪くなり、飛行機を降りてすぐ病院の急患室に向かった。よすがのない娘は、当然のようにアメリカの昔なじみのことを思い出した。数年前、彼女と夫が慣れないアメリカに着いたとき、何度となく連絡を取ろうとしては、冷たい応対に出くわす挫折を味わっていた。けれどもこの時は父親が生死の境にいるのだから、あのアメリカの先生も、きっと何とかして誠実な「リポーター」だった父親を助けようとしてくれるだろうと考えた。けれど意外にも、電話の向こう側から伝わってきたのは変わらず冷たい回答だった。父親はアメリカで客死した。母親はかつて心から歓待した学者のことを深く恨んだ。父親が亡くなって間もなく、人類学者は再び小さな街へ戻ってきた、けれども彼は決して友人の母に対して哀悼の意を述べることはなかった。「お悔やみを述べる」のは地元の人にとってとても大事な礼儀である。ところがひどいことに、現地文化の研究で世界に名を知られる学者は、まったくそういう風には考えなかった。もちろん、友人の母親は学者がお見舞いに来てくれたからといって、夫が死の淵から蘇るようなことはないとわかっていただろう。けれども、よりはっきりとわかっていたのは、彼の友情に対する裏切りを、どうあっても許すことができないということであった。

私の立場

アメリカ留学の二年間、「外人」になってみて、私は身をもって「他者」として見られる感覚を知った。傍にいた親友たちは、有名な学者に「研究対象」として利用され、およそ友人に対するものでない態度で取り扱われたことに憤ってくれた。それはいっそう深く私を揺り動かすものだった。これらの経験と感情におけるぶれは、私の研究対象に対する認識に刻み込まれた。私と研究対象の間にある横断性（betweenness）はかくも鮮明になり、もはや私にとって研究の科学性を理由に研究対象との間に距離を設けることは受け入れ難いものとなった。「外国人嫁」と彼女たちの夫は、行政とメディアの言説の中で、「劣った他者」として描き出される。本書の目的はこれら主流の言説の外から別の論点を提供しようとするものである。その目的はシェーベリとケイン（Sjoberg & Cain 1971）が提出した「カウンターシステム分析」（counter system analysis）と類似している。「カウンターシステム」とは、既存の社会言説とは異なる方向からの反証を示し、これと対になる論点を併置していくことである（Vaughan 1993）。本書が分析しようとするのは行政とメディアがいかに巧妙に「外国人嫁」と彼女たちの夫を「劣った他者」として描き出し、行政職員やメディア従事者を含むその他の台湾人が「優れた自己」で、劣った人びとの侵入を受けていると描いているかである。

私はあえて職員たちの語り（narratives）と、「外国人嫁」「台湾人夫」の語りを並置してみた。「外国人嫁」と「台湾人夫」たちの語りの中の彼ら自身は社会問題の被害者であり、行政職員とメディアの言及とは異なっている。彼らは社会問題の製造者ではない。両者〔の語り〕は明白な対立を有している。本書ではさらに進んでメディア関係者が行政側の論法を「真理」として扱い、「外国人嫁」と「台湾人夫」の声を打ち消していることを分析する。

私は誠実に彼らを「手助け」して語りをしていることを認める。だが本書はどこまでも私の声にすぎない。先に論じたようにいわゆる「科学的」研究を含むいかなる論点も、自らの立場性を有する。自身の立場を非客観化（非特権化）するよう努めるため、各章節の始めに私の人生経験を記した。読者はこれらを通じて私が研究プロセスの中で省みた研究対象と自身との間の類似性について知ることになるだろう。

メールオーダー・ブライドに関する研究において、デル＝ロザリオ（del Rosario）はフェミニズム的方法論を用いて研究対象を客体化しないことを強調している。しかしながら彼女は自己のライフヒストリーと研究対象者の間の関係について向き合うことはなかった。イギリスに嫁いだフィリピン系女性として彼女の境遇はその研究対象と同様に重要なものであるはずだったが、残念ながら彼女はごく簡単に書き残しているに過ぎない。

本研究において黙認されざるを得ないのは、研究と研究対象者が単に客観的な資料を生産するための道具でしかないことである。反対に研究対象者と同様、研究者も特定の状況下で生産される存在であって、自己の仮定・意図・態度・信念・価値観を研究領域に持ち込むのである。(del Rosario 1994, p18。傍線は筆者強調)

本論文がめざすのはデル＝ロザリオが黙認した「研究者も特定の状況下で生産される存在」であることへ自覚的に向き合うことである。それは単に「研究対象者」に関する研究であるのみでなく、何らかのバックグラウンドから「仮定・意図・態度・信念・価値観を研究領域に持ち込む」研究である。本書の執筆においては新しい民族誌的手法を用いた。それは「重層組み込み型記述」(layered account) である (Ronai 1995)。この新しい記述方式は〔自己との対話を織り込みながら〕研究者を理論・統計・ライフヒストリー・感情などの記述の元の文脈に埋め込み直す手法である (Ronai 1997)。

研究のプロセスは現象そのものに対する理解を増すのみならず、自分自身を改めて見直す機会となった。M・ジャクソンのいうように、固定して変わらぬ「自己」が不断に変わらぬ「他者」を論じ、知の対象とすることはありえない (Jackson 1989, p3)。ゆえに本書が強調するのは「我々の経験と他者の経験の結合であって、いかに我々からそれを分離するかではない」(Jackson 1989, p4)。

本書各章で筆者のライフヒストリーに言及するのは、自己愛ゆえではなく、自己批判と、意識的な研究者としての自己回顧のためである。本書の自省には、両親と研究対象の間の類似性も含まれる——いずれも同じように工業化プロセスの中で国を離れた人びとであった。筆者も「外国人嫁」たちも同じように夢みる生活を探し求めて、海を渡って外国に向かった。そして同様に見知らぬ国の中で排外感情に出くわしたのである。

最後に今いちど強調しておきたいのは、記述者がどれほど努力して研究対象者との間の関連を明確にしておいたとしても、それは私がこの本の主記述者であることを無視するわけではないということだ。我々は必ず認識しておかなければならない。いわゆる研究とは本質的に不平等な権力関係の上に成り立っている。少なくとも私は解釈者であって、彼らは解釈される人びとである。自省を行うことはできるが、権力問題を解決することはできない。私は彼らを利用して自分の学問的な地位を高めたのであって、彼らはあくまで舞台裏の英雄でしかない。自省の作用はこうした不平等な関係について、研究対象者を「他者」としてしまう態度について自覚的になりうることであって、それは部分的には我々がいかに彼らを描写するのかに根ざしている（England 1994; Abu-Lughod 1993）。

学問的な育成過程の中で内在化してきた自身の客観主義崇拝をはっきり認識し、それの乱暴さへ気が付くと同時に、自分と研究対象の間の類似性について理解しただけでは、構造が持つ覇権的な力に対するわずかな抵抗にしかなりえない。そこで私は「実践式研究」（practical research）を始めた。一九九五年七月、私は有志数人と共同して「外国人嫁識字教室」を立ち上げた。そして「外国人嫁」たちが自身のさまざまな考えを表現できるように、彼女たちが自身の意見の重要性に気づいてくれるように期待した。ところが、彼女たちは往々にして目を見開いてオジギソウのように縮こまってしまうのだった。彼女たちのびっくりした目や、口々に「わからない」とか「話せない」とかいうのに対して、私はとても痛ましい気分になった。いったいどんな社会が彼女たちの存在を取るに足らないものであるとか滑稽な考え方をするとか思わせてしまったのであろうかと。努めて私は平等に彼女たちを扱おうとしてきた。けれども彼女たちの様子を見て早々に察したのは、競争式の教育のもとでずっと戦って、そして全てに勝ち続けてきた私は、気づかないうちに自分の荒い息遣いを漏らしてしまっていたということだ。研究者やメディアから常に「ポイ捨て」されてきた彼女たちは「わからない」ということで自分を守るようになっていたのだ。もともと我々が当然のものとしてきた自己表現や思考は、実際のところある種のエリートだけが持っている特権なのである。私たちのエリート主義社会はいったいどれほどの人の声を押し殺してきたのであろうか。私が人の口をつぐませるような事はもしかしたらなかったかもしれない。けれども私という存在は確かに、顔を持たず主流社会から絶えず周辺化されてきた人びとの上にある存在なのであり、自分こそが正しいとするような専門家的態度こそ、社会の巨大な消音器の共犯なのである。

幾年もの論文執筆・研究のプロセスで、商品化された国際結婚に対する理解が深まったこと以外の最大の収穫は、改めて自己について理解できたことである。この種の自省は伝統的な専門家育成プロセスの中では決して奨励されることではない。時として排除されることもあった。近年多くの若い研究者が自省を重視した結果、かえって認識重視の自己愛的な引きこもりへ陥ってしまっている。それはあたかも自省しさえすれば研究者／研究対象者の間の偏った権力関係について配慮せずともよいというかのごとくである。しかしながら私がここで提示するのは社会学的な自省である。自己のライフヒストリーを弁証法的にとらえることである。自己と研究対象の間の消すことができない類似性から出発して、批判的に自己と研究対象とを検討して、彼らがいかにして同じように人を喰らう社会構造の中でもがき、逃げ道を探し求めてきたのか、そして我々がいかにエリート主義的な社会の中で、マイノリティを抑圧する共犯となってきたのか探ることだ。重要なのは自省をさらに行動に移すことだ。集団行動に身を置いて反省し、批判し、人を喰らう社会を変えていかなければならない。

筆者自身の立場を明らかにした上で読者へ期待したいのは、研究の中の男女を特異で劣った他者とみなさないようになってほしい、あるいはこうした批判的自省のもとで我々――研究者、メディア、行政職員と自らを高い地位に置く台湾人の同胞――はかろうじて平等に「外国人嫁」と「台湾人夫」に向きあえるようになるのかもしれない、ということである。私たち自身もお金があり権力がある人たちと結婚したいとか、機会があれば外国へ移民したいとか考えていることに思いを致してほしい。親友が他国にあって遭遇したさまざまな不平等に憤ったこともあったろう。そもそも彼らと我々とは同じように複雑なライフヒストリーを経て生きてきたのであって、次の一歩をどういう風に進めようかと考えている。困難な時に力を尽くし、うまくいっている時には感情を分かち合い、どうすれば自己の尊厳を守れるか考え、苦しみ・失意に耐えながら世間の無茶苦茶さを笑い飛ばすのである。

【注】

（1）大量の台湾人男性がインドネシアへ妻探しに赴き始めた当初、駐インドネシア台北経済貿易代表処は平日一日の面談をカップル十数組へ限った。それにより待ち時間を引き延ばし、台湾人男性の妻探しをさまたげようとしたのだ。ところが待ち時間のあまりの長さゆえに男性たちは議員を通じて外交部へクレームを行うようになった。駐インドネシア台北経済貿易代表処ビザ部門の職員によれば、一九九五年以降、極力三カ月以内に手続きを完了させるようにし、二〇〇〇年からは東南アジア駐外部局はいずこも「即時」ビザ手続きを実施するようになっているという。

（2）金額は一律ではない。ただし数名の仲人へインタビューした限り、一般には三〇万から五〇万台湾ドルだという。

（3）一九九四年の物価およびレートから推計した。

（4）駐インドネシア台北経済貿易代表処ビザ部門職員の説明による。

（5）「外国人嫁」（外籍新娘）は台湾で定着している用語ながら、そこには第三世界の女性たちを排斥する心理が満ちている。というのも、どれほど台湾へ滞在していても彼女たちは「外人」であり、台湾人男性へ付属する「嫁」だからである。ここでは読者へその指示する対象を明確にするためあえて使用を続ける。ただし括弧を付してそこにあるイデオロギーに注意を促すものとする。

（6）筆者はここで直ちに「商品化」および「商品化された国際結婚」の定義は行わない。複雑な分析が関わってくるゆえに、後段で改めて論じるものとする。

（7）もとの英語論文で筆者は（救世主の顕現を意味する）「epiphany」を用いた。台湾の読者へ意味を了解しやすいよう、ここでは代わりに仏教用語の「さとり」（頓悟）を使う。

（8）学術研究における匿名原則に鑑み、本書で言及される人名はすべて仮名である。

（9）「「フライングタイガース」は一九四〇年に中国大陸へ派遣され日本軍と戦ったアメリカ人飛行隊である。アメリカの第二次大戦参戦後、同部隊は「第一四空軍」へと編入されたが、その後も「フライングタイガース」として知られた」。この一文は博士論文査読委員シンシア・L・シェンノート（Cynthia L. Chennault）氏が完成稿への挿入を提案した注釈である（原文は英文）。シェンノート氏の家庭背景について私は話をしたことがなかったのだが、口頭試問後、彼女のほうから説明してくれた。彼女は自分のバックグラウンドを思い起こしながら楽しく私の論文を読んだという。というのも、彼女の父親は有名な〔フライングタイガースの〕シェンノート（Chennault）将軍だったのだ。論文執筆に際し自身と「外国人嫁」のバックグラウンドの交錯について話すたび「そうそう、やっぱり私のバックグラウンドも……」と答える人が大勢いた。バックグラウンドの相似性に関する気づきは「外国人嫁」の境遇へ親身な理解を促しうる。これらの回答は、類似から生じる共感が偏見・差別へ批判的に向き合う社会心理的メカニズムとなることを私に確信させてくれるものであった。

【訳注】

〔1〕「〈中国〉は一つ」とする「一つの中国」原則に則って中華人民共和国と正式な外交関係をもちつつ、台湾（中華民国）とも交流関係をもつ国において、台湾当局の外交部（外務省に相当）は「台北経済貿易代表処」（台北經濟貿易代表處）を設置している。同事務所は事実上の大使館として機能しており、国によっては領事館へ相当する「台北経済文化弁事処」（台北經濟文化辦事處）が主要都市へも設置されている。原著では「駐ジャカルタ台北経済貿易代表処」「駐インドネシア台北経済文化代表処」など名称が混同されているため、正式名称の「駐インドネシア台北経済貿易代表処」（駐印尼台北經濟貿易代表處、「印尼」はインドネシアの中国語表記）で統一した。ヴェトナムには首都ハノイに「台北経済貿易代表処」が置かれ、第二の都市ホーチミン（旧サイゴン）へ「台北経済文化弁事処」が置かれている。

〔2〕台湾（中華民国）および中国（中華人民共和国）は「中国語」を公用語としている。この狭義の中国語（国語《グオユー》、普通話《プートンホア》）

とは王朝官僚の共通語であった北京官話をベースに作られた共通語である。広義の中国語は、広東語・閩南語《ミンナン》などの諸言語からなる「中国諸語」を指し、客家語も中国諸語の一つである。客家語を話す、ないし客家語を話していた人びとにルーツをもつと考える人びとを客家人という。台湾には一七世紀から福建省南部（閩南）からの入植者が渡航したが、それに続いて広東省・福建省に住まう客家人たちが台湾へ渡航していった。台湾北部や南部の一部の地域には現在も客家語を第一言語とする人びとがいる。

〔3〕冷戦初期に中国との対立関係にあったアメリカは日本・韓国と同様に台湾へも駐留部隊を置いていた。一九七二年のニクソン訪中以降、アメリカと中国は外交的な接近を続け、一九七八年にアメリカと中華民国（台湾）は断交した。これを受けて一九七九年までにすべてのアメリカ軍部隊が台湾から撤収した。

〔4〕一九六〇年代のアメリカで放映されたＡＢＣテレビ制作のカートゥーン・アニメ。「原始人のサラリーマン」家族を主人公に、当時のアメリカ中産階級の生活をパロディしたホームコメディである。

〔5〕一九九〇年代、中華人民共和国は改革開放政策のもとで外資誘致をすすめ、台湾からの企業投資も増加を続けていた。当時の李登輝政権（国民党）は台湾企業による対東南アジア・南アジア投資を増やすことで対中投資とのバランスをとろうと試み、これを「南向政策」と名付けた。また政府間においてもヴェトナムとの合弁によるハノイ工業団地開発、フィリピンとの合弁によるスービック湾工業団地開発などが試みられたが、いずれも不首尾に終わった。一九九七年のアジア金融危機で台湾本国が受けた経済的ダメージは小さかったものの、東南アジア諸国は深刻な不況に陥り、台湾企業は対中投資に重点を戻していった。

〔6〕中国語タイトルは『蘋果的滋味』。一九七二年に新聞『中国時報』に掲載された短編小説。台北に暮らす庶民の江阿発が偶然アメリカ軍人の車に轢かれたことから、阿発の家族は突如として駐在アメリカ人の周囲に広がる「非日常」へ接触することになる。のち他の短編と合わせて映画化された。

〔7〕本文中での意味合いは他者のもつ属性をその人に本来的に帰属する属性であるかのようにとらえてしまうこと。マルクスが『資本論』第一巻で商品（モノ commodity）の価値について用いた用語に由来する。マルクスは、モノの価値とは、モノを使用する上での価値であり、本来的にはそのモノをつくるために相当する量の労働に由来すると考えた（労働価値説）。社会の発展につれてモノの交換が盛んになると、人びとは貨幣のような統一的な指標でモノを「価値」付けするようになっ

ていった。マルクスによれば最終的に（ブルジョア社会の）人びとは交換のために設けられている「価値」を、そのモノ自体に内在する価値と同一のものであるかのように誤解してありがたがる（物神化）という。いくつか異なる用法がありしばしば「フェティシズム」と直接カタカナ表記される。フロイトが性的逸脱の説明に用いた語とは意味合いが異なる。

◉第二章　探索への道

研究のはじまり

一九九四年に「外国人嫁」の研究を始めてから、私が一番多く遭遇した学術上の問題は「どうやって研究対象者を探し、彼女たちへ本来プライベートに属する経験を提供してもらうか」であった。私の回答はつねに、研究とはそのものが社会参加であり、広い社会運動の文脈に置かれてはじめて万全の理解がなしうるというものだ。

この回答は客観性を強調する伝統的アカデミズムの立場からはかなり刺激的だろう。実証主義が構築主義やポストモダニズム、フェミニズムの潮流から批判を受けるにつれ、研究者の役割は「客観中立」の桎梏から解放されるようになってきた。そして次第に研究者は自己の立場、正当性、研究対象者へのフィードバック、研究者の社会的責任といった問題を顧みるようになってきている。

私を運動に巻き込んだのは、中央研究院民族学研究所の徐正光《シュージョングアン》博士による研究プロジェクトであった。このプロジェクトは台湾南部の客家二地区——高雄県美濃《メイノン》鎮と屏東《ピンドン》県内埔《ネイプー》鎮における商品の政治経済学に関するものであった。そこで徐博士は客家語ができる社会学部の卒業生を探していた。幼い頃から「おいでよ台大、行こうよアメリカ」の暗示のもとで育ち卒業したばかりの私は、アメリカの大学院への申請に熱中していた。私はもともと中央研究院でのチャンスを履歴書のいい経歴ぐらいにしか考えていなかった。まさかそれが私の世界観を変えるようなものになるとは思ってもみなかった。

プロジェクトには三人の同僚がいた。鍾秀梅《ジョンシウメイ》、李允斐《リーユンフェイ》、鍾永豊《ジョンヨンフォン》である。当時の台湾社会運動が急速に大衆迎合《ポピュリズム》（populism）化しつつあるのに思うところあって、彼らの故郷・美濃鎮へ戻ろうとしていたのだ。徐博士の助手となり、都市化ブームに逆らって彼らは美濃鎮へと戻って行った。彼らが立ち上げた美濃愛郷協進会は、長年のコミュニティ活動と動員を経て、反ダム運動の成功を勝ち取った。衰えた客家農村は力を取り戻したのである[1]。

研究プロジェクトと運動への参加プロセスは、私の中に抑圧されていた階級アイデンティティと客家アイデンティティを揺り動かした。私は急速に工業化し都市化していく農村生活を目の当たりにした。西欧化と個人主義によって解放されゆく農村女性を目にしたのだ。秀梅・允斐・永豊たちの草の根運動に対する情熱的な献身が私の意識を目覚めさせた。台湾大学に学んだころ、折しも政治権力に対抗するさまざまな学生運動が湧き起こっていた。社会運動は政治闘争なのだと考えていた。三人の若き活動家たちと行動を共にして、今更ながら私は草の根学習の重要性を理解した。そして客家農民のさまざまな生活のありようについて理解するなかで、台湾農村の「外国人嫁」が日増しに増加しつつあることへ気づいたのであった。博士論文のテーマを考える際に「外国人嫁」はすぐに頭に浮かんだものの一つだった。仲間たちと討論しながら、エリート的な思考を排除する以前に、私たちは周辺化された農民のために声あげなければならないと考えた。そこで私はこのテーマを書こうと決めたのであった。

「外国人嫁」は敏感なテーマだったが、長期の交流と運動参加で、仲間と私は住民と深い信頼関係を築いていた。私が研究を始める以前から、調査対象者の多くは日常的な友人となっていた。運動によって築かれた社会ネットワークを通じて、元々顔見知りでなかった人びともすぐに私の存在を受け入れてくれた。読者は、調査対象者たちが生活の細部まで私へ打ち明けてくれたことに驚くかもしれない。けれどもここで告げておきたいのは、信頼感とは決して調査地（フィールド）への「入り込み」（getting in）と「離脱」（leaving）のような研究上のテクニック（たとえば Shaffir and Stebbins 1991）で成り立つようなものではないということだ。その信頼感は周辺化された人びとのために声をあげる集団行動と意志に根ざしたものなのだ。

データの収集

複雑なテーマには複雑な方法が必要である。同種の研究の少なさから、現象に対するさまざまな解釈についても私は検討した。データ集めの手法には、行政側の文書やメディア報道の検証もあれば、台湾及び東南アジア各地における参与観察、ライフヒストリーの聞き取り、調査対象者の人びと自身が撮影し解釈した写真の分析といったことも含まれていた。

研究期間

本研究は一九九四年五月の夏休み期間に私が台湾に戻ってから始められた。そして研究は現在に至るまで続いている。一九九四年から九五年のフィールド調査は、台湾人男性とインドネシア人女性の結婚を主に取り扱った。一九九五年からはヴェトナム、カンボジア、フィリピン、タイなどの「外国人嫁」も調査対象へ含めるようになった。一九九四年五月から八月まで、私は二一回のインデプス・インタビュー[1]を行い、「外国人嫁」とその夫がジャカルタで行ったパーティーへも参加した。一九九四年六月、私は初めてインドネシアに赴いた。同行者はインドネシア人嫁三人（彼女らはビザ待ちの段階であった）の様子見に来た（夫側の）父母、婚約者との対面を待つ男性一人と美濃の仲人・啓文《チーウェン》さんであった。旅行中、鍾永豊と私は啓文さんにガイドの手配をお願いして、小島嶼にあるインドネシア人嫁の故郷を訪ねてみた。最後に一人のインドネシア人ブローカーへ同行してもらい、ブリトゥン島のある家族を訪問した。この家では娘が一人台湾へ嫁ぐところであった。すぐに彼女の父親はブリトゥン島におけるガイドとなってくれた。

一九九四年八月、私はアメリカに戻って大学院の履修を続けた。一九九五年五月には、再び台湾に戻って二回目のフィールド調査をした。一五回のインデプス・インタビューを行い、参与観察を継続実施した。一九九五年、私と鍾永豊は二回目のインドネシア訪問をした。ジャカルタで私はたまたま美濃鎮からお見合いに来ていた男性に出会った。仲人は彼のおじで、おじも「インドネシア人嫁」をめとっていた。彼の仲人は啓文さんだったのだ。こうして私は見合いのプロセスを観察することができた。我々は滞在期間中に美華《メイホア》へのインタビューも行った。彼女の婚約者もやはり啓文さんが紹介した相手だった。我々は美華に頼んで西カリマンタンにあるポンティアナック市とその他の町・村を案内してもらった。彼女と「インドネシア人嫁」の大半はここからやってきている。二回のインドネシア訪問はいずれも鍾永豊が同行してくれた。研究対象者の彼への信頼は、本研究のキーとなった。

「外国人嫁」と共に過ごす中で、私は中国語を読み書きできないことこそ、彼女たちが日常生活で直面する主たる障碍だと気づいた。私は「インドネシア人嫁」のための授業を始めることにした。そして数回の授業の後、美濃愛郷協進会の仲間たちは識字教室がコミュニティ運動に対して持つ意義に関して議論し、全美濃鎮の「外国人嫁」へ対象を広げると決めたのであった。一九九五年七月三〇日、「外国人嫁識字教室」は正式開講した。当時この識字教室は初めてにして唯一の「外国人嫁」対象のプログラムであったため、台湾メディア全体から注意を引くこととなった。そしてこれが私と美濃愛郷協進会、メディアの間の一連のやりとりを生み、それらは別途の研究資料を提供してくれた。

一九九五年八月、私は改めてアメリカへ戻り、翌年九月に台湾で論文を執筆した。美濃愛郷協進会は第三期識字教室の修了と、私と「外国人嫁」の再会を祝してパーティを開いてくれた。私と美濃愛郷協進会の仲間たちは、いかに創造的な方法を用いて識字教室を運営していけるか議論し、「被抑圧者の演劇」(Boal 1979) の導入を決めた。

鍾　喬《ジョンチアオ》――詩人であり民衆演劇の実践者――が第四期識字教室のため招かれた。第四期での試みは、以後のプログラム体系の方向性を決めるものとなった。

一九九七年、私は世新大学社会発展研究所の職につき、国家科学委員会から三年間の研究経費を獲得した。私は美濃鎮での調査と「外国人嫁識字教室」を続けるとともに、助手の協力を得て「外国人嫁識字教室」を他地域に拡大していった。この期間には五二回のインタビューが行われた。対象は美濃鎮外の高雄地域を含み、「外国人嫁」たちの国籍はインドネシア以外にヴェトナム、タイ、カンボジア、フィリピン、ミャンマーであった。私と助手、美濃鎮「外国人嫁識字教室」の同僚は、それぞれ一九九九年から二〇〇〇年にかけてヴェトナム・インドネシア・フィリピンを歴訪し、現地の社会経済発展を考察しながら「外国人嫁」の家族状況を把握した。

この研究は七年を超える連続的なプロセスだった。私がアメリカにいた期間も、美濃鎮の友人たちは常に「外国人嫁」に関する情報を送ってくれた。私が本書を書いているこの期間も研究はなお継続しているのである。

研究の方法

本研究は実践を志向し、主な研究方法に文献《ドキュメント》分析、参与観察、インデプス・インタビューを用いた。

A　文献《ドキュメント》資料の分析

行政によるレポート　研究の初期、学生身分ゆえ行政の内部文書取得のためには徐博士の照会書発給が大変な助けとなった。照会により行政機構は私のインタビューを受け入れ、関係文書を提出してくれた。一九九七年に世新大学社会発展研究所へ着任して国家科学委員会の研究補助を受けてからは、行政資料取得のルートがもてるようになった。使用した行政のレポートは東南アジア諸国の経済貿易発展に関する計画と、それに関わる統計資料、それから「外国人嫁」移住の調整に関する規定、「外国人嫁」現象に関する評価報告と統計資料である。

メディア報道　一九八八年から一九九六年の間の台湾の新聞・テレビ・雑誌における「外国人嫁」についての報道三三三篇の分析を行った。[2]

B　参与観察

参与観察は主に高雄県美濃鎮、インドネシア、ヴェトナム、フィリピンなどの区域で行われた。特定の地点・状況としては駐インドネシア台北経済貿易代表処と駐ホーチミン台北経済文化弁事処、お見合いツアー、台湾人男性と「外国人嫁」のパーティーなどがあった。

ビザ面接　駐インドネシア台北経済貿易代表処および駐ホーチミン台北経済文化弁事処の規定によれば、「外国人嫁」のビザ発給に先立ち、男女双方が代表処で面談を受ける必要があった。私はジャカルタとホーチミンのオフィスでそれぞれ三回と一回ずつ、台湾人男性と「外国人嫁」の順番待ち・面接中の相互のやりとりについて観察した。

お見合いツアー　三回のインドネシア訪問で、お見合いの前・中・後において、私は仲人、両親、台湾人男性とインドネシア人嫁の間に生じる相互のやりとりの観察を行った。このほかインドネシア、ヴェトナム、フィリピンなど「外国人嫁」の故郷を訪ねるに際して、現地の人びとへ自国女性が台湾人男性に嫁ぐ現象をどのようにとらえているかについて尋ねた。

集いのイベント　一九九四年から九五年ごろは、ビザ待ちの期間がかなり長かった。婚約者が台湾へやってくるのを待つあいだ、台湾人男性と家族はしばしば仲人の家で会合をもち、情報を交換しあっていた。「外国人嫁」が嫁いできてからも、彼らは仲人の家でおしゃべりを交わしていた。彼らはお互いの結婚式に参加しあい、あるいは子供の満一月のお祝いに参加しあっていた。毎週金曜の夜、美濃鎮の「外国人嫁」はパートナーと共にナイトマーケットを回って食事したり、何人かで一緒に出かけたりしていた。私はこうした機会に観察メモを残しておいた。

C　インデプス・インタビュー

こと華人文化の文脈において、結婚は一種の集団的な活動であり、プロセスである。それは決して結婚に関わる二人の個人的行為ではない。この観点は理論上の仮説ではなく、経験によって検証されたものである。以降の分析の章で論じるように、方法論的個人主義の〔仮定が〕生み出す落とし穴を避けるため、インデプス・インタビューの対象は結婚当事者の男女に限定しなかった。インタビュー対象は彼らの家族、仲人、及び関係する行政機構へと及んだ。研究当初、私は調査対象者が自由に感じたことを述べられるよう、「ライフストーリー・テーリング」(life story telling) と「写真解釈法」(photograph interpretation) を用いた。

ライフストーリー・テーリング　一九九四年から九五年に、台湾人男性、インドネシア人女性と仲人へインタビューした際、私は「あなたご自身の話をしていただけるでしょうか」との問いから始めた。ライフストーリー・テーリングの方法はグブリアムが老人ホームの高齢者に対する研究に用いて発達した (Gubrium 1993)。グブリアムは過去の研究が生活の満足度に関し〔研究上そもそも〕前提を設けており、質問票にも問題点があると批判した。高齢者へ老人ホームへの満足度をイエス・ノーで答えさせるのは、先入観に基づいたインタビュー方式だとしたのだ。調査対象者に枠をはめてしまうようでは、当事者の主観的解釈の文脈へ入り込むことはできないという。ゆえにグブリアムはストーリー・テーリングの手法を取り入れた。まず調査対象者に自由に自身の物語《ストーリー》について語ってもらい、その中から、彼らがいかにして老人ホームでの生活とライフストーリーを結びつけているかについて分析した。同じように台湾人男性、東南アジア人女性と仲人たちへライフストーリーを語ってもらい、結婚がストーリーへ出現したところで、私は彼らの国際結婚の経験に関わる問題について尋ねてみた。調査対象者が国際結婚現象を解釈するとき、無理やり何らかの前提となるテーマを付け加えるのを避け、調査対象者の国際結婚に関する理解がいかにライフストーリーと結びつけられているかを把握しようとしたのである。

しかし私の経験では、この方法でインタビューをするのには非常な困難が伴った。私は何度となく「自分について話す」とはどういうことか説明しなければならなかった。説明が終わった後、調査対象者がしどろもどろに自分について語り始めるのだが、なんとか始まったとしても、彼らの自分に関する語りはたちまち終わってしまうのであった。そこで私のほうからそもそも聞いておくべき話題、たとえば彼らの両親や職業について尋ねて話を続けてもらわざるをえなかった。ひとたび話題が「外部」（自身と直結しない、自身と全く関係がない）の事柄に向かうと、調査対象者はほとんど困難を感じることなく話を続けることができた。この状況が示しているのは、研究方法はその文化の中から練り上げられなくてはならないということである。確かにグブリアムはアメリカの高齢者の研究において、この方法で順調に研究を進めることができたかもしれない。だが、同じ方法は台湾にあってはかなり難易度が高いといわざるをえない。台湾人男性、東南アジア人女性と仲人たちが私に向かってまずいうのは、「話せるようなことなんてなにもない」とか「どうやって話したらいいかわからない」というような答えであった。これはもちろん彼らが「自分」について全く認識していないということではない。集会の折のように話題へ特定の方向性がない時には、調査対象者たちは経験や意見を含む自分に関わる話題を語りえていたのだ。しかし正式なインタビューとなると、彼らは「自分」について語ることができなくなってしまうのであった。

研究手法はその文化の中から練り上げられていくべきものであることは認めざるをえない。しかしそれはライフストーリー・テーリングの手法が華人文化のなかで生きる人びとへ向かないというわけではない。ミラー（Miller）が示すように、ふるまい（style）と権力（power）は分けて考えることができないものである。歴史的に周辺化されてきた集団は「「弱者」（underdog）としてふるまうことで、自身の主張を抑圧してきたと考えられる。こうしたふるまいは権力への主張と解釈される傾向を隠す（抑圧する、隠蔽する）ものである。なぜなら公然と権力に関する主張を述べることは、ある論点についての競合（それは政治的なものである）とみなされ、権力をめぐる闘争が露わとなることを避けられないためである」（Miller 1993, p336）。

ゆえに語りの中心となることを求められた際（「自己」について語るというような）には、彼らはたちまち難色を示す。けれどもそれをもって彼らを「無能」とみなすことはできない。確かにミラーがいうようにマイノリティは演技に長けている。ある権力構造の中で不利な立場から声を発するにあたって、彼らは「あえて弱者となる」防衛的戦略（とぼけ、ウソ、焦点のごまかしや沈黙）を使う。正式なインタビューで、私が挑戦的な話題を取り上げると、たとえば「ちょっとした冗談ですよ」などと答えることで私のさらなる質問を避けようとする。けれども彼ら自身が集会を開くとき、似たような話題が他の人から出されたならば、熱く、それでいて互いの感情を損なわない限りの議論が展開されるのである。彼らは決して「冗談ですよ」などと述べて議論を閉ざすことはない。私がこのような状況で似たようなきわどい話題を投げかけたなら、論争的でない言い回しながらも〔私との間で〕議論が続くこともある。他の調査対象者と議論する時と同じようにだ。私の研究者という身分が権威へ結びつくことで、彼らの周辺的立場が照射されるのである。だが権威とは決して固定した状態ではない。〔人間関係の〕構成はくるくると入れ替わるもので、その出現は社会的文脈によって決まる。正式なインタビューにおいて私の権威は「インタビュアー」と「調査対象者」の役割構造にはめこまれる。一般的な集会の場合、彼らにとって私は鍾永豊たち美濃愛郷協進会の友人となる。それ以外の場合ならば、私はもしかすると無意識的なジェスチャーや話し方によって、彼らに私の研究者としての立ち位置を示しているのかもしれない。この経験が私に示してくれたのは、研究者は調査対象者の中での役割変化に自覚的でなければならないということであり、〔役割は〕調査対象者の語りと影響しあっているということである。

写真の解釈　調査対象者に写真を撮ってもらい、彼らが撮影した内容について話をしてもらうものである。これは調査対象者が経験や意見を述べることを促すもう一つの方法であった。私は五人の調査対象者へ、彼らが興味を持った対象について、ないしは国際結婚で重要だと考えた人・事物を撮影してもらった。五人の調査対象者の一名はインドネシアのバンカ島にある嫁の実家を訪ねる高齢者だった。一名はジャカルタでお見合いに向かう美濃の男性であった。もう一人は婚約者が台湾に来るのを待つ美濃の男性だった。そして美濃鎮へやって来たばかりのインドネシア人女性二人がいた。私は視覚人類学者流の写真解釈はしなかった。私は彼らに自分たちの撮った写真が意味するものについて教えてくれるよう頼み、それによって写真の中に詰め込まれている情景が、彼らにとっていかなる意義を持っているか、国際結婚の経験と彼らの生活をいかに結びつけているかを理解しようとした。

半構造化インタビュー〔2〕　国際結婚現象に関わる台湾在外職員へインタビューを行う際には半構造化インタビューを用いた。質問の大枠は彼らの国際結婚に対する観察と分析、および彼らの東南アジア・台湾間の経済貿易上・政治関係上の分析に関してであった。職員はインタビューで敏感な話題に触れる際、オフレコにするよう要求することもあった。そして適当な頃合に私へ再び録音するよう求めたのであった。

同様な半構造化インタビューは、「外国人嫁」たちからは受け入れられにくかった。レコーダーを取り出すや、彼らは「ごめんなさい、わかりません」と答えるのであった。ゆえに「外国人嫁」へのインタビューはしばしばインフォーマルな会話として行われた。一九九五年に設立された「外国人嫁識字教室」で、私と識字教室の職員たちは「外国人嫁」たちと良好な信頼関係を築いた。この基盤の上で彼女たちはかなりの程度までインタビューを受けてくれるようになった。直接的にインタビューの主題を切り出せるようになったのだ。一九九八年になって「外国人嫁」を対象とした半構造化インタビューを始めた。インタビューに先立ち事前に質問項目が定められ、私か識字教室職員によるインタビューが行われた。対象となったのは美濃「外国人嫁識字教室」の生徒以外に、生徒を通じて紹介してもらった他地域の「外国人嫁」たちであった。

実践式研究を継続的運動の一部分に

先に述べたとおり、本研究は私自らが参加したコミュニティ運動の一部分であった。このため私は実践式リサーチを研究方法に取り入れ、マジョリティの社会から周辺化された研究主体に「エンパワーメント」(empowerment)を試みた。「外国人嫁識字教室」の趣旨は「外国人嫁」同士、彼女たちとコミュニティの間の連携を促すことであった。それによって彼女たちに知識が生産される過程へと参与してもらい、自主的に外部へ声を発する組織を作ってもらおうとしたのだ。「外国人嫁」に対する深い思い入れや捉え方は識字教室でのやりとり・対話で培われたものである。以下、私が用いた実践式研究の理論と方法について述べてみたい。

研究主体のモノ化を拒絶する

近年、多くの社会学者・他領域の研究者たちが研究対象を客観的「モノ」とする実証主義的あり方に疑問を投げかけている。そしてアカデミックな研究と運動（activism）の結合へ興味をもつようになってきている。これらアカデミックな実践に対する呼称は人によって異なっている。アクションリサーチ（action research, Argyris 1983）、参加型アクションリサーチ（participatory action research, Fals-Borda and Rahman 1991）、参加型リサーチ（participatory research, Park 1989）、解放の社会学（liberation sociology, Feagin and Vera 2001）、フェミニスト・アクションリサーチ（feminist action research, Reinharz 1992）などである。これらの研究は多少の差異はあるものの、いずれも実証主義（positivism）に対して批判的立場をとっている。ボーグスローとヴィッカース（Boguslaw and Vickers 1977）は実証主義が社会学においてとる五つの特徴的あり方について指摘している。

1　予測可能で解釈可能な知識の増加
2　現存する社会体制の肯定
3　現実が人の意思・意欲と別に客観的に存在することへの信頼
4　人は一定した規則性を見いだしうるし、予測を成しえるという信念
5　訓練を受け能力のある専門家のみが専門的で科学的な活動に従事しうるという考え

参加への志向を有する研究者の、実証主義に対する批判は主に三方面に集中している。

1　実証主義的な研究が、国家（state）に利用されそれを合理化する道具となりうること
2　実証主義にもイデオロギーがあり、自称するほど価値中立的な存在ではないこと
3　主観・客観の区別のもと社会に存在する複雑性が研究をへて一般化されてしまうこと

国家や既得権益をもつ財団の援助を受け、人びとを統計数字として一般化し重要な政策決定から排除するがゆえに、参加型の研究者は実証主義が現状の維持へ利用されていると考えている（Hall 1979, Maguire 1987, Feagin and Vera 2001）。結果、「一面的なプロセスによって人びとはデータソースとしてのみ捉えられた。人びとは断片的で部分的な知識のみを有するにすぎないとされて、明確なプロセスを備え存在する社会的事実を分析する能力が期待されない」（Hall 1979, p403）傾向が強められてきた。

参加型の研究を志向する研究者は、実証主義に対する批判において、一致して価値中立はまやかしだと考えている。少なくとも「社会的事実」（social facts）なるものが、自然の事実（natural facts）とは異なっていると考えてい

る。行動をとらないことは、それ自体が一種の行動である。ゆえに参加者の価値・信念・感情が社会の理解においては絶対に必要なのだ。個人の介入は決して研究の質に影響するものではない。むしろ研究の質の向上につながりうる（Latapi 1988）。

研究すなわち実践

参加型の研究はさらに二種類に分けられる。一つは個人と社会の改造を志向するもの、もう一つは研究者が社会研究に参加することのみを重視するものである。本論文は前者をめざすがゆえ、これを実践式研究と名付けたい（praxis-oriented research）。筆者はしばしば用いられる「アクションリサーチ」（action research）をここでは使わない（たとえばGreenwood and Levin 1998、夏林清1996）。なぜなら行為（アクション）とは、社会学的には「任意の一セットないし一シリーズの社会的活動・行為……および個人の行動……。意味ないし目的を有するものであり、自覚的な思考の結果であって、単なる生物学上の反射でないもの」（Jary and Jary 1998, p5）をいうからだ。この意味からすれば「アクション」は必ずしも個人・社会の改造につながるものではない。さらに「アクションリサーチ」は本来「社会の改変」と「民主的参加」を強調していたが、のち産業マネジメントの研究に用いられて「有効な管理のためのツールとなった（Greenwood and Levin 1998）。たとえ労働者の協働的な参加のもと、生産効率を高め労資が更なる協調をするようなマネジメント方式が見いだされたとしても、それは資本主義的な生産様式が作り出した生産関係を反省し変革するものとはならない[3]。研究者の多くはアクションリサーチの実践志向を強調するが（たとえば夏林清1993）、「アクション」概念は「参加」を強調することで社会変革の方向性を曖昧にしてしまう。ゆえに筆者は「実践」をもってこの語に替えたい。「実践」の語によって研究と根本的な社会改造との間の弁証関係を強調したいのである。「実践」とはひとつの歴史的意義を有する概念なのだ。

政治行為を含む目的を志向した行為は、物質的な世界・社会の改造をめざす。そしてそれは人間そのものを改造することでもある。「実践」はマルクス主義を貫く重要概念だ。人びとの意識を経済・社会の制度を構成する性質に向け、それらの制度を改変していく可能性に気づかせる。それは人びとが自由となるための能力を獲得することであり、この能力は個人のレベルでは全く実現しえないものである。（Jary and Jary 1998）

ゆえに「実践式研究」は、単に調査対象者を研究へ参加させるにとどまらない。より重要なのは、研究そのものが物質世界に関心を持ち、社会がもつ根本的矛盾を分析して変革の可能性を示すことである。

これらの研究方法は伝統的な社会科学の認識論を根本的に否定するものである。ピーター・パーク（Peter Park 1989）の指摘にあるように、伝統的な社会科学が現実の不変性を過度に強調したことは、社会史的な視座を消滅させてしまった。変動をとらえられなければ、改変の可能性を見いだすこともできない。ラーザー（Lather 1986）は、人類の科学がすでに実証主義の時代からポスト実証主義の時代へ発展しており、さらに「解放の社会科学」が求められなくてはならないとする。それは私たちに社会権力と資源の分配について理解させてくれるのみならず、より公平な世界のために、不公平な分配を改変する支えとなりうる（夏林清 1993から引用）。本論文は、研究が有する影響を不可避のものととらえる。さらに研究そのものが一種の「社会学的関与」（sociological intervention, Touraine 1981, p139）であり、声を消されてしまった調査対象者に対するエンパワーメント（empowerment）であると考える。つまり新しい研究においては社会関係と社会的な行為のカテゴリーが課題となるのであって、もはや単に情勢、趨勢や意見を研究するのみではなくなる。

社会学はこれらの関係性を浮かび上がらせるのが主要なテーマである。もはや社会が用いならわしてきたカテゴリーを盲信することはない。このことは社会学者の積極的関与のための基礎となる。彼の任務は、許容され組織化されたならわしの山から、社会関係の真相を暴き出すことにある。（Touraine 1981, p139）

関与は単なる研究動機ではない。研究自身や研究がもつ作用を重視することでもある。正確にいうならば、ある闘争および闘争を代表する運動の中にあって関与するということだ。（Touraine 1981, p148）

トゥレーヌは社会学的な関与について四つの原則を打ち立てた（Touraine 1981, pp142 ~ 144）。筆頭にして最重要の原則は、社会学者は直接に社会運動へ向き合わなければならないということだ。社会学者は自身を歴史的な行為主体とみなさなければならない。そして自身がより重要な事実と潜在的活動の代理人であると考えなければならない。第二に、社会学者はイデオロギーの言語から超越して存在しなければならない。社会運動グループが闘う位置にあって理解を進めなければならない。第三に、研究者は活動者と同等視されてはならない。また活動者と敵対する側で行動していると考えられてはならない。研究者が演じるべき役割は、社会運動をその文脈中の人びとへ取り返すことにある。こうした役割を演じる人びととは、闘争者とその敵対者に向けて発言しなければならない。かつ最も重要なのは、闘争による社会運動についてはっきりと理解することへ勇敢でなければならない。ゆえに衝突している社会や文化の利害得失について指摘しなければならない。第四に、研究者がなす分析は闘争活動に転化されなければならず、社会運動の分析に従事するなかで運動について熟知しなくてはならない。研究者と活動者たちの要求が一致していないからといって、そのことが研究者の運動参加を妨げるわけではない。運動から独立した役割をもち、客観的な距離を保つことが運動に寄与することになる。運動から独立した立場に立つことも、距離を保つことも、いずれも社会運動における最も激烈な抗議・反抗とは区別されるものであるが、いずれも欠いてはならないものである。総じていうなら、トゥレーヌの社会学的関与において研究者は「直接的で先鋭的《ラディカル》な社会学の課題、および社会関係と集合行為の状況の中に」（Touraine 1981, p145）身を置く。ゆえに社会学的関与は「一種の社会学的行為であり、それ自身が行為の社会学である（the action of a sociology which is itself a sociology of action）」（Touraine 1981, p145）。

トゥレーヌに比べ、ブラジルの革命主義教育家であり、哲学者であるパウロ・フレイレ（Freire 1970）の思想が示すものは、研究者が第三世界で求められる介入はトゥレーヌが考えたよりはるかに多いということである。そもそも関与を行う研究者は、解放のための教育者にほかならない。その目的は単に文盲者に読み書きを教えることではなく、彼らの批判的認識を培い、個々の置かれた社会の現実に向かわせることであって、根本的に世界を改造することである（Chung 1996）。フレイレによれば、被抑圧者の教育法（pedagogy of the oppressed）はヒューマニズムと解放の主張が特徴であり、まず意識の問題に向き合うものである。

> 教育法の第一段階は、被抑圧者の意識と抑圧者の意識の問題を処理することにある。人びとを抑圧する男女と、それによって被害を受けている男女の問題も必ず処理しなければならない。そして彼らの行為、世界観および倫理観について考慮しなければならない。特殊な問題であるのが、被抑圧者のもつ二重性（duality）である。彼らは相互に矛盾し分裂した存在だ。〔被抑圧者のもつ二重性は〕抑圧と暴力の具体的な状況に生きる中で形作られている。（Freire 1970, p37）

解放教育を通じて被抑圧者はエンパワーメントを受け、抑圧的な世界に対する批判意識を育む。そして実践を通じて世界の改造に取り込むようになるのである。抑圧的な現実を改造した後、教育は対象を個人から社会へと変えていく。「絶え間なき解放のプロセスの中で人民全てのための教育法となりうる」（Freire 1970, p36）のである。

フレイレとトゥレーヌの類似点は二者とも研究者が自己批判を進めるよう主張した点にある。しかし彼らが設定している〔研究者の〕役割は異なっている。トゥレーヌについていえば、自己批判は研究者が持っている立場の脆弱性を克服するものであるから、最低限のラインとして一定の距離を保つことを認める。一方、フレイレの立場に立つと、再社会化（re-socialization）して抑圧者と同じ立場で共闘するためには「再生」（rebirth）を通じ被抑圧者の同志となるしかない。そうしてはじめて抑圧された人びとの行為・生活の特徴の理解、および行為と特徴が生み出している搾取構造の検証が可能となるのであり、抑圧者のために／とともに（for and with）社会における意識と現実の再構成が可能になるのであるという（Freire 1970, p43）。

フレイレとトゥレーヌの違いは、彼らが置かれた社会状況と関わりがある。第一世界に身を置いたトゥレーヌに対して、フレイレが向き合っていたラテンアメリカには明確で激烈な社会矛盾があった。こうした条件のもとでは「客観的な距離」は統治階級に対して武器をおろすことに他にならなかった。トゥレーヌが発展させた社会学的関与の概念は、具体的には一九六八年のフランスにおける学生運動の経験から築き上げられたものである。教授であったトゥレーヌは客観的な距離によって運動主体――教授に対し全く信頼関係を有していない学生たち――との間に比較的有効な距離を保つことができた。これに比べ、フレイレが向きあっていたのは知識と情報を全く得られない普通の人びとであって、彼は識字教育を通し人びとを組織しようと試みていた。トゥレーヌの崇める客観的距離は、むしろ人びとからの不信を生み出してしまうものだったのだ。

同じ実践志向型の研究者でありながら、フレイレとトゥレーヌの違いは、実践式研究における研究者と被研究者の間の関係を示唆している。すなわち運動における知識人と人びととの間の関係というのは、社会の状況及び群衆の社会的性質に鑑みて調整されるべきなのである。第七章において筆者は自身が立ち上げに参与した「外国人嫁識字教室」について分析を試みる。そして「外国人嫁」を組織対象とする実践式研究と関連テーマについて、台湾の社会的状況をふまえ検証してみたい。

識字教室から被抑圧者の演劇へ

一九九五年七月三〇日、「外国人嫁識字教室」が高雄県美濃鎮で開講した。最初のプログラムは筆者が設計した。それらは主として美濃のナイトマーケット、銀行、空港といった状況において想定される中国語会話について学ぶものであった。とはいえ私はアメリカに戻り大学院課程の履修を続けなくてはならなかったので、美濃鎮の友人二人に識字教室のプログラムを委ねなければならなかった。標準的な中国語を学ぶことは、識字教室の最終目的ではなかった。ゆえにわざわざ専門の教師を招いての授業はせず、私は春梅《チュンメイ》さんに授業を受け持ってくれるよう説得した。彼女は結婚上の苦難を経験し、美濃愛郷協進会のサポートを受けた専業主婦であった。この機会を通して彼女に自信をつけてもらうともに、この母親を思わせる先生に対して「外国人嫁」たちは比較的自由な雰囲気を感じてくれるだろうと考えたのであった。

当初の構想を実現できなかったため、結局、春梅さんともう一人の講師は、台北市政府教育局が編纂した成人識字プログラムに基づいて授業を行った。それ以外の自立能力を育成しようという当初の意図は実践されなかったのだ。一九九六年九月に台湾に戻った私は、美濃愛郷協進会の幹部たちと「外国人嫁識字教室」を再起動させる可能性について討論した。私は「被抑圧者の演劇」（theators of the oppressed）のローカライズを試みている演劇活動家との協力を提言した。この年の一一月、「被抑圧者の演劇」（Boal 1979）とコラボレーションした学習方法[4]での、新しい識字教室プログラムが開講した。

私たちは台湾で長らく民衆演劇活動を推進してきた鍾喬を招聘し、「外国人嫁識字教室」と民衆演劇を結合させた試みを行った。二週間のテスト期間を経て、我々はゆっくりと活発で実用的な授業方式を模索していった。この二週間の経験は、私と「外国人嫁識字教室」へ携わる活動者たちに、多くの創造の余地を与えてくれた。我々は識字教室の初級・中級・上級の教材と、教授用のパンフレットを少しずつ設計していった。一九九九年、識字教室はエンパワーメントの媒介となるメソッドを高雄県宝山《バオシャン》鎮、嘉義《ジアイー》市、台南市、台北市へ広げていった。「外国人嫁識字教室」の具体的変化と成果については第七章で詳細な分析を行いたい。

主なフィールド――美濃

本研究のフィールドは台湾及び東南アジアであったが、本節では主に高雄県美濃鎮について紹介する。美濃は私がフィールド調査の大部分を行った地点である。東南アジア諸国についての政治経済分析は第六章を参照されたい。美濃鎮は南台湾の客家地域である。この地域はくさび形の平野をなしている。南端には荖濃《ラオノン》河が流れ、東側と北側を二つの山脈に包み込まれている。川と山が外界と隔絶された天然の生活環境を作り上げ、外部の福佬人《ホーロー》〔3〕の文化の取り込みが制限されたことによって、この地では自立した客家文化が成長した。過去二〇年を通じて美濃鎮は台湾で最も名の通った客家地域となった。台湾の客家文化を最も代表する地域という栄誉を享受したのだ。台湾の工業化・都市化の進行につれ、芸術家や文学者は美濃鎮を台湾本土文化のノスタルジーを残す場所として構築するようになった。

歴史をひもとけば、広義の台湾社会に対して美濃鎮はかなりの独立性を保ってきた。それはひとえに美濃鎮の文化的・経済的な基礎と独特な地理条件によるものであった。第一に、エスニック・グループ上、福佬人に囲まれて孤立していた。二つのグループは過去に多くの衝突を繰り返してきた。それらは主として土地や灌漑用水の争奪、商業上の争いによるものであった。第二に、日本統治末期にタバコ栽培が取り入れられ、美濃鎮経済の主要部分を占めるようになった。生産面積のみならず生産量と作付株数においても、たちまち美濃鎮は台湾のトップに立ったのだ。タバコ栽培が美濃の農業経済をリードするにあたり、地理的条件が大いにものをいった。美濃鎮にある二つの山脈は、冬場の寒気団の南下を遮り他地域に比べ安定した温暖な気候をもたらすとともに、水量豊かな荖濃河が美濃を旱害から解放した。これにより冬の美濃鎮はタバコ栽培に適した地域となったのである。

社会面においてタバコ経済は他作物と比べ二つの特徴を有する（Chung 1996）。第一に、生産過程が高度に組織化されている。タバコ作付における高い労働力需要に応えるため、美濃鎮のタバコ農家は地縁・血縁ネットワークのもとに、相互補助を高度に制度化していた。これにより、まず労働源を確保し生産コストを引き下げた。第二に、タバコ生産は市場経済に対し独立性を有していた。台湾省煙酒専売局の専売制度のもと、作付面積・株数・総生産量および単価は厳格な制限を受けた。専売局による制限と保護はタバコ経済を市場競争と価格変動から切り離し、タバコ農家が生産データ取得と商品の販売において市場と接する機会を不要とした。専売制度の規制のもとでの生産関係と労働過程は、美濃鎮の社会形態に二つの影響を及ぼした。一つめは、かなりのレベルにまで台湾の客家タバコ農家の生産生活を安定させたこと、二つめは美濃客家地域の地縁・血縁関係が社会経済上の生産・再生産プロセスを通してさらに緊密なものとなっていったことである。一九八〇年代以降、台湾の農村経済の大部分が農業部門衰退の衝撃を受ける中にあっても、美濃鎮のタバコ経済は最低限の栄光を保ち続けた（Chung 1996）。駐インドネシア台北経済貿易代表処の林《リン》班長が観察してきたところによれば、インドネシア人嫁ブームは台湾中部の客家地域に始まった。美濃鎮の男性がブームに加わったのは一九九〇年代初期以降である。台湾中部の客家地域は天然資源に乏しい中山間地域で、工業化のダメージをより強く受けた。相対的に美濃鎮が「外国人嫁」を迎え入れはじめるのが遅かったのは、他の農村地域に比べた〔農業面での〕繁栄に起因しているのかもしれない。

相対的に孤立した地理的条件と衝突するエスニック・グループ間関係、タバコ経済によって強化された地縁・血縁関係は他地域との間に明らかな差異を生じさせた。婚姻形態はこうした差異を反映している。アメリカの人類学者M・L・コーエン（M. L. Cohen）は一九六〇年代から七〇年代の初期に美濃の大崎下《ダーチーシア》(5)で行ったフィールド調査から当時の美濃の婚姻形態がいわゆる内婚制《エンドガミー》と呼びうるものだったとしている。

菸寮《イエンリアオ》人は強く非客家人との結婚に反対する。彼らは結婚事例の少なさを挙げ、こうした感情が決定作用を持つとしている。しかし、彼らと美濃外の地域に住まう客家人が結婚する事例も同様に少ない。これはエスニック・グループ上の要素が婚姻形態を決定する唯一の要素ではないことを示している。（Cohen 1976, pp41 ~ 42）

初期開拓を経て、他の台湾客家地域は相互に広い通婚圏を形成した。続けて地縁・経済的要因から相対的に強力な福佬文化へ適応（acculturated）していった。しかし美濃鎮と南台湾の他の客家地域との通婚関係は、荖濃河によって隔たれていたこと、タバコ経済による相対的独立からむしろ弱まっていった（Chung 1996）。一九六二年の統計資料が示すように（陸 1962, pp487 ~ 491。Cohen 1976 から引用）他の作物と比べて、タバコの労働力需要はとても大きい。一ヘクタールのタバコを生産するのに要する人手はのべ一八九・〇人で、これは稲作に次ぐ量だ（水稲二期作の平均労働力需要はのべ一九八・九人）。台湾において、労働力需要が最も大きい農業形態は一期のタバコ栽培に加えて二期の稲作を行うことである。そしてこれは今日の美濃鎮で最も典型的な農業形態である。農業が急激に機械化した一九七〇年代以降も、タバコ栽培は大部分の生産過程で機械化が難しいままであった。

地理的条件の他に、美濃鎮を台湾タバコの栽培地として最重要の地域とした要因は、この地域の緊密な家族ネットワークにある。家族労働力の高度の動員を通じて、第一にはタバコ生産に要する高い労働力需要の問題を解決した。第二には農業労働者の雇用コスト引き下げが可能だった。こうした緊密な家族ネットワークと動員力は台湾の他地域では稀である。逆にいえば、労働集約的なタバコ経済が美濃の緊密な親族関係の強化に資したのである。台湾の農家は主に小規模経営である。大部分の農家の所有耕作地は二ヘクタール以下だ。農業抑圧型の政策のもと、農産品価格は低く抑えられた。生産コストを低く抑え、なおかつ労働力需給を解決するために最も良い方法は、家庭内労働力を搾取することであった。こうした自己搾取が美濃鎮においてはかなり明確である。〔家族内の〕ほぼ全ての労働力を動員しても、台湾最大の世帯当たり農業労働力需要へは応えることができない。そこで労働交換制度が発達した。これによって不足する労働力が補われ、外部コストの増加が抑えられたのだ。

最もよく見られるのは労働交換である（客家語で「交工」）。簡単にいえば家と家の間で一定量の労働を交換する協定を結ぶ。いわゆる「一工」というのは一人の健康な人間が一定の業務を行ったときの時間当たりの労働量をさす。計算を行うためには、同じような作業内容の文脈が必要となる。たとえば稲刈り労働はタバコ葉の等級を分類する労働とは交換できない。（Cohen 1976, p52）

一九七〇年代における全面的な機械化の前夜、家族外の労働力はほとんど労働交換を通じて取得されていた。とくに地域的な親族集団の間ではさかんな労働交換が行われていた。

各種の共働を通じて農家は家庭労働力の経済的価値を高め、農業労働者の雇用コストを最低限に抑えていた（Cohen 1976, p51）。通婚圏の大部分は美濃の地域内に限られていた。地元での婚姻関係が広い親族ネットワークをつくっていたためである。このネットワークは個々の家族の社会における安定度を高め、農作業や他の地域的活動を行うために最重要といっても差し支えないものであり、実際の需要がまた彼らをして現地の社会関係を頼らせて

いた。コーエンの結論を借りるならば、

美濃社会全体のレベルで、血縁関係（cognatic relationships）は現在なお意義を有している。美濃鎮は現在にあっても一つの社会的領域であり、その中の多数が、あるいは近くあるいは遠い血縁関係によって相互の関係を規定している。（Cohen 1976, p46）

だが、台湾の経済的離陸以降、美濃鎮内部で婚姻関係を取り結ぶ需要と条件は次第に低下していった。都市における比較的優位な経済チャンスと農業経済の衰退といった要素が組み合わさって若い労働力は美濃鎮から流出していった。一九九六年、高雄加工輸出区の成立によって美濃鎮からは一万人余りの若い労働人口が吸い寄せられた（鍾秀梅 1997）。若者たちはタバコ農家の一員とならないかぎりは、外部で安定した仕事を探す道をえらんだ。それはタバコ農家での余剰労働力が故郷を離れて〔新たな〕労働価値をつくるチャンスでもあった。これは美濃鎮の社会関係の薄まりを意味したとともに、残された労働力は若い世代の外部流出につれ高齢化していった。

一九八七年一月、台湾タバコ市場はアメリカに開放を迫られ、専売局は作付許可面積を縮小した。タバコ経済の前途は一層暗澹としたものとなった。主要産地の美濃鎮が受けた傷はさらに深かった。中央研究院民族学研究所の徐正光博士が一九九一年に美濃鎮五〇人のタバコ農家に行なったインタビューが示すとおり、いずれの農家も跡継ぎに対して自身の職業継承を望んでいなかった。皆が等しくある心の準備をしていた。つまり彼らのファミリーヒストリーにおいて、主観的・客観的に自身は最後の農民であると考えられていた（Chung 1996）。

以上をまとめると、タバコ契約栽培のもと美濃は極めて豊かな農村であった。労働力需要が緊密な社会関係を維持させた。他の台湾農村は一九六〇年代以降の「農業をもって工業を養う〔以農養工〕」政策によって農業生産が破綻し、市場経済の侵入によって地元の社会的ネットワークとコミュニティは破壊された〔陳玉璽 1995〕。タバコ契約生産のもとで美濃鎮はこの被害を免れた。しかし国内市場が国際的圧力へ屈するに至り、美濃のタバコ農家は更なる農業条件の悪化を経験することになった。農村の前途の暗さは美濃鎮に留まった若い男性にとって、伴侶探しが困難な状況を生み出した。美濃鎮の年若い女性も彼らに嫁ぐことを望まなかった。はっきりいえば、タバコ経済の衰退と台湾経済の発展過程における工業化・都市化の要素が組み合わさったことで、美濃鎮の内婚慣行は崩れてしまったのだ。

しかしながら「外国人嫁」をめとる新しい動向はこの伝統を部分的に復活させた。美濃鎮の男性とその家族は客家系の「外国人嫁」を好む。ある美濃鎮住まいのインドネシア人嫁の義母がいうには、

〔インドネシア人の〕嫁が福佬人だと知ってとても失望したよ。〔都市に出ていった〕他の息子たちはみんな福佬人を嫁にしてる。外にいる子たちは都市で働いてるから、まあ仕方ないさ。けれど、あの子〔インドネシア人嫁をめとった息子〕は、みんな客家人をもらってくる中で、あの子ひとりだけが福佬人をもらってきたんだ。私は彼女とまだ話したことがないよ。

「外国人嫁」という新現象は都市化によって弱体化しゆく美濃鎮の社会的ネットワークを蘇らせた。美濃鎮における国際結婚は伝統的なお見合いと近隣関係に根ざしている。西方の工業社会で流行しているメールオーダー・ブライドとは異なるものだ。カタログやネットワーク、ビデオテープなど現代化した商業を媒介としたものではない。既存の人間関係が美濃鎮における国際結婚の主たる基礎となっている。通常、仲人の家が婚約する男性たちの集会場となり、密接な交流と会話を通じて男性たちが社会集団を形成する。退勤後、彼らは集まって最新情報を交

換し合う。嫁が来台した後でさえも、彼らは結婚後の問題について仲人に助けを求める。ゆえに仲人たちを金の亡者とみるような人びとを信用するわけにはいかない。国際結婚した夫婦は仲人を尊敬しさえしているのだ。彼らはしばしば仲人を問題解決のための良い友人としてみる。男性は仲人を通して妻をめとり、女性は仲介を通して生きていく術を探るのである。

美濃鎮を台湾における「外国人嫁」現象発展の研究対象とするのには理論上の意義がある。先に述べたとおり、タバコ契約栽培は美濃鎮へ他の農村に比べ比較的良好な経済基盤をもたらした。同時に、タバコ栽培に要する大量の労働力需要は緊密な社会的ネットワークを形成させ、美濃鎮の社会組織を他の農村に比べより完結的で閉鎖的なものとした。他地域の「外国人嫁」ブームの時期にあっても、美濃鎮は例外的であった。しかしグローバル資本の発展と自由化、たとえばＷＴＯ加盟とタバコ栽培の個人化によって台湾の農村産業と社会的ネットワークは崩壊に向かった。過去の美濃鎮の特別な生産方式がつくっていた保護膜は破られてしまったのだ。以前から他地域の農村にみられた若者が結婚できないという状況が、美濃鎮でも普遍的なものになりつつある。〔美濃鎮にも〕「外国人嫁」ブームがついに訪れたのだ。美濃鎮における「外国人嫁」現象の発展は示唆的な意義を有している。「外国人嫁」が台湾において普遍的となったことで、閉鎖的であった美濃鎮にもその流行が生まれた。「外国人嫁」現象と美濃鎮の社会・産業発展の関連性についての考察は「外国人嫁」の出現と台湾のマクロな社会・産業発展の関係性についてのスケッチを可能とするであろう。

【注】

（1）美濃愛郷協進会の反ダム運動・コミュニティ運動については、鍾永豊「社会学与社会運動：美濃反水庫運動、1992至

1994」(Sociology and Activism: the Meinung Anti-Dum Movement 1992-1994)、フロリダ大学修士論文を参照。

（2）メディアテクストの分析で一九九六年を境としたのは、一九九七年以降にメディアが続けざまに行った報道が関係団体の注意を引き、行政も関連した措置を採らざるをえなくなったためである。本書が着目するのはメディアが「外国人嫁」なるものを構築するプロセスである（第五章を参照）。このため一九九七年より前の報道へフォーカスすることとした。

（3）一般に、アクションリサーチ（action research）という言葉の使用は社会心理学者で、ナチス・ドイツからアメリカへ亡命したクルト・レヴィン（Kurt Lewin）に始まるとされている。彼は社会変容のプロセスに注意を向け、実験・研究を通じた介入によって、変容ルートと心理メカニズムの転化を促そうとした。レヴィンの変容概念はアクションリサーチと組織化研究に大きな影響を与えた。戦後、その研究手法は欧米の「産業民主主義」（industrial democracy）プロジェクトにおいて有名企業（自動車メーカーのボルボやスカニアなど）の労働者参与を促し、労働の動機づけを行って生産効率を高めるための理論・方法へと転化されていった。

（4）「被抑圧者の演劇」については、第七章を参照。

（5）コーエンの論文では「菸寮」（Yan-liao）という仮名で登場する。

【訳注】

〔1〕個人を対象としたインタビューの場を設け「深い」対話を通じその人がもつ多面的な経験や感情について探る手法をいう。特定の属性をもつ人びとを集め意見交換をしてもらいながら特定のテーマに対する考え方を把握するフォーカスグループ・インタビュー（フォーカスグループ法）と対比される。

〔2〕あらかじめ質問したい項目を設定しておき、被インタビュー者に対して項目に沿った質問を行ってゆく方式を構造化インタビュー（structured interview）という。これに対し、事前に質問項目を設定せずに被インタビュー者へ語ってもらう方式を非構造化インタビュー（unstructured interview）という。「半」構造化インタビューはあらかじめ設定しておいた質問項目をフォローしながらも、質問項目に関する対話のなかで被インタビュー者が語った内容も記録してゆく方式をいう。

〔3〕一七世紀以降、中国本土からの漢人入植が進み、とくに福建省南部（閩南《ミンナン》）から多くの人びとが台湾へ渡航した。このう

ち閩南語（いわゆる台湾語）を話す人びとを閩南人または福佬人《ホーロー》といい、客家語を話す人びとを客家人という。福佬人と客家人はときに激しい対立関係をもったが、一方で長期にわたる台湾での居住を通して客家人の中には福佬人と同化した人びともいた。これらの人びとは歴史的には客家人を先祖とするものの、閩南語を第一言語とし福佬人としてのアイデンティティを持っている（これを「福佬客」という）。

◉ 第三章　真実《リアリティ》〔1〕の社会的構築——公的理解の構築〔2〕

自省

アメリカ留学初期の私は、優秀な学業成績から教授たちに可愛がられた。私は「模範的なマイノリティ」の優越感にひたったものだ。だが次第に気づいてきたのは、表面的賞賛の裏にあるイデオロギーであった——君が優秀であるのは、ほかの劣等なマイノリティとは違うからだ——。疑問を抱き始めた私は、教授たちに挑戦を始めた。私への評価は「模範的なマイノリティ」から「問題を起こすマイノリティ」へ変わっていった。

目覚めに至る過程で私は少なからぬ心中の不満を抱えていたが、経済的には研究所の奨学金へ頼りきりであったから、所内のマイノリティ差別に直面しても、その不満をただ飲み込むしかなかった。留学最後の一年、わざわざ求めて苦痛を味わうまでもない時期に、私は予期せず屈辱的な出来事に遭遇した。研究所と授業の予算の交渉をした際のことだ。所長は私へあけすけにいってのけた。「外国人学生を雇って授業をさせるなんて危険だね！」随分とマイノリティへの不当待遇を見てきていたし、経済的依存から抑えきれなくなっていた怒りも重なって、心の奥底から聞こえる声は私に絶え間なく告げていた。「こんなことは続けてはいけない」。

私の前途へ心を寄せる恩師や友人の諌めを振り切って、私は大学の責任者たちへ長く続いてきた問題を直視させようと決意した。

大学の責任者たちは同情の弁を述べ、エスニック問題に関してはすでに関知していたと話した。だが驚いたことに、大学の「調査報告」では同情も承認も覆され、私がことの真相を理解していないごとくに示唆してさえいた。指弾された人物は研究所のマイノリティ福利のために尽くすリーダーであるかのように描かれていた。大学当局へ表面的な調査の苦情を述べると、当局者たちはリベラル風かつアカデミズム風の言い回しで報告書を美化しようとした——「あらゆる事象の背後には両様の解釈があるものですよ。『真相』をもう一つの面から見て情報を付け加えれば、異なる表現になることはありえるでしょう」。

大学は、私の解釈を支持するだろう人物に何ら聞き取りを行わぬまま、早々に指弾された側の解釈を受け入れた。なお腹立たしいのは、大学が私の抗議を一切無視した挙句、罪なき人を陥れる者としての私のイメージを作り上げようとしたことである。

訴訟も考えたが、大学は強力な弁護団の存在をちらつかせた。もとより彼らの職責は大学の名誉を損なないうる訴訟への対応に全力を注ぎ込むことであろう。私自身に大学が大金を積んで呼び集めた弁護団と闘うだけの財力も精神力もないことは明らかで、恨みを飲んで闘いを放棄せざるをえなかった。私の断念が自己の非を悟った上での撤退と受け取られただろうことは容易に想像がついた。

社会学的な学問的文脈のもとで学び、社会構築主義の議論へはそれなりに通じていた。いわゆる「事実」なるものに立場性があることも理解していた。けれどもこの巨大な官僚機構との闘争を経て、私はようやく気がついた。ある類型の「事実」だけが「真理」(Truth)たる特権を享受できることを。奇妙なものだが「社会的事実の構築」の言説は、容易に既得権益の保護へと流用され、他者の声をかき消してしまう。

官僚機構と対峙することは、「外国人嫁」への考察を深化させてくれよう。各種公的資料およびインタビューは、もはや純粋な「客観」資料ではない。公的な言説がいかにして構築されるか、この問題に踏み入ってみたい。

「真実」の社会的構築

真実（reality）とは何か。これまで二派の対立する認識が議論を交わしてきた。一方の立場において、真実は客観的な事実（fact）としてとらえられ、観察可能かつ測量可能で、生活者の主観に対し独立して立ち現れるものと捉えられる。社会的なやりとりはこの立場からすると真実が内在的に持つ意味（internal meaning）への反応または応答となる。言語はそれが字面通りに指し示す事件を単に伝えるもの、行為へ内在する意味のためのツールとして位置付けられる。この認識からすると、われわれの真実理解の助けとなる言語の基本的任務は描写――真実を述べ伝えること――である。もう一派は正反対の立場をとる。彼らのグループは社会構築理論[3]（Barger & Luckmann 1966）、エスノメソドロジー[4]（Garfinkel 1967）およびシンボリック相互作用論[5]（Blumer 1969）の影響を受けており、社会的事実は行為者の「たえまなき達成」（ongoing accomplishment）によると主張する。行為者はガーフィンクル（Garfinkel 1967）のいう「日常における組織された作為的実践」（the organized artful practices of everyday life）によって継続的に世界を構築している。この立場は実証主義が世界の把握に際して行う仮定に疑義を投げかけるものである。

このロジックのもと、世界は無数の「当たり前」となった事実から構築された一世界と捉えられる。つまり

それはそこに客観的事実として存在する世界ではないし、そこで生きる成員もそれに従属してはいない。行為者は世界を理解するプロセス（解釈・定義・感得）にあって、既存の理解の枠組みに則りそれらを外化・客観化する。（Filmer et al. 1973, p18）

この派は社会科学のナラティブ・ターン[6]の潮流とされ、ポストモダニズム、ポスト構造主義、社会構築主義、エスノメソドロジーの影響を受けて世界とその形式が日常的コミュニケーションによって具体的な意味を有すると捉える（Gubrium & Holstein 1990）。これら新しい議論は実証主義における言語の把握の仕方に挑戦する。あらゆる言説は真実の構築プロセスととらえられ、ただ意味を伝達するばかりの技術的ツールとはとらえられない（Riessman 1993）。実証主義の、言語は透明なメディアであって単一の意味を明確に反映するとの立場は批判される。語り手がエピソードをいかに関連付け、いかなる社会的な共通認識を用い、言説へ触れる者へいかにしてかの真実を信じさせるか検証するのが言説分析（narrative analysis）の本義である（Riessman 1993）。

行為者が引用してエピソードを構築する社会的な共通認識が、いわゆる「知識のストック」（stock of knowledge）である。シュッツ（Schutz 1962）は世界が共有されたカテゴリー（commonsence categories）と構築された概念（constructs）によって解釈されることを強調する。これら構築された概念は「資源」である。人びとはこれにより自身の置かれた状況を解釈し、他者の意図・動機を想定する、あるいは主体間に共通する理解[7]が形作られる。そうして協調行動がとられ、生活世界が把握される。「知識のストック」は類型化（typified）された概念とカテゴリー（categories）として現れる。組織の生活世界に対する理解とそこでの行為にあって、ある種規格のように用いられる資源である。ゆえに分析者はその「類型化」（typification）を研究せねばならないし、それが真実構築のメカニズムを研究することでもある。真実を一種の社会的構築物とみるのは、分析対象を世界の客観的な姿とされるものからポルナー（Pollner）のいう「世界をつくる」こと（worlding）――世界を形作り維持するために必要な解釈のいとなみ――に移すことである。解釈は時間・空間を外れた領域で生じるのではなく、われわれが弁別可能な状況内で生じている。いうなればあらゆる真実の構築は状況に拘束される（situated）。グブリアムはこれを「組織的な埋め込み」（organizational embeddedness）とよんだ。「埋め込み」とは「関連する領域を作り出し解釈のメカニズムを構築する」ことを指す（Gubrium 1988, p58）。「組織的な埋め込み」は機構・コミュニティなどにおける一種のローカル文化であり、行為者が経験を認識するに際して事物へ意味を付与する解釈の資源となる。

本章と第四章・第五章では、それぞれ異なる社会的位相における真実の構築について分析したい。公的な領域、国際結婚の当事者、およびマスメディア、それぞれ三領域での真実の構築を対比する。いずれかの領域での真実の構築が他の領域よりも真実性をもつとするわけではない。重要なのは真実の構築とは、一見そう思えるほど民主的でも平等でもないということだ。ある立場（たとえば公的な立場）から構築された真実が相対的に多くの特権をもち、相対的な真実性をもつものとみなされる。筆者はこの局面でメディア産業が重要な役割を果たすと考えている。真実の社会的構築は、実のところ権力関係の産物であって、特定の声が取り上げられて「真理」（Truth）をつくるのである。他面、ある種の声は抹殺の運命を免れないが、たいていはデマ、面子を保つためのレトリックと扱われることになる。

公的理解の構築

自省

一九九一年の蒸し暑い夏、すべての用意が整い、ビザ（の申請）を残すのみとなっていた。毎年一万人に及ぼうかという台湾人学生が、憧れのアメリカ留学へ赴いていた。私もこの勇み立った留学生一行の中にいた。あたかも留学こそが成功につながる唯一のハイウェイでもあるかのように。少なからぬ台湾人学生が留学を移民への踏み台に考えていたことは認めざるをえない。

この年の米国在台協会（A－T）の調査によれば、多数の留学生が卒業後もアメリカに留まっているとのことだった。留学ビザの却下率引き上げが決定され、留学を許可された学生たちは危機感にとりつかれた。その日、私も台北・信義路にある在台協会前の長蛇の列へ並び、ビザ面接を待っていた。あの日は水曜日だったことを覚えている。協会の職員たちは金曜日の態度が最悪だといわれていた。週末が近づいて仕事のやる気がなくなるからだ。月曜日もよろしくなかった。なぜなら休み明けでやる気が出ないからだ。ここから推理すれば、水曜日は職員の精神状態が最もよくなる日のはずであった。信義路のレンガ通りで待ち焦がれる人びとには、数多くの父母・友人たちが付き添っていた。私の母親もその日は私に付き添ってくれていた。そこにいた父母たち同様、母は神仏へどう祈るか私へ説き続けていた。

申請者と鉄格子で隔てられたオフィスの中には職員が何人か座っていた。格子の向こうは多くが白人で、格子の外にいたのは、狭く・うるさく・暗い待合室で不安に沈む申請者たちだった。誰もがこの時には鋭敏な人類学者となり、巨細もらさず前の番の人間の運命を観察して、成否の要因を探り当てようとしていた。友人たちが教えてくれた秘訣を私はしっかり覚えていたけれども、それらは時に矛盾していたから、そうそう上手く従えるものでもなかった――自信のほどをしっかり表現せよ、彼らの権威に逆らうな、質問を質問で返すな、返答は迅速に……。私は心中で何度も質疑の練習を繰り返して、回答に備えていた。

私の前の彼は落とされたようで、いかにも落ち込んだ様にうなだれていた。私は雷も及ばぬ速さで鉄格子のほうへ向かった。自分のおっとりとした動作が職員の怒りを買うのを恐れていたのだ。職員は冷淡なような、あたかも怒っているかような口調で質問した。「どうしてフロリダ大学へと」。私はできる限りのアメリカ発音で返事をした。「家族社会学を学ぶためです」。本当の理由は姉がそこにいるからだった。「台湾へ戻るつもりはありますか」「もちろんですよ」。いくぶん誇張ぎみに答えた。ちょっとでもためらいがあれば、それでもう彼らは留学を認めずビザ発給を拒否すると聞いたためである。「もし卒業後に仕事を見つけられなければどうしますか」「問題ありませんよ」。この時私はなんだか馬鹿にされているように感じた。「あなたは自分たちアメリカ人がどれほどのものだと思っているのか。なんだって誰も彼もアメリカ人になりたがると思っているのか」。心の内は怒りに震えていたが、とうとう留学生の生死を握る職員に向かって声を上げることはできなかった。職員は私のパスポートを手にすると、面倒くさそうに戻るよう指示したから、私の心は疑念で満たされた。

もしかして心中の悪態がうっかりもれてしまったのだろうか。私も落とされてしまうのか。それでも私は心を包み隠して、多くを尋ねようとはしなかった。

息の詰まるような待合室を出ると、申請手続きを済ませていた二人の同級生に出会った。一人はひどく落胆した様子だった。彼女は発給を差し止められたのだった。「どうして落ちたとわかったの」早速尋ねた。「パスポートが返されたから」「私のは持っていかれたけど」「それは通ったってこと……」。友人の声からはうらやみが透けでていた。肩の荷が下りた私ではあったが、友人への手前、喜びをひた隠しにし目が赤い友人を慰めた。

一九九六年、ちょうど博士論文を書いている頃であったが、台湾メディアが米国在台協会職員のスキャンダルを興奮ぎみに伝えていた。職権をかさに移民ビザを申請した女性へ暴行を働いたという。台湾民衆はいきり立ったが、アメリカ政府はこれを否認し、台湾政府も沈黙を守った。私は心中思ったものだ。台湾の人びとが台湾女性への仕打ちに対して憤ったとき、台湾政府も「外国人嫁」たちへよからぬ待遇をとっていることを思いやったであろうか、と。台湾の役人たちは自分たちのとっている態度がアメリカの役人たちといくぶん似通っていることへ気がついているだろうか、と。

歴史は今なおかつての過ちをわれわれの目の前へ突きつけている。もっとも、それはわれわれがその教訓に耳を傾けるかどうか次第であるが。

台北経済貿易代表処のつくる「社会問題なるもの」

東南アジア各国に駐在する台北経済貿易代表処〔大使館に相当〕は台湾当局が最も直接的に「外国人嫁」と接触する機関である。台湾に嫁ぐすべての東南アジア人女性は、代表処が幾重にも設定したハードルを潜り抜けなくてはならない――それはたとえば、各種手続き書類や、ビザ取得のための面接である。代表処の職員の「外国人嫁」に対する共通認識は、それがまごうことなき社会問題だというものだ。

社会構築主義の立場からは、社会問題は一種の「達成されたもの」（accomplished work）で、客観的に存在する事実ではない。ホルスタインとミラー（Holstein and Miller 1993）がいうように、社会構築主義のもとで研究されるのは「社会問題なるもの」（social problem work）である。そこで着目されるのは社会問題の類型がいかに公に認識され、経験と結びつけられて言説が認識可能な実体へと変わっていくかである。

この方向性はエスノメソドロジーの方法論、あるいは集合的に行われる表象（collective representation, Durkheim 1961）、および言説構造（discourse structure）や「まなざし」（gaze, Foucault 1972, 1973）などの観点と結びつきを有する。ゆえに「社会問題なるもの」を研究するとは集合的表象が具体的な経験面といかにローカルな結合（local articulation）を生んでいるかの検証だといえる。

問題が特定の状況下にあるとき、「社会問題なるもの」のダイナミズムはかなり明確になる。社会福祉部局は日常的に「問題」を処理し、人びとと出来事を「問題」として構築する存在である。よってこれらに対する研究はケーススタディの中でも代表性の高いものとなりうる（Holstein 1992）。東南アジア各国に駐在する台北経済貿易代表処は最も直接に「外国人嫁」と台湾人の夫に接する組織だ。そして当局職員の「外国人嫁」に対する考え方はメディアを介して伝わっている。従って彼らが現象をいかに社会問題として構築しているかを分析しなくてはなるまい。次節では「台湾における即席新郎の南洋渡航とインドネシア人妻との結婚状況および対応」（邱福松 1995）と題された報告書を通し、駐インドネシア台北経済貿易代表処による事実の構築をみてみたい。

インドネシア人女性——救いなき被害者か、金の亡者の吸血鬼か

以下に分析する文章は駐インドネシア台北経済貿易代表処が外交部に提出した報告書である。その第一部は「インドネシア人妻の来歴と背景」とある。インドネシア・西カリマンタン州は台湾へと嫁ぐインドネシア人女性の最も多い州であるが、報告書中では貧困にあえぎ、あたかもすべての女性が台湾への婚入を希望しているかのように描かれている。

シンカワン市の街では一七歳以上の結婚適齢期の女性を探すのは難しい。既婚者以外、ほとんどみな台湾へ嫁いでしまうからという。

報告書では、さらに「インドネシア人妻」の起源へと踏み込んでいる。「一九七〇年代末から一九八〇年代初頭、軍退役者の配偶者不足は切実な問題で、少数の在台インドネシア華僑が西カリマンタンの女性を仲介して供給し……」。この報告書ではインドネシア人女性は救いのない被害者、値をつけられるのを待つ商品——ないしは金の亡者の娼婦として描かれる。

少数の在台インドネシア華僑が仲介していた西カリマンタンの女性の供給へ、ブローカーがチャンスに乗って入り込んだことで、競争が熾烈なものとなっていった。差し迫った需要に応じて、西カリマンタンの女性が仲介により台湾へ送られ、値をつけられて軍退役者の配偶者として売りつけられた。その中には偽装結婚をして事実上の移民を行い、社会不安をもたらす者も少なくなかった。

台湾人男性――社会に求められず、道徳的に受け入れがたい者

続けてこの報告は結婚の困難のためインドネシアを訪れる現在の台湾農村の男性を描く。これらの台湾人男性は三種に分類されている。

一、実際的タイプ　国内で結婚対象を見つけるのが困難なためインドネシアで配偶者を探す。

二、投機的タイプ　新聞広告や他人の噂話から、ものは試しとインドネシアへ短期滞在するが、その実はっきりと結婚する気はなく、外見など条件に合うインドネシア人妻を〔台湾へ〕「輸入」する。もし双方の気が合えば結婚するし、気が合わなければ離婚して有償で他人に譲ることから「投機的」と名付けた。

三、被害的タイプ　詐欺被害のタイプは一定しない。（1）ブローカーが利益を狙ってインドネシア人女性に「既婚」証明を作り、代表処で観光名義での短期ビザを取得させる。国内の男性は相手とする女性が確実に来台していることから、喜んで代金を支払うが、婚姻登記をする段になって始めて女性が「既婚」身分で来台しており、台湾で婚姻登記できないことを知る。（2）結婚相手が悪く、めとった相手が「夫ある身」であったり、結婚後逃亡して面会を拒むなど、人・財産ともに失ってしまう。

以上のような分類のもとで、インドネシア籍女性をめとる台湾人男性は国内で配偶者を見つけられない失敗者、投機的な詐欺師、あるいは愚かな被害者としてカテゴライズされる。とくに愚かな被害者としてのイメージは、報告中の「即席の夫婦が中華民国とインドネシア双方へ与えるマイナスの影響」の一節でさらに強化される。

台湾における即席の夫婦は双方とも教育水準は高くない。容易にブローカーの詐欺にかかってしまう。……男女双方の当事者の教育水準が低いゆえに、インドネシア出入国にあたって税関・移民局の通過にブローカーの同行によるお目こぼしを必要とし、台湾人は「羽振りがよい」との幻想を生み出している。こうして国内で夫婦に金銭をたかれなくなったブローカーが息を吹き返す結果となっている。

このように描かれる教育水準の低い台湾人男性の「愚かさ」はひどいもので、自身の命さえも危うい。台湾人男性とインドネシア人女性が教育水準の低さゆえにブローカーに騙される例を列挙した段落の直後、この報告は指摘する。

……すでに二件の新郎候補がインドネシアで遺体となるケースが生じている。一件は一九九三年八月に台湾人男性・楊瑞龍がカプアス川で死亡したケースである。死亡した楊の結婚対象者に交際相手があり、その男は容疑者としてインドネシア側の取り調べを受けたが、事件内容が明確でないとして捜査は終了した。もう一件は台湾人男性・許天生が一九九五年一月ジャカルタのブローカー宅付近で遺体となって発見されたものである。インドネシア側は心臓疾患による死亡としてこれを軽視しているが、類似の事件が一たびならず発生したことは台湾人男性の安全に対する脅威とみるべきである。

この報告中、ごくわずかだが「即席夫婦のプラスの効果」と題された一段がある。けれどもごく短い「プラス」についての文は、おかしなことに思い切り前面で触れられた国際結婚に対するマイナスのイメージを強化している。「プラス」の記述全文は次のようなものだ。

毎月およそ二〇〇組のカップルとその親族が両国間を往復することから、航空会社にはっきりと安定した収入をもたらしている。少なからぬ送金がインドネシアに行われ、新婦の出身地――シンカワン市の姿を変えた。巨富を築いたブローカーもあるという。

ここで「プラス」とされる記述は、はっきりインドネシア人妻を「拝金主義の吸血鬼」として描くものだ。哀れな台湾人の夫から金をむしり取るイメージが再度強化される。同時に妻の親族が台湾来訪を口実にインドネシアから流入する危機イメージを強化もしている。このような台湾人の夫がインドネシア経済にもたらす「プラス」の評価描写は、より一層台湾人の夫を愚かな存在として、銭にとりつかれたインドネシア人に弄ばれる存在としての文脈に置く。この文章は、風刺的な語りの構造をもって国際結婚に対するマイナスイメージを繰り返し強化しているのである。

この類の結婚――社会問題として

駐インドネシア台北経済貿易代表処による報告書の結びからは、台湾の公的機関の国際結婚に対する基本的な立場を見てとることができる。そしてそれは大いに問題をはらんでいる。

教育程度の低い夫婦はわが国の国民レベルの低下をもたらし、台湾社会へマイナスの影響を与えるだろう。「結婚」はもとより憲法の認める権利であり、このため現在まで有効な対策がとられることはなかった。幸い、出入国管理所はインドネシア華僑に対し年間移民三六〇人の制限枠を設けており、毎日一〇組の新夫婦に対する面接制度がある。このため妻方が台湾入国までの期間を引き伸ばし、両国を行き来して仲介による利益を得るのは難しくなっている。台湾移住を希望するインドネシア華僑の数は四〇万人超だが、これに対しては既に有効な抑制措置を取っている。さもなくば、大量の人口流入が台湾社会へ極めて大きな衝撃をもたらすこととなるだろう。留意すべきは台湾人男性が一年間面談を待つ苦難や生命の危険すら厭わず、インドネシアへ向かい続けていることである。わが国社会の男女バランスが均衡を失っているのか、あるいは結婚適齢期の男女が配偶者を見つけるのが難しいのか、関係部署による適切な救済措置がとられているのか、これらの措置があってはじめて台湾人男性の南洋渡航を食い止めることができるであろう。

総じて駐インドネシア台北経済貿易代表処の職員は台湾人男性とインドネシア人女性の結婚を重大な社会問題ととらえ、台湾社会へ破壊的影響をもたらすものと見ている。第一に、こうした国際結婚が教育レベルの低い男女同士の結合で、将来的に台湾の人材水準を低下させるとのイメージが作られている。第二に、インドネシア人のイメージは落魄して貧困に喘ぐ難民というものであり、手段を選ばず（時には非道徳的な手段をもって）台湾に移民しようとするイメージが作られている。第三に、台湾人男性は困窮した失敗者で、生命の危険を冒してでも配偶者をえるためにインドネシアへ来るとのイメージが作られている。最後に、これらの「問題」は官僚機構にとって負担であるとともに、官僚たちはこれら避け難い難問を繕う良策を見いだすべき任務があるものとして構築されている。いうなれば、彼ら官僚は「問題のある」この人びとより優れており、彼ら自身は問題の一部となっていない。

サービス対象の構築

ホルスタイン（Holstein 1992）のいうように、伝統的な対人サービス（human services）あるいは「サービス対象の処理」（people processing）のとる立場は、社会的サービスを受ける人びとの特質と問題は発見可能かつ認識可能とするものである。一方エスノメソドロジーの影響を受けた立場からすると、こうしたサービス機構が従事する「真実」（realities）はソーシャルワーカーが組み合わせ（assembled）、操作して（managed）構築されたものである。この観点からみるとソーシャルワーカーは日常的に生み出される言説（discourse）との相乗作用で、彼らがサービスを供給する対象の特質を描写し作り出している（descriptively produce）。ゆえに、サービス対象とその特質は特定状況下における造成物（situated accomplishments）であって、サービス提供の世界における客観的性質（objective features）ではない。この新しい観点からすると、分析の対象――ソーシャルワーカー――は「サービス対象の製造者」（people producers）であって「サービス対象の処理者」（people processor）ではない。

国際結婚に関していうなら、台北経済貿易代表処の職員は一種のソーシャルワーカーである。彼らはサービス（婚姻登記およびビザ発給）を必要とするサービス対象（台湾人男性と東南アジア人女性）を取り扱う。ソーシャルワーカーはそのサービス対象がサービス提供に「値する」（worthy）か評価しなければならない。評価のため彼らはサービス対象のイメージと実際の問題を関連付け、提案を行う必要がある。さらに、こうしたサービス対象に対するイメージの産出（production）はつねに特定の立場（situated）・目的（purposive）に則っている。だが、一面の描写をもってその人のあらゆる特性を網羅することなど不可能であろう（Holstein 1992）。

社会的サービスにおいてサービス対象をいかに取り扱い、何をすべきかの議論には通常彼らサービス対象の境遇に関する描写が含まれる。いかなる事情が生じており、サービス対象が何を行い、将来的に何を行いそうであるかだ（Holstein 1992, p27）。以下では、駐インドネシア台北経済貿易代表処を例にとって、台湾人職員が国際結婚に関わる男女に対し製造しているイメージにつき論じたい。代表処のビザ発給面接の責任者である林《リン》班長と陳《チエン》秘書にインタビューを実施した。ここで主に取り上げるのは国際結婚の当事者に対する彼らの観点である。

「優れた自己」としての職員と「劣った他者」としてのサービス対象の製造

インタビューにおける林班長と陳秘書のサービス対象に対する描写は通常彼らの自己認識（self identity）に関する語りと関わりを持っている。林班長と陳秘書の自己認識における差異は彼らによるサービス対象製造の差異と関わりを持つ。しかしながら、二人の語りはどちらも、国際結婚の当事者たちを「劣った他者」として構築し「優れた自己」である彼らと併置する共通点をもつ。

A　林班長——本当のクリスチャン

林班長の語りは彼の「ヒューマニズム」という自己認識のもとで統合されている。インタビュー当初、彼は簡潔に自身の職業的責任について述べた。

> 規定にのっとった手続きを取ってくれさえすれば、我々は力を尽くして彼らを歓迎しますよ。別段何か規定を設けて制限をつけようというわけじゃない。人権上においても、あるいは一般的な家族の面、社会の面にあっても私たちは歓迎をしようと思っています。

続く語りの中で、林班長は国際結婚の当事者たちのイメージを製造しながら、わずらわしくも必須な仕事の話題へすぐに移っていった。彼らサービス対象は「どうしようもない」連中で、売買婚をやっている対象として構築される。一方、インドネシア人は結婚など手段を選ばず台湾への移民を希望する対象へ構築される。

……彼らのレベルは低いねぇ。だからこの、まとめてみるならだよ、私個人の見方からいえば大部分が一種の売買婚ですよ。売買婚。一言でまとめるならね。単なる売買婚だ。そうすると、あの間にいる、たとえば代理人だとか仲人だとかブローカーだとか、それから業者がいるな。あいつらにとっては利益を上げるための手口で、金を稼ぐいい機会なんだよ。……大方のところインドネシア人妻たちの家族の経済状況は良くない。総じてあまり良くない、九〇パーセント以上は。だからね、彼らは家族の状況を良くするために、もしかしたら彼女たちの両親もいつか台湾に行けたらと思っているかもしれない、定住しようと思っているかもわからない。短期であれば観光や旅行で兄弟姉妹も行けるるし、彼らの子供も一緒に行ける。そういう状況ならばと大勢が台湾に嫁ぎたがるんだよ。

林班長の自己認識は彼ら「どうしようもない」サービス対象のためにサービスをしているという文脈のもとで構築されている。彼がいやいやながらもその苦しみに耐えているのは彼が「本当のクリスチャン」だからである。

私は**班長だから**（強調）、秘書の仕事も兼ねないといけない……。自分でいうのもなんだが、私は以前は外務省で専門委員と課長を兼任していた……私がこの半年間で取り扱った公文書、書いた公文書だよ、外務省の六年間でやったよりも多いんだ。いや、三カ月でもそれより多いかもしれない。ほとんど毎日持ち帰りで書いている。……今はこの秘書が完全に私を手伝ってくれているよ……代表や副代表、国内の上司がここでの仕事をわかってくれることに喜びと感謝を感じている。……そうでもなければとっくに耐えきれなくなってるさ。

……いろんな人がやってきて、昼間は出たり入ったりほとんど時間がない。時には君が座っている位置にひとまとまり、こっちにもひとまとまり、上の階にもひとまとまりがいたりする。まるで医者だよ。あるカップルが帰ってから、「はい次、座って」ってさ。この面接がまたおかしくてね。本当に医者みたいなんだ。足が悪いのは来る、手がちぎれているのが来る、障碍もちで結婚しに来るのがいっぱいいる。だからねぇ、こういう結婚はレベルからいってみても、とてもいいもんじゃない……。

……同僚は「毎日きれいな娘さんが見れていいな」というがね、どこにきれいな娘さんがいるものか。見るからにうっとうしいよ。**自分のレベルまで下げることだってある**（強調）。話ができない、話しぶりもよくない。男もよくないね、中身のあることが聞き出せないんだ。口がきけないのもいる。さんざん聞いてやっと口がきけないってわかったんだ！（笑）難聴のもいる！　小さいころ高熱を出したとかいうのもいる！　だからみんな自分自身（男性を指す）がおかしいんだ。こういうのは台湾ではめったに見当たらない。

やってくる人間もレベルが高いわけじゃない。話し方もひどい。何を聞いてもうまく話せない。ある時のどがすっかり枯れてしまって、妻に「あまり喋るな」といわれた。だから筆談でやってみることにしたんだ。質問を紙の上に書いた。**そしたら彼らは字が読めないんだよ**（ため息）。

私がこんなにも疲れて、努力してそれでも、私を訴えるやつがいるんだ……ブローカーが金を稼ごうとして……林班長は袖の下をほしがっているとね。濡れ衣だよ。もっとも私は人から攻撃されても気にはしない。そもそも私のほうが正しいのだから。何も恐れることはない。**私は本当のクリスチャンだからね**（強調）……ずいぶん傷ついたよ。私もつらいんだ。わざわざつらい思いをして話をしてるのさ。

仕事の多さに比して、クライアントの質が高くない、さらには感謝もされないことを絶えず強調しながら、林班長は自己の「救世主」としてのイメージを構築している。自らのヒューマニズムの文脈を強調して、林班長はしばしば彼ら台湾人男性とインドネシア人女性に同情していると述べた。

私は同情しているほうだよ、彼は今日七月一二日に予定が入っていたけれども、女のほうはやって来なかった。こんなだから、代理人も大変だ。彼らを一緒にさせるのは難しい。それでも責任がある。私は彼らに同情しているから、代理人を呼べるようにしている。

ときにはかわいそうだとも思う。彼らはあんな遠くからここまでやってきて結婚する。そして私の目の前に座っている。それで男のほうはいまいちで女のほうもいまいち。このカップルはどうもよろしくないと思うこともある……ヒューマニズムから、規定にあってさえいれば必ず力を尽くして手助けをするけどね。

「同情」という言葉を使って林班長が表現しているのは、彼がひどい目にあっても、それでも寛大に構えて過去のしがらみにはこだわらないということである。これがさらに階層的な構造を強化する。自己を「本当のクリスチャン」として高い位置にラベル付けし、台湾人男性とインドネシア人女性を良し悪しもわからぬ人びととして位置付けるのである。

こうした「優れた自己」と「劣った他者」の階層構造は、林班長の家父長的な態度においても現れている。例を挙げるならば、彼は台湾人男性とインドネシア人女性が質問に答える際に誠実でない、良し悪しがわからないというふうに苦情を述べる。それらの質問が彼らを利するものであるにもかかわらずである。

私は彼らの年齢と教育水準と職業などについて質問する。**小学校**（強調）を卒業というものもいるし、小学校すら卒業していない者もいる。よいほうなら中学校は出ている。職業の欄に彼らは自作農だとか小作農だとか、農業手伝いだとか農家だとか、だいたい三、四種のことを書く。もっとも今は就業構造が変わってきてはいる。たとえばコンクリート作業員とか大工とか。基礎工事従事って何だ！　耳通りがいいように「建築業」に従事しているということもある（笑）。何だかしようもない気分になる、「建築業」とはね。「ああ、君は屋敷をつくるのか」そういうふうに聞くと「ええ、そうですそうです」と。どこが建築業なものか。「土水」（閩南語）は要するにコンクリート作業員だろう、そうじゃないか。でもそうはいわないんだ。それで私はいう「君たちは面接に来た。私は本当に結婚しにやってきたのか見る。**見るだけだ**（強調）。誠意をまず示してもらって、本人かどうか見る」。ここに写真が一通りある。パッと見れば大抵のことはすぐにわかるから、面接はわれわれにとってさして重要ではない。形式的なものなんだ。だけれどね、「**彼ら**」（強調）にとってはとても重要なんだ。……彼らは自身の誠意を見せなければならない……私がこういうふうにしているのは**彼ら自身にとっていいようにだ**（筆者強調）。もし彼らに誠意がなければそれは不機嫌にもなるさ。

林班長の家父長的姿勢は彼が「不適合と考えるカップル」に対する評価へあらわれている。

かわいそうだと思うよ。はるばるとここまで結婚しにやってきて、ぴったりな連れ合いの一人も見つけられないんだから……。この組み合わせはいまいちだと思うこともあれば、次の組よりはマシだと思うこともある。何故かって？　ときたま男がハンサムなことがある。身長はそれほど高くないとしても、見た目はかなりいい。ところが女のほうがチビで、不格好だったりすることがある。女のほうはというと、時折綺麗なのがいて、やっぱりいるんだよ、やっぱり綺麗なのが。そこまで綺麗でなくて、いまひとつで、それでもまあなんとかいけると思ったら、今度は男のほうがよろしくない。……男性が台湾で離婚したことがあって女性がそれを知らないということもある。私も変だと思う、見てすぐ変だとわかることもある。彼みたいに途中でわかることもある。**あーもう**（くだらなさそうに）、何だか違うねえ。二回離婚してるのもいる。そういうのは**もっと**（強調）違う。

台湾人男性の多くが教育レベルが低く、それゆえ主体性がないという林班長のイメージは、次のような評価の中でさらなる強化を受けている。

時には見るからにおかしいのもいる。いい年なのにどうやったらいい嫁が見つけられるのかわかっていない。ひどいのは両親に伴われて一緒にやってくる。私は彼らに向かっていうんだ。「君は大人だろう。これは自分の結婚なんだ。なんで両親に代わりに決めてもらうのか」。彼らは本当に多くの問題を抱えてる……あるとき四十いくつの男性がやってきた。五十何歳かの女性をめとるという。私は聞いた。「子供がほしいと思いますか」。彼はほしいという、それで「君たちが産めると思うのか」「もちろんです」。大笑いするところだった。彼らには全く常識がないんだ。私がそれをいうと彼は答えた「映画スターのエリザベス・テーラーは五十何歳ですが何回も結婚してるじゃないですか」。私に挑んでくるんだ（笑）……こういう結婚はほんとに問題だらけだよ。

B　陳秘書——正義の闘士

陳秘書は両親に伴われてインドネシアへお見合いに来る台湾人男性について林班長とは異なる観点を有している。彼女はそのことが結婚の真実性と関わりをもつと考えている。

男性側の両親が一緒にやってくることがあります。そんな時私は彼らが本当に結婚しにきたのだろうと考えます。さもなければ両親は一緒にやってこないでしょうから。そうした状況のとき私は彼らにオーケーを出します。

インタビュー全体において陳秘書は絶えず彼女がいかに偽装結婚へ注意を払っているか強調した。インタビューの始め、彼女は簡単に外務省中央に対して提出したレポートでの台湾人男性の分類について述べた。

多くは身代わりでやってくるんです。お金をもらってここの人たちを妻にするんですよ。本当に結婚しようとするんじゃありません。女性側がビザを得られたら、彼女たちを売春に行かせるんです。本当に多くの女性が騙されているんです。分類と事例の対応は私自身の経験に基づいて行いました(1)。もっとも実際には投機型以外にはそれほど実際のデータを持っているわけではないです。たとえば騙された人について、どうして騙されるのか、私は多少の資料は持ってます。自分で集めた資料がいくつかあるんです。

続けて彼女はインドネシア人女性が騙されるケースとして、家庭状況の悪さゆえに娘を売りに出すケースについて述べた。

これは基本的に人身売買にあたるでしょう。私が考えるにインドネシアはとても貧しいですから、台湾へ行きたくない（嫁ぎたくない）という女性がいれば、それはほとんど売りに出された女性なのです。もちろん純粋に娘は比較的進歩した国に送ってやりたいという親もいます。時には女性側のほうで、熱帯の娘さんというのはとても早熟ですから、十代のうちに子供を作ってしまうんです。彼らの結婚はたいてい婚姻届がないので、彼女の家で娘に嫁いでほしいということになれば、無理やりにでも行かなければならないんです。嫁いでから戻ってきて、元々の恋人・元々の夫を訪ねていくんです。

陳秘書は続けてインドネシアの台湾に対する女性売買がどれほどひどいものかについて述べた。私は彼女がどうやってそうした情報を得ているのか尋ねた。それについて彼女は、

人から聞いた話もあります。**でもですね**（強調）、我々は確かにそういう状況があるというのを把握しています。女性の側には確かにあまり（台湾へ）行きたがらない人がいるからです。あなただったら、いやいや行ってまた（台湾に）戻ろうとすると思いますか？　男性から報告があったこともありましたよ、それらのケースにつき我々は二回報告を受け取っています。女性側の親に迫られたのだというんです。そんなこともあったんですよ。

興味深いことに、陳秘書はしばしば「たくさん」とか「ほとんど」とかいったふうに深刻であるという印象を構築しながら、彼女自身では二つのケースについて把握しているだけにすぎなかった。さらに陳秘書に対して台湾に嫁ぎたいのか女性に聞くのかと尋ねてみると、

そうです、多少は尋ねます。女性は希望する、と答えますよ。私はインドネシア語がそれほど上手くないので簡単に尋ねるだけなんです（笑）。それからどこに住んでいるのか、あるいは年齢を尋ねます。そんな具合です。

すなわち陳秘書の、国際結婚が人身売買だという主張を、事実（facts）あるいははっきり根拠のある状況（hard evidence）とみなすことはできない。事態が深刻であるという印象は、実際のところ彼女が使うどうとでもとれる言葉（たとえば「たくさん」）へ、被害者からの報告を組み合わせてもっともらしさ（sense of realness）を構築したものだ。

陳秘書が行う人身売買としての国際結婚という事実の構築には、法を守るため絶えず戦っているという彼女の自己認識と関わりがある。彼女は外国人が結婚に名を借りて台湾の永住権を獲得する可能性について憂えている。そして何度か中央に報告をしている。

ひとつの起案を国に提出したことがあります。台湾国籍のない外国人が国内にやってきた場合、離婚手続きをするのはあまりに容易なんです。こういうのはよくないでしょ。身代わりをでっちあげるチャンスが増えてしまいます。台湾のビザを得るために結婚して台湾に行って、離婚手続きをするんです。離婚するならば、道

理上女性を本国に戻らせるか、[8]パスポートに記入しなければならないでしょう。でもわが国はそうではないんです。だからそうした人たちが国内にどんどん増加していってしまうんです。

陳秘書による「外国人嫁」は不法移民であるというイメージは彼女の大量の文書を目の前にした無力感と共に語られる。

今はこんな具合です。文書は本来であれば私たちが確認して許可を出すべきなのですが、あまりに量が多いので一件ずつ確認するすべがないんです。重点的に見ていくしかないんです。問題があると感じた折にサンプルを抜いていくつか調査するんです。さもないと一件一件調べないといけません。とてもそんな個人の力はないんです。いったい何の意味があるのかとずっと考えてきましたよ。面接は形式的な意義のほうが実際的な意義よりも大きいんですから。何の意味もないんですよ。

彼女の無力感はインドネシア政府の質の低さ（inferiority）からもやってきている。

要するにインドネシアではお金がありさえすれば何でもいいんです。お金を払いさえすればお望みのビザだって手に入る。だから面接も何の意味もなくなるんです。最後には許可を与えざるを得ないんですから。私たちは民主国家なので、もし許可しないといえば、やってくるのは問題の山です。国会議員からの問い合わせに対応しないといけないんです。本当に対応しきれないんですよ。動かないとか、怯んでいるとかそういうのじゃないんです、こういったことごとに対応しきれる力がないんです。

林班長の語りと同じように、陳秘書もサービス対象を水準以下に形成する文脈のもと自己認識を作り上げている。

想像してみてくださいよ、私がどれほどの仕事をやらないといけないか。今朝方は八通の公文書を送りました。全部家で書いてきたんです。彼らは私にいいますよ、対応するときの話し方が荒っぽい、重ねて質問させないようにしていると。でも考えてください、毎日これだけの時間しかないんです。あなたも見たように、今日やってきたのはまだいいほうです。今日のは少なくとも質問に答えられましたからね。大馬鹿には入りません（笑）。耳が悪いのやら障碍があるのやら、頭が暖かいのもいるから、何を聞いても答えられないんですよ。どうやって面接するっていうんですか。毎日そんなレベルが低い人たちに会って、どんな気分でいろっていうんですか。

陳秘書は国際結婚を法律・社会上の潜在的問題として構築すると同時に、自身がいかに積極的に政府に提言を行いそして巨大な無力感を感じてきたか強調する。彼女は法の正義と台湾人の福利の防衛者という自己認識を作り上げてきた。「被害を受けるのは当事者だが、金を稼ぐのはよその人間で、そして疲れるのは私たちだ」その一言が最も良いまとめとなっている。

私が書いたレポートでは国内に関することは言及しませんでした。要するに彼らが国内でいかなる社会問題を引き起こしうるかという部分については私は書かなかったんです。けれどもその部分がとても重要なんですよ。異なる国の間の結婚、しかもまるで売買じみた結婚、つまりそういうことなんです。人身売買スレスレなんです。彼らは人身売買に関わっているのであって、感情の通じ合った本当の結婚じゃないんです。本当に何というか、被害を受けるのは当事者ですが、金を稼ぐのはよその人間で、そして疲れるのは私たちですよ。だから本当にこの仕事は無力感が酷いです。

陳秘書の「率直さ」は彼女の官僚機構との対立と挫折を語るなかでいっそう強調される。彼女自身も官僚の一員でありながらである。

実際のところ国際結婚の問題に関するレポートを書いたことがある人はいないんです。書いたことがあるのは私だけです。規定の多くが時代に合っていません。政策全体が曖昧に感じます。報告をするとするでしょう。よほどの地位にでも就かない限り、どんな報告をしても先方は慰めをくれるくらいのものなんです。ほんとに気力を持って変えていこうという人はないんです。ちょうど何年か前のパスポート関連法令と同じようなものです。あのころ誰もやろうという人がなく、私が任じられてやることになりまして、上司や同僚から多く恨みを買いました。でもあえてやる人がいたからこそ、今では誰もが修正された手続きのほうが良いというふうに感じています。私にとっても良い経験になったと思っています。

数年前に完成させた不可能と思われた任務を、現在取り扱っている国際結婚事務と比べることで陳秘書の「率直さ」はさらに確固たるものとなる。

彼らが私をここに送り込んでから、私の意見書が取り上げられたことはありませんでした。あのレポートを書いたものの結局国には提出していません。彼ら（駐インドネシア台北経済貿易代表処の官僚）は政治的な配慮が多すぎるんです。取り上げようとしません。私自身は間違いがあればすぐに指摘してしまうのが好きな方ですから、あの時パスポート関連法令を取り扱った時のようにね。話すべきことがあるなら話すべきだと思いますよ、ましてちょうど評価してくれる上司がいるんだから、そのままやり遂げるべきです。たとえとても大変だと思ったとしても、意義があることだと思えるはずで。国民の利益に関わる事で、ましてやつまらないことをやろうとするわけではないのだから。私が毎日こうやって面接しているのは彼らの側から来るからです。以前報告書に書いたことがあります。駐外職員が外国人の金稼ぎの道具になっているのは情けないと。私はずっと異動を希望していて、やりたくないといっています。でも彼らは私がとても上手くやっているというんです、私はやりたくないのに。私はもうどうしたらいいのか。毎日見るもの見るもの、あんなことやこんな人ばかりで、一日やっていると顔がもうぐちゃぐちゃになってしまうんですよ。

林班長と同じように陳秘書は語りの中で「劣った他者」と「優れた自己」を構築している。一面において、彼女は繰り返し台湾とインドネシア間の結婚が多分に人身売買に関わるものだと主張している。男性を身代わり役とみなしつつ、女性を無知な被害者として描いている。もう一方で絶えず自身が台湾の法治と民衆の福利のために戦っていることを彼女は強調する。過去の輝かしい戦績と、インドネシアとの国際結婚に向き合う今の無力感を比べて、報われぬ境遇との感慨がますます自身の正義のための闘士というイメージを強化していくのである。

対比の構造

言説分析（narrative analysis）の主要な任務の一つが、任意の主張がいかなる語りの行動によってその言説を信じるにたるものとしているか検証することにある（Riessman 1993）。我々は構造の分析によって言説の背後にあるイデオロギーを検証できる。林班長と陳秘書の台湾・インドネシア間の結婚当事者に対する語りを詳細に分析してみると、彼らによるサービス対象の製造（client production）には共通の語りの構造がある。その中の一つが「対比構造」（contrast structure）というべきものである（Smith 1978）。いわゆる対比構造というのは、ある性質と行為を、その性質や行為が正常でない・問題があるとする基準と併置してみることをいう。例をあげてみると、本人の意思によらない精神病措置入院（involuntary commitment to mental illness）に関する研究において、ホルスタインは、「異常」とされるものの構築は、規則性（ないし定義された状況）とある人の行為との間に関係をつくり、後者が前者へ適合しないと規定することを通じて行われるという。予期しうる性質や行為と実際のそれとの間に明らかな落差が生じることを何らかの問題が存在する証拠とし、その問題は精神病として認定されるのである（Holstein 1993）。「対比構造」の解釈技術は「相互補完的な対立」（complementary opposition）に近い。正常と異常、善と悪などの区分を設けて、何らかの人や事件を問題あるもの（problematic）とする語りの実践（narrative practice）であるからだ（Douglas 1986, Loseke 1992, Miller 1991, 1992）。

林班長の語りを例に取ってみると、彼はサービス対象をとんでもなく無知で、自身のパートナーを見つけ出すことができない対象として描いている。

　彼らは……自分に合ったパートナーを探し出すことさえできない。……この組み合わせはいまいちだと思うこともあれば、次の組よりはマシだと思うこともある。何故かって？　ときたま男がハンサムなことがある。身長はそれほど高くないとしても、見た目はかなりいい。ところが女のほうがチビで、不格好だったりすることがある。女のほうはというと、時折綺麗なのがいて、やっぱりいるんだよ、やっぱり綺麗なのが。そこまで綺麗でなくて、いまひとつで、それでもまあなんとかいけると思ったら、今度は男のほうがよろしくない。……

この語りの中でサービス対象は「絶好のカップル」が持つべき性質と対比されている。見目よい男には見目よい女が組み合わされるべきであり、背の高い男には背の高い女が組み合わされるべきなのだ。「絶好のカップル」はしばしば「適切な年齢差」が判断基準とされる。たとえば陳秘書はどうやって偽装結婚を探し出すかこう描写する。

本当は結婚する気もなくここへやってくる人間は本当に多いんです。彼らはブローカーが金を払って呼び集めた身代わりなんです。ちょうどさっきの男女みたいに、**正常な**（強調）条件、正常な状況であれば、四〇歳の男性が四〇歳の妻をめとろうとはしないでしょう。まして金を出して買いにくるような時であれば、そんなことはありえないと思います。本当にここへやってきて結婚しようと思うのであれば、大抵は跡継ぎをどうにかしたいのであって、そんな人間が四〇歳の相手を探すと思いますか？

ゆえに、いわゆる「適切な年齢差」には明らかなジェンダー的指向性（gendered）がある。男性は女性よりも年かさでなければならない。男性が女性に対し優位に立つべきとする父権的イデオロギーへ符合するからである。さらに「正常な」国際結婚は跡継ぎを作ることが最終的な目標であるとのイメージが形成される。ゆえに本当の国際結婚であれば女性は四〇歳よりも若くなければならない。想定される最高齢の出産年齢だからである。

ダブルバインド構造

林班長と陳秘書のもう一つの共通する語りの構造を私はダブルバインド構造（double-bind structure）と呼びたい。まず林班長がいかにして台湾人男性とインドネシア人女性の結婚を判断しているかみてみよう。判断基準は典型的な台湾・インドネシア間結婚のイメージ認知に基づいている。すなわち台湾で妻をみつけられずにいる男性がインドネシアへやって来る。彼らの唯一の目的はインドネシアで妻をもらうことだ。

結婚が本当のものかが最も重要だよ。そこに誠意があるかどうか。ところが彼らはわざわざ結婚の本当らしさ、事実らしさを薄めてしまうこともある。そういう時には正直に話をしない。そんなとき私は彼らを激励してやることもあるんだ（笑）。「君たちは結婚するためにやってきたんだろう」「いやいや、観光にやってきたんです」胸のうちで不満に思う。「観光にやってきてたまたま知り合ったんですよ」「じゃ、どこで知り合ったんだね」すると映画館だと答えるのもいる。もう信じない。映画館の真っ暗闇でどうやって出会ったんだ。ななんともいい加減じゃないか。植物園だって答えることもあるさ。植物園ならあるかもしれない。だが話す様子を見るとありえない。観光ならわざわざインドネシアへ来る必要はない、そうだろ？　タイなり香港なり、シンガポールなりのほうがここより近いんだから。観光にやってきて結婚するやつがあるもんか。そういいたいときはこういうんだ、「君らはこういったほうがいい。『私たちは紹介で結婚しました』ってね」。これなら誠意が出せる。結婚のためにやってきて女と知り合って、**それから**（強調）時間があって観光に行ったというべきだ。観光にきて結婚したんじゃない。そうじゃない。逆なんだ。そうじゃないか。ここの嫁は悪くない。華人の娘は素直できびきびしてるからやってきたというべきなんだ。そうじゃなきゃならない。絶対にそうだね。私がそういってみたら、結果先方は頷くじゃないか。……騙されればそりゃ不満だ。誠実に話をしてほしい。本当にね、ただそうしてほしいだけなんだ。

上記の語りから、林班長の認識における「典型的な」台湾・インドネシア間結婚がどういうものかわかる。この「典型」に反しているかどうかによって当事者の誠実さが判断される。彼の心中にある「典型的な」台湾・インドネシア間結婚（台湾で妻をもてない男性が窮してインドネシアへ来る）に適合しないとき、すぐに彼は別の矛盾したイメージ（不誠実）を考えだす。自己の「典型」の有効性を問うことはしない。一方で林班長は「超人的な知恵」をもってサービス対象たちの結婚がどうあるべきか「導き」、率直でない語りを「諭す」中で、さらなる構築をする。「私がそういってみたら、結果先方は頷くじゃないか」ここでイメージ形成されているのは、サービス対象が虚偽をなしても彼の超人的な知恵を逃れることはできないというものだ。サービス対象の頷きが、より一層愚昧な彼らとのイメージを強化するのだ。

「ダブルバインド構造」と「対比構造」・「相互補完的な対立」には違いがある。後者は「良し悪し」の対立へ言及するものだが、前者は相手を「板挟み《ダブルバインド》」に落とし込む解釈技術（interpretive technique）である。当事者を自身に対するマイナスイメージへ反駁できない立場に追いやるのだ。

「ダブルバインド」は社会・政治を握る側から使われて、周辺化されたグループの「劣性」（inferiority）を構築する。相互に矛盾するマイナスイメージをもちだされ、描写対象はステレオタイプから逃れ得ない状況におちいる。彼らがイメージの一方へ反論すると、もう一方のマイナスイメージへ入り込んでしまうのだ。たとえばアメリカではエスニック・マイノリティのほぼ全てが同様な「ダブルバインド構造」の構築にぶつかっている。アメリカインディアンは「大自然の子」（child of nature）かつ「血に飢えた野蛮人」（blood-thirsty savage）として。アフリカ系アメリカ人は「素直で従順」(docile, submissive) かつ「御しがたく狡猾」(inscrutable and crafty) として (Feagin and Feagin 1996)。類似しているのはパトリシア・コリンズ (Patricia Collins 1990) が論じる「操作された印象」(controlling images) である。彼女はアフリカ系アメリカ人の二つの相互に矛盾したイメージ描写について指摘する。――天真爛漫な乳母として、白人の主人に仕える事を職業的使命としているか、さもなければ〔旧約聖書の〕背徳的な淫婦「イゼベル」だ。描写された対象が抗議行動をとらなければそれは彼らの無邪気さを証明するものとなる。子供のように無知で容易に操られてしまう本質を有する。逆に彼らが抗議行動を起こせばそれは彼らの不道徳さ、暴力性あるいは野蛮の本質の証明となる。

相反する本質は一見矛盾するようだが、いずれも破りがたい「劣った他者」イメージのもとにつながれている。「劣った他者」は無邪気で愚かな存在として構築され、何が彼らにとって最大の利益であるかも知らない存在として描かれる。さもなくば賢い野蛮人だ。主人に感謝することもなく常に背後から襲う機会を窺っている。矛盾したステレオタイプは相互に強化しあい、矛盾によって反証されることはない。

ダブルバインド構造は陳秘書の語りの中に同様に出現する。たとえば彼女はインドネシア人女性を妻にする台湾人男性を「低レベル」(身体あるいは精神に障碍がある、低い学歴) であるか、さもなくば人身売買のために雇われた身代わりであるとする。彼女が毎日こうした低いレベルの人たちと向き合うことで無力感を感じると述べた際、筆者は以前に高学歴の台湾人男性が面接を受けた事実を指摘した。それに対して彼女はすぐさま、

とはいえ彼はちょっと……どうしてここへ来て結婚しようと思ったのかちょっとおかしいと思ったんです。彼は多分身代わりでしょう。お金を貰って偽装結婚にやってきたんです。ビザがおりたら女性を売春させにやるんです。

「ダブルバインド構造」は乱暴ながらも便利かつ強力だ。極端な反共主義のマッカーシズムに関するジョークを使って説明してみよう。ある人が共産党員だと疑いをかけられた。法廷で彼は共産党員かどうか質問された。もし彼が認めれば彼を告発した人間は興奮してこう叫ぶ「ほれみろ、私はあいつは共産党員だと思っていた」。だが彼が否定すれば、彼らは怒りに震えて彼を責めるであろう。「お前は否定するに決まってる、共産党員はみんな嘘つきだから」。

面接の状況

ホルスタイン（Holstein 1992）が示すように、サービス対象の製造（client-production）は、単なる描写的な構築（descriptively constructed）であるにとどまらず、相互作用のもとで作り出される（interactionally accomplished）作品である。駐インドネシア台北経済貿易代表処にとってみれば、サービス対象の無能力は「優位」の側と「劣位」の側の空間配置に現れている。そしてそれは職員の侮蔑的な態度によって作り出されているのだ。

A　空間配置

駐インドネシア台北経済貿易代表処がビザのための面接を行うオフィスは、ジャカルタ市の現代的なガラス貼りのビルの七階にある。[4] ビルの他の階には外国企業と銀行が多数入居している。中華航空などの華人企業もその中にはある。ビルには七基のエレベーターが設置され、左右両側に三つずつ、そして突き当たりに別の大型エレベーターがある。この中央に位置するエレベーターにはキラキラ輝く注意書きが掲げられている。Executives Only（高官専用）、と。ビザの手続きをする台湾人男性とインドネシア人女性は、ビルの国際企業に勤める、流行りの衣服を身にまとった都市の男女とともに六基の一般エレベーターに乗らなくてはならない。台湾・インドネシア間の結婚の当事者はここではすぐにそれと見分けられてしまう。彼らのまとう衣服や髪型の「田舎臭さ」、恥じらい、緊張、興奮によってである。よりはっきりとした特徴は彼らがいずれも七階でエレベーターを降りることだ。流行りの衣服を身にまとった都会の男女が、どういうふうに結婚の当事者を見ているか私は関心を持って七階についた後もエレベーターに残っていたことがある。女性が疑わしそうに傍にいた男性に尋ねた。「あの人たちは何をしに来たんでしょうね」。その男性は嘲るように「売春ですよ」と答えた。「ええっ」女性は叫び声を押さえているようであったが、その他の同乗者は思い切り笑い声を上げた。

駐インドネシア台北経済貿易代表処の七階オフィスに入るとすぐ、入り口の肌が黒いインドネシア人の警備員が見える。待合室へと進むと、右手には何列か椅子が並べられ、左手には三つの窓口がある。各窓口の上にはそれぞれの取扱業務が記してある。オフィスの朝はとても静かだ。一方午後は非常に混雑する。代表処が午後二時から五時までを結婚に関するビザ手続きの時間と定めているからである。

手続きにかかる時間を延ばすため代表処は毎日カップル一〇組のみという規定を設けている。申請人は番号札を持ち、番号を呼ばれるまで入室できない。待ち時間の間、彼らの多くはブローカーと共にいる。後者は常時面接時の応対についてアドバイスしている。職員が尋ねるであろう質問と模範回答について。待合室の台湾人は互いに顔見知りとは限らない。しかし彼らは互いに言葉を交わしあう。「台湾のどこにお住まいですか」「台湾で何をなさってますか」「どれくらいお待ちですか」。面接の秘訣について交換することもある。「極力結婚のためにやってきたとはいわないほうがいいと聞きました。観光でやってきて知り合ったというのがよいそうです」「あの男の人（林班長をさす）のほうが丁寧なようだ」「お金をいっぱい使ったといわないほうがいいですよ」「ブローカーに頼んだとはいわないほうがよいと聞きました」。対照的に、インドネシア人女性のほうはとても静かである。ほとんど台湾人の夫と言葉を交わすことはない。まれにインドネシア人女性同士で言葉を交わすことはあるが、その際にはほとんどインドネシア語が用いられる。

時間が来ると、警備員は面接を待つ次のカップルを連れてオフィスに入る。待合室とオフィスは一本の廊下でへだてられている。扉を開くとそこに見えるのは真っ暗で狭い廊下である。左側にはドアが一つあり窓口職員のオフィスに繋がっている。右側には二部屋のオフィスがある。一つ目は常に鍵が閉めてあり、二つ目が林班長のオフィスになっている（図3―1を参照）。林班長は以前すべての面接を担当していた。しかし一九九四年からは「結婚案件」があまりに多数となったために陳秘書の協力が必要となった。廊下の突き当たりが陳秘書のオフィスである。彼女が着任してから大部分の面接はここで行われるようになった。警備員はまず面接者を連れて陳秘書のオフィスに入る。そして彼らへ傍らのソファーへ別の二組のカップルと一緒に座るよう指示する。陳秘書はドアに向かって座り、面接対象者はデスクをへだてて陳秘書と対面する（図3―2Aを参照）。面接が終わると警備員が次のカップルを連れてくる。面接は当日指定された一〇組がすべて終わるまで続けられる。

駐インドネシア台北経済貿易代表処の結婚ビザ業務に関する空間配置は明らかな「優」「劣」の別を有している。優位の側は身をかくす空間的な優位をもつため、劣位の側はしばしば「さらされた」（exposed）状態および「監視された」（monitored）空間的状態に置かれる。まず時間が故意に区切られており（午前はその他のビザ業務が取り扱われ、午後になってようやく結婚に関するビザと関係業務が行われる）、ゆえに国際結婚の当事者たちははっきりそれとわかるようになっている。代表処の待合室に入ると彼らの身分はいっそうはっきりする。扉の警備員は監視役を演じ、彼の案内がなければ「外国人嫁」と「台湾人夫」はオフィスの中に入ることができない。警備員に伴われてオフィスに入ってからも、なお彼らは「さらされた」状態に置かれる。面接を行う職員はどんなことでも質問できる。だがそばには二組の待機中のカップルがおり、いつでも出入りできる管理職がいる。そして彼らがすべての状況を目にしているのだ。代表処の管理職は上から見下ろす優位な空間的状態を保持（guarded）している。彼らのオフィスへは警備員の連絡がなければ、みだりに部外者が入ることはできない。面接の際、職員のデスクは部屋の

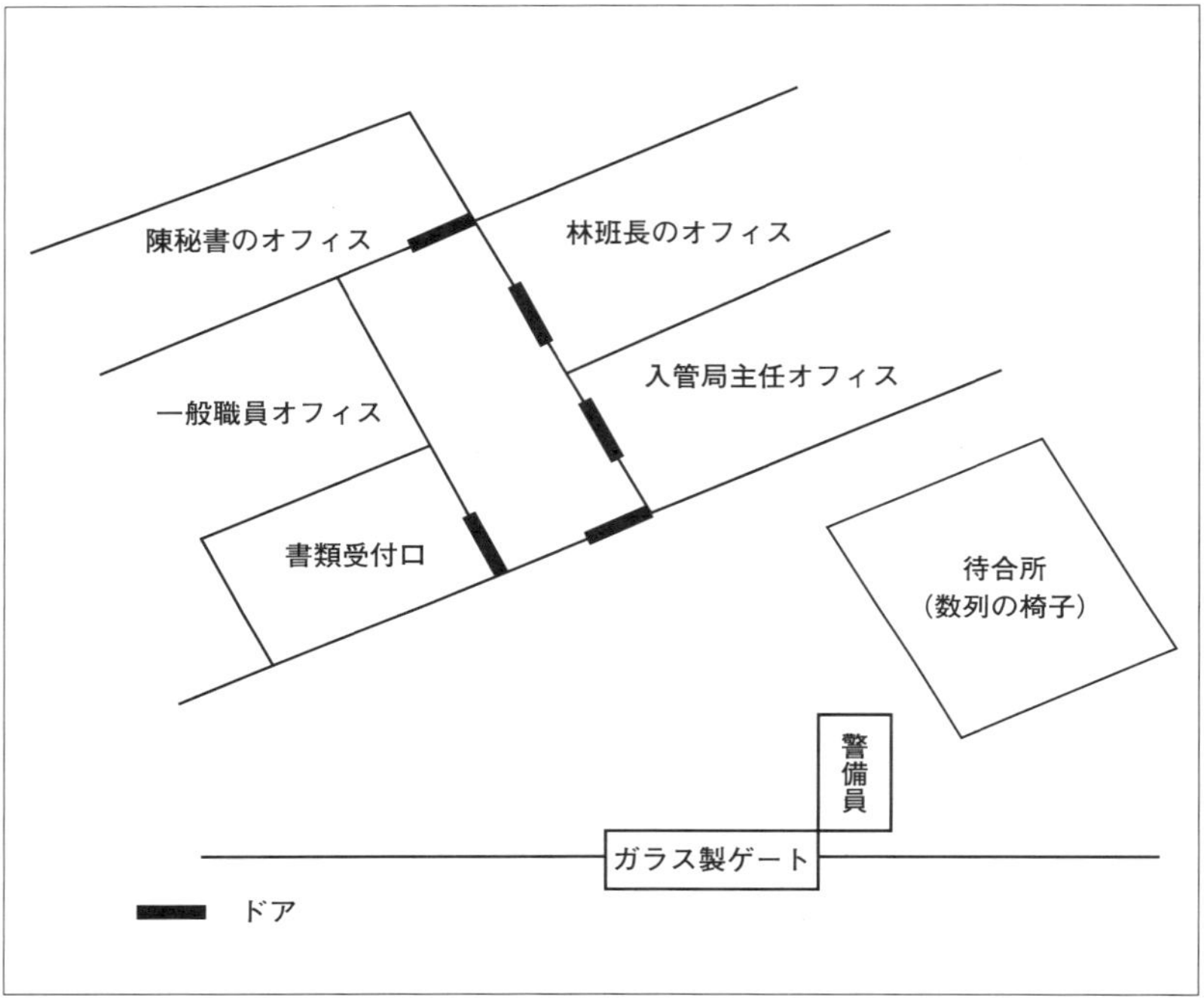

図 3-1 駐インドネシア台北経済貿易代表処の簡略図

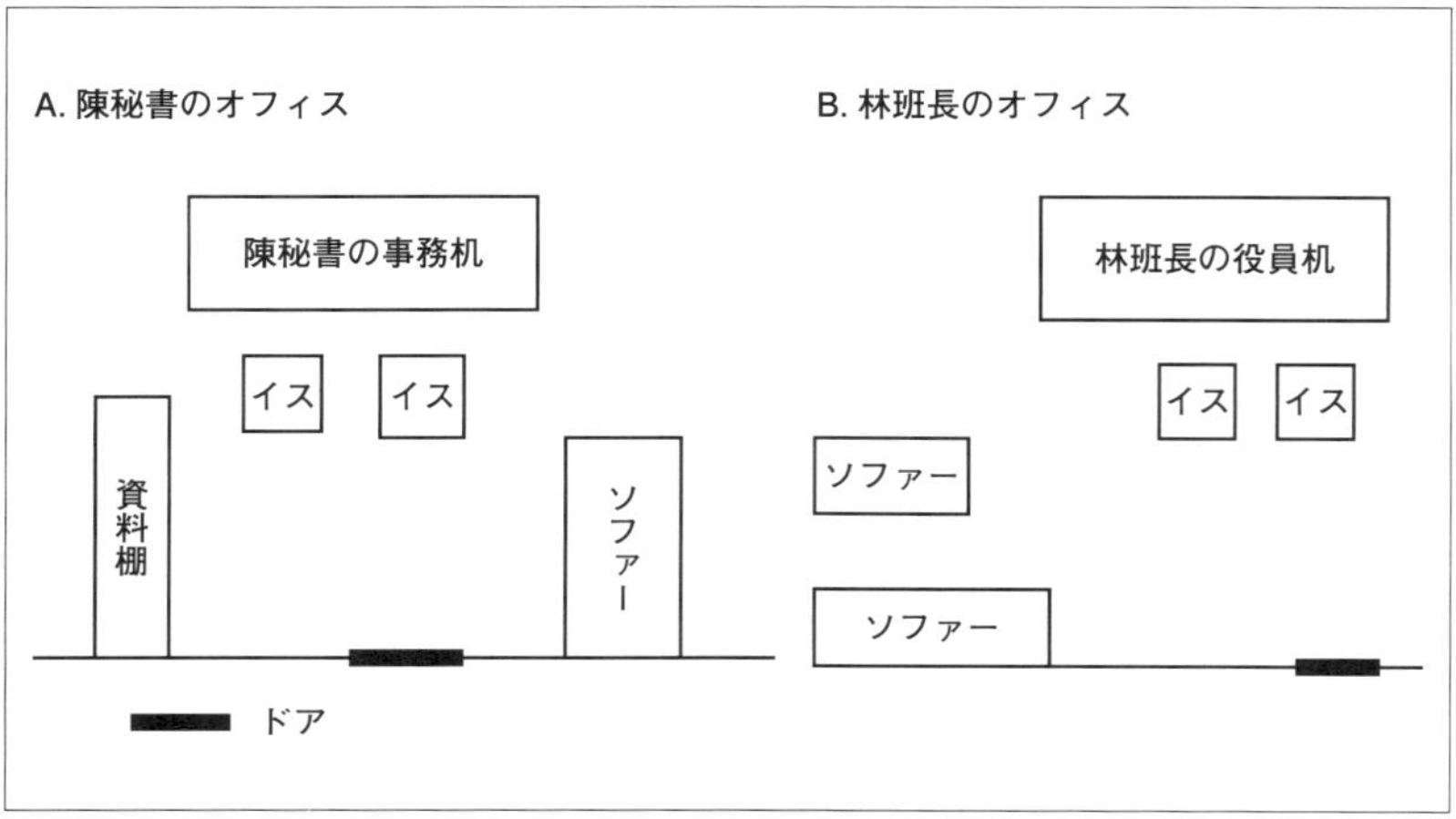

図 3-2 駐インドネシア台北経済貿易代表処ビザ面接室の平面図

内側にあり、椅子は高級なデスクチェアである。デスクの反対側には国際結婚の当事者に与えられるパイプ椅子が二つある。職員はドアに向かって（結婚の当事者はドアを背にする）空間的配置を掌握しているのである。

B　行政側の軽蔑的態度

サービス対象への劣ったイメージ認知をもつ職員たちはインドネシア人嫁と彼女たちの夫に向かってしばしば軽蔑的な態度をとる。ある四〇歳がらみの男性がインドネシア人の妻を連れて入ってきて、へりくだりながら林班長と傍らにいた我々に対してお辞儀をした。まず林班長は彼の職業について尋ねた。「桃園《タオユエン》県の政府で働いています」疑わしげに林班長が続けた「県政府ねぇ。君は一体何をしてるのだ」。「清掃部門です」男性が答えると、林班長は声を高めて皮肉たっぷりにいった。「ああ、ゴミ収集車にくっついている奴だろう。さっきはどうして素直にいわなかった」林班長は頭を下げて資料をのぞき、いった「離婚したのか」。男性が答える「はい」。林班長の質問「どんなひどいことをして奥さんが出ていったんだ」。男性は縮こまって答えた「ええ、みんな私が悪かったんです。でもどうして彼女が私の許を離れていったのかはわかりません」。続けて林班長が「子供は何人いるんだ」「三人です。みんな母親について行ってしまいました」林班長が大声でしかりつけた。「そんなことあっていいものか。君は男だろう、子供はみんな君のもとにいるべきだ。男じゃないのか。なんだって子供を行かせたんだ」。男性は恥ずかしそうに答えた「わかりません……彼らが決めたことなんです」。林班長はまたしかりつける「決めたことがなんだ。君が父親だろう。なるほど奥さんが離れていくわけだよ。全く男らしさがない……君は今度結婚してまた離婚しようというのか」。男性ははっきりと答えた「いやいやいや。もうあんな間違いはやりません」。ようやく林班長は彼らのビザに許可を与えた。それとともに、文書にサインをするよう彼に伝えることも忘れなかった。男性は立ち上がると、腰をかがめ頭を下げて林班長へ何度もお辞儀をした。そして何度も謝りながら縮こまるように婚約者とともにオフィスを離れていった。

一九九五年、二回目に駐インドネシア台北経済貿易代表処を訪ねた際、陳秘書の数回の面接プロセスを観察した。陳秘書は「台湾人夫」とインドネシア人妻の間で態度が非友好的だと評判が立っていた（第四章を参照）。陳秘書は各証明文書の真贋をただした。サービス対象が提供するバックグラウンド情報が正確でないのではないかと疑っていたのである。果てはサービス対象の筆跡が汚いとしかりつけることもあった。筆者はかつて見たことがある。陳秘書がビザを検査している際、申請人の名前の中に彼女が知らない漢字があった。彼女はその台湾人男性が字を書き間違えたのだと思い込んだ。「自分の名前さえ書き間違えますかねぇ」。陳秘書がそういうと男性は答えた。「間違ってませんよ」。陳秘書はほとんど怒るようにいった「はぁ、辞書を持ってくるから見てみなさい」。彼女が助手に辞書を調べさせてみたところ、数分して、助手が入ってきた「陳秘書、この字はあります」。陳秘書は困り果ててうなるようにつぶやいた「あ～……こんな字が、なんだってこんな変な名前があるかねぇ」。

職員たちの軽蔑的な態度は彼らのサービス対象は無能であるという想定に基づいている。しかしながらサービス対象の無能というのは決して客観的な事実ではないのだ。むしろ明らかに力関係が不平等な状況のもとでのやりとりによってつくりだされた結果なのである。国際結婚を求める台湾人男性とインドネシア人女性は代表処の職員が彼らのビザ申請を却下する権限を持っていることをはっきり理解している。ゆえに彼らは職員に対し従順でなければならない。以下に筆者が目撃した、ある台湾人男性の面接前後での全く異なる姿を示したい。この事例はいわゆる「無能」がいかにつくられるのかを生き生きと説明してくれるであろう。

一九九五年、三〇歳に近い葉《イエ》さんと我々は、九人乗りのバンに同乗して駐インドネシア台北経済貿易代表処のオフィスへと向かった。鍾永豊《ジョンヨンフォン》と私は代表処の職員にインタビューへ向かうところだった。一方葉さんはインドネシア人の婚約者とともに面接を受ける準備をしていた。私は彼にむかって自分が台湾からやってきたと伝え、ちょうど国際結婚に関する研究をしているといった。葉さんの身なりもしゃべりもいかにも「それらしく」（都市の中産階級のスタンダードに符合していた)、道中で彼は多くの現代社会の問題に関する自身の分析と見解を話してくれた。一緒に代表処へ入った際、警備員が私たちをさえぎった。葉さんと私は同時に名刺を出した。数分後、警備員はオフィスの中から私たちに入るように伝えてきた。葉さんと私は同時に立ち上がったが、警備員は鍾永豊と私だけを招き、葉さんには待合室にとどまるように伝えた。我々と林班長との会話はかなり濃密なもので、一時間がたってようやく待合室の外のトイレへ行くことができた。葉さんは私がオフィスを出てきたのを見て、興奮して婚約者にいった。「彼女が出てきた、私たちの番だよ」私がオフィスに戻ってから林班長は話をつづけた。約二〇分後、彼の秘書が入ってきた。「班長、彼らが持ってます」林班長は葉さんと婚約者を中に入れた。彼は嬉しそうに我々を見たが、同時に少し不思議そうにしてもいた。彼が我々に近づいて、私たちのそばに並んで座ろうとすると、林班長は直ちにどなりつけた。「待ちなさい、君たちはこちらだ」。彼が指さしたのはデスクの前の二つのパイプ椅子であった(図3―2を参照)。そうして面接がはじめられた。当初葉さんは先ほどと同じように自信にあふれて「それらしい」様子であった。けれども林班長に何度か怒鳴られると葉さんは口ごもるようになった。「君たちはどうやって知り合ったのか」。班長がいらつき気味に尋ねると、葉さんはすぐに答えた。「観光で知り合ったんです」「観光、素直に結婚のためにやってきたと、ブローカーが紹介したんだといえばいいのに。何が観光か」。面接が終わると葉さんはパイプ椅子から立ち上がって、頭を垂れながら我々に声をかけることもなく出ていった。葉さんが出て行ってから、林班長はやるせない表情で私に向かっていった「ああもう、これが普通なんだ、この人らは話をするにもハッキリしなくてね」。

　インドネシアから台湾へ戻ってのち、インドネシアで私と知り合ったといって嘉義《ジアイー》から電話をかけてきた人がいると母が伝えてきた。口ぶりはずいぶん焦っているようであったという。私はすぐに電話を返した。彼にきっと何か面倒事があったのだと思った。そうでなければそんなに焦って私に連絡してくるはずはないのだから。私の声を聞いて葉さんは何か重荷が解けたようであった。けれども彼が私に連絡を取ってきた唯一の目的は面接のときにどうしてあんな「失態」を見せたのか説明するためであった。

代理をしてくれた人（インドネシア現地の代理手続者）が私に面接の質問へどうやって答えればよいか教えてくれたんです。私はビザか出ないのではないかととても心配していましたから、だから私は彼（林班長）に「標準的な答え」をするしかなかったんです。あなたには私の考えをわかってもらいたいんです。

電話で聞く限りではやはり葉さんは自信にあふれて「それらしい」様子であった。ちょうど九人乗りのバンで我々にはじめて会ったときと同じように。もっとも話しぶりは幾分か気まずそうであった。私は彼が自分がさらした「無能な」姿を恥じているのだと感じた。最後に彼はまた強調していった「もともとはそんな風じゃないんですよ」。

【注】

（1）本章前半で分析した「駐インドネシア台北経済貿易代表処による」台湾人男性の分類パートは陳秘書が執筆し、代表処の報告書へ組み込まれたものだ。
（2）たとえば映画『風と共に去りぬ』の乳母役がそうである。
（3）旧約聖書〔列王記〕のイスラエル王アヘブの后であり、悪行で知られる。
（4）以下に記す駐インドネシア台北経済貿易代表処の空間配置は一九九四年と九五年の筆者訪問時に観察したものである。二〇〇〇年に筆者が三度目の訪問をした際、若干の変化はあったものの「優」「劣」の明確な空間配置は依然残っていた。

【訳注】

〔1〕一般に日本の学術的著作では fact が「事実」、truth が「真実」と訳し分けられる。この場合、reality（リアリティ）は「現実らしさ」「もっともらしさ」と訳すのが最も文意に近いものと考えられるが、原文に従い「真実」と訳しておく。truth の訳語についても原文へ従い「真理」とした。

〔2〕原文は「官方的建構」。著者の博士論文では「official construction」とある。現代中国語の「官方」には「行政側」という意味だけではなく、アイドルの「オフィシャルサイト」（官方網站）のような用法もある。この用語について原著者の十分な定義・説明はないが、ここでは公的機関によって構築される知識、または「一般的理解」として構築され公に共有されるようになった知識と解釈して「公的理解の構築」と訳した。

〔3〕社会構築「主義」とも訳す（第五章を参照）。伝統的な社会学が「社会問題」についての研究を行っていたのに対し、そもそも人びとが「問題」とみなしている事柄自体、人びとの活動によって作り出されている（＝構築されている constructing）ものであるととらえる。

〔4〕ある特定の民族集団が有している植物の知識・分類の体系を明らかにする研究をエスノボタニー（ethnobotany 民族植物学）という。これにならい、特定の人びとの間で日常の関係性を成り立たせるため成立しているルール・手法を明らかにすることをめざし社会学にあって発展してきた研究領域をエスノメソドロジー（ethnomethodology）とよんでいる。

〔5〕社会構築主義・エスノメソドロジーと同様に、認識論を重視したポストモダニズムの潮流の中で生まれてきた社会学的研究上の立場の一つ。シンボリック相互作用論では、人間が生活する固定的な社会構造を前提に置かない。それぞれの人間は物事への意味付け（meaning）に従って行動しており、人びとは絶え間ない相互のやり取り（interaction）によってそれぞれ意味付けへの解釈を変化させながら、共通の意味付けがなされた世界のなかで生活していると考える。

〔6〕ある人（語り手）が自己に関連付け何らかの物事について語った内容をナラティブ（語り）とよぶ。伝統的な社会科学では、ある社会的な事柄が独立して存在しており、自然科学と同様な測定によって客観的な状態を測定できると考えてきた。これに対して、しばしば複数の語り手によって異なる形で主観的に語られるナラティブ（語り）そのものを読み解き、そこに込められた意味を読み解こうとする立場が二〇世紀の末ごろから出現してきた。これをナラティブへの重心の転換という意味を込めて物語論的転回《ナラティブ・ターン》という。心理療法や文学論など異なる研究領域の影響を強く受けた立場である。

〔7〕原文は「互為主体的理解」。著者の博士論文では該当部分に“intersubjective”とある。日本語ではしばしば「間主観的な」と訳される。ここでは異なる個人・主体が言語などを通じた相互的やり取りを通じて形成している共通理解のこと。

〔8〕原文は「把他遣送回来」。著者の博士論文では“Supposedly, they should be sent back [to their home countries] once they got divorce.”。「他（彼）」とあるが「她（彼女）」の誤記と解釈した。

◉ 第四章　真実の社会的構築——アイデンティティの構築

自省

アメリカの博士課程で学んだ最後の数年間、理念の違いから、教員（当時の学科主任）とのやりとりはつねに緊張状態だった。初めての面談で私は彼へ博士論文の焦点を調整したいと話した。そして研究テーマの変更を理由に別途共同指導教員を置いてくれるよう求めた。すると彼は冷笑しながら私に告げた。「なるほど中国人が陰険だ（crafty）というのももっともだ」。その時の私は怒りのほどを表現することさえできなかった。あるアメリカ人の友人と廊下で出くわしたとき、彼女は深く同情を示し、義憤に駆られた様子でいった。「どうして彼らはそれぞれが個人で、集団の一部分ではないのがわからないのか」。彼女は好意からいっていることはわかったが、私にとってはよけい悲しい気分になるだけだった。というのも（その言葉は）私を更なる苦境に陥れてしまうからであった。私は彼女が中国人に悪印象をもっていないと断言できる。しかし似たような論法をあまりに何度も聞いていたのだ。アメリカの大学で「アメリカの文化的多様性」（cultural diversity in the U.S.）という授業を受け持ったとき、エスニック・マイノリティとしてのバックグラウンドを持つ学生はいずれも類似の苦痛を訴えた。「それぞれを個人として見さえすればエスニックな偏見はなくなる」との論法。だがそこには隠れた含意がある。華人やその他のエスニック・マイノリティは集団としてみると劣った存在であり、唯一解放される術が自己のエスニック・アイデンティティを消しさり、孤独な個人になることだけなのだ。しかし私は声を大にしていいたかった——「私は華人文化の一部分なのだ」と。他のあらゆる文化と同様に、華人文化も全く瑕疵がないわけではない。私もそのあり方に対する批判がある。けれど、私を華人として、のアイデンティティから引き剥がそうとするのは、私にとっては侮辱でしかない。一人の個人として華人コミュニティへ深く根ざしているのだから。

華人の心の中には、強い集団アイデンティティがある。そうした団体意識は、個人の助けにもなるが、個人を窒息させてしまうものにもなりうる。けれども「個人主義こそが最終的な解脱の道である」との結論に至る必要はない。ある友人は父親が離婚を許さなかったために自殺した。この悲劇に対し私は家族が個人を喰らってしまったと憤ったものだ。もっともアメリカの友人たちと共に過ごした経験からは、アメリカの友人たちがもつ帰属意識の喪失感とそれへの渇望へ同情しもするのだ。あるアメリカの友人が、中華文化と西洋文化がどういうふうに私の中で併存しているのか、自分にはどうしても理解できないと話してくれたことがある。二元論的な世界観に立つならば、私は人格分裂に陥りかけていることにでもなるかもしれない。しかし私が「アメリカの文化的多様性」の講義で学生たちへ伝えたように、「自己」と「他者」はそもそも〈異なる〉彼我二者の存在を前提としているのだ。まるで道家の説いた陰陽のように。二元対立的な認識は個々人が単一の「純粋な」アイデンティティを選ぶよう迫る。複雑なアイデンティティに身を置く個人は、人格が分裂していると定義される。

かつての私は「外国人嫁」と夫たちの語りをメンツにこだわった印象の操作(impression management)とみなしがちだった。私自身が自らの文化的こだわりと「正当な」認識との間で、いずれか一つの立場を選ぶよう迫られて、ようやくマイノリティに対し自己の存在への「合理的説明」を求めることがいかに残酷な暴力か気づくことができた。力ある人びとにとって個人主義は認識のあり方の一つというようなものではない。人間世界を理解する唯一の「正当な」あり方へ変わってしまっている。ここでは改めてまなざしを転じ、「外国人嫁」と夫たちがいかに自身の世界を認識しているかに着目したい。彼らの話すストーリーが合理的かどうか判断しようとするのではなくて。

先の章では台湾の行政がいかに国際結婚に関わる男女について〔社会的〕構築を行っているかについて分析した。本章では、国際結婚における男女がいかに彼ら自身の経験に向き合っているかについて着目したい。以下の分析は「外国人嫁」、夫たち、国際結婚へ関わるその他の人びとへのインデプス・インタビューでなされた語りと私が彼らの婚約プロセスと結婚後の生活について行った観察データによっている。

結婚における当事者

結婚と家族に関する研究で主流の社会学理論は「個人主義的交換パラダイム」(individualistic exchange paradigm)である。結婚の決定は利己的な行為者が持てるモノを持たないモノと交換して利益最大化を行う行為だと理解するものだ。しかしながら結婚と家族に関する意思決定を研究テーマにするにあたっては、個々の行為者の経験について検討を加えるべきであり、理論的仮説に依拠した推論から結論すべきものではないはずだ。

データの分析からの私の理解は、本研究でみた結婚に関わる行為者は集団主義的であり個人主義志向ではないというものだ。つまり研究対象者は利己的な個人の立場からではなく家族成員の立場から結婚に関する決定を行っている。彼らのインタビュー記録ははっきりと個人主義的交換を否定する。同時にもし自分のことだけを考えていたならば結婚はしなかっただろうとの表明が共通してみられた。彼らが結婚を決めたのは家庭ないし家族を考慮した結果だったのである。

阿成《アーチョン》、南へ行く

正月二日の夜更けの家に
一族去って人もなし
籾干す人ない前庭の
焼けつきすえた寂しさの
夜半になっても寝つかれず
阿成、ごろごろ起き出した
荒れた溝辺の田畑に聞いた
カエル鳴いては見合いする
幼心の凧は糸切れ
父母の思いも心に痛し

灯ともして往くホタル
外の具合はいかがなものぞ
時の行方も変わるてか
おなごの街へ往かいでか
ホタルやあ
尻の光で案内たのむ

上の親戚、野良捨て南
いわく田吾作、世の笑い
クソの出ぬのは便所によらぬ
勧めどおりにすればよし
南洋客家は貧し縁よし
もとよりあちらへつながる運と
師匠の占い請負ありと
いずれそうそう気にするねえと
そうも多くも気にするねえと
嫁とりゃ正月里帰り
ちょうど国出て骨休め

野良も一息、春訪れた
父母は嫁取れ孫抱きたしと
無尽でこさえた金たくわえて
阿成が決めた、南行き
阿成の決めた志
海さ渡って嫁取りへ
——鍾永豊 2001(1)

「外国人嫁」をめとるという決定

A　金生《ジンション》——両親の介護の必要から

金生は一家の長男である。下に三人の弟と三人の妹がいる。彼は二歳の時に小児マヒにかかっている。彼はもともと結婚する考えをもっていなかった。自身のような障碍のある男性に嫁ごうとする女性もないだろうと考えていたし、一人でいるのが自由でもあったためだ。「俺はこんな風だから嫁をもらうのは難しい。もうちょっと若いころはぶらぶらしていたもんだ。独り身のほうが自由な感じがするだろ。東へ行きたきゃ東へ、西へ行きたきゃ西へ、誰も文句はいわないから」。インタビューに際して私は彼に「外国人嫁」をめとろうと決めた理由を尋ねた。

もともと俺はずっと家でぶらぶらするつもりで結婚なんて考えてなかった。結婚しようとするとは思わなかったよ。俺は長男だから、たまにはプレッシャーを感じたりもしたけど。いまじゃ両親を見たらどうだ。母親は透析をやってる。病気なんだ。ほとんど倒れてるようなもんだ。ええ？　自分の母親がだよ、兄弟はかまおうとする様子もない。だから考え直したんだ。これは良くない、嫁をもらわなくちゃいけない……。俺は思うね。両親は一人しかいない。まあ人聞きは悪いけど、辛くても受け入れなきゃいけない。正直俺も日々辛い。それでも支えなきゃいけないだろ。そうじゃないか。だから俺は、そうしよう、嫁をもらいにいこうといったんだ。

両親のために金生は利己的な思考を捨て、華人のインドネシア人嫁をめとることを決めた。「どれほど辛くたって、喜んで受け入れなきゃだめだ」と金生はいう。

B　富国《フーグオ》——家族の名誉のため

富国も長男であった。インドネシアへ嫁探しに赴いたのは三三歳のときであった。なぜインドネシア人嫁をめとるよう決めたか尋ねると、彼はこう答えた。「親父のためじゃなかったら、インドネシアへ嫁取りには行かなかった」。

夏《シア》：どうしてお父さんはインドネシアでの嫁探しを求めたのでしょう。
富国：俺は親父から金を借りてたんでね。
夏：それとこれとはどういう関係が。
富国：関係あるとも。借金がなかったら、そもそも嫁探しになんて行かなかったと思ってる。借りた金を計算してみると結構な額だったんだ。誰かに何とかしてもらわなきゃいけなかった。〔どこかから〕金を都合できなきゃ、家族がなんとかすることになる。親父は「交換条件だ」といったんだ。だもんで、親父に金を借りてインドネシアで嫁探しをするのに同意した。親父は要するに俺に嫁探しに行かせたかったんだ。嫁を探さなきゃ、俺は博打を続けるかもしれなかった。美濃へ戻ってきたころ、暇になると博打へ行ってた。打っては借りを繰り返し、首が回らなくなったんで、家族から借りようとしたんだよ。親父は、嫁探しに行ったら貸してやる、とさ（笑）。いずれ同じだったろう。（借金を）なんとかできなきゃ、親父はやかましかっただろうし、よその連中も俺を馬鹿にしただろう。そうだろ。返済はしなくちゃならない、金は集まらない、親父から**「借り」**（強調）なきゃいけなかった。それで親父が、インドネシアで嫁探しをすれば貸してやるといったんだ。正直なもんだ。はぁ。そうでもなきゃ、俺の性格からして嫁はもらわなかったろう。
夏：それでは、こういう状況がなければ、あなたは向こうに嫁探しへ行かなかったのでしょうか。

富国：そうね。さもなきゃ、俺一人なら逃げて雲隠れもできた。借金取りから逃げて。でも家族に面倒をかけたくもなかったんだ。こういうたちなんだ。

一見、富国の結婚はひどく利己的なものと思われるかもしれない。しかし詳細に彼の語りをみてみると「利己的」では彼の決定を解釈するのは難しいのだ。たとえば「さもなきゃ、俺一人なら逃げて雲隠れもできた。借金取りから逃げて。でも家族に面倒をかけたくもなかったんだ」というのがそうだ。彼が最後に結婚を決めたのは、家族に面倒をかけたくなかったためであった。彼は実際には自分の利益に反することを行ったのだ。「家を飛び出して借金取りから逃げたかもしれない」というのは彼の利己的な一面といえるかもしれないが、彼は「でも家族に面倒をかけたくもなかった」と主張して個人主義的な考えを否定している。

C　錦田伯《ジンティエンボー》——祖先へ向き合う必要から

富国はインドネシア人嫁をめとるに際して父親が鍵となったと述べた。そこで私は富国の父親、錦田伯へインタビューを行った。富国の結婚について尋ねると、錦田伯はこう話をしてくれた。

富国はもう歳だ。とうに嫁もいなくちゃいけない。それが両親たる責任だよ。わしにゃ二人の息子がいる。富国が上だ。次男はとうに結婚して子供がいて、外で仕事をやってる。ところが富国はぶらぶらしてばかりだ。三十何歳で（台湾で）三十数回見合いをして、一回もうまくいかなかった。息子のために嫁探しをするのは両親の責任だ。さもなきゃ祖先にどう申し訳が立つかね。

錦田伯にとって息子たちの結婚は彼ら自身のみの事柄ではない。父親としての責任でもある。そして彼の責任は彼が父親であることのみに由来しているのでもない。その責任は彼が祖先の代理人であることによって正当化されている。「祖先に申し訳が立たない」との説明は結婚が集団的行為として、痛切な意味を有するものであることを示しているのだ。同種の概念はアメリカの家族社会学には存在しない。さりながら、中国ほか華人文化が主体の社会にあってはキー的概念となりうるものである。錦田伯の語りにおける過去世代との「強い連帯」(strong thread)は次の明成のインタビューにあって未来へ連結されていく。

D　明成《ミンチョン》——跡を継ぐ必要から

明成は幼いころ小児マヒを患った。学習遅滞と認定されて中学卒業後は進学しなかった。彼が東南アジアで嫁をめとるよりも先に弟や妹たちは結婚して家族をもっていた。彼の結婚に対する主関心が集団にあることへ留意したい。

明成：そもそも結婚したくなかったんだよね。
夏：それで嫁探しはしないと決めたのですか。
明成：うん。一人でぶらぶらしているほうがいい。自由だよね。親父が「そうさな、嫁もらえや」といったんで、俺は「そんな面倒な」と答えたんだ。結婚ってのは面倒なものだから。弟にいったんだ。「親父にいってよ。俺は結婚しないって。いいでしょ」って。すると弟は「お前、長男で結婚しないわけにいかないよ」っていうんだ。俺はいいたいよ。お前、俺の立場なら結婚するかって。俺は元々こんなんだから、嫁をもらってからとても辛いんだ。どうして辛いか、結婚、結婚の問題なんだ。
夏：結婚が辛いと考えるのでしょうか。

明成：そうね。

夏：結婚しないよりも辛いと思いますか。

明成：そう。当たり前だよ。友達にもいった。結婚してないときは自由この上なかった。結婚して不自由になったって。友達はなんでかっていうんだよ。いやいや、お前らはわかってない。俺の状況がわかってないんだ。俺は答えたんだよ。俺の考えはお前と全然違う。俺は友達と毎日面白おかしく喋りあってた。結婚しなくても十分楽しかったんだ。楽しいに決まってるよ。毎日飲み食いしてぐでんぐでんに酔っぱらっても、誰も気にしないんだからね……。いやはや、振り返ってみれば、後々のことを考えないといけなかったんだね。後々のことを考えないのはいけないんだ。俺には跡継ぎが必要だよ。跡継ぎが大事なんだよ。「跡を継いで」いかないと。人間はずっと繋いできたんだから。名誉が一番大事だね。

明成は金生・富国と同じように結婚しないほうが彼個人にとってはむしろ良いと考えている。しかし彼は最終的に結婚をした。跡を継ぐ責任を感じたためだ。明成の語りからは個人主義的な〔観念の存在を〕前提とすることの誤りがみてとれる。インタビュー中、終始彼は自身の結婚に対するマイナスイメージを語っていた。辛く、彼にとって面倒で、自由がないと。だがまた別に「跡を継ぐ」ことに対する強い信念へも言及していることは、彼の利己性の否定をあらわしてもいるのだ。

以上の人物の語りでは「責任をはたす」「両親の面倒をみる」「跡を継ぐ」という主題が周囲を取り巻いている。各主題はいずれも「強い連帯」の観念の一部をなしている。これら観念の交錯が人びとの家族に対する忠誠を生み出しており、これらの主題の出現は個人の家族に対するアイデンティティを示してもいる。

阿芬《アーフェン》のみごもり(2)

あたしの赤んぼ
蹴るようになった
宿ったそのとき
頭くらくら
まるで飛行機
ぐるぐる雲の中
地面ついたら
いったいどうなる

あたしの赤んぼ
また蹴った
あたらしこの地
根なし底なし
ずっと蹴ってる
土もぐる落花生みたく
根付いて芽吹く

——鍾永豊 2001

台湾人の夫に嫁ぐという決定

では、「外国人嫁」の語りについてみてみよう。

A　美華《メイホア》――妹の模範となるため

美華は商学の修士号をもち、以前はジャカルタの多国籍企業で働いていた。収入はかなり多かった。彼女は若くてスタイルもよく、挙措も上品だった。彼女の親友が打ち明けてくれたところでは、ジャカルタで引く手あまただったにもかかわらず、一切交際関係をもとうとはしなかったという。彼女が結婚しなかった理由について、美華は、

私には高学歴・高収入の友達が一杯いたんです。でも彼女たちはみんな結婚したがりませんでした。インドネシアの男性たちは結婚して子供ができると、妻が歳をとっていくのを嫌って別の女性を求めにいってしまうんです。彼女たちはみんな悲惨な例を見すぎて、自分一人で生活していったほうがいいと思うようになっているんですよ。

にもかかわらず彼女は最終的に高卒にすぎない台湾人男性のもとへ嫁ぐことを決めた。妹たちに自分を見習ってほしいと考えたためだ。彼女は一家の長女だった。下には弟が一人、妹が三人いた。夫はもともと彼女の妹の一人への紹介相手だった。だが妹はうんといわなかった。理由は姉がまだ嫁いでいないからというものだった。妹は美華が人生の大事について決めるまでは嫁ぐまいと決めていたのだ。美華はとうとう決心して夫へ嫁いだ。

私は妹たちみんなに幸福な嫁入りをしてほしいと思っています。そうすれば両親は私たちのことを気にかけずにすむから。私は家族で一番年上なので、家の面倒を見なくちゃいけません。両親へ意見を聞いたときには、とても反対しましたね。こうも遠く嫁ぐのは、それは両親は心配でしょう。もっともその後には同意してくれました。両親も私がインドネシアの不人情な男には嫁に行かないとわかっていたから。娘を送り出して、父母としては気がかりをすっきりさせたのだろうと思います。

美華の決定は明らかに利己的行為としては解釈できない。彼女は妹たちのために楽しい結婚の模範例をつくって、後を追ってもらいたいと、両親の責任を取り去ろうと考えたのだ。

B　芬宜《フェンイー》——息子と姉を支えるため

芬宜は三〇歳間近である。レイプによって未婚のまま子を生んだ。彼女は辺境の島の出で、家族は貧しいうえ子沢山だった。彼女は明成に嫁いだ——先にふれた障碍者の男性だ。この選択は息子と姉家族のためであった。台湾へ嫁いでくるまえ、彼女は息子とともに姉家族の家にいた。九人家族でとある小さな工場に働く姉の夫の稼ぎだけが唯一の収入源だった。アジア金融危機は家族の絶え間ない諍いを日常としていき、芬宜は障碍者へ嫁ぐことに決めた。夫の家族が毎月彼女の家族へ送金することに同意したためだ。

誰と結婚するかなんて気にしてなかった。人が身障者へ嫁ぐのを笑っても気にしない。あの人が息子の面倒をみる姉に送金してくれればよかったから。息子は姉とジャカルタに住んでる。あのお金でいい教育を受けられるチャンスができたんだ。

C　阿芳《アーファン》と阿桃《アータオ》――家族を支えるため

阿芳は二二歳で富国へ嫁いだ。彼女の家族は五人の子供を抱えてインドネシアのある小島に住んでいた。苦しい家計状況ゆえに小学校すら卒業できなかった。富国に紹介される六カ月前、彼女は故郷を離れてジャカルタで家計を支えるために働き始めたところだった。もっとも当初彼女は結婚にためらいをもっていた。辺鄙な島を離れてきらびやかな首都へ来たばかりだったので都会の多彩な生活へ未練があったのだ。

頭が痛くて幾晩も眠れなかったよ。彼に嫁いだものかわからなくて。あんな遠くに住んでいるんだから。私はジャカルタに出たばかりで、日曜の休みのたび友達と遊びに出かけてた。よかったよ。こんなに早く結婚したくはなかったんだ。でもバンカ島（阿芳の故郷）にまだ弟や妹がいることを思うとね。家には弟や妹に勉強させるお金がない。両親も祖母もどんどん歳をとる。台湾はお金があると聞いたから、台湾に嫁げば家族の助けになると思った。彼に嫁げたのは嬉しいね。家族はよくしてくれる。とくに義父は娘みたいに扱ってくれるんだ。彼らは送金して家族に新しい家を建てさせてくれたよ。コンクリートの家なんだ。

「家族を支える」は多くの「外国人嫁」たちの共通の声である。ヴェトナム出身の阿桃も同様なエピソードをもつ。阿桃はホーチミンに住んでいた。台湾人の夫は二五歳年上だ。一男三女がいる。前妻と別れてから知人の紹介で阿桃と知り合った。阿桃がお見合いを回顧するところでは、

そのころ私は二二歳で、もう一人二六歳の女性と一緒だった。ブローカーは夫に四人子供がいるといったから、私はいやだと思った。それで二六歳の女性へ、あんた結婚しなよっていった……。翌日、夫がうちにやっ

てきた。おばさんは夫を見て、いい人そうだから嫁いでもいいんじゃないかといったから、それで受けることにしたんだ。彼は歳がいってるから、多少家の助けにもなるだろうって思った。

私たちは再び同じ主題のエピソードを見いだしうる。主役は別の誰かのことを考えて最終的に考えを変える。たとえその決定が自身の利益に反するものであってもだ。阿芳は遠い異郷へ嫁ぐことを決めて自分のあこがれを捨てた。それによって家族が苦境から脱することを望んだためだ。一方阿桃はかなり年上の夫のもとに嫁ぎ、彼の経済基盤によって家族の苦境を和らげようとしたのであった。

エピソードが示すもの

西洋の社会学者はしばしば現代化（modernization）を個人化（individualization）と等価にみなしてきた（たとえばLearner and Pevsner 1958; Scanzoni 1995）。彼らによれば個人の自由こそが現代化の主たる特徴であった。個人は集団の束縛から放たれているべきであった。個人主義が人間の解放における普遍的指標とみなされていた。一方で、集団主義の文化は現代化による救済へ抵抗するものとみなされた。たとえば経済領域で日本が大国なのは世界の認めるところだ。欧米の経済強国と対等にわたりあっている。けれども現代化の程度でいえば、日本はせいぜい第三世界のトップ、その他の経済大国には遠く及ばない（Scazoni 1995）。

個人主義は今日のアメリカ社会で支配的地位を得ている。それが世界の常識などではなく、せいぜい現地に深く浸透した心理という程度のものでしかないと指摘する研究もある（Sampson 1988, Carrithers, Collins & Lukes 1985）。さりながら家族研究の主流は依然として個人主義的モデルに従っているため、文化横断的な家族研究において往々に問題を発生させがちである。いかなる形でも他者を考慮に入れる人は伝統に毒されている、ないしは「虚偽意識」（false-consciousness）にとらわれているものと扱われるのだ。個人としての意識が確実か否かは観察者がもつイデオロギーに対し親和的かどうかで判断されてしまっている（Paules 1991）。西洋的モデルを援用した文化横断的研究には自文化中心主義《エスノセントリズム》（ethnocentrism）が深く根差している。これを避けるために特定の認識枠組みへ依存するようなことは防がなくてはならない。

本章における結婚決定プロセスのインタビュー資料について、読者は被インタビュー者（インフォーマント）による印象操作（impression management）（Goffman 1959）の結果と考えるかもしれない。彼らはそれによって自身に被せられた否定的イメージの烙印（stigmas）を除去しようとしているのだと。彼らは他者に必要とされないがゆえに妻を買わざるをえない、あるいは見知らぬ相手に自分を売らざるをえない。したがって研究者としての立場からは、インタビューの対象者がゆがめた「真実」（reality）を明らかにしなくてはならないと考えるかもしれない。

しかし本論では異なる観点をとってみたい。インタビューの対象者の語りを現実と深く結びついて構築されたものととらえるのだ。文化が個別のストーリーを通して「自らを語る」（speaks itself）（Riessman 1993）わけである。この観点からは個人主義を世界の常識とみるような価値観・規範は拒否される。インタビュー資料を印象操作ととらえることもない。インタビュー資料は語りの連鎖（narrative linkages）（Gubrium 1993）としてとらえられる。インタビューの対象者は連鎖を通じて自己の経験に意味を与えていく。先のインタビュー資料では、語りの連鎖は祭祀の継承と他者——父母や兄弟のための自己犠牲として立ち現れていた。本研究の語りの連鎖にあっては、文化的に受容されうる結婚とは、自己の利益を犠牲にして家族を成り立たせるものであることを示している。ゆえに結婚とは全体的な考慮がなされたうえの決定なのだ。ここでいう家族には父母・兄弟、故人となった祖先、まだ生まれぬ子孫が含まれる。先に引用した語りは個人を社会的行為の単位とする仮定へ疑問を投げかけている。

社会問題の被害者

政府機関もメディアも台湾人男性と「外国人嫁」たちを社会問題の「原因」とするのが常だ。こうした行政側の見方と対立するように、「外国人嫁」と家族たちは自身を社会問題の「被害者」ととらえている。

無能な役人の被害者

国際結婚のプロセスにおいて台湾人男性と「外国人嫁」は多数の政府機関、とりわけ台湾側の政府機関へ向き合っていかなくてはならない。「外国人嫁」は台湾での手続きに不慣れなことから、台湾側の役人とのやりとりのほぼ全ては台湾人男性が担わざるをえない。ゆえに以下の語りの多くは男性によるものであることに読者は気づくであろう。

A　差別的な規定

憲法による婚姻の自由が妨げとなって、台湾政府は国際結婚を禁止することができない。そこで東南アジア各国の代表処はさまざまな規定を持ち出して引き延ばしを行う。最長で一カップルにつき一年待ってようやく台湾で結婚式ができるようなこともある。こうしたやり方の背後には同種の国際結婚には問題があるとの想定がある。（代表処の職員たちにとり）官僚的手続きは台湾人男性たちにためらいを生み、不適切な結婚を防止しうるものだ（インタビューを行った職員もはっきり彼らの目的がそこにあることを示していた）。一方、台湾人男性と「外国人嫁」たちには国外部局の引き延ばしはありがた迷惑である。

夏：代表処の人がいうには、彼らは「売買婚」を憂慮しているのだそうです。台湾の男性が騙されることを恐れていると。それで引き延ばしを図ることでインドネシアへの嫁探しをやめさせたいというのですが、あなたはどう思いますか。

金生：それは言い訳でしかないや。言い訳だよ。俺たち（インドネシアで嫁探しをする台湾人男性）は大体が障碍をもってる奴らだ。わざわざ遠くまで女の子を騙しに行くもんか。あいつらは俺たちが騙されるのを気にかけてるというけど、だがね、たとえば女のほうがあっち（インドネシア）にいたとして、大抵はもともと彼氏もちだから、引き延ばしが長ければ長いほど彼女らが一緒にいる時間も長くなる。それから俺たちはもう婚約してるってのに、さらに別の相手を嫁に紹介するやつがいたら、多少良心がある女なら、もう婚約してるから、というだろうよ。まあ、悪くすると、よりいい相手がみつかって考えを変えるかもしれない。……つまりだ、そういう役人は事情を複雑にしてるだけなんだよ。

金生は、時間的・空間的な距離感が台湾人男性の多くを不安にさらしているという。金生たち台湾人男性にとって駐インドネシア台北経済貿易代表処の課す長い待ち時間は、彼らの不安感を増すのみか、想定外の金銭負担を増やしてもいる。たとえば婚約したばかりで四五歳の阿奇《アーチー》は心配そうに話した。

婚約した嫁さんは三三で俺は四五だ。知り合うまで結婚するなんて夢にも思わなかったよ。彼女が台湾へ来られるようになるまで俺たちは一年近く待たないといけない。彼女のことが恋しくて本当につらい。俺は三カ月おきにジャカルタへ飛んで彼女に会いにいってる。それで貯金はみんななくなってしまって、母親から借りないといけない。みっともないけど、だからって俺はどうしたらいいんだ。

駐インドネシア台北経済貿易代表処の職員へインタビューした際、引き延ばしを行うもう一つの意図を聞いていた。台湾人男性からインドネシアへ行く発想をなくしてしまえば、ブローカーが暴利をえることもなくなるだろうというものだ。これに対し当事者である台湾人男性はその正反対の効果をもたらしているという。

阿奇：俺たちはあいつらに殺されてるようなもんだよ。あいつらが難癖をつけるせいで、俺たちが代理人を探さなきゃいけないんだ。どうしてそれがわからないかね。あいつらが難癖をつけるだけブローカーが儲けるんだよ。

財林《ツァイリン》は三三歳で結婚した。彼の意見も阿奇と同じだ。

つまりだ、俺たちには仕事がある。毎日ヒマであいつらのクソみたいな証明書を待ってるわけじゃない。生活は十分カツカツなんだ。あんなバカバカしい申請に神経を使う気にはなれない。だから専門の人間に代理してもらってるんだ。そりゃあカネは使わざるをえない。カネもとらずに飛び回ってくれるやつはいないからな。そうだろ。ああ複雑な手続きを要求してこなきゃ、俺も自分でやるかもしれない。でも現実はそうじゃない。あいつらの山のような要求をこなしてやっと俺たちは結婚できるんだ。嫁がやってきたとしても、まだまだやる手続きは多いから、それもデカいカネなんだよ。

二〇〇〇年（民国八九年）以前の規定では「外国人嫁」は〔入国して〕半年後に母国へ戻り再度台湾ビザを申請しなければならなかった。台湾滞留が一年を経過してようやく居留申請が可能になる仕組みだったのだ。台湾居住三年で原国籍が放棄でき、国籍取得一年を経過するとついに台湾の身分証明書の申請が可能になった(3)。夫が公的機関ないしは登記済みの工場・企業に雇用されていない限り、身分証明書がないと国民健康保険の申請資格もない(4)。「外国人嫁」をめとる台湾人男性の多くが農家かインフォーマル部門《セクター》(1)で労働しているため、彼らの妻は国民健康保険による福祉を享受できない。これも彼女たちが来台後に直面する主要問題の一つだ。

阿蓮《アーリエン》：とっても申し訳ない気がするよ。医者にいくたびダンナが沢山お金を出さなきゃいけない。今は妊娠してるから、定期的に病院で検査しなきゃいけないんだ。義母さんはよくしてくれてて、何もいわないね。でもなんだか自分が家の負担になってる気がするんだ。

結婚前の阿蓮はヴェトナムで書店員をしていた。彼女の夫・幸達《シンダー》は自営の木材加工業者だ。阿蓮は私の知る他の「外国人嫁」たちと同じく夫の家近くのヤミ縫製工場で働いていた。彼女にはまだ身分証がなかったので、仕事となればヤミ工場が唯一の選択であった。彼女の給与は同僚より低く、健康保険の申請をする資格もなかった。幸達の家は生前相続をしていなかったため家計は両親、とくに母親が管理していた。阿蓮のいう義母の家での重要性に鑑みて、私は幸達の母親へ国際結婚に対する考えについてインタビューしてみた。彼女は自身の落胆と怒りを余すことなく話してくれた。

複雑な規定だらけでね。あの子が来たとき、わたしたちは〔高雄市内の〕鳳山区へ申請に連れて行かなくちゃいけなかった。それからまた旗山区へ行かなきゃいけなかったんだ。政府ってのは庶民を踏みにじるもんだよ。あの子らはもう結婚してる。もう台湾人なんだ。なんでこんなに面倒かね。身分証もないから何をするにも大変なんだよ。嫁が妊娠して六カ月めなんだけど、健康保険もないんで、毎月自腹で検査しなきゃいけない。今度は医者が胎位異常で帝王切開しないとっていう。いったいいくらかかるやら。ダンナ一人の給料で足りるもんか。家の貯えを息子にやらないといけない。でも唯一の息子ってわけでもないからねえ。三人息子だから、ほかの子たちには嫁一人にこんなにお金を出してるとは知らせられないんだ。嫁のいるほかの子たちにはたいしたお金もつかってないから。家族で騒ぎになっちゃう。政府はねえ、ほんとに貧乏人を踏みつけにしてるよ。

彼らにすれば、政府が民衆のために設けた規定は面倒を増やすものにほかならない。ひょっとすると、インタビューの対象者たちは政府が予想した問題に直面していない、あるいは知らないだけなのでは、と疑問をもつ人もあるかもしれない。そうであるなら彼らが役人たちの計らいに心を動かされないのも無理はないと思うかもしれない。しかしながら問題に直面したり見聞したりしたことのある人びとであっても、やはり行政のやり方に賛同していない。清隆《チンロン》の妻はインドネシアへ帰国してから台湾へ戻っていない。「彼女は母親の愚痴や近所の態度に耐え切れなかったんだろう」と清隆は考えている。ゆえに清隆は失望も苦悶もしているのだが、それでも政府の政策には不適切な部分があると考えている。

今じゃ大勢がヴェトナムへ嫁取りに行ってる。インドネシアよりじき多くなるくらいだから、政府が本気で彼女ら（外国人嫁）へ台湾に来てほしくないってのなら、最初から面倒極まりなくしとくべきだ。そうすりゃそもそも来たがる人もなかった。なのにずっと事をうっちゃっておいて、どうしようもなくなってから無茶苦茶をやりだしたんだ。ずっと前にもフィリピン人嫁やタイ人嫁がいた。賭けてもいいね。ヴェトナムも近いうち今のインドネシアと同じになるよ。わからないのは政府がどうして学習しないかだ。俺は国際結婚を禁止すべきじゃないと思う。政府がほんとに心配してるのは彼女らが結婚じゃなく労働しに来ることだ。政府はどの地方にも警察を置いてるんじゃないのか。警察がちゃんとしてれば、どこに違法労働してるやつがいるかわかるはずさ。

清隆は「外国人嫁」の数がこうも早く増加している原因は、そもそも政府が当初それを禁止しなかったことにあるとしている。政策の変化といいながら、それは対象をタイからフィリピンに、次いでインドネシアに、そしてヴェトナムへ変えただけであった。事実ヴェトナムは一九九六年以降インドネシアを超えて台湾での「外国人嫁」出身数が最多の国家となった（第六章を参照）。清隆は、政府部局間の連絡がまずいことで、ある国家での嫁探しが困難と判明した際、台湾人男性がすぐに別の国家で嫁探しをするようになっているともいう。彼は警察部局と外交部局――たとえば東南アジア各国の代表処――の間に連携ラインをつくるべきだと考え、こうしたネットワークが奏功すれば政府は「外国人嫁」が何らかの違法行為を行う心配をせずともすむと考える[5]。

身体障碍をもち、結婚して七カ月で妻が帰ってこなくなった明成も同様な考え方をもっている。

明成：あいつら（在外部局）がインドネシアでの嫁探しを止めるのは無理だよ。もっと開放的にいかなくちゃ。

夏：在外部局ではこの種の結婚に問題があると危惧しています。

明成：そういう問題は家族の問題だろ。代表処がやる問題じゃない。……あいつら何様なんだろうな。これは俺らの結婚なんだから。俺らはどうしたもんかね。台湾の女はこんな身障者を相手にしない。バカにしてるんだ。政府が本当に禁止しようもんなら、こういう男は槍でも鉄砲でも持ってあいつらのオフィスへ抗議しに行くさ。

明成は内心苦悩している。だが、それでも政府はプライヴェートな結婚に干渉すべきでないと考えている。それは家族の事柄なのだ。「あいつら何様なんだろうな」に政府の家長的あり方をよしとしない明成の姿勢が表れているといえよう。問題に直面したことのない国際結婚の当事者たちへ私は質問したことがある。問題に遭遇した人のことを聞いたことはないか、政府の干渉は合理的だと思うか、と。彼らはいずれも政府が本当の犯罪者を処罰せずに無辜の人びとを傷つけていると考えていた。政府はダブルスタンダードだというのもあった。「立法委員〔国会議員へ相当〕やほかの代表が大勢汚職しているのに政府は選挙を停止しない」というものだ。

世林《シーリン》：役人たちはオフィスへ面接に来る連中はみんな悪人だと思ってるよな。ま、確かに悪い例もある。男も女も騙されたやつがいる。でも政府がそんな悪い例を盾に善人を罰したりはできないだろ。俺たちは結婚したいだけだ。なのにあいつら〔在外職員〕は俺たちを何か非合法だとか不道徳だとかいうことをしようとしてると考えてるんだ。

夏：彼らは女性が台湾へ売られていくことを懸念しているといっていますね。

世林：俺たちはそんなんじゃない〔彼らのいうようではない〕。それは俺たちに不公平だ。立法委員やほかの代表が大勢汚職しているけど、政府は選挙を停止したことがない。そうだろ。

ヴェトナム出身の阿巧《アーチマオ》は政府のダブルスタンダードについて鋭い指摘をしている。

あんたたち台湾の女でも売春するのはいる。でもあんたたちは台湾女がみんな売春してるとはいったことないじゃない。台湾の女で売春するのもいるからって、台湾女ぜんぶの結婚に難癖をつけたりはしないよね。

B　屈辱的な面接経験

差別的な規定とともにインタビューの対象者の指摘したのが面接プロセスの問題であった。「外国人嫁」ビザ発給の前に外交部在外部門は男女双方の面接を求めている。在外職員はあまり現地の言葉を話せないため、大部分の質問には男性側が答える。よって台湾人男性は面接プロセスに対して相対的に強い印象をいだく。

阿金《アージン》は修士号持ちのインドネシア人嫁と結婚した。駐インドネシア台北経済貿易代表処へ面接に向かう前の焦りを彼はこう描写している。

（面接に）向かう前、周さん（仲人）がいろいろ教えてくれたな。彼らがどういうことを聞いてきて、それにどう答えるべきかって。俺は答えを全部暗記したよ。緊張したね。それからあの女のほう（在外部門の面接職員、陳秘書）がひどく意地が悪いとも聞いた。聞いたところじゃ結婚してないもんで心を病んでるから、インドネシアの娘たちが台湾へ嫁いでいくのに難癖をつけてるそうだ。あそこに着いてからは頭のなかで質問の答えをずっと暗唱してた。緊張して死にそうだった。わざと窓の外を見てほかの人たちに心を乱されないようにしてた。

阿金はこの面接が実は意味のないものだともいう。

（面接の）オフィスに入ってから、礼儀正しくあいさつをした。彼女への第一印象が悪くなかったんだろう、彼女に大したことも聞かれないまま、俺は出て行った。実際彼女が聞いてきたのはつまらないことだったね。仮に彼女が誠心誠意何か聞いたのだったら、俺も誠心誠意答えたろう。でも彼女の質問にそんな中身はなかった。俺ははいはいと返事をして、形式だけだったよ。難癖をつけられたのもいるな。ちょっと頭の弱いやつらが直接に質問へ答えなかったんだ。もし直接返事をしないと、彼女はすぐ難癖をつけてくる。どっちに力があるかはわかるだろ。ともあれ彼女とはケンカしないのがいい。それが秘訣だね。

在外職員が台湾人男性とインドネシア人女性は「正常な会話をする能力がない」というイメージを構築している（第三章を参照）のとは対照的に、インタビューの対象者たちの多くは彼らの質問がくだらなかったと苦情を述べていた。高琪《ガオチー》——ジャカルタ出身のインドネシア人女性がこういっている。

彼女は私になにも質問しなかった。彼女はインドネシア語があまりできなかったから。たぶん彼女は私が中国語をできないと思ったのだろうね。夫に質問をしただけだった。質問を聞いてたけど、ほんとうに何も聞いてなかった。もっとも行く前はとても緊張してたよ。一年は待たされたかってところで面接になって、結果数分間質問されただけだ。ただくだらないことばかり。彼らは私たちを一年待たせたんで、やむを得ず適当に質問したんでしょ。

金生も同様の失望を味わっている。

金生：彼女はなんでインドネシアに来たか尋ねたよ。俺の持ってたのは観光ビザだったから。だから観光に来て、嫁と知り合って、それで結婚したと答えた。結婚したら当然戻りたいよ。彼女は俺のパスポートに、四月にインドネシアを離れたのに結婚登記が七月だと記録してあるのを見つけた。俺は彼女に説明した。俺たちはポンティアナック市で結婚登記したかったけど、そこの主任が移動してきたばかりだったんで、書類がそこで何か月もとまってたんだと。すると俺の結婚証明書は偽物じゃないかと疑い出した。本物だと答えたさ。でももう俺のことを信じなくなったね。それから彼女は嫁を誰に紹介してもらったのかと聞いてきた。俺は「劉君娣《リウジュンディー》」といった。彼女が俺と劉がどういう関係か聞いたんで、友達の奥さんだといった。「夫はなんという名前ですか」「羅正宗《ルオジョンゾン》」「あなたと羅正宗はどういう関係ですか」「友達」って。それから、また俺を誰が紹介したのか聞いてきたんだ。繰り返し繰り返し同じことを聞いてきた。彼女はわきでメモを取ってた。メモしてたんだ。メモしてなかったわけでもないのに、俺が何と答えたか忘れたんだ。そうして三度目だ。「あなたと劉君娣とはどういう関係ですか」。三度目だった。なんで「羅正宗は友達。高雄県美濃鎮の龍肚里に住んでる」と事細かにいったんだ。羅正宗は小料理屋をやってるとまでいった。また聞いてくる。……あいつらは自分たちが気高いと思い込んでる。（台湾人男性と「外国人嫁」は）みんな怖がってる。自分が俺らの上司かなんかだと思ってて、俺らがお願いするよう求めてる。そもそも市民サービスなんてしてない。全くあいつらを訴えてやりたかった。でも後のことが心配だった。別の人に聞いてみたら、また（在外部局へ）戻ってビザ手続きをしないといけないっていう。また彼女に出くわすのかと思って。だから訴えることはしなかった。わかるだろ。

夏：彼らはインドネシアでの嫁探しは売買だと、つまり「売買婚」だといっています。

金生：「売買婚」かい。あのね、状況を見てわかるだろ。たとえばさ、第一にだ。俺ならだよ。今日一人やってきたとして、そいつに身体障碍があるかどうかをみる。知恵を働かせてみたらいい。そいつが台湾で嫁をもらえるかどうか。第二にだ。歳をみる。四十何歳とか、三十何歳とかでも台湾で結婚できるチャンスはないわけじゃない。かなり見通しが悪くなるだけだ。知恵を働かせてないから浮き世離れしたことばかり考えつくんだ。なんでインドネシアへ結婚しにやってくるのかって、彼女（在外職員）が聞くのはそれだけさ。俺の前に知らない人がいたけど、怯えさせられてたよ。彼女は誰に紹介されてきたのか聞いた。多分そいつの親戚だろう。でも緊張しきってそいつは親戚の名前も覚えてなかったんだ。あいつら（在外職員は）態度がほんとに悪い。……質問されるのは彼女に辱しめられてるのも一緒。面接されて戻ってきてみんな文句をいってる。台湾なら机をひっくり返してたってね。俺らは台湾へ戻れないのが怖い（からやらない）けど。もし台湾なら本当に机をひっくり返されてるかもな。あいつら自分が高官かなんかだと思ってるんだ。俺らがお願いにでもいってると思ってる。

金生からすると、職員が「売買婚」を懸念するには理由などなくただ疑っているだけとなる。彼らが頭を使って理性的に判断したらいいとなるのだ。彼は理性的に判断すれば台湾人男性がインドネシアへ本当に嫁探しに来ているかどうかわかると考えている。ゆえに障碍や年齢はおおむね（たしかに結婚のために来ているという）プラスの要素であって、在外職員が構築しているような「問題」の兆候ではない。金生の語りでは在外職員こそが「いつだって同じ質問をする」不適格な人びとでもある。金生の考えでは、面接者が不合格となるのは、彼の前にいた人物のように、在外職員の非友好的な態度のせいなのだ。この観点はホルスタイン（Holstein 1993）『法廷の命じる狂気』（Court-Ordered Insanity）の論点へも重なる。

アメリカの裁判における本人の同意なしの措置入院審査過程の分析を行ったホルスタインは「精神錯乱」（mental

disturbance）と「意思疎通上の無能力」（interactional incompetence）とは双方向なやりとりの結果であって、心の状態がもたらしたものではないと指摘する。先の章でふれた葉さんの例はホルスタインの考察を証明する格好の事例であろう。一見自信と余裕のあるビジネスマンが面接プロセスの中で無能な人物として構築されてしまうのだ（詳細は第三章の「サービス対象の構築」を参照）。

台湾人男性と「インドネシア人嫁」が集まって、駐インドネシア台北経済貿易代表処での経験に話が及ぶと、彼らの怒りはだいたいが代表処の女性面接職員〔陳秘書〕に向かう。彼らは共通の理論を作り出してその女性職員がなぜかくも荒んでいるのか説明しようとした。彼らの合理化のための説明では、彼女は「高齢処女」で、結婚成立を妬むがゆえにあれこれ邪魔立てをしているのだ、という。ここで真に検討しなければならないのはこの女性職員が本当に高齢処女なのかではなく、その語りの連結（narrative linkage）についてであろう（私は彼女の夫と息子に会ったことがある）。つまり理論に意味を持たせている文化的な根についてである。この語りからわかるのは、結婚が彼ら台湾人男性とインドネシア人女性にとっていかに重要なものかである。結婚はここでは重大なキーポイントであって、ある人、とりわけ女性の人格と行動へ影響を及ぼしうるものだ。ゆえに「高齢処女」の行為が特別ひねくれたものとなる。常識的に判断すれば、「高齢処女シンドローム」にはジェンダーの投影がある。同じように結婚していないにもかかわらず、女性のほうが男性よりも精神的疾病を生じやすいというのだ。こうした語りの連結にははっきりと女性蔑視の共通認識[2]が存在している。この種の語りは問題を「他者」へ転嫁し構造の問題として批判的にとらえようとしない。「自己」と「他者」が等しく構造的問題のもとで被害者となっていることを批判もしない（私はこれを「他者化」の語りとよんでいる。それは不平等な構造を延長させる重要なメカニズムである。詳細は第八章を参照）。

怒れる台湾人男性たちは代表処職員の悪行を告発しようとしたという。税金を払って職員たちをサービスのために雇っているのだからという理屈だ。けれども最後には職員の報復を受けて以降の書類手続きが難しくなることを恐れてやめてしまった。金生のいうとおり「面接されて戻ってきてみんな文句をいってる。台湾なら机をひっくり返してたって」なのであった。阿奇もインタビューで同様な感情を表明していた。

あの女は本当にうっとうしい。話し方も冷酷そのもの。……俺たちは五月九日に面接を指定されたんで、そこへ行ったら、あいつらは俺の番はまだだから二日後にまた来いといったんだ。怒ったね。もし台湾ならその態度じゃ机をひっくり返されてたろう。もちろん彼らの前では何もいわなかった。はるばるやってきたわけだし、自分の土地でもないから……。彼女は一杯質問をした。記録もたくさん付けていた。ところが時間が来たのを見るや、俺に帰って二日後にまた来いっていうんだ。俺のもともとの計画はあいつらのせいで無茶苦茶になったよ。俺を呼び出しておいて、今度はまた二日後に来いって、何をしたいんだ。一仕事片づけて俺たちを帰してくれるわけにはいかないのか。あいつらは市民サービスをしなきゃいけないんじゃないのか。

玉珍《ユージェン》——阿奇の妻が付け加えた。

こんなひどいのは台湾の役人くらいだよ。あたしらインドネシアで役人をする連中はまだ礼儀がある。

以上のインタビュー資料をまとめると、国際結婚の当事者たちは真の社会問題は政府の無能力であり、彼ら自身は問題の被害者であって原因ではないと主張している。

「台湾人夫」のアイデンティティ構築

粗悪な医療体制と不適切な福祉政策の被害者

先に触れた小児マヒ罹患者の明成は非常に敏感な男性であった。相互の誤解ゆえ妻の芬宜と彼の家族の衝突は絶えることがなかった――結婚後の生活に関するパートでこれら誤解については触れたい（第八章）。そして訪台七カ月目に芬宜はインドネシアへ帰ってしまった。私が明成へインタビューしたのは芬宜が去って一カ月、何の音信もないころであった。明成は芬宜がこのまま帰ってこないのではないかと大変心配していた。

夏：あなたのライフヒストリーについて話してもらえるでしょうか。自由にどう話してもらっても構わないので。

明成：わかった。タバコを吸いおわるまで待って……。生まれて六カ月で病気になったんだ。

夏：どのような病気でしょうか。

明成：小児マヒ、脳炎さ。あのころとても流行してたんで……俺くらいの年のころの人間は大勢なった。大勢ね。俺にはどうしようもないよ。誰が悪いかって、運が悪い。誰かを恨むことじゃない。そんな運命だったんだよ。……俺にはいっぱい友達がいる。アメリカで勉強したのもいる。イタリアにいるのもいる。いっぱいいね。だもんで、お前らは上流で俺らは下流の人間だって俺はいってる。俺はシモのほうの人間なんだ。ほんとだよ。……ある日酔っぱらってな、あんたも俺に悩みが多いのはわかるだろ。なんだってヨソの奴らはあんな賢くて、俺はこうもダメなんだと、なぜだなぜだ、と親父へいったんだ。親父は「運命は人それぞれさ」というんで、俺は「そうじゃない、そうじゃない」といった。なんでって、そりゃ昔の子供はちゃんと面倒なんかみてもらってなかった。今の子供が予防接種をどれくらいしてるか。昔の俺らにあるはずもない。誰が子供の生死を握ってたんだ。そうだろ。どういえばいい、正解があるわけじゃないんだ。どういえばいい。そうだろ。

グブリアムの高齢者の研究ではライフヒストリー法が用いられている（Gubrium 1993）。まず被インタビュー者へ自由に自身のストーリーをのべてもらい、続けて彼らがいかに老人ホームでの経験とライフヒストリーを結び付けているかについて分析が行われた。その結果、高齢者のライフヒストリーは特定の「意味付けが及ぶ領域」（horizon of meaning）の中へ押し込まれており、高齢者の老人ホームでの経験は〔特定の〕「意味付けが及ぶ領域」の中での語りの連結（narrative linkage）の形成を通じて解釈されていることがわかった。明成にとっての「意味付けが及ぶ領域」は小児マヒに伴う苦難である。この領域の中で彼はアイデンティティを構築し自身の国際結婚にまつわる経験への解釈を行っている。明成は、小児マヒとは両親が慰めでいう詮方なき運命ではないと絶えず強調していた。彼がいう「昔の子供はちゃんと面倒なんかみてもらってなかった」とは、貧困ゆえ粗略にされた子育てに他ならない。

明成は先にもふれたとおり駐インドネシア台北経済貿易代表処は台湾人男性が「外国人嫁」をめとることを禁止すべきではないと固く信じている。

ああ、そりゃ俺らはバカだよ。あいつらはバカにするよ。でも政府は俺らに何かしてくれたかい。俺らは結婚したいだけなのに、なんだってこう人を踏みつけにするんだ。

それゆえ代表処の職員がとる保護的措置は彼にとって障碍者を愚弄するものでしかない。明成は自身のプライドについて強調して述べている。

ある日友達と話をしてて、嫁の話になったんだ。俺はやめろと言った。今日は機嫌が悪いからって。ひと瓶飲んでふて寝したね。嫁の事が気にかかってしょうがない。嫁は戻ってくるんだろうか。……俺の生き方は、あんたもわかってるだろうけど、上を向いてくこと。下向きにはならない。ありえない。全力でやってるんだよ……。俺たち障碍者の知恵だ。俺らは上を向いてかなきゃならない。下向きじゃダメだ。……昔は両親へよく腹を立てた。なんで俺は病気になったのかって。俺の子供には俺みたいになってほしくない。

明成は過去の不十分な医療〔体制〕により直面した不幸を次の世代への期待という形で〔反射的に〕投影している。「俺らは上を向いてかなきゃならない。……昔は両親へよく腹を立てた。なんで俺は病気になったのかって。俺の子供には俺みたいになってほしくない」というのだ。明成のいう「上を向いて」とは次世代が上の世代よりよくなっていかなくてはとの意味である。彼は自身よりもよい生活を送れる健康な跡継ぎがもてるよう望んでいる。

明成が反対しているのは代表処の職員による規則だけではない。政府の障碍者に対する待遇一般についても反対している。彼が考えるところでは、〔台湾の〕障碍者福祉は不備が多い。表面上は援助だが、実際には屈辱的な施しである。

先週、障碍者協会が電話してきたよ。証明が出たって。月に二〇〇〇元もらえるって。二〇〇〇元で足りるはずがない。いっそ補助しないほうがいいよ。こんな人を踏みつけにして。……後日、金生が電話してきて一緒に行こうっていうんだ。自分で行かないと補助がもらえないからって。あんな遠くまでいってもらわなきゃいけない。おいおい、タクシーにも乗らないといけない。そんな補助はやめちまえ。身障者をふみつけにするな。

都市中心主義の被害者

農村からのプッシュ（圧力）と都市からのプル（吸引力）が合わさり農村からほとんどの若者が都市へ移住していった。一方「外国人嫁」をめとる台湾人男性の多くは、農村出身の上に農村住まいである。阿金はちょうどこの例だ。彼の語りは二つの主題にとりまかれている。美濃鎮の故郷へ戻りたいという彼の願いと、彼を外に送り出したいという両親の意志である。

阿金：一九八七年だったかに退役して、花卉《かき》農園で一年間働いた。その頃の俺の理想は実家に戻って花卉農家をやることだった。それがいい、両親が花卉農家だから、ってね。……若者一人で都市の生活はそんな簡単じゃなかった。だから思った。家には畑があって花を作ってるし、そっち方面の仕事をやりたいって。そんな生活がシンプルでいいとね。それで十分だって。……けれども両親は電話でしきりに文句をいってきた。花卉農園の仕事はするなっていう。ともかく花と関わる仕事はしてほしくないってことだ。両親はずいぶん腹を立ててたね。とうとう俺は鉄工場の仕事をはじめた。働いて一年で工場は破産宣告をしたから、それで戻ってきた。

夏：なぜ両親はあなたが花卉関連の仕事をするのに賛成しなかったのでしょう。

阿金：彼らはプライドが高いんだ。子供が地元に残って、よそから子供に見込みがないと笑われるのを恐れてるんだ。だからなんとかして家から出ていかせようとする。……実のところ内心では俺にとても戻ってほしいと思っているのはわかってる。いずれにしろもう歳で手伝いがいる。誰かそばにいる人間が必要なんだ。実は彼らは後から電話で戻ってきてほしいと連絡してきた。でもそのときにはもう戻りたくなくなってたんだよ。

夏：実家に戻って畑をやりたかったのでしょう。なぜ戻りたくなくなったのですかね。

阿金：戻りたかったころは彼らがそうさせなかった。一人の外の生活に慣れたと思ったら、すぐまた田舎の単純な生活に戻れっていう。……どうもしっくりしなかった。心理的なバランスがとれなかったんだろう。……それで会社がつぶれるまで戻らなかった。会社がつぶれたおかげで家に帰れたみたいなもんだよ。

阿金の両親は息子が家にとどまっていることでよそから笑われることを恐れていた。故郷へ戻ったり戻ろうとしている若者たちの多くにとって両親のこうした危惧は共通の経験である。阿金には中学卒業後に都市へ進学したいとこがいる。阿金のいとこはアメリカで修士号を取ったのち故郷へ帰ろうと決めた。このため彼は阿金の経験をよく理解している。彼は自分の帰郷における困難をこう描写した。

私は帰郷して故郷に尽くそうと決めた。でも家族が同意しなかった。母親は会うなり小言だよ。正直毎日毎日の小言に耐えられずに、外に出かけて遅くなってから帰宅するのが常だった。おかげで小言の理由がまた増えたよ。今は都市での仕事を望まないことに加えて、家へ戻る時間が遅いって文句をいってるね。母親はずっと、私が都市での仕事を探さないせいで、ご近所親戚に笑われるといってる。自分は長いこと泥水と格闘してきたのに、なんの芽も出なかったというんだ。だから私はウソをついた。まえは自分は美濃鎮で研究をしてるといっていたし、今は地方記者をしてるといってある。おかげで幾分小言はましになった。

実家にいてヨソから笑われる心配をするのとともに、結婚相手の心配もしなくてはならない。「どうしてインドネシアで結婚をしたのか」という質問に阿金は答えた。

以前外の世界にいたころは何人か女の子とつきあってた。でも当時はまだ若かったから、結婚のことは真面目に考えようとしなかったんだ。田舎に戻ってから彼女を作るなんてほぼ不可能だとわかった。わざわざ華やかな都会生活を捨ててここで辛い思いをする子はいないよ。

西カリマンタンではシンカワン市にあるホテルで、インドネシアで嫁探しをする台湾人男性のグループへ出会った。私が台湾のどこの出身か聞くと七人中五人が高雄市からだと答えた。しばらくの会話をへて、私が記者ではないとわかると、うち一人が澎湖《ポンフー》諸島の吉貝《ジーペイ》島出身だと打ち明けた。彼は私になぜ初め高雄市出身だといったのか説明してくれた。

最初から澎湖の出身だなんていったら、彼女ら（インドネシア人女性）は驚いて逃げてしまう。漁村に嫁ぎたがる女性はいないから。

自分は高雄市からだといったもう一人が話を接いだ。

俺も吉貝島の出身だ。昔彼女がいたんだけど、彼女は吉貝へ住むのに同意してくれなかった。今の台湾の女の子は都市に住むのが好きだから。でも俺は地元が好きだった。あそこは静かだから。インドネシアの女の子はまだ吉貝住まいに同意してくれると思う。ともあれ、インドネシアに来てよかったよ。

こうした問題は私が交流した美濃鎮の人たちにも共通している。以前、国際結婚カップルの二組と仲人――美濃の啓文《チーウェン》さん――と隣人三人でおしゃべりをしていた。国際結婚に話が及んだ時、隣人Aはおいがインドネシアへ嫁探しに行くかもしれないといった。

彼は台中で仕事をしてる。何人か女の子と付き合ってたんだけど、いつも実家へ帰って両親へ引き合わせる段になると、女のほうが嫌がって立ち消えになってしまった。今も彼女がいるんだけど、父親はもし今度も実家に連れてこられなかったら、インドネシアへ嫁探しに行けといってる。

隣人Bも付け加えた。

今の女性は現金だよ。田舎の男が嫌いなんだ。大したことないだろうに。あいつ（例のおい）はそもそもここ（田舎）に住んでないんだから。今の農家は昔とは違う。仕事だってずいぶん簡単になった。まして若いのに畑をしろとはいわない。田舎の若いのがなんでダメだろうね。ほんとに真面目なのに……。

隣人AがBの話に割り込んで「彼らが真面目だから娘らも敬意をもたないんだ」と論じた。その間の大部分、二人のインドネシア人女性は黙っていた。そのとき、私の隣にいた阿芳がよってきて耳打ちした。

今じゃ彼女たち（ほかのインドネシア人女性）は美濃鎮に来たがらなくなったんだ。美濃鎮が田舎で都会じゃないって知ったから。インドネシア側の仲人も啓文さんが連れてきた男に女性を紹介できないんだ。

私が面識を持つ「外国人嫁」たちは台湾へ来るまで田舎に嫁ぐとは知らなかったといった。彼女たちの知る台湾はテレビの中の華やかな台北なのだ。ジャカルタ出身の雲珠《ユンジュー》も同じように話している。

台湾はジャカルタよりさらに賑やかだと思ってた。台北みたいに。でも美濃鎮にきてびっくりした。こんな田舎だったから。

彼女たちが状況を理解した後になっていくつか問題が生じてきた。たとえば先に触れた阿金はあやうく美華との婚約を解消するところだった。阿金は修士号持ちの美華とジャカルタで婚約すると台湾に帰った。阿金はたえず美華へ電話をかけていた。彼の説明によると、

俺にとっては人生の一大事だったんだ。まさかインドネシアで自分が結婚するとは考えなかったから、その愛情が嬉しくてしょうがなかった。戻ってきてからはそりゃ嬉しくて、電話器が目に入るたび彼女へ電話してたね。

電話を通じたやりとりで二人の関係は日増しに親密さを増していった。そこで阿金は写真を美華へ送ることにした。写真には伝統的な三合院建築の家が、尽きるとない稲田に囲まれて写っていた。数日後、阿金がわくわくしながら美華へ電話すると、電話に出たのは美華の母だった。彼女の写真への最初の反応は、「え、こんな田舎だったなんて」だった。阿金は当時のことを回顧する。

俺は彼女がその写真を気に入ってくれると思い込んでた。風景は美しいし、台湾じゃこんないい生活環境はそうそう見つからない。ところが俺は彼女と家族が写真をみてから冷淡になったのを感じた。俺の両親は随分苦悶して、結婚は取り消した方がいい、彼女は俺らを下に見てるからといった。それですぐに飛行機で婚約を解消しに行った。もっとも彼女のことは〔もともと〕心配してたんだ。彼女はジャカルタでいい仕事をしてたから、美濃鎮にきてもふさわしい仕事がないんじゃないかって。中国語の読み書きはあまりできないから……。俺は彼女を説得して婚約を解消しようとした。でも彼女は同意しなかった。なんだか彼女の心を傷つけたようで、罪悪感があったね……。いまは結婚してるけど、やっぱりどう生活していったらいいか悩んでる。彼女がここの単純な生活になじめないんじゃないかと気になるんだ。

台湾人女性の物質主義傾向の被害者

都市中心主義へ関わることとして、台湾人男性と家族が国際結婚に関して構築した語りはたびたび台湾人女性の物質主義的傾向へ結び付けられている。正輝《ジョンフィ》は新竹《シンジュー》県のとある工場で技師をしている。阿琴《アーチン》とは三三歳のときに結婚した。正輝の母親は躊躇なく台湾人女性を批判する。

いまの台湾の女は高慢だ。なんでもほしがるね。あの子らは金を持ってるのとか公共機関で働いてるのを探してるんだ。真面目な田舎者をバカにしてる。誰も彼も都市の男を探したがってる。だから台湾の男は嫁が見つからない。誰がそんな現金な女をほしがるもんか。

財林は美濃出身だ。私が一九九五年にジャカルタで知り合ったとき三五歳だった。インドネシアで何度かお見合いをしており、話し上手だったことから仲人は保証していった。「あなたは見た目もいいし話しぶりも堂に入ってる。相手探しに問題はないでしょう」。私は彼へ独り身を続けようと考えたことはないか尋ねてみた。彼の答えは、

俺には何もないから。何でも持ってる連中は結婚する必要がないだろうね。それでも女は大勢そいつを追っかける。カネのない人間は「証明」（正式な結婚のこと）を頼りにしなくちゃいけないんだ。

インドネシアへやってきた理由を尋ねると、

嫁がいないと稼ぎはできないってもんさ。古人のいう通り、家成りて功業立つ、ってもんだ。功業立って家成るとは聞かないね。俺はまだ何も成せてない。成功の味を知らない。

財林の論点──「何でも持ってる連中は結婚する必要がないだろうね。それでも女は大勢そいつを追っかける。カネのない人間は「証明」（正式な結婚のこと）を頼りにしなくちゃいけない」は彼の考えを暗示するものだ。台湾の女性はお金のある男性を好むがゆえ問題が生じているという。私が駐インドネシア台北経済貿易代表処へ向かう

途中に知り合った葉《イエ》さんは嘉義で工場を経営していた。彼の話しぶりには自信と落ち着きが現れていた。彼へなぜインドネシアに嫁探しへと来たのか訪ねてみると、財林と似通った答えが返ってきた。

それは君、知っておくべきだよ。今の台湾の女性は金、家、車だ。なおかつ身長一七〇センチ以上の男じゃないと。

「外国人嫁」のアイデンティティ形成

私が知る「外国人嫁」のほぼ全てが、自分たちの国際結婚の理由を母国の貧困や政治的な不安定さのためとしていた。特に指摘へ値するのは、インドネシア人女性が遠方の他国へ嫁ぐことを自国男性の家庭に対する責任感の欠如と結びつけていたことだ。これ以外にも一九九七年のアジア金融危機以前は低学歴の「外国人嫁」のみが貧困を台湾へ嫁いだ理由と述べていた。一方、一九九七年以降は、経済条件が比較的安定している「外国人嫁」も政治的・経済的な状況を主たる結婚理由に挙げるようになった。

母国の貧困の被害者

母国における生活の行き詰まりは「外国人嫁」自身が国際結婚を解釈するうえでもっとも重視する意味の連結である。阿芳はバンカ島――ジャワ島北方の小島――の出身であった。家族は貧しく、そろって草葺の家に住んでいた。富国との婚約後、彼女の両親は結納金でコンクリートの家を建てた。

インドネシア人は貧乏だから、台湾人に嫁いで家の助けになればと思った。すくなくともコンクリートの家は建つだろうと。

という。私が彼女へ故郷の生活描写をお願いすると、彼女は簡単ながらこの上なく貧しいイメージを示してくれた。

夜明かりもないくらい〔の貧しさ〕だったね。食事のあと今度いつ次の食事ができるかもわからなかった。

私はインドネシアの阿芳の家を訪れ、阿芳の母親に娘が遠方へ嫁いで悲しくはないか尋ねた。

女はどこに嫁ぐにせよ、嫁いで出て行かなければならないのは一緒。どこにせよ自分の家じゃない。私は娘がいい男性に嫁げて、子供たちが将来（自分と）同じように哀れで、学校にいけないほど貧乏になってほしくはないと望むだけ。彼女が国外に嫁いで行けさえするなら、どこの国だろうと、インドネシアよりは生活がいいだろうから。

カリマンタンでは多くの人びとから親友が台湾へ嫁いでいったと聞いた。ある老婦人は娘が一年前に台湾へ嫁いだという。私は彼女が娘の結婚をどう見ているか尋ねた。「行かせてやるしかないよ。しかたのないことだ。彼女は台湾で仕事を見つけられるし、自活できる」。遠く故郷を離れる決定を下す際にインドネシア人女性は多くが自らの苦境を感じていた。春梅《チュンメイ》のいうように、仕事は何もなかった。漁をする人もいたけど、それくらい。若者はだいたいジャカルタへ逃げ出してたね。私は四年しか勉強してないんだ。小さい頃から家の手伝いで捕ってきた魚の仕分けをしてた……。私は船でポンティアナック市へ行って、それから飛行機でジャカルタに行って、台湾へ飛んだ。家を離れるとき、カモメが鳴くのと、それから船の汽笛の音がしてた。私はほんと泣きそうだったよ。家が恋しかった。空港で台湾行きを待ってるときに、怖くなってね。あんなにも遠くて、しかもあっちの言葉はできない。ほんとうに家へ帰りたかった……。台湾へ嫁いできて三年、生活はだいぶ楽になった。もちろん家は恋しいけどね。娘がいるようになったから、あの子が私の希望だよ。もう孤独じゃない。あの子が私よりいっぱい勉強して、いい生活ができるよう望んでるよ。

インドネシアの極端な格差と比べれば、ヴェトナムは社会主義化の経験ゆえ国内における階級格差はそこまで深刻ではない。ホーチミン出身の阿桃は「ヴェトナムにはお金持ちが少ない。とってもね」と話している。だが国際的な政治経済状況のあおりを受け、ヴェトナム政府は段階的「開放」を行わざるを得なかった。〔政府は〕教育・医療のような民生関連の政府支出までをも引き下げ、外国資本に各種優遇を与えざるを得なかった（詳しくは第六章で論じる）。このためヴェトナム人の生活は日増しに困窮し、結婚による女性の国外移民が盛行していった。阿桃は「アメリカ人へ嫁ぎたがるのが多くて、次が日本人だった。今は台湾へ嫁ぐのが多いね」という。自身の台湾へ嫁いだ理由へ話が及ぶと、阿桃は、

私にもわからないよ。家は貧しかったし、こうすれば家の助けにもなると思ったんだ。……私の家にはまだ妹が二人いてね。あの子らを紹介して台湾へ嫁がせようと思ってる。ただ成功はしてないね。私は二人が台湾

人へ嫁げば、私の負担も軽くなるって勧めてるんだけど、いやがってる。あの子たちにはもう彼氏がいるから。

貧困の解決は彼女たちが遠い嫁入りを決めた主要因である。しかし「外国人嫁」は大衆による「身売り」のイメージへ非常に憤慨している。台湾人職員が彼女たちの結婚について「売買婚」と話していたことについて感想を求めると、彼女たちは強い怒りをあらわにした。阿雪《アーシュエ》は「身売り」とのとらえ方に憤懣やるかたない様子で、ほとんど叫ぶように話した。

いやいや、とんでもない。そんなにお金もらってないよ。娘一人アタマでいくらにもならないって。仲人がお金の大部分はもっていく。仲人があんなに、ほんとにいっぱい持ってていかなきゃね……。私の場合は二人の仲人がいたんだ。一人はおばさんの近所に住んでて、彼女は車を持ってなかった。だから別のバイクを持ってる仲人に私を乗せてもらって台湾人の男へ会いに行かせたんだよ。後々この二人がケンカになったんだ。私を乗っけた仲人は、毎日乗せていったんだから多めにほしいといった。もう一方は最初に私と知り合ったといい張る。だからいったよ。「ケンカはやめな。ヨソの人が聞いたらみっともない。私があんたらに売られて競りにかけられてるみたいだ」って。私は二人に一人あたり二万五〇〇〇ドンを渡した。自分のお金さ。結婚は私の一生のことだから。お金は使ったらまた稼げるからね。

阿芳はそこまで憤慨はしていなかった。一息ため息をついて苦笑していうには、

女ならみんな一緒だよ。どこに嫁いだって、人さまの家に嫁ぐならダンナの家からアンタの家に結納金を

送ってくるでしょ。

貧富の格差が大きい「インドネシア人嫁」のうち、教育レベルが相対的に高い人びと（家族が就学のための経済能力をもつことを示す）は、貧困をさして問題視していなかった。容易にわかるとおり相対的に高学歴であれば自活していくのもたやすい。家族も相対的に豊かであるから、彼女たちが家計を担う必要もない。あるインドネシア人ブローカーの言葉では、

間違っちゃ困る。インドネシア人女性がみんな台湾へ嫁ぎたがるわけじゃない。本当に貧乏なのが台湾へ嫁ぎたがるんだ。多くは小学校さえ出てない。実際インドネシアのほうが稼ぎやすいから、商売人はインドネシアへ残って商売をしたがる。それでカネを国外の銀行へ振替えるんだ。オーストラリアとか、シンガポールとか、ヨーロッパの……。教育レベルが高くても多少は台湾へ嫁ぐね。歳がいってるから。若い頃お金があっていい思いをしてるんで、インドネシアの男を信じてないんだ。

とのことであった。ところが一九九七年のアジア金融危機以降は経済状況がそこそこの家族も大きなダメージを受けた。先のインドネシア人ブローカーも下請け縫製工場をもっていた。四人のメイドを雇い、トヨタの日本車を足代わりにしていた。二人の子供はともに大学へ行き、平日には家庭教師を呼んで中国語を習っていた。だが一九九七年以降、経済状況は悪くなる一方であった。筆者が二〇〇〇年に三度目のインドネシア訪問をした折、彼らは工場をたたみ、家庭教師もやめて、メイドは二人を残すだけだった。家族環境が充実していた美華も一九九七年以前には経済状況を語りに挟み込むことはなかった。「インドネシアのほうが稼ぎやすいです。やる気があって、頭を

働かせさえすれば絶対稼げますから」といっていたことすらある。しかし一九九七年の金融危機とその後の政治状況の急変は、彼女の母国への関心の焦点をかえた。「今は生活が難しくて、妹の銀行勤務もやっていけなくなりました。今は母親の事務手伝いをしてます。台湾への嫁入り希望の手伝い事務をしてるんです」。美華の母親はもともと遠い嫁入りへ反対していた。友人たちに美華の国外での結婚を知られまいとしていた。笑いものになるのではないかと気にしていたのだ。景気悪化に伴い美華の母親は自分でも仲介業を立ち上げ、日々国際結婚に必要な各種手続き申請へいそしむようになった。美華の妹も間もなくして台湾へ嫁いできた。家族がインドネシアでの生活が更に困窮し、状況の不安定度が増すことを危惧したためだ。美華は現在のインドネシアについて、

暴動について聞くたびに心が騒ぎますね。いつ何が起こるかわからない。台湾は大体いつも落ち着いてるし、生活もマシですけど。今はどんどんインドネシア人が嫁入りするようになって、いい仕事がもてるよう望んでます。

二〇〇〇年に阿霞《アーシア》の両親を尋ねた際、娘が台湾へ嫁いでいくことに心配はないか尋ねてみた。暴動や華人排斥もあるので、台湾にいたほうがむしろよいと彼らは考えているという。「心配はしてないね。自分の国へ嫁ぐんだから。怖がらなくたっていい。台湾も中国も中国人の土地だ。自分の国なんだ」。

一夫多妻制と男性の無責任の被害者として

台湾人男性が同国人女性を問題の原因として構築するのに対して、インドネシア人女性は同国人男性を問題の原因として構築している。阿芬はこう話す。

インドネシアの男は他の女のとこへ行ってしまうんだ。妻に子供ができたらね。私はダンナへ嫁ぐまで大勢に外国の男の人を紹介してくれるよう頼んでた。

インドネシアの男性に嫁がないというインドネシア人女性の決定は多く自身の経験に基づいている。たとえば阿《アー》如《ルー》の父親は新しい出会いを求め家を出ていってしまった。父親がいなくなってからの家計は苦しく、おかげで彼女は小学校すらまともに卒業できなかった。家族が阿如を遠く台湾へ嫁ぐことを納得させた最大の理由は「台湾の男性は一人しか妻をめとれない」というものであった。

七歳のとき父は私と弟を捨てた。私はほんとに男が憎いんだ。だから結婚なんてしないと考えた。稼ぎながら勉強して、一二歳で衣服の仕立ての手伝いをするようになった。母親は色んな人の洗濯やゴム採りの手伝いをしてた。なんて可哀想だったんだろう。私たちは食事して次に食事できるかもわからなかった。一八歳のとき母がガンになって、手術してもダメだった。一年して亡くなったよ。それから私はとある店の手伝いで兄さん、義兄に知り合ったんだ。彼は私へ自分の母親の家事の手伝いを頼んだ。兄さんの母親はお金持ちだった。店を一軒と船を一艘もってた。彼女は私へよくしてくれたよ。まるで自分の娘みたいにね。お金が必要だといってもなんとかしてくれた。二七歳のとき、義姉さん（義兄の妻）が私を子供の世話のためにジャカルタへ連れてってくれた。一年して、私は志雄《ジーシオン》と婚約した。私は結婚したくなかったんだけど、兄さんと義姉さんがいったんだよ。結婚せずに歳をとったら、世話をしてくれる人はいなくなるぞって。四〇歳くらいだったかな、色黒でチビの男が私へ会いに来た。私は結婚を断った。歳が行き過ぎてたもの。義姉さんは不機嫌だったさ。それから阿雄（＝志雄）が来た。やっぱり嫌だったけど、兄さんが怒ったんだ。考えたよ。もし結婚しなかったとして、将来私のそばに居てくれる人もいなかったらって……。正直、もし台湾人でなきゃ一生結婚したくなかったね。むしろ結婚しないのを望んでた。兄さんがいったんだ。台湾の男は奥さん一人しかもてないぞって。私はむかし男友達が一杯いたんだ。何人も私を追っかけててさ。でも誰にもOKはしなかった。父親を思い出すと、ほんとに男が憎たらしくて。貧乏人に嫁いだら生活が辛い。金持ちに嫁げば捨てられる。一人目の嫁になっても二人目の嫁になっても哀れだよ。まえに親戚を私へ紹介してくれた友達がいた。お金持ちだったし、家もいっぱい持ってた。彼の家に大きな子がいたんで、私は友達に尋ねた。そしたら彼が離婚してもう十数年だって認めてさ。びっくりだよ。それからインドネシア人の男とは付き合わないようにした。ダンナに多少身体の病気があるのはわかってるけど、インドネシア人の男に嫁いで捨てられるのを待つよりはね。今の結婚のほうがはるかにマシなんだよ。

阿莉《アーリー》の父親も同じように無責任だった。

父親は日がな一日中飲んだくれてた。飲んで家に帰っては私を殴るんだ。母親が私をジャカルタでおばさんと一緒に住まわせてくれたから、いくぶんマシな教育を受けられたんだよ。ほんとに父親には腹が立つ。だから小さい頃からずっと遠くへ嫁ごうと決めてた。

ほかの人びとの経験から教訓を学び取った人もいる。玉珍がそうだ。高卒の彼女はデパートで働き待遇もよかった。彼女は自身が最終的に阿奇へ嫁いだ理由を説明する。

私は結婚しないと決めてた。阿奇と婚約したのは私が三五歳のとき。ちょっといい仕事をしてたんで生活は自由だったよ。友達は何人も子供ができてから夫に捨てられた。おかげで彼女たちは一人で子供を養わないといけなくなった。いやだね。だから一人で生活していくのが一番だと思ったんだ。仕事があって自活できたしね。王《ワン》の奥さん（インドネシア側の仲人）はいい友達さ。知り合って一〇年くらいになる。彼女はいつも結婚を勧めてきてさ。でも承諾はしなかった。しばらくして彼女から阿奇の話がきた。彼は真面目だって。彼と会ってみたらとても真面目そうに思えた。派手ではないけど見たところ奥さんへよくしてくれそうな男の人だった。台湾人は奥さん一人しかもらえないと聞いてたしね。

阿雪は貧困家庭の出身である。夫と知り合う前はシンガポールで「外人メイド」をしていた。彼女が一見地味すぎる夫へ嫁ぐことを決めたのは、「他の女に逃げるインドネシアの男のとこへ行くよりはるかにマシ」だったからだ。

インドネシアはお金がちょっとだから。私は二八歳で、まだシンガポールで二年は働けると思ってた。二年経てば蓄えもいっぱいできて銀行の利息で過ごせるって。友達はいっぱい結婚したけど、みんなダンナたちは飲んだくれで家のことを考えてなかった。だからできたら結婚したくないと思ったんだ。母親がシンガポールの私へ手紙をよこして、早く結婚しろ、年を取りすぎないうちにっていうから、私はインドネシアへ帰ったよ。それからある人がダンナを紹介してくれたんだけど、そのときはまだ彼と結婚したいかわからなかった。彼はあんまり物静かで、口がきけないんじゃないかって心配したよ。彼の母親もいて、見たところとてもいい人そうだったから、大丈夫だろうって考えたのさ。彼の家族がよくしてくれるならよかったし、彼も口がきけたわけだしね。他の女に逃げるインドネシアの男のとこへ行くよりはるかにマシだよ。今はみんな私に親切さ。隣近所も、家族もね。誰に嫁いだとしても、私によくしてくれるならそれでいいんだ。

先にふれた美華はインタビューの対象者のうち最高の学歴で、給与もいちばん高かった。彼女の関心の方向性も前者へ一致している。

いい教育を受けて、いい仕事もあるから、結婚したくないという友達はいっぱいいました。夫に捨てられた話をずいぶん聞いたもので、だから独り身のほうがマシだって決めてたんです。

一九九五年、二回目のインドネシア調査へ赴いた際、私は美華に一行をカリマンタンへ連れて行ってくれるよう頼んだ。カリマンタンから嫁入りするインドネシア人女性がとくに多かったためだ。彼女の家族は以前カリマンタンの主要都市・ポンティアナック市に住んでいた。現在、母親と弟・妹たちはいずれもジャカルタに住んでいる。一方父親はポンティアナック市へとどまり店の経営をみていた。彼女は我々をポンティアナック市内で商売をするおばのもとへ連れて行った。家族を除き、美華は親友たちの誰にも台湾へ嫁ぐことを告げていなかった。そのとき阿金と婚約してすでに数カ月にもなっていたのだが。彼女は他人から笑われるのを気にかけていた。「みんなそういう女性は台湾へ売られていくものと思っているから」。美華はそう説明した。彼女は私にインドネシアの雑誌記事を見せてくれた。記事ではインドネシア人女性の台湾への嫁入り現象が分析されていた。文章の第一段落はこうである。(6)

陶器で知られるシンカワン市で、現在ある現象が出現している。西カリマンタン沿海部の「阿妹」（amoi、客家語で娘）がフォルモサこと台湾からの男性に愛を売っているのだ。フォルモサから愛を求めてやってきた男性はシンカワン市の阿妹を妻に望んでいる。それが安くて好都合なのである。

美華は我々へおばの前で秘密をもらさぬよう求めた。美華は私を紹介するにあたって、私が学者で台湾・インドネシア間の国際結婚に関心があるといった。おばは「そうそう、ポンティアナック市の娘達が大勢台湾へ嫁いでるって聞くね」と返した。そうすると彼女はすぐに美華の結婚について関心をもったようだった。

おば：美華、あんた幾つさ。
美華：二九。
おば：二九ねぇ、とうに結婚してなくっちゃ。よりどりしちゃダメだよ。いずれ結婚しなくちゃいけないんだから。青春を無駄にしちゃダメさ。そのうち男もいなくなっちゃうよ。
美華：大丈夫だって、今の女の子はいっぱい台湾へ嫁いでるから、大抵のインドネシアの男は奥さんが見つからなくなるって。
おば：そうさね、大抵の男はねぇ。あんな屑の男ばっかりだから女が大勢台湾へ嫁ごうとするんだよ。

おばが国際結婚へ美華が関わっていると知らなかったことを念頭に置くと、彼女の評価は一般的見解をよく表すものだ。結婚で国を出るかどうかへ関係なく、彼女たちはインドネシア人の男性が無責任だと考えている。そしてそれに基づきインドネシア人女性が相対的に外国人男性を好むことを説明をしているのだ。

フレイレ（Freire 1970）は被抑圧者がもつ二面性〔二重性 duality〕を指摘する。彼らは被抑圧者としての意識を持つとともに抑圧者の意識を内在化している。先の語りからは「外国人嫁」が母国の男性は怠惰で移り気で、それが自分たちの故郷を出た原因だと考えていることがわかる。一方、台湾人男性は台湾人女性の計算高さが彼らを南方への妻探しに向かわせた原因だと考えている。両者はいずれも、自身の一生の大事が不平等な開発構造と関係をもつことに対して批判的意識をもっていない。そうせず他の構造的弱者へ責任転嫁を行っているのだ。こうした被抑圧者の認識について趙剛と侯念祖は台湾外省人居住区（眷村）の研究から指摘を行っている（趙剛・侯念祖 1995）。すなわち、外省人居住区の男性は階級上昇の失敗の原因を居住区の女性へなすりつけていた。これら被抑圧者による転嫁のアイデンティティは既存の不平等構造の強化を助けている。続く議論は後の第八章で行うものとしよう。

【注】

（1）〈美濃のインディーズバンド〉交工楽隊のアルバム『菊花夜行軍』収録。アルバム全体を通して農村の若者・阿成が故郷へ帰って自己実現を遂げるストーリー構成になっている。一九九〇年代の農村の現状を描きつつ「外国人嫁」の心境にまで触れた作品としてははじめての試みである。また、本曲は客家語で歌われている。

（2）アルバム『菊花夜行軍』の主人公・阿成の妻で、南方の出身。本曲は客家語で歌われている。

（3）居留に関する法規定では「外国人嫁」は「逗留ビザ」での訪台六カ月後に母国へ戻り再度入国しなければならないことになっている。夫と同居一一カ月以上で「居留ビザ」申請が可能だ。二〇〇〇年（民国八九年）五月、内政部は一一カ月以上で「居留ビザ」申請が可能との規定を廃止し「外国人嫁」が直接在外部局へ居留ビザ申請可能との通達を出した。すでに「逗留ビザ」を所持している場合には外交部領事局で居留ビザへの切替申請が可能となった。居留ビザ取得ののちは、さらに県・市の警察局へ「外国人居留証」の申請を行わなくてはならない。三年後（一年のうち一八三日以上の合法的居留の事実があること）に「中華民国国籍準帰化証明」を申請して元来の国籍を喪失したのちようやく国籍申請ができる。国籍取得後には改めて「長期居留」を申請しなくてはならない。連続居留一年で今度は警察局へ「定住証」の申請をする。入国管理局が「戸籍登記」通知をしたのち戸籍事務所で戸籍登記と国民身分証を受領する。以上の行程の紹介からも手続きプロセスがいかに煩雑なものかわかる。実際にそれぞれの関係部局を訪ねてみると、多くは手続き全体に関して十分に了解していなかった。「外国人嫁」と夫たちは各部門のたらい回しに嫌気がさし、頼る相手のない多くはブローカーへ代理申請を委託する。「外国人嫁」と夫たちが行政の複雑な手続きがブローカーに利益を与えていると考えるのはこのためだ。

（4）この制限は一九九八年（民国八七年）になって解除された。

（5）県・市の警察局には外事課が設けられ、外国人労働者・「外国人嫁」など「外国人」関係業務を主管している。その主要任務は「犯罪の予防と検挙」である。ビザ発給業務を管轄するほかに「外国人嫁」と接触することは極めて少ない。管轄区の「外国人嫁」の状況についても明確には把握していない。筆者は一九九七〜一九九八年（民国八六〜八七年）に数回警察部門へ「外国人嫁」数・分布に関する基本データを照会したことがある。責任者はいずれも困難と回答し、逆に筆者へ管理のための詳細な統計資料を揃えるよう中央に伝えてほしいといった。外事警察は〔法令上〕「毎月最低一回以上の査察業務を執行してこれら不法（違法）事案防止へ努めるとともに関係する市民サービスを提供」し、半年ごとの再査察を行うと規定されている。だが〔実際には〕各分局（分区）につき外事警察は一名から二名のうえ、「外国人嫁」業務以外にも「外国人労働者」の監督を担わなくてはならない。これ以外の負荷も加えれば「外国人嫁」への毎月の調査は十分に実行されてこなかったようだ。

（6）本記事はインドネシア語で書かれたものだ。美華を介して英文への翻訳を行ってもらった。

【訳注】

〔1〕企業によって構成され政府の公的《フォーマル》な規制や統計の対象となる産業部門《セクター》（フォーマル部門《セクター》）に対して、政府の管理外で営まれている各種の小規模経済活動の領域をいう。

〔2〕原文は「文化資源」。著者の博士論文では該当部分に“common stock of knowledge”とあり、前後の文脈から「高齢処女」

に対する人びとの共通の「知識」と捉えるほうが文章の連続性が保たれることから、博士論文の文章に従って「共通認識」とした。

◉ 第五章　真実の社会的構築――マスメディアによる構築

自省

博士論文を書いていたのは、ちょうどビル・クリントンの二期目の選挙期間であった。今回の選挙ニュースの熱気は四年前に及ぶべくもなかった。ところが突然にして人びとの注目が「アジア系政治献金」事件へと向けられた。またもアジア系がメディアのホットワードとなったのだ。アジア系がニュースへ登場するたび、私は恐れおののいた。また私たちが従順だとか狡猾だとか描写されるのだろうか。メディアは私たちを「模範的マイノリティ」（model minority）と誉めそやして他のマイノリティを攻撃するのだろうか。それとも人びとは私たちのほうを社会問題と考えて、いずれに対する社会福祉も切り捨ててしまうべきと信じるのだろうか。

アメリカ滞在時、親友の一人に幼い娘がいて、私へとてもなついていた。ある日、遊園地で彼女は私にいった。「中国人は悪者なの」。彼女の思いがけぬ言葉に私は当惑した。「どうして中国人が悪者だと思うの」。尋ねてみると、「いつも悪いことをしているから」と答えた。私が「でも私も中国人だよ。私のことが嫌いかな」と問いかけると、彼女は無邪気に答えてくれた。「あなたのことは好き。でも中国人は悪者で、人に悪いことをするってテレビで見たよ」。私は深い悲しみに包まれた。「狡猾な中国人」のイメージは年配のアメリカ人のみでなく、若いアメリカ人へも及んでいるのだ。この女の子と私との関係がどれほど心通いあったものであっても、テレビや映画から受けたイメージの影響をぬぐいさるのは難しいのだ。

女の子の言葉には、メディアの権力というものがはっきり表れている。メディアはわれわれに対して事実を創造してみせる。メディアが使う用語やレトリックはわれわれが日常生活を理解するツールとなっている。私が経験した落胆はメディアが構築する「事実」なるものへとりわけ警告を与えてくれた。そして女の子の断言——「中国人は悪者」は永遠に私へ訴え続けるだろう。絶えず「劣った他者」として描写されることが、いかに人を失意へおいやることか。

社会問題の原因

私は一九八八年から一九九六年までに台湾の新聞・テレビ・ニュース・雑誌に現れた三三件の「外国人嫁」に関する報道を分析した。これらの報道に共通するのは「外国人嫁」現象を社会問題と考える点である。

着目すべきは台湾人夫たちが、一年間待ってようやくインドネシアへ会いにいける困難をものともせず、さらには生命の危険を冒してブローカーと連絡を取りさえして（殺害・死体遺棄事件は少なくなく、現在に至るまで解決していない事件もある）、絶えず「南下」し続けていることである。各人を観察してみると教育レベルも低く、会話のセンスもない、果ては容貌もすぐれない東南アジア人女性をめとって帰るのである。この状況を鑑みるに、台湾における社会構造、結婚制度、男女の均衡……何らかの問題が出現しているとはいえないであろうか。（中国時報、一九九五年一一月二〇日）

わが国の生活レベルは高く、金を手にするのはたやすい……。多数の外国籍女性が次々と我が国の男性との結婚によって合法的に長期の台湾就労を行っているのである。この情勢はわが国の人材の質、人口過密、社会

文化等の構造に対してよからぬ影響を生み出すであろう。（中国時報、一九九五年一二月一一日）

本章では、社会問題を有効な手段によって矯正すべき客観的事実とはとらえず、むしろ社会問題を「切迫した、容認しがたい、不公正な状況として構築する解釈のプロセス」とみなしたい（Holstein and Miller 1993, p6）。この種の認識方法では、社会問題は自身を取り巻く悩ましい状況・行為に対する人びとの「定義行為」と理解される。悩ましい行為には他者が提示した活動も含まれる（Schneider 1985）。任意の行為は除去されてはじめてみつめられる。そして定義行為のプロセスにおいて、社会問題そのものが社会的に構築されているのだ。これらの研究は「主張提起（claim-making）と反応がいかに出現し、その存在をつなぎとめているか説明する」（Kitsuse and Spector 1973, p415）ことをめざす。分析の焦点は主張者がいかに文化上取得可能な社会的なレッテル貼り（ラベリング）のための資源を使いこなし、いかに「問題」として認知された経験を解釈しているかを明らかにすることへ置かれる。

この観点からはメディアの機能は単に「実態」を反映する鏡たるにとどまらず、主張者（claimer）として対象のイメージを断定的に形づくる存在となる。言い換えればメディア従事者《ワーカー》は実のところ「ニュースメーカー」なのだ（Glasgow University Media Group 1980; Fishman 1980）。

「外国人嫁」は台湾へ売春にやってきている

「外国人嫁」の訪台動機について、しばしばなされる解釈が「売春」である。たとえば、

警察〔発表〕によると「可愛《コーアイ》」「佳祥《ジアシアン》」「喜洋洋《シーヤンヤン》」など三つの紹介所は〔台湾〕北部最大の東南アジア人女性を扱う売春集団であった。彼らの犯罪スタイルは東南アジアで女性を探し、手配師が同行しながら観光ないし

は「売春目的の偽装結婚」の方式で台湾へやってくる……。（聯合晩報、一九九五年五月三〇日）

ある政治学の博士号をもつ記者が細かな紹介つきで分析記事を書いている。「南洋花嫁、千里の縁」とのタイトルで、テーマは台湾人男性と東南アジア人女性との国際結婚で生じる各種の社会問題に関するものであった。読者のまなざしはまず一枚の大きな写真に引き付けられる。その写真は紙面の四分の一を占め、若い女性が左手と髪の毛で顔を覆っている。この悲劇的な写真につけられたキャプションは「「売春目的の偽装結婚」タイ女子、台湾で逮捕」（中国時報、一九九五年一一月二〇日）である。さりながら写真の後には売春の事実に関する細かい記載はなく、ただ一言簡単なまとめがあるだけだ。「フィリピン国籍の売春女性は台北経由でマニラへ送還された」。記者は「社会問題作品」（social problem work）（Holstein and Miller 1993）をつくりだしている。それらは写真を用いて読者をひきつけ、当然のように外国人女性（とりわけ「第三世界」からの女性）と売春を結びつけながら、「想像《イマジン》され、創造《イメージ》された（imagined and imaged）他者〔像〕」（Naficy and Gabriel 1993）と彼女らのもつ脅威を仕立てあげていく。東南アジア人女性の嫁入りブームがまさに台湾を脅かしているのだというように。

破綻した家庭

重陽節〔陰暦九月九日〕のこの日、多くの新聞は最低一面を割いて各種敬老活動の報道を行った。台湾日報もまた例外ではなかった。何点かの文章と写真を載せて結婚五十年以上の模範夫婦を祝福していた。興味深いことに、紙面の中央には二篇の「外国人嫁」に関する文章が配置されていた。そのうち一篇の文章は「ギャンブルまがいの結婚売買。ブローカー総取りかは各人次第」とあった。

美濃鎮の外国人嫁数は高雄県各自治体のトップである。「結婚逃亡」事件も枚挙に暇がない。各住民は市民サービス窓口に助けを求めている……。美濃鎮市民サービス窓口主任の李世通によれば、……「見合い団」のメンバーが国外で見合いをすると出費節約のためすぐにカップル成立となる。当然女性側には「ひと儲けしてやろう」との意識があり、双方の言語も生活習慣も異なるのにそれを調整する時間もないため、結婚が破綻し女性側が家を出てしまう遠因となっている。李世通は考える。結婚は一生のことで、長く続けていかなければならない。自治体住民は「ファストフード式」の結婚でその後、後悔することがないようにと。（台湾日報、一九九六年一〇月二〇日）

続けて、

近年の外国人嫁の流行は、男性側が経済力を頼りに結婚を求め、女性側が結婚を通じて自分の家の経済力を高めようとするものである。双方の需要にはギャンブル的な性質があり、結婚ブローカーが胴元となっている。それに勝つか負けるかは各人次第だ。けれどもこうした感情的な基礎が弱く、互いの育った背景が異なる結婚は美しくもはかない夢のようなものにすぎない。後になって後悔するくらいならば、事前によくよく考えるにしくはない。（台湾日報、同上）

二篇とも国際結婚がもつ脆弱性を強調し、その短い文章がおしどり夫婦をたたえる文章・写真と強烈な対比を作り出している。そして「正常な結婚」が「不当な外国籍者との結婚」によってまさに脅かされていると示している。だからこそ文章は「よくよく考え」、「一生の悔い」を作らぬように勧めるのである。

メディア報道はしばしば行政側の説明を引用する。そして行政側の説明はほとんどが「外国人嫁」が引き起こす、あるいは引き起こすであろう問題を強調する。

警政署〔警察庁に相当。中央省庁の一つ〕外事チームは十年来、台湾で結婚し中華民国国籍を取得した一万余名の東南アジア「外国人嫁」の近況について調査を行ってきた。その結果が示すところによれば、結婚の六割以上が重大な社会問題・家族問題を引き起こしている……。警察が東南アジア人女性の台湾における結婚案件について調査すると「偽装結婚」方式の不法移民が発見されるのが常であり、彼女たちの国籍取得は悩ましい問題となっている。（聯合報、一九九二年三月一〇日）

別のメディア報道では警政署の資料によりながら国際結婚における七つのマイナス面の影響について触れている。そのうち二種類は家庭崩壊と関わるものだ。行政はそれが社会問題となりうると考えているのである。

退役兵士と外国籍女性の結婚はこの種の結婚の二割を占め、年齢差はいずれも一五歳以上である。夫が世を去れば、子女の教育不十分は青少年問題を生み、社会的問題となるだろう。
重婚の状況も避けがたい。当事者の国外結婚に関する完全な確認は難しく、少なからぬ国民が被害に遭い、不幸な状況に陥っている。（中国時報、一九九一年一二月一一日）

メディアは「外国人嫁」が家庭崩壊をまねく・まねきうるかを説明するに際して、「家庭からの逃亡」をキーワードとする。

初期にはタイ、フィリピン、ヴェトナムからの外国人嫁が騙されて美濃鎮へやってきて、若者たちと結婚するケースもあった。しかし生活習慣が違ううえ言葉も通じないことから、結婚後間もなく姿をくらましてしまうこともあった。のちインドネシア・マレーシアの華人系女性は少なくとも言語面において意思疎通が可能なことが判明したため、近年の外国人嫁はインドネシア・マレーシアからやってくるようになっている。（海外学人、一九九六年二月、pp31～32）

「家庭からの逃亡」という言い方は明確に男性中心のものである。すなわち「外国人嫁」は計画的に夫を害したり利用したりしようとすると考えられている。次のニュースもまたそれを明示している。

「インドネシア人嫁」が北埔《ペイプー》郷で「売れ筋」となっている。近年に十数名の北埔住民が結婚したのはいずれも純粋な「インドネシア人」であった。カップルの数は現在もなお増加中である。

判明しているところではタイ人女性を妻とした場合、結婚生活は二年と続かない。離婚率は九〇パーセントに達している。男性側の財産が尽きたとみるや直ちに逃亡してしまう場合もあれば、国籍を得たのち何も告げずに去ってしまう場合もある。これらタイ人嫁は近年の素行の悪さから現在では北埔住民からそっぽを向かれるようになった。

結婚ブローカーたちはこれに鑑み、「インドネシア人嫁」を輸入して「タイ人嫁」に代替するようになった……。住民は……インドネシア人嫁たちがタイ人嫁の轍を踏んで北埔の男性たちを傷つけることのないようにと願っている。（台湾日報、一九九四年五月三〇日）

美濃鎮の外国人嫁数は高雄県の各自治体でトップである。「結婚逃亡」事件も枚挙に暇がない。各住民は市民サービス窓口に助けを求め、サービス窓口の頭痛の種となっている。美濃鎮市民サービス窓口主任の李世通は、失意の住民が妻の捜索を要請するのには十分同情するが、そうした権限はないがゆえに、ただ慰める程度だとして、住民に外国人嫁との結婚には事前に十分考慮するよう求めるとしている。

美濃鎮では外国人嫁を迎えるのが流行しており、現在までに約三〇〇カップルがいる。これは高雄県各自治体のトップである。だが「逃婚率」も五〇パーセントの高さで、結婚したと思ったら逃げていくような状況のもと外国人嫁数が維持されているに過ぎない。（台湾日報、一九九六年一〇月二〇日、一一面）

注意すべきは記者がしきりに離婚・家出の統計数字を引き合いに出して想像のもと誇張された深刻さを証明しようとすることである。実のところ、行政は国際結婚における離婚率や家出率といった統計に特別な注意を払ってはいない。確証のある統計を得るには各自治体の戸籍事務所に赴くしかない。しかし台湾の戸籍資料には国際結婚の〔記載〕区分はないため、ある自治体の国際結婚の離婚率を算出するには、山と積まれた戸籍資料を一件一件精査するしかない。[1] 筆者は一九九五年七月に美濃鎮で「外国人嫁識字教室」を立ち上げた際、戸籍事務所に通って各村里の結婚登記の、無数にある台湾人同士の結婚資料に埋もれた、美濃鎮在住の男性と外国籍女性の結婚資料を抜き出した。〔そのあげく〕まるまる五日間を費やして四年間の資料が整理できたにすぎなかった。まして各年度累計資料ともなればいかがなものだろうか。家出率についてはそもそも調べようがない。なぜなら「家出」は離婚と異なり戸籍資料に記載がないからだ。重点は記者の統計数字の正確性ではなく、つまるところ、統計数字が報道の信憑性を底上げするための記述戦略として用いられている点にある。偽りでありながら「真実らしさ」をもつ統計数字にかかりて、「外国人嫁」現象をメディアと大衆が想像する「社会問題」として構築しているのだ。

人材の質の低下

メディアは一つのステレオタイプを創造した。台湾人男性と東南アジア人女性の国際結婚は二人の低学歴者の結合だとするものである。これらの結合は重大な社会問題として、次世代の人材の質に害を及ぼすものとして構築されている。

……教育レベルがきわめて低い（中には文盲、小卒以下も珍しくない）夫が東南アジア出身の妻と結婚することで台湾の人材の質の低下をまねけば、社会へのマイナスの影響はたとえようもない。（中国時報、一九九五年一一月二〇日）

別の新聞報道は警政署の報告書を引用して、同種の憂慮を表明する。

……外国人女性……と我が国男性との結婚は……我が国の人材の質、人口過密、および社会・文化的な構造に悪しき影響をもたらす…。これら異国間の結婚案件において双方の当事者の教育レベルは台湾平均の教育レベルへ遠く及ばない。この種の結婚は長期的に人材の質へ影響を及ぼすこととなろう（原注：シンガポールは法令により外国人労働者と自国民の結婚を禁止している）。（中国時報、一九九一年一二月一一日）

メディアの想定と構築のなかでは、国際結婚は次世代人材に対し害を及ぼすのみか、「外国人嫁」を頼って来台する親族が台湾の社会・文化構造に少なからぬ脅威を生みだす。

外国人配偶者の親族の入国滞在〔数〕が増加すれば、国内の人口過密〔の激化〕と社会的負担の増加を招くであろう。（中国時報、一九九一年一二月一一日）

軽い気分で「南下」して妻を探す台湾人夫の数は増加の一途である。我が国の駐インドネシア「台北経済貿易代表処」は毎日の面談数を一〇カップルに制限しているが、申請案件の増加に伴って一年後の来年末までリストが埋まっている。仮に毎日一〇カップルとすれば毎月約二〇〇人、一年で二四〇〇人、一〇年後には累計二万四〇〇〇人の新婦が生まれることになる。もし各夫婦が二人の子女をもてば同種の家族人口は九万六〇〇〇人あまりである。これに親戚・友人を加えると影響の及ぶ側面は非常に多岐にわたり、頭の痛い社会問題をもたらすことになろう。（中国時報、一九九五年一一月二〇日）

女性のイメージ

なすすべなき被害者

一枚の新聞写真――五人の女性が、一人の男性に背中を向けてベッドに座っている。別のベッドにも一人の女性がいる。キャプションにはこうある。

嫁入りに売られるのを待つ――ヴェトナム人女性は五人一組で入室し「見合い」をする。台湾人男性は「顔

で相手をえらぶ」。女性たち数人とまとめて面談を行うのだ。（世界日報、一九九六年八月一六日）

写真の後には紀行風の文章が続く。

八月一二日正午、ヴェトナム・ホーチミン市のタンソンニャット国際空港の気温は摂氏三〇度を越えていた。台湾・桃園地域から来た「ヴェトナム人嫁見合い団」メンバーの十余人は猛暑の中いずれも汗だくではあったが、興奮に満ちていた。待ちこがれた「ヴェトナム娘」たちとまもなく会えるからであった。

……タンソンニャット空港を出ると、現地ガイドが見合い団を連れてホテルへチェックインした。二十余名のホーチミン市郊外からきた女性はすでにホテルのロビーで待っていた。台湾人男性が部屋に腰を落ち着けると、ヴェトナム人女性たちは五人一組になって一列で部屋を訪れ、ベッドの上に並んで座り、台湾人男性と「顔合わせ」をする。

通訳を介して各ヴェトナム人女性の年齢・学歴・身長・体重・職業が伝えられる。台湾人男性も一人ずつ細かく評価をしていく。気に入った女性が見つかったら男性側は女性をつれてホテル一階の喫茶店で「一対一」の面談をする。ぴんとこなければ、次のヴェトナム人女性グループが続き、改めて男性側によってえらばれる。

すぐに陳・趙・銭の三名〔の台湾人男性〕が「顔で」女性をえらんだ。スタイルよしの美しいヴェトナム人女性は選に漏れ、ただうなだれるばかりの様子であった……。（世界日報、一九九六年八月一六日）

この記述には女性の声が存在しない。彼女たちは、自分の人生に全く何の関与もできない、なすすべなき被害者として描かれる。一方、男性は女性の運命を支配する能動的な「決定者」としてイメージされている。これは明らかに男性中心の視点である。

「お安さてんこ盛り」のヴェトナム人女性は早くから台湾独身男性のお気にいりである（同右）

利益にとらわれた吸血鬼

救いのない被害者イメージと逆に「外国人嫁」は積極的な加害者として構築されることもある。彼女たちは金銭欲の赴くままにふるまい、台湾へ金のために嫁いでくるという。

我が国は生活水準が高く、一儲けはたやすいことから、外国人労働者の労働天国となっている。多数の外国人女性が我が国男性との結婚を通じ、合法的な長期の台湾での就労という目的を達成している……。（中国時報、一九九一年一二月一一日）

把握されているところでは、シンカワン市の町々では一七歳以上の結婚適齢期の女性は極めて少数だという。既婚者を除きほとんどが台湾へ嫁いでしまったからだ。主な原因は西カリマンタン州の貧困率の高さで、三三〇万の人口のうち五五パーセント以上の人びとが貧困線以下の生活をしている。家族の月収は三〇米ドルを下回ることさえある……当地の華人女性は伝え聞いた「台湾では濡れ手に粟、一夫一妻」にひかれて来台してくるのである。（中国時報、一九九五年一一月二〇日）

警察が捜査した「売春目的の偽装結婚」の事件報道では「外国人嫁」の銭狂いのイメージがさらに強化される。

フィリピン籍女性の「売春目的の偽装結婚」事件につき警政署外事チームは各警察機関に対して同ルートで入国した七名のフィリピン籍女性の捜索を通知した。しかし現在までのところ彼女らの行方は不明で、警察は彼女らが非合法組織の支配下にある、ないしは工場で身分を隠し労働に従事している可能性を考慮しつつ、捜索に力を入れている。（聯合報、一九九二年三月一〇日）

「外国人嫁」のこうした銭以外目もくれないイメージは先にふれた「家出」イメージと連動している。次の評論はこうした連動を総括するものである。

男性側の財産が尽きたとみるや直ちに逃亡してしまう場合もあれば、国籍を得たのち何も告げずに去ってしまう場合もある……住民は……インドネシア人嫁たちが……北埔の男性たちを傷つけることのないようにと願っている。（台湾立報、一九九四年五月三〇日）

「なすすべなき被害者」と「利益にとらわれた吸血鬼」はロジックの上で明らかに相反するイメージである。にもかかわらずメディアの中の「外国人嫁」の描写として同時に存在しているのだ。同様に、白人主流の文化において非白人女性はエキゾチックな〔属性の〕グループとして構築されてきた。グループは二種類の相反する性質を有していた。一面では無邪気で従順、愛情豊かであり、もう一面では狡猾で、神秘的、蠱惑的なのであった。たとえばアフリカ系の女性は純真で白人の主人に尽くす「マミー」として描写されるか、〔旧約聖書の〕淫婦「ジゼベル」

として描写された。白人のアジア系女性に対するステレオタイプな印象も同じロジックで作り上げられた。ある一端が純粋・従順な「チャイナ・ドール」、もう一端が神秘的で小狡い「ドラゴン・レディ」である。デル＝ロザリオの『曇ったとばりを開けて——メールオーダー・ブライドによるフィリピン移民のダイナミクス』(Lifting the Smoke Screen: Dynamics of Mail-Order Bride Migration from the Philippines) では、メールオーダー方式で妻を迎えたある白人男性がフィリピン女性のイメージを次のように形容している。

集団性が強く、やさしく、攻撃性に富み、好奇心が強く、受動的で、丈夫で、忠実で、貞淑で、業が深く、聡明で、愚かで、demonearing（原文ママ。domineering（横柄）か）、権力志向で、金好きで、地位に貪欲で、気前が良く、謙虚である——つまり矛盾の集まりだ。(del Rosario 1994, p161)

上記のような一見矛盾しながらも統一された黒人・アジア系女性へのステレオタイプを私は「ダブルバインド構造」(double-bind structure) と名付けた。この語りの構造はしばしば社会・政治的な支配者によって用いられ、周辺化された集団の「劣等性」(inferiority) を構築する（第三章の議論を参照）。

同様なイメージ・コントロールは東南アジア「外国人嫁」を扱う台湾メディアにも普遍的に広く見られる。メディア報道のなかで彼女らはなすすべなき被害者として男性に買われる性商品とされるか、さもなくば利益にとらわれた貪欲な本心を美貌によって隠蔽しているとされる。「ダブルバインド」方式の語りのレトリック構造は「外国人嫁」を「劣った他者」に仕立てる機能を果たしている。

犯罪に手を染める傾向性

犯罪について論じた文章のいくつかは「外国人嫁」とその他の外国籍住民〔外国人労働者など〕を一律に論じている。「外国人嫁」を犯罪者ないしは犯罪傾向のある外国人とひとまとめにしているのである。

外国人労働者の開放枠は絶えず増加しており、問題を一層複雑にしている。台湾省労工処〔労働省に相当〕の調査によれば外国人在留者の犯罪関与数は今年の八月までで三〇〇人近くに及ぶ。一方、性産業に従事していることが判明したのは約七〇〇人であった。近年、婚姻関係を隠れ蓑に入国制限を潜り抜ける外国人在留者が劇的に増加しているが、これは外国人労働者とともに出現した社会問題であって、オーバーステイ、犯罪、管理問題はすでに社会の重要課題となっているのである。（台湾立報、一九九三年一二月一八日）

「少なからぬ外国人嫁、その多くは籍なし」と題した文章で論じられているのは、政府がいかに公共安全の向上に努力すべきかである。文章は二部分に分かれ、最初の部分は次のような段落に始まる。

澎湖諸島は人口他出が深刻だ。これは目下間接的に若者が配偶者を見つけられず、外国人嫁に救いを求めざるを得ない状況を生み出している。県警察局の昨年の基礎統計によると、県全体ですでに二八二人の外国人嫁がいる。このうちインドネシア人が一二一人と最多である。（台湾時報、一九九六年一二月一三日）

第二段落は警察が中央の社会治安向上政策に協力して、あらゆる戸籍記録をチェックしたことにふれている。第三段落では二八二名の「外国人嫁」のうち二一名のみが戸籍登録を行っているにすぎないと述べられる。続く段落、すなわち第一部分の最後の段落において、桃園県県長公邸殺人事件[1]など近年の凶悪殺人事件に鑑みて、警察は不審人物の逮捕協力を民衆へ呼びかけており、事件解決につながった情報提供者へは多額の賞金が与えられていると述べている。文章の第二部分は三段落からなる。いずれも政府が犯罪防止と社会秩序の改善へいかにつとめ、自首による罪科軽減といった政策を行っているかを述べる。

以上の内容から判断するに、文章の見出しは犯罪予防政策などとするべきで、「外国人嫁」ではない。このねじれた見出しは明らかに「外国人嫁」と「犯罪」を結びつけようとするものだ。これらのねじれが象徴し、維持しているのは台湾人の外国に対する恐怖感である（なおかつそれらは第三世界のみに対するもので、第一世界に対するものではない）。

男性のイメージ

「外国人嫁」をめとる台湾人男性に対するメディアの描写は、一言でいうなら「社会に必要とされない存在」である。

> 台湾各地からやってくる「即席新郎」たちには……ろうあ者、労災で手（足）を切断した者など障碍者が少なくなく、妻を亡くしたり離婚した後に台湾では再婚が容易でない者もいる……。（中国時報、一九九五年一一月二〇日）

ルソン（Luzon）は彼女の論文『スイスのメールオーダー・ブライド・ビジネス』（Brides for Sale-Mail Order Bride Business in Switzerland, 1987）でメールオーダー・ブライド〔業者〕を利用する男性を三類型（農業者、男性主義の離婚男性、社会的弱者）に区分している。彼女の論によれば、農業者が歓迎されないのはスイス人女性が辺鄙な農村への嫁入りは農家女性に代表される重労働で寂しい生活を意味すると理解しているからである。男性主義のスイス人男性がアジア系のメールオーダー・ブライドたちを好むのは、彼らが伝統的で従順、可愛げがあり家を重視する妻を迎えられると期待しているためだ。最後の類型の社会的弱者がメールオーダー・ブライド業者を必要とするのは、彼らの性格の故か、彼らの身体的障碍のゆえとなる。デル＝ロザリオの博士論文『曇ったとばりを開けて——メールオーダー・ブライドによるフィリピン移民のダイナミクス』（Lifting the Smoke Screen: Dynamics of Mail-Order Bride Migration from the Philippines）では、新聞その他のメディア報道が行ったメールオーダー・ブライドたちと依頼主の特徴の〔描写の〕正確さに着目している。彼女は、この種の情報の正確さを確かめるのはきわめて困難であり、研究上の主な障碍だという。私の研究においては社会構築主義（constructionist）の視点から、描き出された特徴を「知識のストック」として理解したい。文化的に取得可能な社会的レッテル貼り（ラベリング）のための資源を動員して、人びとは経験を理解するととらえるのだ。こうとらえると社会学者が〔研究において〕理念化し形式化する二次的な構造（idealized and formalized socond-order constructs）を解釈することにこそ社会学の究極的な「効用」はある。この解釈を経てこそ、ほんとうに理解すべき課題が浮かび上がってくるのだ（Filmer et al 1973）。

身体障碍と精神性疾患

ケース１：陳さん。三五歳。某郷役所職員。高専卒。両足に疾病あり。

ケース2：林さん。三〇歳。工業専門学校卒。精肉業。月収二〇万元余。身長一五九センチ。
ケース3：趙さん。三五歳。台北工業専門学校卒。自動車パーツ工場主任。右手欠損。月収五万元。
ケース4：銭さん。三八歳。軍退役。言語障碍あり。月収四万元。
彼ら身体に多少何らかの障碍のある台湾人男性がヴェトナム見合い団の主力である。台湾で彼らは長年結婚相手を探し求め、何度も挫折してきた。ヴェトナムにきて三日で彼らはいずれも意にかなう妻をみつけた。
（世界日報、一九九六年八月一六日）

上記の報道では年齢・学歴・職業・収入および障碍のタイプが分類に用いられている。このうち年齢と障碍のタイプは全員の紹介に登場してくる。年かさで障碍もある、というのが「外国人嫁」を探す男性たちに対し人びとが持つ一般的イメージである。いわゆる障碍には手足の不自由、低身長、言語障碍などが含まれる。各人を紹介した後の「彼ら身体に多少何らかの障碍のある台湾人男性がヴェトナム見合い団の主力である」との記述で改めて障碍イメージが確認されている。なおかつ、この報道が構築しているのは「台湾で彼らは長年結婚相手を探し求め、何度も挫折してきた。ヴェトナムにきて三日で彼らはいずれも意にかなう妻をみつけた」とのイメージである。男性たちは国内において望みを絶たれた失敗者たちだが、東南アジア諸国へ行ったとたん勝利者に早変わりし、すべて望むがままになったとする。台湾人男性の二種類の対立するイメージが組み合わされた結果、男性たちと「外国人嫁」双方が「社会に必要とされぬ人びと」として造形されていってしまう。
障碍者は社会にとって邪魔な特性を構築されるのみか、社会問題の原因としても構築される。先に指摘した通り、高く設定された「外国人嫁の家出率」がメディアの注目するポイントの一つなのだが、さらに家出率の高さを男性の障碍に帰する報道もある。

市民サービス窓口の職員はプライベートに話してくれた。外国人嫁をめとる自治体住民は多くが精神的に問題がある、ないしは身体に欠陥がある人びとで、これこそが「家出率」が高止まりしている真の要因なのだと。（台湾日報、一九九六年一〇月二〇日）

記者が言及しているこの情報は「プライベートに」話されたものとあることに注意すべきである。ここから作り出されるイメージは、こうした現象が歓迎されざる、不名誉なことで、隠されておくべきというものだ。

モラルの低さ――ごまかしと男性中心主義

「外国人嫁」をめとる台湾人男性は身体的・知的な障碍を有するとされるにとどまらず、道徳的に低劣であると構築されてもいる。彼らは本性を隠し、女性とその家族を愚弄する嘘つきとして描写される。

男性は嫁取りにはやるあまり返事をしばしばごまかす。無尽講[2]で妻を探している男性もいるため、夫が自活すらできていないことに結婚してからようやく気づくこともある。見合いの際に巧みに女性側に「酒はたしなむ程度」と伝えながら、日々酒浸りで常時素面でないと判明するようなこともある。（同右）

男性主義的な姿を生々しく描き、彼らが女性に対して軽はずみな言動をとるとするひどい報道もある。

……ヴェトナム人嫁は国内男性の新しいお気に入りだ……彼らはヴェトナムの田舎から来た娘は単純かつ保守的で、故郷で妻にするにはぴったりだと考えている……。あるヴェトナム人嫁と結婚した男性は一昨日ヴェトナム人女性数人の写真を新路線親情協会へ持ち込み、ほかの男性たちと眺めた。ヴェトナム人女性たちの特徴は主に色黒でやせ型、衣装映えするといった点である。男性たちの反応はさまざまで、ウズウズする者もいれば、病気を心配して試す気にはならないという者も、さらに……容貌を評して誰が一番か選ぶ者もいた。（中央日報海外版、一九九三年一二月八日）

男性主義のイメージはたいてい「外国人嫁」の受動的なイメージと並置される。我々は再び先の報道の文面を例に引くこととしよう。

……台湾人男性が部屋に腰を落ち着けると、ヴェトナム人女性たちは五人一組になって一列で部屋を訪れ、ベッドの上に並んで座り、台湾人男性と「顔合わせ」をする。通訳を介して各ヴェトナム人女性の年齢・学歴・身長・体重・職業が伝えられる。台湾人男性も一人ずつ細かく評価をしていく。気に入った女性が見つかったら男性側は女性をホテル一階の喫茶店で「一対一」の面談をする。ぴんとこなければ、次のヴェトナム人女性グループが続き、改めて男性側によってえらばれる。すぐに陳・趙・銭の三名（の台湾人男性）が「顔で」女性をえらんだ。スタイルよしの美しいヴェトナム人女性は選に漏れ、ただうなだれるばかりの様子であった……。（世界日報、一九九六年八月一六日）

ここにはジェンダー差別的なやりとりがあからさまに描かれている。男性は妻を容貌だけで選び、女性は拒み立てすることなく、ただ命じられるままになっている。

真実の社会的構築をめぐるパワーゲーム

社会構築主義はいかなる「真実」もわれわれが当然視できないことを教えてくれる。より批判的な角度から「真実」を検証し、その社会的構築の背景にある力学と権力メカニズムを明らかにしなければならない。本章と第三・四章では国際結婚において三種の異なった真実が構築されていたことをみてきた。読者は気づいたことと思うが、行政側の記述と国際結婚の当事者による記述の間には明らかな対比がみてとれる。なお注意を払うべきは、メディアの記述が行政のそれと一致することである。先にも述べた通り「真実の社会的構築」は表面上ほど民主的ではない。ある特定の記述のみが特権を与えられ最終的な**真実**となるのだ。他の記述は特権的な記述と一致する限りにおいて真実と認められ、異なるものはゆがみとして扱われる。

国際結婚に関する情報へ一般の人びとが接するルートは大部分がマスメディアである。ゆえに人びとの認知が形成されるプロセスにおいてメディアによる構築が重要な役割を果たす。メディアはいずれも「中立」を宣言してはいるが、そのサンプリングや強調・省略はきわめて選択的なものである（Herman and Chomsky 1988）。メディアも組織であり、他の組織と同様、特定の団体利益を代表する。特定の団体がメディアを利用して巧みに「客観」を隠れ蓑とし、影響力を行使してその利益へ抵触する声を周辺的な地位へと追いやっている。

「外国人嫁」は注目度が上がりつつあるテーマだった。とりわけ一九九五年七月に私と美濃愛郷協進会が協力して「外国人嫁識字教室」を設立してからは特にそうなった。これは台湾初の、そして二〇〇〇年現在では唯一の「外国人嫁」専門の識字教室であったから[2]、開設後に多くのメディアの注意をひくこととなった。「外国人嫁」と夫たちへのインタビューを行おうとするメディア従事者は、美濃愛郷協進会と私を主たる接触ルートにした。そして私たちはメディアによる報道生産プロセスを経験することになったのであった。以下、この生産プロセスの検証を通じ、特定の解釈がいかにして報道の中へ組み込まれてゆくかを説明してみたい。先に述べた通り、メディアは台湾人男性と東南アジア人女性との国際結婚を台湾人の生活の質を乱す深刻な社会問題として描いている。しかしながら、こうした深刻さの感覚は報道の相互参照に行政側の説明、ねつ造された統計、あいまいな言辞、選別された情報源などが組み合わされて作り出されたものである。

相互参照される報道

多数の研究で指摘されている通りメディアがつくり伝達するイメージは「事実ありのまま」を鏡のごとく反映したものではない。たとえばフィッシュマン（Fishman 1978）はニューヨークの三つのメディアが行った高齢者を標的とする犯罪ブームの報道が、実は相互参照によって伝達されていたことを明らかにした。同じテーマを一度ならず報道することでメディア間でのブームを生みだしていたのだ。たとえば、先に引用した台湾日報（一九九六年一〇月二〇日）の文章は、実は光華雑誌の一年前の記事（第二〇巻第一〇期、一九九五年一〇月）の引き写しである。段落と用語をいささか調整してあるにすぎない。

美濃鎮市民サービス窓口主任の李世通によれば、……「見合い団」のメンバーが国外で見合いをすると出費節約のためすぐにカップル成立となる。当然女性側には「ひと儲けしてやろう」との意識があり、双方の言語も生活習慣も異なるのにそれを調整する時間もないため、結婚が破綻し女性側が家を出てしまう遠因となっている。（台湾日報、一九九六年一〇月二〇日）

光華雑誌の記事と比べてみると、

「現在、台湾人の男女間の交際はまず感情のつながりがあってそれから結婚へと話が進みます。けれど、このあり方はあそこでは通用しません。ブローカーは私たち双方に関心があるとみるや、すぐにカップルにしようとします。相手のことを理解して愛情を交わすような優雅な時間はないのです」。彼によれば、ブローカーにとって嫁探しの顧客が一日多く滞在すればそれだけ費用がかさむゆえに、いずれも速戦即決スタイルとなる。通常の行程なら約二〇日余りで、お見合いから結婚まで一気に決めてしまう。感情については問題にならない。結婚してからゆっくり育んでゆけばよいというのだ。

だがこうした感情的な基礎が弱く、互いの育った背景が異なる結婚はそれほど満足のいくものにはならない。メディアでしばしば聞かれるのが、「良人《おっと》」が必ずしも女性の思っていた通りの人物ではなかったというケースである。酒乱、博打、DVのような悪習があったり、家族を養うことすらできない場合もある。**あるいは女性側に「ひと儲けしてやろう」という意識があるため、双方の言語と生活習慣が異なることとあいまって、しばしば結婚が破綻し女性が家を出てしまう遠因となっている。**（光華雑誌、一九九五年一〇月、五〇頁）

一見してわかるように、台湾日報の文章は光華雑誌の記事から太字にした部分をそっくりそのまま写して結論を足したものである。着目したいのは光華雑誌で鍾さん（インドネシア人嫁をもつ台湾人）の言葉と記者の解釈となっているものが、台湾日報では李世通（市民サービス窓口主任）の言葉に変わっていることだ。後者の身分を冠することで先の二者の意見があたかもメッキがされて権威を帯びたようになる。だがそもそも市民サービス窓口の業務と国際結婚は何の関係もない。この種の転嫁はメディアの政党・政治機構に対する依存を表すものだ。後段で同種の現象についてに詳しく説明したい。

台湾日報の二つめの文章は八段落ある。前二行は光華雑誌の報道を引き写したものだ。一段落目は、近年の外国人嫁の流行は、男性側が経済力に頼って結婚を求め、女性側が結婚を通じて自分の家の経済力を高めようとするものである。双方の需要にはギャンブル的な性質があり、結婚ブローカーが胴元となっている。それに勝つか負けるかは各人次第だ。けれども**こうした感情的な基礎が弱く、互いの育った背景が異なる結婚は美しくもはかない夢のようなものにすぎない。**事後の後悔を招くくらいならば、事前によくよく考えるにしくはない。（台湾日報、一九九六年一〇月二〇日）

「こうした感情的基礎が弱く……結婚」の一節は前掲の光華雑誌の文章（引用強調部分）を書き換えたものだ。この段落の残りの部分は以下の光華雑誌の二段落の文章を組み替えたものである。

「基本的には周辺化された両端の人びとの結合で、結婚を通じて活路を求めているのです」。夏暁鵑はいう、近年の国際結婚ブームにおける東南アジア・東欧・ロシア人嫁たちはほとんどが同種の性質を有している。**男性は経済力に頼って結婚を求め、女性は結婚を通じて経済力を高めようとする。双方が需要に従っているのだ。**

「こういう結婚には多少なりとも**ギャンブル的な性質**がありますよ」美濃でインドネシア人嫁をもち、農業を営みながらタクシー配車を行う鍾全輝は考えている……。（光華雑誌、一九九五年一〇月、四〇頁および五〇頁）

台湾日報の記事の第二段落から第六段落は次の通りだ。

美濃鎮は九〇パーセント以上が客家系である。同鎮の外国人嫁は多数がインドネシアのボルネオ島[3]からやって来ている――西カリマンタンのポンティアナック市、シンカワン市、ブリトゥン島、バンカ島など華人村落地域の客家系女性だちだ。この地域は低開発の農業・鉱業地域で、地元の華人の経済的条件はよろしくない。多数の女性が台湾の経済的豊かさに惹きつけられるのももっともである。

インドネシア現地の華人たちも、はるばる遠方から即席の結婚をしにくるのは大店の社長ではありえないとわかっている。しかし困窮した生活に、華人女性たちは篤実で、経済的に安定した夫さえ得られれば十分だと考えるのだ。

というのも、多数の華人家族には今でも「中華的感情」がある。同文同種の同胞と結婚することを望んでいる。インドネシアの法律は一夫多妻を認めているが、誰かと夫を共有することは望まない。

見合いに際して、彼女ら華人の花嫁候補は単刀直入に尋ねる。住いはどこか。家族状況はどうか。ついている職業は。飲酒や博打はするのか。月収はいくらなのか。

男性側は嫁取りにはやるあまり、返事をしばしばごまかす。無尽講で妻を探している男性もいるため、夫が自活すらできていないことに結婚してからようやく気付くこともある。見合いの際に巧みに女性側に「酒はたしなむ程度」と伝えながら、日々酒浸りで常時素面でないと判明するようなこともある。（台湾日報、一九九六年一〇月二〇日）

以上の数段落の台湾日報記者の剽窃具合は酷いもので、光華雑誌原文の構造さえ変えていない。次の原文の内容を濃縮しただけなのだ。

美濃の「外国人嫁」たちは、多くがインドネシアのボルネオ島の、西カリマンタンにあるポンティアナック市、シンカワン市、ブリトゥン島、バンカ島など華人村落地域から来た客家系女性たちだ。自身もインドネシア華人で東南アジア問題を研究する政治大学国際関係研究センター研究員兼主任秘書の區鉅龍《オウジューロン》は、この地域は低開発の農業・鉱業地域で、地元の華人の経済的条件はよろしくない。多数の女性が台湾の経済的豊かさに惹きつけられるのももっとも、と指摘する。

実際、インドネシア現地の華人たちも、はるばる遠方から即席の結婚をしにくるのは大店の社長クラスではありえないとわかっている。華人女性たちの多くは感じがよく、経済的に安定していて、篤実で、妻をいつくしむ男性でさえあれば十分だと考えている。（光華雑誌、一九九五年一〇月、五〇頁）

> ……インドネシアにおいて、華人とインドネシア人との通婚は決して多くない。一つには、華人家族は多くが今でも「大中華的感情」を有しており、同文同種の、同じように仏教・道教を信仰する同胞と結婚することを希望している。しかしながらインドネシアはイスラム国家であり、宗教的な差異は大きい。また、イスラム国家の法律・風俗にあっては一夫多妻が容認され、華人であれインドネシア人であれ、お金持ちの男性が妻に囲まれる様子は珍しくない。しかし女性は基本的に誰かと夫を共有することは望まないため、夫の選択範囲はさらに小さくなる。（同右）

華人花嫁たちは遠方の台湾へ嫁ぐことに対して、元来はおぼろげな理想がある。経営者に嫁ぎ、都市に住まい、中級以上の生活をして、インドネシアの実家へ経済的支援もできるというものだ。そのため見合い時の話題は単刀直入なものとなる。住いはどこか。家族状況はどうか。ついている職業は。飲酒や博打はするのか。更に月収がいくらか尋ねる者もいる。

〔女性側から男性側の事情は〕ひととおり尋ねはするものの、予想外の事態はやって来てはじめて判明するものである。もともと男性側は嫁取りにはやっているので、たいてい「工夫した」返事をする……。……無尽講で妻を探している男性もいるため、夫が素寒貧で自活すらできていないことに結婚してからようやく気づくこともある。見合いの際に巧みに女性側へ「酒はたしなむ程度」と伝えながら、その実夫は日々酒浸りで常時素面でないと判明するようなこともある……。（同右、五二頁）

記者間にはびこる公然の剽窃は、実際のところ制度上やむを得ない部分がある。ある某有力紙に勤める記者の友人が語るところでは、新聞業界では大量の文章が必要で、記者は毎日午後三時より前に二〇〇〇字前後の原稿を「ひねり出」さなくてはならない。強いプレッシャーに対処するため、記者たちはネットワークを作り上げた。メディアでの宣伝を必要とする個人・団体にとって、とりあえずニュース原稿と写真を準備しておかなくてはならないというのはもはや周知の事実だ（〔原稿の打ち込み〕データディスクを要求する記者さえいる。文字入力をする手間を省きたいのだ）。上司に記者が報告しやすいようにするのと、新聞に載る可能性を確実にするためだ。各報道区には記者クラブのオフィスが一つあり、新聞へ記事を載せたい個人・団体は記事原稿をそこへ送る。記者の日々の仕事は記者クラブのオフィスへ行って原稿をとってくることだ。もし記者がなにもニュースを取材してこられなかった場合には、送られてきた原稿を転送してすませる。しかも、プレッシャーはどのメディアでも同じであるから、記者間には非公式のサポート網がつくられて、相互に融通をしあう。このため、ある記者が単独報道に値しないニュースを得た場合には親しい同業者と共有することになる。

私がインタビューした記者は、ニュース共有の可能性について都市部と郡部の間の違いを指摘した。都市の場合、一つの新聞社から複数の記者が取材のため送りこまれる。都市化が進んでいない地域の場合、状況は真逆だ。

各記者は派遣された地域で独自に仕事をしなければならない。ほとんどの分野を一人で担当し、活動範囲も複数の自治体にわたるのが普通だ。よって重要な事件を摑み逃さないためには、同一地域の異なる新聞社の記者たちが相互に融通をしあう必要がある。「外国人嫁」現象は農村と準都市化地域で都市部よりずっと共通性の高い現象であるから、相互参照はより一般的となる。そしてメディアで国際結婚に関するニュースの流行を招くのだ。

行政機構との協力

大多数の記者は行政機構のニュース・資料源へ高度に依存している。先にふれたように、記者が直面している制度的圧力は彼らに対処を迫り、慌てずかつ効率的に業務をこなす備えをとらせている。記者にとって持ち込みのニュース原稿とプレスリリースは便利な二大ニュースソースである。だがプレスリリースを行いうるのは予算や人的資源に富んだ団体のみであるし、ニュース記事ができるまでの約束事に通じていなくてはならない。これに対し、行政機構はメディアを通じて法令・政策・実績を伝達しなくてはならないから、つねにプレスリリースを行う必要がある。ニュースはいったん行政から発せられると、ほぼすべてのメディア、とりわけ新聞によって、かなりの紙面を割いて取り上げられる。いかなる現象も行政によって社会問題として宣告されさえすれば、容易に人びとの心の中へ強い印象を残す。フィッシュマンによる高齢者を標的とした犯罪ブームの研究でも類似の観察結果がみられた（Fishman 1978）。彼によると犯罪ニュースは意識先行のものなのだという。ニュースは警察の目から犯罪を報道する。たとえば前述の警察による東南アジア人女性売春捜査では、台北市のある警察署が「事件解決」の最新実績を発表するやいなや全国版ニュースで取り上げられた。どの有力紙も騒々しい段組みにドラマ性たっぷりな写真（女性数人が警察署で恥じ入りながら手で顔を覆う）を添えて大きく報道をした。彼らのつける見出しには何とも慄然とさせられる。たとえば、

東南アジア売春女性を売買。北部三大**売春窟全滅**
（聯合晩報、一九九五年五月三〇日）

タイ人女逮捕……警察官を一噛みで大慌て……即刻エイズ検査
（同右）

国際売春集団摘発　三紹介所が崩壊
タイ・フィリピン出身の売春女性九名を逮捕　一〇名がタクシー送迎運転手として関与　三紹介所の経営者は起訴へ
（中国時報、一九九五年五月三一日）

安全プロジェクト、外国人女性二紹介所を摘発
男女一八名がお縄も捜査ではいまだ一業者が不明　売春女性来台ルートを追跡
（自立晩報、一九九五年五月三〇日）

別のケースではメディアが警政署外事チームの資料を引用している。

……警政署外事チームの研究では……外国籍女性と我が国男性が結婚後に〔人身売買案件としての〕立件撤回を申し立てるに際し、審査で緩い姿勢をとれば、以下のような好ましからぬ影響を生む……警政署の研究は、この種の国際結婚が我が国社会の発展に不利益をもたらすことから、法令による抑止を行うべきと結論づけている……。（中国時報、一九九一年一二月一一日）

三カ月後、別の有力紙が警政署外事チームの資料を再度引用した。

警政署外事チームは十年来、台湾で結婚し中華民国国籍を取得した一万余名の東南アジア「外国人嫁」の近況について調査を行ってきた。その結果が示すところによれば、結婚の六割以上が重大な社会問題・家族問題を引き起こしている……。ある外事担当の警察官は、本問題を解決する根本策は時宜に合わない現行の国籍法の規定を改正することと指摘する……。警察が東南アジア人女性の台湾における結婚案件について調査すると、たいてい「偽装結婚」方式の不法移民が発見される……。（聯合報、一九九二年三月一〇日）

メディア報道はたいていの場合、先の事例及び次の事例のように行政機構の記述を引用する。

新竹市政府統計によれば昨年から今年の八月までに計六七名の新竹市民と外国籍者が結婚登記を行った。そのうち外国人嫁は四九例を占めている。……市政府職員の見立てでは、東南アジア国籍の妻を迎える我が国国民は、一般的に個人的状況がよくない人びとである。初期には退役兵士が主であった。しかし、外国人嫁の過多は必ずしもよい現象ではない。国が異なれば文化も異なるものなので、外国人嫁が生み出しうる離婚などの

社会問題は国内結婚カップルよりもいっそう深刻なものとなろう……。（台湾立報、一九九六年九月一三日）

先に台湾日報の記者が市民サービス窓口の主任の意見を引用した報道のことを思い返してみよう。市民サービス窓口と国際結婚にはなんら業務上の関係がない。それはメディア従事者の権威に対する偏向をまざまざと示している。あたかも権力者へ適当に一言二言コメントしてもらわないと報道がまとまらないかのごとくである。実際、何らかの「権威」を引いて信頼性を作り出すのはありふれた言説戦略（narrative strategies）であることを多数の研究が示している（Gubrium and Holstein 1997）。

行政側の記述を引用するメディアがそれ以外〔の情報源〕の記述を一言たりとも引用していないのは興味深い。メディアはいわゆる「報道の均衡」順守を語っているにもかかわらずである。先にふれた「南洋花嫁、千里の縁」と題された分析報道には台湾人男性・東南アジア人女性の声は見いだせない。記事は駐インドネシア台北経済貿易代表処が提供した情報によって書かれている。ビザ発給のための面接を担当する代表処職員が示した、結婚のためにインドネシアへ行く男性の三類型もそうである（第三章を参照）。一九九五年の夏季休暇に私がジャカルタで調査を行った際、駐インドネシア台北経済貿易代表処で報道記事を書いた当人に偶然出会った。当時、記者は中国時報の東南アジア特派員で、主に台湾と東南アジア諸国の交易経済・外交関係を扱っていた。私が彼女に会った折、ちょうど彼女は記事を一篇書いているところであった。テーマはメディアが東南アジア諸国の政治的発展において果たす役割であった。彼女はインドネシア政府報道官へのインタビューをセットしてもらっていた。当時のインドネシアはいまだ権威主義体制下にあり、外国人記者への取材許可は容易に下りなかった。代表処職員の手配を介して彼女は単独インタビューの機会を手にしたのであった。なるほど、彼女は代表処の職員や台湾の政府機構との間に各レベルの友好関係・協力関係を作っておかなくてはならなかったのだ。

簡単にいうと、上記のような政府機構とメディア産業の既存の協力関係ゆえに、記者のニュース論調は自然と行政側解釈に対応していく。アメリカ・アイダホ州のある採鉱会社は労働環境上、遺伝子障碍が生じるとの理由で女性鉱山労働者は避妊手術を受けなければ働けないとの規定を設けた。この規定は現地で大きな反響をよんだ。ランドールとショート（Randall and Short 1983）はこの論争に対して研究を行い、メディアと現地の衛生部門など官僚機構が早くから連携していたことを明らかにした。これらの機構こそがニュースの中軸だったのだ。彼らは記者への情報提供をコントロールしていた。台湾メディアの「外国人嫁」報道の分析にあたっては、ランドールとショートの論点が例証となりうるだろう。政府機構とメディアは「モラルの請負人」（moral entrepreneur）としてつながっている（Becker 1963）。彼らは〔社会的〕意味付けの鍵を握っており、彼らの状況定義のみが〔その社会では〕唯一正当なものとなりうる。

杜撰な統計数字とあいまいな説明

「権威」を持ちだす語りにおいては、行政の説明以外にも統計数字が有効な戦術として用いられる。「数字は語る」というものだ。先に述べたように台湾の行政は「外国人嫁」に対する有効な人口統計をつくっていない。政府機関集計の統計数字が得られない場合「真実らしさ」を作り出すためニュースワーカーは杜撰な数字や曖昧な推計をつかう。このような数字は特定の職員の「イメージ式推計」によっている。識字教室を組織していた際、私は美濃鎮の戸籍事務所で「外国人嫁」の住所を筆写した。事務所の所長がとても関心をもっていたので、私は彼に対して簡単なインタビューを行った。彼は「確実な数字を摑むのは難しいとあなたもそのうち気づくと思うよ。けれど私のイメージでは二〇〇人を超えていると思う。おそらく半分はもう逃げているだろう」と評した。

識字教室開講に際して、国民大会代表[4]の選挙へ打って出ていた県長夫人が挨拶をしにきた。記者たちは県内の

「外国人嫁」現象に対する姿勢を彼女に次々と尋ねた。美濃鎮の「外国人嫁」数へ話題が及んだため、彼女は三〇〇人近いだろうと返事をした。そのとき県長夫人へ付き添っていたのは美濃愛郷協進会の知人だった。彼は後になって私へ「彼女はとても緊張していたよ。外国人嫁については何も知らなかったから。彼女は適当に数字を挙げてやり過ごしたといっていた」と打ち明けてくれた。

ゆえにメディア報道における「外国人嫁」数が「六〇人以上」から「三〇〇人近い」、〔離婚・家出の〕「逃婚」率が「概ね五〇パーセント」から「ほとんど九〇パーセント」まで幅があることがわかっても、私は不思議には思わなかった。記者によっては数字を出さず、「多く」「大量」「大多数」「周知のとおり」などあいまいな表現を使って「普遍的で」「誰もが承知」とのイメージを構築している。

ニュースのフィルタリング

ニュース編集者は真実とはいかなるものかという基準に従って彼らが「よい」とか「ニュース価値のある」と考えたテーマについてシステマティックに「エッセンスを取り出す」（Wiener 1981, pp207～211）。また先に論じたように、ニュースワーカーの行政情報に対する日常的な依存は行政の視点と食い違う解釈を押さえ込む上で有効に作用している。結果として記者が国際結婚の当事者へインタビューを行っても、編集を経ると、依然として行政の視点へ足並みをそろえることになる。

ギトリン（Gitlin）は一九六五年におけるニューヨークタイムズ、CBSなどメディアのニューレフト（The New Left）およびヴェトナム反戦運動に対する報道を研究し、統治機構へ挑む運動の参加者をメディアがいかに扱ったか分析した（Gitlin 1980）。運動のスポークスマンがメディア経由でアメリカ社会・ヴェトナム戦争に対する意見を述べた際の結果は予想外のものであった。彼らの重要な理念についてメディアはごく僅かしか注目しなかった。記者たちの注意はことごとく勃発した衝突や、ドラマチックで奇妙な状況へ向けられた。行動する個人が記者にとっては重要であったのだ。客観的で公平であれとの規範を貫徹するため、記者たちは各方面の参加者のさまざまな発言を引用した。しかし、ストーリーの「方向性」と編集手法の選別にあってどうしても〔中立たりえない〕主観が入り込んでしまうことを、記者たちは十分に理解していなかった。以下の段落では、私がメディアと接触した経験から、この種の選別のあり方について分析したい。

すでに触れたとおり、美濃愛郷協進会と私は「外国人嫁」について報道してもらおうとニュース編集者との接触経路を求めていた。私たちの現象理解は行政のエリート的観点へ反論するものだった（夏暁鵑 1995）が、編集プロセスへ参加できなかったことで、結果はいつも失望に終わった。私たちの主たる論点は取り去られ、報道の基調はいつも記者たちの言説に操られたものとなった。

一九九六年初め、ある有力ケーブルテレビがニュース編集者のチームを介して美濃愛郷協進会に連絡してきた。「外国人嫁」の「深みある」報道をできるようにしたいとのことだった。当初、美濃愛郷協進会では取材のため当事者を紹介するのを婉曲に断った。主流メディアのやり口はすでに身をもって学んでいたからだ。テレビ局の渉外部門は引き続き説得工作を続けたので、最後にはテレビ局が当事者と会の理念を尊重するよう保証するとの条件で美濃愛郷協進会は手配へ同意した。手配された被インタビュー者は「外国人嫁」、彼女たちの夫と両親、仲人、鎮長、美濃戸籍事務所の職員と美濃愛郷協進会の幹部であった。インタビュー時に幹部は国際結婚の背景にある構造的要因、たとえば都市傾斜の発展政策がもたらした農業の凋落、農村部の客家の周辺化された地位などを一度ならず強調し、それから世論がいう「外国人嫁」を「珍奇な他者《エキゾチック》」（exotic other）であると非難した。だがメディアが最終的につくりあげたのは意図的なイメージ効果とナレーションによるエキゾチックで深刻な問題としての国際結婚であった。報道そのものはやはり男性中心のものであった。

キャンベルとリーヴス（Campbell and Reeves 1989）が論じたようにＴＶニュースはマジョリティと問題とされた人びとの間の差異を拡大してみせる。技巧的手法を通じて視覚的イメージ及び語りを操作することで、「膾炙した慣用語」（public idioms）を経験の切り取られた一側面に貼り付け、マジョリティとの対比を生み出すのだ。件の有力ケーブルテレビ局の番組は、視聴者へ静かな農村を見せるところから始まる。青い山に緑の畑、伝統的な客家衣装に身を包んだ女性たちの機敏な作業、一把ずつ組み立てられた美濃特産の紙張り傘。つづくナレーションは、

東南アジア人女性は争って台湾へ嫁いできている……周辺を巡っていると、我々のカメラが一人の外国人嫁をとらえた。

続いて、ある「外国人嫁」のカットが挿入される。レポーターが「どうして台湾へ嫁いできたのでしょう」と尋ねると、彼女は怯えた様子で「私にはわかりません」と返した。映像が構築しているのはある情報である。「外国人嫁」は特異な容貌で、街頭で出会えばすぐに区別がつくというものだ。ひどいのが、番組中にレポーターが「たまたまとらえた外国人嫁」は美濃愛郷協進会のメンバーが紹介した相手だったことである。しかも、その頃の美濃の「外国人嫁」の大半はインドネシア国籍ではあったが、彼女たち「インドネシア人嫁」は掛け値なしの華人であったから、外見だけでは到底他の人びととの違いはわからなかったのだ。にもかかわらず、こうした視聴者の判断へ影響する情報はまったく放送されなかった。

ナレーションはさらに続く。

だが（ナレーション強調）、この保守的な農村にも新鮮な話題が増えている。今日は張家の結婚式、明日は李

家の結婚式だ。なんと彼らが迎えるのはどちらも外国人嫁だった。

画面は静かな農村風景から、爆竹の鳴り響く、賑やかでおめでたい結婚式へ移る。画面の中の地元民はいかにも保守的で、のんびりして、日がな無聊をかこっている。エキゾチックな「外国人嫁」が彼らの退屈な生活へ入り込むに至って、茶飲み話の話題あれこれができたという様子だ。

放送の男性中心的な観点は明らかであった。カメラマンもレポーターもすべて男性なのだ。放送に盛り込まれたインタビューがほとんどすべて男性から発せられた声なのはより重要である。鎮長、戸籍事務所の職員、「台湾人夫」、彼らの仲人などなど。わずかに収められた台湾人女性の声は美濃愛郷協進会の総幹事（当時）の鍾秀梅《ジョンシウメイ》のものであった。だが彼女のフェミニスト的観点は切り捨てられてしまった。彼女のインタビューで残ったのは「外国人嫁」がいかに楽しく識字教室に通っているかという感覚的な説明だけだった。番組始めの「外国人嫁」が話した「わかりません」以外に、唯一語った「外国人嫁」はあるインドネシア人嫁で――彼女はインドネシア人の友人がどうやって美濃鎮から逃亡したかを語ったのであった。興味を引いたのがインタビュー時に夫が脇で控えており、時折彼女の話をさえぎることだった。レポーターが「外国人嫁」がホームシックをどう克服しているか尋ねた際、彼女はレポーターの質問がよくわからなかった。夫が翻訳すると、「外国人嫁」は恥ずかしげに傍らの夫を見て答えた。「ホームシックにはなりませんよ。夫は私によくしてくれますから」と。夫が常時傍らに控えている様子と、夫がインタビューを受ける際に妻が傍らにいない様子は強烈な対比をなしていた。

このＴＶ番組は最後に静かな農村から騒々しい台北駅前へシーンが移る。暗い夜空のもとそびえ立つ新光ビル前の人混みからカメラはそのなかの数人の女性へ移る。スローモーションの画面で彼女たちが人混みをすり抜けていくのがわかる。わからないのは嘆かわしげなナレーションだ。

しかし、台湾へ目をやれば、台湾の現在を驚きとともに発見できる。二万人にもおよぶ外国人嫁が二一〇〇万人の国民の中に埋もれているのだ。毎年五～六〇〇〇人が台湾へやってくる。彼女らはいかなる社会問題をもたらすのであろうか。

番組中の「真実」なるものはあからさまである。この種の国際結婚はエキゾチックであるのみか、社会問題を作り出すものなのだ。さらに重要なのが、台湾二〇〇〇万余の人びとが捕捉困難な異分子の脅威にさらされているとしていることだ。インタビューではこの種の観点と食い違う見方はすべてカットされるか、ナレーションの工夫で取り払われてしまう。

声を打ち消すプロセス

やり合いの経験のすえ、我々はメディア従事者に対して慎重になった。私たちが伝えたい情報がメディアが設定したストーリーと矛盾したものであれば、往々にしてフィルターがかけられてしまうのだ。フィルタリングだけではない。ニュース編集者たちの示す「職業的な覗き趣味」（professional voyeurism）は被インタビュー者たちにとっては迷惑そのものだった。たとえば、ある老舗のＴＶ放送局員が美濃に来て、「外国人嫁識字教室」の様子を撮影していった。教室へ入る前に美濃愛郷協進会のメンバーが撮影時には極力授業のやりとりを邪魔しないでほしいと頼んだ。残念なことに、彼らは教室へ入るやいなや「手慣れた技で」窓を閉めてライトを組み立て、近接して撮影を行ったから、授業進行はひどく混乱してしまった。

つらい経験で私たちは賢くなった。私たちは極力メディアの取材要請を回避することに決めた。別の有力なＴＶ放送局が美濃の「外国人嫁」について報道したいと連絡してきたときには、すでに多数のメディアが同テーマを扱っているゆえ、私は彼らの動機がいかなるものなのか尋ねた。また「職業的覗き趣味」の好奇心ではないのか。また彼らのイデオロギーに合わない声が排除されてしまうのではないか。連絡を担当していた記者はすぐに彼らのインタビュー構成を切り替えてきた。もともと「客観的報道をしたい」といっていたものが、私の質疑のあとには「抑圧された人びとの声を発したい」というようになったのだ。抑圧された人びとの声を真に世に問うものになるのか確認するため、私たちは放送前に編集したビデオを見て意見を述べることを認めるように求めた。意外ではあったが、彼らは同意した。

けれども、私は彼らに協力することにはやはり乗り気でなかった。私は彼らの承諾へ疑いを持っていたからだ。一方ではメディアを敵とする危険を知ってもいた。私たちも結局はメディアに頼って注目を引きたいテーマを伝達しなくてはならない。彼らがマイナスの報道をするだけで、私たちが苦労してつくってきた評価が台無しになってしまうのだ。そこで私は引き伸ばし戦術をとって、彼らが別の題材を撮るよう仕向けることにした。私の非協力的な態度に加え、彼らの撮影期間が三日しかなかったこともあり、彼らは私を避けた。メディアとの接触経験がない識字教室ボランティアを通して「外国人嫁」へ接触した。記者が私の要求に応じた際、このボランティアは現場にいたので、私と記者が合意したと思い、「外国人嫁」を紹介しても問題ないだろうと考えたのだ。

私は取材がもう終わってしまったと聞き、すぐに記者へと電話して、合意を守り放送前に当事者の議論を経るよう求めた。記者は慌てながらも礼儀正しく保証をした。だが彼らは約束を違えた。放送前に電話の一本もなかった。ボランティアと取材を受けた二人の「外国人嫁」は私に苦情を訴えたので、再度記者へと電話をかけた。記者の態度ははっきりしており、言い訳も謝罪の意思もなかった。「これは私たちの間だけのディール（＝取引。彼女は英語で強調した）でした。けれど私が自分でインタビューの対象者を見つけたからには、あなたとは関係ないのではないですか」。彼女は慣れた様子で返事をよこした。私がインタビューの対象者たちが私に苦情を伝えてきたと強調すると、彼女は反論してきた。「それはあなたの一方的な話なのではないでしょうか。私は彼女たちととても友好的な関係をつくりました。彼女たちは私になにも苦情はいいませんでしたよ」。私が耐えきれなくなって「私はディレクターと話したいのだけれど」というと、直ちに返事がきた。「その必要はないかと思いますが、そうしたいならば、ご自由に」。

ディレクターは電話をとるなり私に向けて吠えた。「あんたは彼女らの親でもない。彼女たちに代わって話をする権限もない。彼女たちに苦情があるというのなら、彼女たちに自分で電話させたらいいじゃないか」。私は吠え返した。「あなたは自分の任務は抑圧された人びとのために声をあげるといったんじゃありませんでしたか？　彼女たちがメディアのルールを把握していないことを理解するべきです。彼女たちにはつながりを付ける役まわりの友人が必要なんです」。「なにが抑圧か。私らは彼らの親じゃない。責任を負わなきゃいけないわけじゃない。いつも第三者と交渉してたら私らは身動きがとれなくなってしまう……。もしまた厄介を持ち込むようなら、私はあんたを報道の自由の侵害で告訴するぞ」。彼の言葉を聞きながら、私は堪えがたい気分になった。皮肉なものだがディレクターはヒューマニストのカメラマンとして有名で、周辺化された人びとの写真を多数撮っているのであった。

私は当初直接に彼らの取材要求を拒みはしなかった。外部制作会社の友人二人が保証したからだ。このディレクターは高い評価で知られているとのことだった。だがメディア産業に雇用されてから、彼の姿勢はいかに効率的に仕事を終えるかに変わっていた。「いつも第三者と交渉してたら私らは疲れ切ってしまう」彼ははっきりそういったのだ。グブリアム（Gubrium 1988）のいう「組織的埋め込み」（organizational embeddedness）がこの事例には非常によく当てはまっている。グブリアムはあらゆる真実は構築されるに際して立場を有する（situated）ようになるとしている。「埋め込み」とは「関連する実際の領域を作り上げ、解釈構造を組み立てる」（Gubrium 1988, p58）ことを意味する。資本主義的な生産論理のもと、ＴＶ局はなんとか利益を得て自己を維持・繁栄させていかなくてはならない。結果的に「抑圧された人びとのために声をあげる」ヒューマニズムは市場によって価値づけされた変わり種の商品へ変貌してしまう。かつてヒューマニストとして名の通ったカメラマンでも、利潤獲得を主目的とするメディア産業の中では自己の解釈をメディアの立場を考慮したものへと変えていかざるをえない。こうした立場からはディレクターの切り貼りにも必然性があったのだ。

以上のようなメディア産業との接触は、解釈の権利をめぐる闘争に関わるものであり、メディアにより声が打ち消されるプロセスを暴露するものであった。私たちがいかに現状に対する疑問点を持ち出しても、メディア産業はすぐに私たちを論破することが可能である。なぜなら誰もが知るように――私たちも他の人びと・団体と同じように彼らへ依拠して宣伝を行い、評価を保たなくてはならないからだ。彼らはひどいときには番組のための素材を入手するなり、口先で与えた承諾も友情も放り出して鼻にもかけなくなる。

先の事件が起こって一カ月後、別のＴＶ会社がまた訪ねてきた。彼らのディレクターも著名なヒューマニストだった。もちろん私たちは彼らの要請を拒絶した。彼らは一度ならず電話をかけてきて「抑圧された人びとのために声をあげる」と強調し、他のメディアとは絶対に違うといった。美濃愛郷協進会の総幹事（当時）は彼らの制作物を一つ私たちのもとへ送付して評価させるよう求めた。過去のつらい経験に鑑み、美濃愛郷協進会では特別委員会を設けてメディアの要求を議論した。委員会はメディアと私たちで協議をし、契約書をつくってから撮影を許可するとの結論に達した。

特別委員会は送付されてきた作品を視聴・議論して決定を下した。総幹事は「あなた方の作品を拝見しまして、要請について議論しました。残念ですが、あなた方の撮影要請は拒否することに決まりました。あなた方の作品は感情的にすぎ、製作者の個人的心情が投影されすぎていると判断したためです。正直なところほかのメディアと比べて何ら差異がないようです」と電話で伝えた。美濃愛郷協進会の関係者には某有力紙の記者がいた。彼女は私たちにこう警告した。「話が広がっていけば美濃愛郷協進会は映像作品への検閲が厳しいということになるでしょう。彼らはあなた方が関心をもつテーマを報道しようとしてくれなくなるかもしれませんよ」。

なるほど彼女の忠告はいわゆる「情報社会」のなかで「真実の社会的構築」がもつ政治性を総括したものといえよう。「社会問題」なるものの認定とは、人びとが困惑を感じている状況・行為に対する定義行為である。しかしこの種の定義行為は自由に行いうるものではない。それはパワーゲームであるのだ。スペクターとキツセ（Spector and Kitsuse 1977）の論では生き延びてゆく説明・定義は「生命力」があるというだけではなく、主張者にとって「心地よくあれる」ものである。主張者が特定の主張・定義へ不断に信頼を与えようとする際に主張・定義は「生存力」（viability）を獲得する。ここまでの議論から、私たちはメディアが主張の提起（claim-making）を行う際にいかなる政治的性質を現すのか理解しうるであろう。

行政側の説明に対する常態化した依存は、メディアが行政の「問題」に対する定義へ付和雷同する傾向をもたらす。「客観的中立」「報道の自由」を隠れ蓑に記者は声を消された人びとや声を捻じ曲げられた人びとからの反論を免れている。たとえ人びとが反抗したとしても程度・効果のほどには限りがある。皮肉ながら、彼らはメディアを通して自身が問題ととらえる状況を伝達しなければならないからだ。結果的に行政側の構築したものへ抵触する声は苦難に直面する。声を広めて多くの人びとに自身が定義する「社会問題」を認知してもらうためには、メディア報道を通じて信頼を勝ちえなければならない。さりとてメディアと政府機構の間には制度化されたネットワークがすでに構築されてしまっているから、人びとの要望は往々にして捻じ曲げられ、行政側の構築に脅威となりえないものにされてしまう。こうして人びとはジレンマに陥ってしまう。メディアと距離をとれば声を発することができない。けれどもメディアを通せば自身の声はまたもひどく捻じ曲げられてしまうのだ。

真実の構築がもつ構造的性質

本章では冒頭より社会構築主義の視点をとってきた。「外国人嫁」現象を客観的な「社会問題」とする正当化の構造を明らかにし、「社会問題」とは特定の解釈のもとに創り出された作品なのであって、さまざまなナラティブ戦略を通じ構築されていることを指摘した。

ナラティブ分析の批判的視角にたてば私たちは「問題」や「真実」の当然視を回避しうる。意味の構築・解釈に際して行われる結び付け（linkage）と各種の人びとの社会的共通認識へ着目できるようになる。さりながら人びとの社会的共通認識がいかに形成されるかは構造的要素の検討に踏み込まねばならない。台湾メディアの「外国人嫁」現象に対する構築を例にとって本章は事例分析を行った。扱ったのは全国的な影響力をもつメディアの中国時報と聯合報系新聞、国外の華人に知名度のある中央日報・世界日報・光華雑誌ほか、これらに比べ地方紙的な台湾日報・台湾時報、そしてミニコミの台湾立報である。一般にこれらの新聞は政治的な（ないし党派的な）立場が異なっているとされる。だが「外国人嫁」現象をなぞるに際してはかなりの同質性がみられた。外国人嫁を「社会問題」として定義し、行間には差別が満ち満ちていた。本来的に異質なメディアが「外国人嫁」現象をなぞる際にみせる類似性は、台湾社会に遍在する「第三世界」を蔑視する価値観を説明していると筆者は考える。台湾メディアが「外国人嫁」へ行う負の価値の構築は往々にして台湾が東南アジアへもつ差別感情へ関わっている。この種の人びとの社会的共通認識は台湾と東南アジアとの政治・経済的関係のもとで理解されなければならないものだ。資本のグローバル化の文脈において台湾と東南アジアは半周辺および周辺の依存関係を形成してきた[3]。そしてその政治・経済構造は台湾人の東南アジアに対する認知・価値体系を形成してもきたのだ。すなわち構築・解釈を重視するナラティブ分析には構造的要素を重視した政治・経済学的分析が伴わなくてはならない。それをすることで、価値の構築において参照される人びとの社会的共通認識の根の分析が可能になる。

メディアのテクスト分析にとどまらず、本文では私自身がメディア従事者と折衝した経験を通して、メディアによる構築プロセスが権力的な操作に満ちたものであることを分析した。ここからは「真実」とは人びとみなが参与できる解釈ゲームなどではなく、パワーゲームなのであり政治性をおびたものであることが指摘できる。

構築主義者が社会問題に対して行ってきた研究に対しては、周辺化（すなわち権力的な操作）のプロセスを軽視しているとの批判がなされてきた。つまり周辺化された人びとの隠れた立場がいかに作り出され、維持され、そして反抗を受けるのか〔のプロセスについて〕である（Miller 1993など）。ミラーはフーコー（Foucault）に着想を得て新たな研究視角から「底辺からの主張の提起」（claim-making from the underside）を見直すべきと主張した（Miller 1993）。フーコー（Foucault 1979）は私たちが「他者の声」を大きくしてゆくべきであり、「ローカルなもの、非連続的なもの、非適応的なもの、オーソドックスな知識でないものへ思いを致す（引用はColes（1991, p110）から孫引き）」手法によって権力による闘争への理解を取り戻してゆくべきと主張した。闘争のなかでは前者の声は消し去られてしまう。言い換えるなら、「底辺」についての定義行為にあって、私たちはまずマイノリティ理解・語りのあり方について理解し、どうすれば脱政治化（depoliticized）された形でそれらを表現できるかを理解しなくてはならない。こうすることで声がないように思える話者たちを主張者としてよみがえらせ、彼らのことばを再政治化（repoliticizing）することが可能になる。例を挙げてみよう。「外国人嫁」たちはメディアや信頼関係の基盤がない研究者から台湾へ嫁いできた理由をインタビューされると「私にはわかりません」などと恥ずかし気に答えがちである。メディア従事者や研究者はこれら表面的回答から「外国人嫁」にはサポートがない、あるいは無知な存在である、といった結論をえがちである。けれども筆者が長期にわたって「外国人嫁」との交流から得た結果に照らしてみるなら、「外国人嫁」が台湾へ来る決定は複数のレベルでなされたものであることに気が付くのだ。彼女たちは信頼関係の基盤が不足しているゆえに、あるいは彼女たちの自身の脆弱な境遇に対する認識のあり方ゆえに、往々にして「私にはわかりません」との簡潔な言葉で外界からの探りへ対応するのである。よってフーコー式の視点からとらえてみると、「外国人嫁」はあたかも「非適応的な」主張をしながら、実際には強い権力へ対応しているのであり、挑戦的意味合いのない（脱政治化された）語りを戦略的に用いているのだ。こうした理解があれば私たちは「外国人嫁」を無能・無力な弱者ととらえることなく彼女たちの語りを「再政治化」できるようになる。

一般に権力を有するのはエリートの集団・個人と考えられている。一方、ポスト構造主義者は権力概念の組み換えを行った。社会的な場は定義の争奪と結びついており、権力もまた場のなかの無数の「ミクロな場」（microsites）に普遍的に存在しているとみなす。フーコー晩年の理論から啓発を受けたポスト構造主義者たちは、もし私たちが権力の「とどまる」（reside）ところを見つけたいならば、それはかならず現在主流の言説のうちにあると主張した。ゆえに視点は政治家・利益団体の活動から日常的な折衝へと転じられる。一面ではミクロに主流言説の複製が立ち現れる。別の面では世界に対する解釈が周辺化され、ないしは打ち消される。ひどいときには話者は文化的語彙を持ち出して闘争時の議論の補強とする。いわゆるナラティブ（narratives）とは現実の集団的な表明（collective representations）にほかならない。それらの提示する社会的事実は個人の事実ではない。いいかえるなら多様な「ミクロな場」の存在はマクロ面の言説あるいはコード（codes）と密接に結びついている（Miller 1993）。本章において分析したメディアの台湾人男性・東南アジア人女性の国際結婚に関する構築は台湾におけるマジョリティ言説を代表するものだ。言説において社会の下層、女性および第三世界諸国からきた外国人は「問題」として取り扱われる。当事者が国際結婚に対して行う定義がマジョリティの言説へ衝突してかき消されてしまうからといって、当事者たちはマジョリティの言説に対して免疫をもっていると無邪気に考えるべきではない。強い力のメディアが動かすマジョリティ言説は結婚当事者たちによって内面化され、自身の配偶者および類似の境遇の人びとに対する評価へ流用されていく。自身がメディアの描写対象となった際には、自身を「例外化」してメディア言説と背後のイデオロギーへ根本的な挑戦を行うことはない（詳しくは第六章、第八章を参照）。

ナラティブの社会構築主義的分析は（とりわけ発声とその抑圧への）批判の矛であるから、しばしば記述者自身の構築・語りを逆しまに突き通してしまう。つまりは叙述者のメディアに対する脱構築も一つのナラティブ（ストーリー）によって別のナラティブ（ストーリー）を置換し、自身の声で他者の声を打ち消しているにすぎないことを喝破してしまう。もっとも「水掛け論」式脱構築は本論の趣旨ではない。本章には明確な政治的立場がある。台湾メディアが行う構築の問題を明らかにすることだ。「外国人嫁」を社会問題として扱う言説そのものに問題があるのだ。この立場は「外国人嫁」と家族たちの境遇への共感、彼らの声が打ち消されることへの怒りと無力感へ根ざしている。ある「外国人嫁」は台湾メディアが「外国人嫁」を「売春目的の偽装結婚」と強調したとき、腹立たし気に私へいった。「あんたたち台湾の女でも売春するのはいる。でもあんたたちは台湾女がみんな売春してるとはいったことないじゃない」。彼女の怒りはメディア報道の破綻したロジックを的確に指摘していた。筆者はそこに解釈ゲームがもつ権力闘争的な本質を感じ取った。

ここまでの分析ではメディア・マジョリティ言説が国際結婚の当事者男女の声を打ち消してきたこと、声の抑圧メカニズムは叙述者自身へも当てはまりうることを論じてきた。しかし筆者は批判を言説へと向けるのみでは「外国人嫁」とその家族たちの政治・経済構造上の脆弱な立場を解決しえないと考えている。ゆえに主張されるのが、実践式研究なのである（詳しくは第七章を参照）。

【注】

（1）外交部は一九九四年になってようやく発給ビザ数に依拠した統計資料をもつようになった。しかしビザの発給と確定した婚姻関係には直接の関連がない。内政部警政署も一九九四年以降ようやく外国人居留証に依拠した統計をもつようになった。規定ではわが国の国民と結婚した外国人は一年以上を経て居留ビザ申請が行える。そののちにようやく外国人居留証が得られるのだ。一九九四年以前に居留証を取得した、ないし居留証をこれまで請求したことのない東南アジア系配偶者についてはそもそも内政部が現在保有する統計の対象外である。また外交部も内政部も、現在までのところ台湾人男性と東南アジア人女性の実際のカップル数については把握できていない。離婚やその他の要因によって婚姻関係が終息したものについては、行政はいかなる統計資料も有していない。

（2）内政部は立法委員からの圧力で二〇〇〇年度になって「外国人嫁生活適応サポート教室」を立ち上げた。筆者と美濃愛郷協進会が運営する「外国人嫁識字教室」がテスト事業を引き受け、二〇〇〇年および二〇〇一年に各地で基礎講師育成を担当した。

（3）「外国人嫁」現象についての構造的分析は第六章、および別論文（夏暁鵑 2000）に詳しい。

【訳注】

〔1〕通称「劉邦友血案《リウバンヨウ》」。一九九六年、当時の桃園県長であった劉邦友（国民党）の自宅が何者かの襲撃を受け、劉本人を含む八名が死亡、一名が重傷を負った。二〇一八年現在も実行犯は判明していない。

〔2〕原文「標會」（private loan association）。日本では無尽講・頼母子講またはムエー（沖縄での呼称）などと呼ばれる。世界各地に類似のシステム（rotating saving and credit association）がありマイクロクレジットの手段として近年開発学から注目されている。システムとしてはまとまった資金を必要とする人びとが集まって会（組合）をつくり、各人が少額の資金を出し合って基金をつくる。会員たちは輪番・くじ引き・競争入札などによって基金からの融資を受け、一定の利息をつけて返却する。しばしば会員全員が融資を受けられた時点で会は解散となる。

〔3〕ボルネオはマレーシア側からの呼称。インドネシア側からはカリマンタン（Kalimantan）島と呼称される。

〔4〕国民大会（国大）はかつての中華民国憲法において国権の最高機関として位置づけられ総統選出などの権限を有した。立法権を有する立法院（国会に相当）よりも上位の存在であり、中華人民共和国における全国人民代表大会（全人代）に近い存在であった。国民大会の議員に選出された代表者を国民大会代表（国大代表）と呼んだ。一九九〇年代以降、次第に権限を失ってゆき、二〇〇五年の憲法改正で消滅した。

◉第六章　資本のグローバル化と商品化された国際結婚

自省

幼いころ、私は母親の実家がある苗栗《ミアオリー》県に帰るのが大好きだった。私のように日々競争のつづく台北で育った子供にとって、学校から解放され拘束なしに田んぼで遊ぶのはどんなゲームよりもずっと中毒性があった。私は祖母と一緒に住んでいる従兄弟を連れ出してかくれんぼをよくやった。けれども彼等はちっともおもしろそうな様子ではなかった。いつもそわそわと私のほうを見て、私がころびはしまいか、穀物の見分けもつかぬ私が野菜を踏み荒らしはしまいかと心配しているのだった。もし何かあれば、祖母はきっと彼らを許さなかったであろう。私は自分の行動がこんなにも人の手を煩わせているということに気がついていなかった。それを知ったのは、ある美濃《メイノン》生まれ美濃育ちの、Uターンで働く友人が私に幼年時代の話をしてくれた時であった。彼いわく「一番嫌だったのは都会で育った従兄弟たちが帰ってくることだったよ。彼らが帰ってくると世界のすべてが彼らのものになってしまうようだった。畑仕事でへばった後、なお彼らに付き合って畑で遊ばないといけないんだからね。彼らがみんなの注目と愛情を一身に集めてしまうから、彼らが戻ってくるたびに何だか身の置き所がないような気分がしたものさ」。

旧正月には祖母とおじさんがお年玉を包んでくれた。私はずっとお年玉の中身はみんな一緒だと思い込んでいた。ある時私は従兄の一人を連れてうきうきと打ち上げ花火と飴を買いに行った。彼がお金が足りないといったもので、初めて私は〈お年玉の〉額に差があると知ったのだった。祖母は彼には数十元しか与えていなかった。一方私と兄・姉は数百元も貰っていた。おじさんはいつもお年玉のお金を差し引いて従兄弟たちに新しい制服を買いにやらせるのであった。続く一年というもの彼らに「新品の服」はその一着きりだった。私はなんだか不公平に思い、どうしてか母に尋ねてみた。母がいうには、おじさんのところはお金がなくて、節約をしなければならないけれど、私たちは台北からやってきたから幾分多くの金をくれるのだということだった。

おじさんが私へ従兄弟たちに数学と英語を教えてくれるよう頼んだ時のことをおぼえている。その時の私の気分は誇りと気まずさの入り交じったなんともいえないものであった。おじさんはいった。「こんな小さい田舎の先生たちでは、台北の先生たちとは比べものにならない。いい先生はみな台北にいってしまう。従兄弟たちを教えてみて、ちょっとはましな高校に行けるかどうか見てほしい」。彼らのところは専門の先生も少なかったし、下校後は畑仕事をしなければならなかった。高校入試でよい成績がとれないのはもっともなのだ。

母は家を離れ台北に「上京」した。彼女は小学校の成績がとてもよかった。だが彼女と担任の先生がどう頼もうとも、祖母は彼女が中学に進むことを許さなかった。祖母は貧乏な家の娘が小学校を卒業できるだけで十分幸せだと信じていたのだ。今でも母は勉強できなかった残念さを口に漏らす。「私が小学校をでたとき全校一番だった。担任の先生自らあなたのお婆ちゃんのところにまで来てお願いしていった。結婚式や葬式で先生に会うたび、いつも溜息を洩らしてあの時のことに触れるんだ」。そう、畑をやったって大したお金になりはしない。だがほかにできるような仕事もなかった。町には工場が一軒あるだけで、そこへ通うにもコネをたどるしかなかった。母は工場を訪ねてみたが「身長が低すぎる」といって拒絶された(一六三センチという母の身長は当時にしたらかなり高い方である)。そのため彼女は近所のお金持ちの家で仕事をした。一年後、彼女は親友たちの多くと同じように台北へ行こうと決めた。一番上の姉が前年に北へ出ていて、ある外省人の高官の家でお手伝いをしていた。おばは母を雇い主の友人の老議員へ紹介した。私は以前からなぜわが家に上流階級の友人が多いのか不思議でならなかった。もしこの論文を書かなければ私は絶対におばと母が若い頃お手伝いをしていたと知ることはなかったろう。数年後、母はお手伝いをやめて工場で仕事を始めた。

母にとって故郷を離れること自体はさしたる苦労ではなかった。大変だったのは北京語と閩南語を覚えなければならないことだった。地元で話される客家語はそれを解する人もなかったし、見下されもした。当時のことを思い出して母はいう。「日本時代、私は日本の学校で少し勉強した。戦争になると授業はやめになって、林に隠れて回っていた。戦後の学校では北京語が教えられるようになった。もっとも先生たちは誰も北京語ができなかったから、先生たちも昼間に勉強して夜に私たち生徒を教えたんだ。だからできたといっても上っ面のことで、実際には台北で働いてから本当にできるようになったんだ。これ以外にも閩南語を勉強しないといけなかった。周りがみんな閩南人だったから。罵倒語のほうをすぐに覚えてしまった。彼らは客家人を馬鹿にしてたから」。

母親の客家人の友人たちはほとんどがエスニシティゆえのからかいを経験していた。不幸なことに彼らの中の多くが自身のエスニシティを隠し、公の場では絶対に客家語を話さないと決めていた。私は祖母の家の子たちといるのが大好きだったから、客家語を話すとすぐに祖母の家のことを思い出した。それが何か恥ずかしいものだとは感じたことがなかった。台北の小学校に通っていたころ、クラスに苗栗県から男の子がやってきた。彼が苗栗県の出だと知って私は興奮して客家語で話しかけたのだったが、彼の顔色があまりすぐに変わるものだから、なんだか不思議に思っていた。私がはじめてエスニシティの否定を経験したのは高校生のときであった。私の母のエスニシティを知らないある友人が、「阿客《アーケエ》」のひどさについての彼女のお兄さんの話を又聞きで私に伝えたのだった（「阿客」とは閩南人の客家人に対する差別的呼称）。そのとき私は震えが止まらなかった。屈辱のあまり半句も継げなかった。私はようやく件の男の子の反応を理解した。彼はとうに知っていたのだ。客家人としてのエスニシティを身にまとうことで嘲りを受けかねないことを。

私と私の家族が客家人を差別する社会で受けなければならなかった待遇を顧みることで、「外国人嫁」と夫たちの受けている仕打ちが一層正確に理解できるようになった。話をもどそう。世間におけるあらゆる態度と同様、差別の構造には特定の歴史・社会的な文脈が見いだせる。私の従兄弟たちは大学に通えなかった。彼らを教えられるベテランの先生はいなかったし、家にも彼らを私立大学へ送るお金がなかった。けれども大衆から見ると、その因果は転倒して、従兄弟のような人びとは愚かで向上心がないということになってしまう。私の家族と「外国人嫁」、そして夫たちの家族の間に類似する背景があることを省みるにつけ、私は「外国人嫁」現象の歴史的・社会的文脈が無視できないと考えるようになった。

駐インドネシア台北経済貿易代表処の林班長がいうように、台湾へ嫁いでくる「インドネシア人嫁」の大部分は客家人の後裔である。「インドネシア人嫁」をめとる側の台湾人男性も早期は大部分が客家地域出身であったが、のちしだいに閩南系の台湾人男性が増加していった。なおかつ、台湾・インドネシアともに結婚当事者の大半が農村出身者である。一九九〇年代中期以降「ヴェトナム人嫁」の数が「インドネシア人嫁」の数を上回り、「台湾人夫」も客家系集落・農村に集中しないようになった。さらに、台湾人と外国人の間の結婚事例において、その大部分は台湾人男性と「第三世界」の女性である。以上に述べたことが台湾・東南アジア間の国際結婚の主要な情景を示しているといえるだろう。

現実とはある特定の文脈下で構築されるものだ。それゆえにこそ「外国人嫁」現象の歴史的・社会的文脈が指摘されなければならない。私がいう文脈とは決して「客観的な」真理ではない。私はあくまである特定の状況におかれた主観者として、この現象が明らかとしている点を理解しようとする存在である。ゆえに本章では読者に対して、筆者が理解する「外国人嫁」現象把握の視点について説明したい。

先に述べたとおり台湾でいう「外国人嫁」は東南アジア地域からやってきて台湾籍の男性と結婚する女性である。第一章で述べたように台湾・東南アジア間の国際結婚はグローバルな女性交易の一部として理解されるべきであり、単一・独特の現象ではない。こうした国際結婚に関与するのは異なる国・文化の男女双方とその家族にとどまらない。無数の仲介業者および両国間の経済貿易関係が密に関わっている。言い換えれば、台湾における「外国人嫁」と欧米・日本で流行する「メールオーダー・ブライド」現象の特性は「商品化された国際結婚」である。

先の三章ではそれぞれ国際結婚現象の当事者──台湾の行政、結婚の当事者および台湾メディアがこの現象に対し行っている解釈につき分析した。本章ではこれらの解釈が置かれている構造的文脈について、そして当事者による解釈と構造的文脈の間の弁証関係について分析する。筆者は「商品化された国際結婚」現象に関する理論的な分析枠組みを提示したい。一面において「外国人嫁」現象はマクロな国際政治経済構造のもとで理解される。もう一面において、結婚の当事者たちがいかにしてこの構造下で積極的に活路を求め、かつこうした現象に対していかなる解釈と反応を行っているかについても言及したい。同時に当事者の参加によって、国際的な政治経済構造がいかにしてさらなる強化と発展を遂げているかについても触れることになろう。

資本のグローバル化と「結婚移民」

すでに述べたとおり台湾の「外国人嫁」現象は世界で特異な例ではない。他国における「メールオーダー・ブライド」現象と関連したものだ。いずれも低開発地域の女性が相対的に高開発の地域に嫁ぐのである。過去、第三世界の花嫁がめざしたのはおもにアメリカ・西欧・オーストラリア・日本など第一世界の国であった。台湾からも多数の女性がアメリカへと嫁いでいった。一九八〇年代以降台湾へ婚入してくる東南アジア人女性は日増しに増加している。世界各地で段階的に発展してきた国際結婚は、当然ながらそれぞれの地域ごとに違いを持つ。しかしながら各々を単一で独立した現象とみなすことはできない。「メールオーダー・ブライド」・「外国人嫁」を問わず、いずれも同時代の国際的な政治経済構造と関わりを有しているのである。たとえばアメリカに嫁いだフィリピン出身の「メールオーダー・ブライド」たちはアメリカ軍と深い関わりを持つ。アメリカ軍の発展はさらにアメリカの帝国主義的な資本主義（imperialist capitalism）の拡張と密接不可分な関係にある（Aguilar 1987）。

実のところ「商品化された国際結婚」は女性の特殊な移民形式の一種である（del Rosario 1994）。汗牛充棟というべき移民研究であるが、その大部分は「プッシュ・プル理論」を主要な分析枠組みにしている。チョンとボナチッチ（Cheng & Bonacich 1984）は「プッシュ・プル理論」が移出国の〔移民を国外へ向かわせる〕「プッシュ（圧力）」と移入国の〔移民を国内へ呼び寄せる〕「プル（吸引力）」に着目するだけでマクロな分析枠組みを欠いていると批判する。彼らは移民と資本主義発展の関係についての理論枠組みを提示し、労働移民（labor immigration）は資本主義発展の論理的帰結であると主張している。本書ではチョンとボナチッチ（Cheng & Bonacich 1984）を参考に、「外国人嫁」「メールオーダー・ブライド」など商品化された国際結婚を「結婚移民」とみなして一九八〇年代以降の資本主義発展との関係を分析したい（図6—1を参照）。

資本主義の発展は不平等な発展モデルを生み、中心・半周辺・周辺の国際的分業をつくりだした。欧米・日本など中心国家のグローバル資本は市場と投資の草刈り場を求めて、一九八〇年代中期からマレーシア、タイ、インドネシアなど周辺国家において大規模な生産拡張を行った。台湾・韓国ら新興工業国は一九八〇年代から南へ向かうグループに加わり、周辺国家に対する搾取を行う半周辺国家となった。

中心・半周辺国家の資本主義発展における主要な特徴は資本の拡大である。資本蓄積を拡大する手段の一つが市

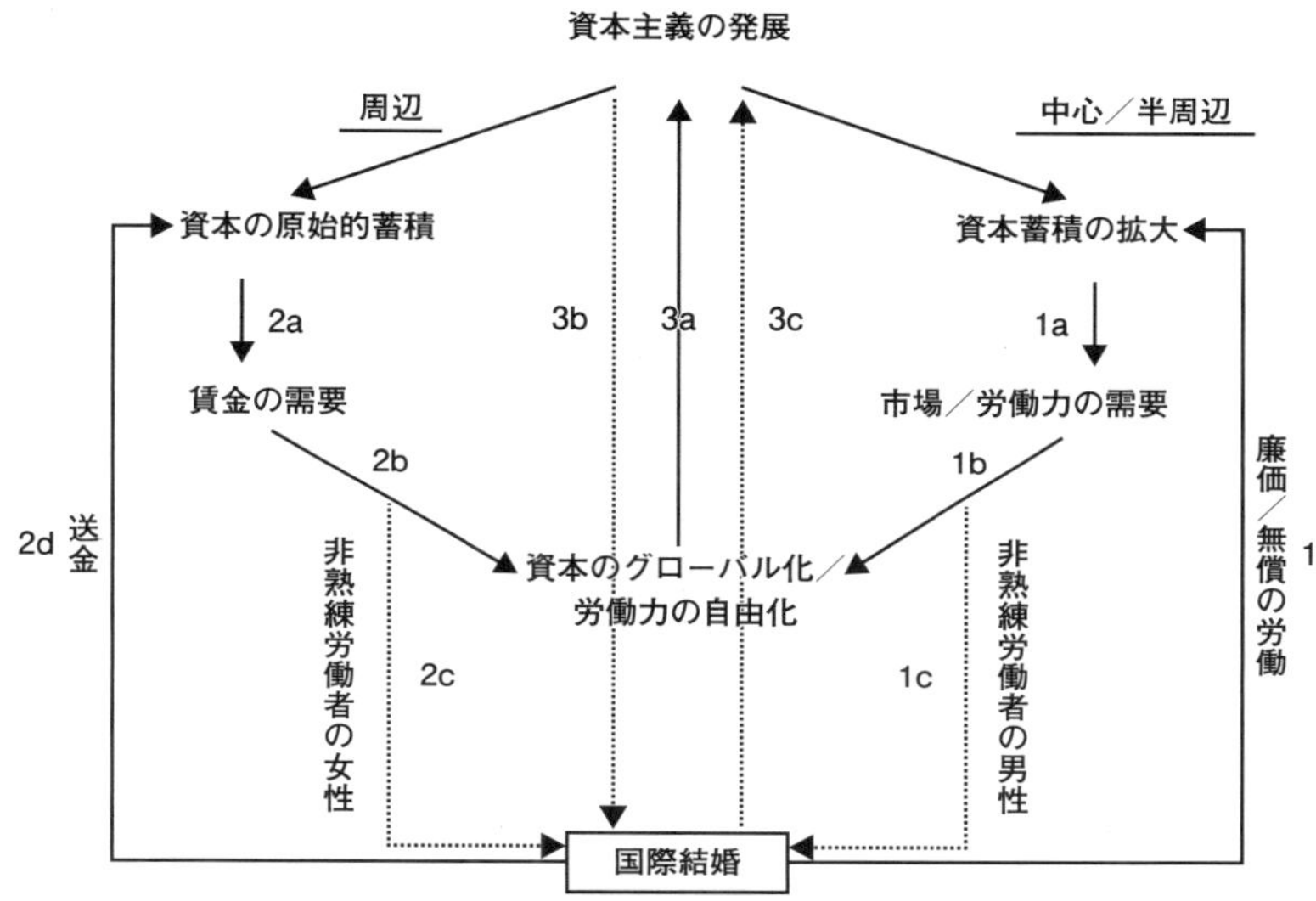

図 6-1

場を広げつつ大幅に労働コストを引き下げることだ（1a）。安価な労働力を得るため資本家は二種類の手段を講じる。一つが周辺地域から安価な労働力を輸入することであり、もう一つが資本を安価な労働力が豊かに得られる外部の地域へ移転することである。ゆえに中心国家はさらなる市場と投資先の拡張を求めて、さまざまな国際貿易組織を通じ周辺国家に対し投資の開放を求める（1b）。資本主義の初期発展段階にある周辺国家において、中心国家やその代理機構（国際通貨基金や世界銀行）の集団的圧力はしばしば国内資源の分配をゆがめ、資金蓄積のための資本主義発展が試みられる（2a）。ねじれは主に二つの方面に現れる。まず門戸開放に続き強い権力のもとに自国の投資環境を改造して外国資本を迎え入れる。次いで農村経済の破綻によって流出した大規模な労働力を輸出する。この目的は第一に余剰労働力による社会・政治的な圧力を和らげ、第二に外貨を稼いで資本の原始的蓄積を進めることにある（2b）。これら政治的・経済的な力のもとに資本のグローバル化と労働力の自由化が形成され、資本主義のさらなる発展が推し進められる（3a）。

資本のグローバル化と労働力の自由化は半周辺国家に影響し、工場の大量閉鎖と労働者のリストラをもたらす。同時に中心国家・半周辺国家は移民労働者（migrant workers）を大量に引き入れ、自国の高賃金・非熟練の労働力を代替する。もとより破綻していた農村の労働力はこれによって労働市場において生存機会を得ることがさらに困難となる。加えて父権的な結婚制度のもと、男性は女性よりも高い社会的地位を求められ、彼らの自国の結婚市場における価値はますます下落する（1c）。同じ国際的状況は周辺国家にも表れる。元来農村経済が破綻しているうえに外国資本を移入することによって、自国の工業は発展を遂げられずさらに労働条件が悪化する。これが相対的に発展した国家の労働市場に移動して生きていこうとする労働者の一群を生み出す。結婚市場における男女のやりとりにも変化が生まれる。周辺国家の女性は、男性の経済力の低下によって結婚対象を中心・半周辺国家の男性へと移す（2c）。資本のグローバル化と労働力の自由化のプロセスは、中心・周辺両側の需給について熟知した結婚ブローカーを生み出し、大いに「結婚移民」の発生をうながす。

「結婚移民」のプロセスで生み出された各種の交換は、異なる方式・結果で中心・半周辺・周辺国家へと戻ってくる。中心・半周辺国家では「外国人嫁」の提供する無償の家事労働と育児が国内における安価な労働力の再生産メカニズムを安定させる（1d）。「外国人嫁」自身も新しい安価な労働力の担い手である。周辺国家にあっては文書申請費用・旅行消費と「外国人嫁」が行う送金がいずれも資本の原始的蓄積に益する（2d）。

つまるところ「外国人嫁」現象とは、中心・半周辺・周辺それぞれの資本主義発展過程で、周辺的地位に追いやられた男女の労働者が生存を求めてつくる結合である。ただし周辺者によるこれらの結合は必ずしも同盟関係ではない。ロマン化された「地球村」的理想のローカルな実現というふうに見ることはできない。「結婚移民」現象は資本主義発展の成果であるのみならず、抽象的な国際政治経済関係が個人間の不平等な社会的関係に具現化したものなのである（3b）。不平等な社会関係は日常生活の中にあらわれることさえある。婚姻関係の中で生まれたさまざまな差異や衝突は中心国家のメンバーから周辺国家固有の問題と解釈される。周辺国家の未発達な状況についての因果を逆転して本質論的に解釈してしまうのである。歴史的・動態的な資本主義発展のプロセスにおいて異化[1]とは不可逆的かつ当然の結果である。この異化が資本主義発展を一層強めていくのだ（3c）。

上にのべたような資本主義発展の力関係は異なる段階において異なる形式で中心国家と周辺国家、中心国家と半周辺国家、周辺諸国と半周辺国家の間に生じた。一九八〇年代から進行した台湾における「外国人嫁」の増加現象は、台湾・東南アジア間で八〇年代から徐々に生じた半周辺・周辺国家間の依存関係を考察することによってようやくその全貌をつかむことができるであろう。本章では台湾における「外国人嫁」現象を例に周辺・半周辺国家間の関係を分析し、国際分業関係と「商品化された国際結婚」の形成の間の関係について理解することへ重点を置く。台湾・東南アジア間の依存関係の形成、資本主義の台湾及び東南アジア内部における不平等な発展、そしてこれらと「外国人嫁」現象が形成されるにいたる関係についてそれぞれ理解したい。

台湾・東南アジア依存関係の形成

ある駐インドネシア台北経済貿易代表処の職員によると「政府が南向政策を提示する以前から、台湾人経営者はすでに東南アジアで投資を行っていたし、台湾人男性も妻を捜しにやってきていた」。一九九四年、李登輝《リードンフイ》が南向政策を提示して台湾人経営者へ東南アジア投資を呼びかける以前から、台湾は周囲の相対的に未「開発」の国家に対して資本輸出を行っていた。そのころ、台湾はまさに安価な労働力を特徴とする「発展途上（developing）」の段階から「成熟した（developed）」国家のグループへ向かおうとしていた。

表 6-1 台湾の対米、対東南アジア、対中投資比率 (単位：パーセント)

年度	米国	東南アジア	中国
1952-86	60.0	26.3	――
1990	27.6	36.6	――
1991	16.3	39.3	9.5
1992	17.0	27.3	21.8
1993	10.9	8.9	65.6
1994	5.6	15.4	37.3
1995	10.1	13.3	44.6
1996	7.8	17.3	36.3
1997	12.1	14.2	53.8

出所）経済部投資審議委員会

注）表中の東南アジアはシンガポール、タイ、マレーシア、インドネシア、フィリピン、ヴェトナムの合計

表 6-2 台湾の対東南アジア貿易概況 (単位：億米ドル)

	年度						
	1991	1992	1993	1994	1995	1996	1997
貿易総額	125.1	146.1	163.0	200.6	253.4	264.5	294.3
シンガポール	38.5	42.0	47.5	57.7	73.6	73.6	80.5
ヴェトナム	2.3	4.0	6.5	9.6	12.8	14.9	16.9
タイ	20.3	26.3	29.9	35.5	45.3	44.6	44.9
マレーシア	28.7	34.3	36.1	45.5	58.5	65.2	72.7
インドネシア	24.3	26.2	29.1	35.4	40.2	38.4	43.2
フィリピン	10.8	13.2	13.9	16.8	22.8	27.7	36.2
前年比の増加率	――	16.8%	11.6%	23.1%	26.3%	4.4%	11.3%

出所）財政部統計処『進出口貿易統計月報』

台湾資本の外部移転は一九八四年に始まった。移転傾向が明確になるのは一九八七年以降である。この年、台湾政府は正式に外資管理条例を解除した（宋1993）。一九九〇年、台湾の対東南アジア投資比率は対アメリカ投資比率を上回るようになり、台湾最大の資本移転先となった。一九九二年、今度は中国大陸が新たに台湾の投資先に加わり、一九九三年には東南アジアを上回って台湾資本の主要な外部移転先となった。とはいえ東南アジアはいまだに台湾の対外投資の重要地域である（表6―1を参照）。

貿易総額についてみると一九九一年、台湾のＡＳＥＡＮ諸国に対する輸出入貿易額は一二五・一億ドルであった。これが南向政策の指導原則たる「対東南アジア地区経済貿易工作強化

綱領」公布施行の一年後である一九九五年になると、貿易額は二五三・四億ドルに拡大し対前年比二六・三パーセントの増加となった。その後も成長は続き一九九一年から一九九七年の間、台湾の対東南アジア貿易額は毎年平均一五・八パーセント増加した（表6―2を参照）。財政部の資料によれば東南アジアはすでにアメリカ・香港・EUへ僅差で続く台湾第四位の輸出市場である。東南アジアは台湾第四位の輸入市場でもある。これはやはりアメリカ・日本・EUへ次ぐ。

台湾経済は徐々にグローバル化する資本主義の一部分としてウォーラーステイン（I. Wallerstein）が命名・定義した「世界システム」へ組み込まれていった。台湾は財の主要な輸入国であるのみならず、資本輸出国ともなった（宋 1993; 彭 1991）。一九八〇年代中期以降、台湾は日米欧に続いて東南アジア地区へ入り込み拡大再生産に必要な安価な労働力と天然資源を求めるようになった。台湾と（シンガポールを除く）東南アジアの間には国際分業上の階層関係が生まれた。台湾は「半中心」（semi-core）の地位へ滑り込み、東南アジア国家は「周辺」（periphery）へ組み込まれた（宋 1993）。

一九八〇年代以降の台湾では人件費と環境保護圧力の上昇によって、労働力集約型で汚染性の高い工場が、豊かな労働力を持ち環境保護水準も高くない東南アジアへと次々に移転していった（宋 1993; および駐インドネシア台北経済貿易代表処職員へのインタビュー）。台湾は徐々に東南アジア諸国の主要な外部投資元となった。フィリピン・マレーシア・インドネシアなどの国で台湾は急激な追い上げを見せ、一九八七年・一九八八年・一九八九年・一九九〇年にそれぞれ日本を上回ってこれらの国の最大投資国となった（宋 1993）。毎年の投資額以外にも累計投資額においても台湾の東南アジアにおける地位はやはり重要さを増していった。インドネシアを例にとれば一九九四年までにインドネシア政府が認可した外資累計投資額のうち、台湾は第三位から日本に次ぐ第二位へと上昇した（駐印尼台北経済貿易代表処 1994）。一九八八年に市場開放したヴェトナムでも台湾資本は活躍を見せ、累計投資額は一九九六年にシンガポールに次席を譲るまで第一位を占めた（外貿協会駐胡志明市弁事処 1999）。

一方、東南アジア諸国の側もさまざまな優遇措置を設けて外資の誘致に努めた。たとえば外資誘致によって第六次経済発展計画（REPELITA VI）を成功させるため、インドネシア政府が設けた解決策は外国資本比率を引き上げることであった。一九九四年公布の第二〇号法（Government Regulation No.20）では最低資本額の制限が撤廃され、外国資本比率と株式移転制限が緩められて投資可能範囲が拡大された。同時に外国資本に対しては関税引き下げなど各種優遇措置が設けられた（駐印尼台北経済貿易代表処 1994）。

社会主義を建国理念とするヴェトナムにあってさえ、グローバル資本主義の強烈な拡大・浸透のもと、一九八八年には市場開放せざるを得なかった。外国人の対ヴェトナム投資は一九八七年に公布された「外国人投資法」を最高指導規則とする。そこではヴェトナムが外資誘致のために行う各政策が記され、投資方式、優遇条件、投資が奨励・禁止・制限される産業が示されていた。本法は国外販売を志向する外資へ優先して優遇措置を与え、国外販売が国内販売よりも多い産業がそれに次ぎ、国内販売を主とする産業（通常は輸入代替産業である）への優遇は最も少ないとされた。優遇条件は期間の異なる減税ないし免税とされた。たとえば一〇〇パーセントが国外輸出の、かつ加工輸出区域に工場を設立した外国企業は最高四年間の免税、続けて五〇パーセント減税の優遇措置を受けられ、ハイテク産業に対する免税は最長八年にもなった（外貿協会駐胡志明市弁事処 1999）。

一九八六年から一九九一年における台湾の対東南アジア投資は既存インフラも比較的良好であったタイとマレーシアに集中した。フィリピンも少なからぬ台湾資本をひきつけ一九八九年には台湾はフィリピンの最大投資国となった。しかしながら一九九一年以後はフィリピン国内政治と社会状況の動揺によって台湾からの投資は退潮していった。台湾の対インドネシア投資は一九八八年に始まり、一九九一年一二月に台湾政府とインドネシア政府が投資保証協定（Investment Guarantee Agreement）を締結したのち投資は増加していった。台湾の対インドネシア投資は一九八九年の一億五八〇〇万米ドル・一九九〇年の六億一八〇〇万米ドルから、一九九一年には一〇億五七〇〇万米ドルへと急伸した（宋 1993）。ヴェトナムが一九八八年に外国人投資を開放した際、台湾外国貿易協会は視察団を派遣して、一九九〇年に代表処を設立した。一九九二年・一九九三年の二年間で大量の台湾企業がヴェトナムへ赴いて投資を申請している（外国貿易協会駐ホーチミン市代表処職員インタビュー 1999）。台湾とヴェトナムは一九九〇年に「投資保証協定」を結び、一九九八年に「二重課税防止条約」へ調印、一九九九年五月には「農業協定」「労働輸出協定」に調印して台湾企業のさらなるヴェトナム進出奨励を進めた（外貿協会駐胡志明市代表処 1999）。ヴェトナム計画投資省の資料によれば、ヴェトナムにおける外国資本はシンガポールが最多、台湾・日本がこれに次ぐ。台湾による投資金額は〔計〕約四三億三〇〇〇万米ドルであった。

資本主義化のねじれ発展と「結婚移民」の発生

先に述べたとおり台湾と東南アジアの間にはすでに明確な国際間分業が成立している。台湾は一九八〇年代、徐々に世界経済システムにおける半周辺の地位へともぐりこみ、東南アジアなど周辺諸国への搾取を行っていた。自由化、私有化、規制緩和など「グローバリズム」状況の中で東南アジア諸国では発展のねじれが生まれ、大量の農業・工業労働者が生存の問題へ直面した。台湾の貧困問題は東南アジアほど深刻ではなかったが、長期にわたる都市・工業部門中心の開発戦略に、近年の規制緩和への圧力が加わってやはり農村の空洞化と非熟練労働者が生存しがたい状況が生まれた。周辺化された台湾の非熟練労働者の男性は、経済的生存が困難なのみならず、自国の結婚市場における価値を急落させていった。一方、東南アジア地区においては資本のグローバル化によって生み出された農村破綻・失業といった問題が相対的に発達した国家へ移動して生存リスクを解決しようとする労働者を大量

表 6-3 台湾の対東南アジア投資金額 （単位：百万米ドル）

年度	タイ	マレーシア	フィリピン	インドネシア	ヴェトナム
1952-79	4.81	3.08	9.86	8.84	——
1980-89	79.33	171.41	105.48	21.90	——
1990	149.40	184.89	123.61	61.87	——
1991	86.43	442.01	1.32	160.34	17.14
1992	83.29	155.73	1.22	39.93	20.17
1993	109.15	64.54	6.54	25.53	158.40
1994	57.32	101.13	9.60	20.57	108.38
1995	51.21	67.30	35.72	32.07	108.15
1996	71.41	93.53	74.25	82.61	100.48
1997	55.75	85.09	127.02	55.86	85.41
1998	131.19	19.74	38.70	19.34	100.08
1999	112.67	13.70	29.40	7.32	34.57

出所）経済部投資審議委員会

に生み出した。双方の需要に通じた結婚ブローカーがここへ介入することで台湾・東南アジア間の結婚移民は形成されていったのである。

台湾人男性が東南アジアに赴いて妻をめとる状況と台湾資本の外部移転の状況はかなりの程度一致している。先にも述べたとおり台湾が一九八六年から一九九一年にかけて東南アジアに行った投資はタイとマレーシアを主とし、フィリピンも少なからぬ台湾資本を引き付けた。ブローカーへのインタビューと新聞報道によるなら、一九八〇年代中期には東南アジアからの「外国人嫁」はタイ、フィリピンからが最も多かった。マレーシアからが多くなかったのは、マレーシアにおける生活の豊かさと関係があろう。あるインドネシア人ブローカーによれば「東南アジア諸国の中で、シンガポールを除けばおおむねマレーシア人の生活が最も良い。インドネシア人でマレーシアに嫁ぐケースが多いほどだ」という。対インドネシア投資に関しては、一九九一年以降になってようやく増加をみた（表6—3を参照）。この趨勢は「インドネシア人嫁」の増加状況と歩を同じくしていた。駐インドネシア台北経済貿易代表処の職員によれば、一九九一年以降台湾へ嫁ぐインドネシア人嫁が明らかに増加していったという（インタビュー資料による）。

近年ヴェトナムとカンボジアが外資へ市場を開放すると、ヴェトナ

表6-4 台湾における東南アジア籍配偶者ビザ発給数　　　　（単位：人）

年度	インドネシア	マレーシア	フィリピン	タイ・ミャンマー	ヴェトナム	年別合計
1994	2247	55	1183	870	530	4899
1995	2409	86	1757	1301	1969	7574
1996	2950	73	2085	1973	4113	11212
1997	2464	96	2128	2211	9060	16009
1998	2331	102	544	1173	4644	8879
1999年1月-7月	1787	58	321	693	3362	6267
国別合計	14188	470	8018	8221	23678	54850

出所）経済部投資審議委員会

ム・カンボジアへ妻を求めに行く台湾人男性も次第に増加していった。ブローカーが述べるところによれば、一九九三年以降インドネシア人嫁がビザ発給までに数カ月から一年間待たなければならなくなったことから、台湾人男性が次第にヴェトナムへ赴いて妻を捜すようになったという（ブローカーへのインタビュー資料による）。一九九三年はちょうど台湾の対ヴェトナム投資が大きく増加した時期であった（表6—3を参照）。さりながら行政による「外国人嫁」の台湾移入数の把握は非常にゆったりとしたものであった。一九九四年になってようやく統計が出現する。極めて限られた行政統計によっても、やはり我々は台湾の対東南アジア投資と台湾人男性が東南アジアで妻探しをする状況の間の並行関係をうかがうことができる。表6—4からわかる通り、一九九四年に調印された「投資保証協定」によって台湾資本の対ヴェトナム投資が一九九五年にいたって伸びだしたとともに、ヴェトナムへ赴いて妻探しをする人数も大幅増を遂げ、一九九四年の二・七倍へと急増している（表6—4を参照）。

台湾・東南アジア間の依存関係の形成は両地域における「商品化された国際結婚」の土台となった。だがすべての台湾人男性が東南アジアへ赴いて妻をめとったわけではないし、すべての東南アジア女性が台湾やその他の国へ嫁ごうとしたわけでもない。以下では台湾及び東南アジア諸国内部における不平等発展について説明し、それらと「結婚移民」との関係について分析したい。

台湾

一九五〇年代に土地改革に成功したのち、国民党政府が取った経済発展政策は「農業を犠牲にした工業の発展」を主軸とした。一九六〇年代末、工業部門が春を迎える一方で農業部門には秋が訪れた。国民党政府による経済発展戦略のうち最も重要にして特徴的だったのが「輸入代替工業」と「輸出志向工業」であった。この戦略構造のもとで農村が与えられた役割は工業発展のために生産原料・余剰生産・安価な労働力を提供し、なおかつ工業製品のための国内市場となることであった。言い換えるならば農業発展政策の最終目的は農民の労働成果を抑圧することであり、工業のさらなる発展のために、経済全体の発達を促すために尽くさせることであった。この経済プロセスはひたすら「農をもって工を養う」のみで、「工をもって農を助ける」ことは実現されなかった（陳玉璽 1995）。

この抑圧は二種類の形態をとった。一つ目は農産品と労働力における抑圧であった。工業における生産コストを引き下げるために政府は農産品価格を低く抑えた。これはまず工業労働力の再生産コストを引き下げるとともに、農業労働力を工業部門へと移転させていった。二つ目は農業資本の抑圧であった。政府は化学肥料・農業機械など農業用工業製品の価格をつり上げ、農民の余剰資本を吸収して工業部門へと投資した（陳玉璽 1995; 蕭新煌 1981）。さらに一九八〇年代中期以降には、国内農産品市場の漸次開放と引き換えに、GATTついでWTOへの加盟を成し遂げた。これはもともと低迷していた農業部門へ追い打ちをかけた。台湾における農業・工業部門の間には高度な不平等関係、リプトン（Lipton 1976）のいう「都市・工業部門への傾斜」（urban-industrial bias）が特徴として存在する。すなわち農業労働者は長らく「台湾経済の奇跡」の被害者だったのである。

都市・工業部門へ傾斜した発展政策ゆえに、一般農家はますます非農業部門からの収入に頼らざるを得なくなっていった。陳玉璽のいう農業部門の工業部門に対する依存である（陳玉璽 1995）。一九七〇年代の農村家族における工業所得は家計全体の半分以上を占めており（他出者からの送金と在地工業所得を含む）、一部の農家は六〇パーセントを超過していた（Wang & Anthorpe 1974）。台湾省主計処の資料によると、一九八六年の台湾の非農家対農家の一人当たり収入比は一対〇・七二であった。辛い農作業に比べ、都市の高収入で現代化した生活に引きつけられて、多くの農家の若者が都市地区へ移入していった。調査には農民の被害者意識が反映されている。瞿海源のレポートでは約五〇パーセントの農民が台湾における貧富の格差が非常に大きいと考えているという（瞿海源 1990）。

長らく成功してきた「農をもって工を養う」発展戦略ゆえに、農村の若者人口はひどく外部へと流出してしまった。若者が農村部へとどまることを望んでも、両親は極力彼らを故郷から離れさせようとした。農村部には未来が見えなかったからである。陳玉璽は農業がおとしめられることは、農民が自らをおとしめることにつながると指摘する（陳玉璽 1995）。彼らは「階級のアイデンティティを乗り越えようとする」まぼろしへ向かっていくというのだ。農民は娘をその他の社会階級へと嫁がせようとし、自らと同じ階級へ嫁ぐことを望まない。自らの子孫が代々農業に携わることなく都市において中産階級の職業に就くことを望むのである。被インタビュー者のひとり阿金《アージン》の事例は、Uターンした若者の状況を表している。

退役後は高雄にある花卉農園で働いた。両親は花卉農家だったから、俺の一番の望みは実家に戻って花を育てることだった。自分の力で自分の土地で実りのある日々を過ごしたかったんだ。わかるだろう、俺たちのように田舎で生まれ育った人間には、都市の生活は苦しいものなんだ……。けれども両親は俺がどういっても土いじりに関わりがあるような仕事につくことを許さなかった。毎日何回も電話をかけて来て仕事を替えるようにいうんだ。本当に頭がおかしくなりそうだった。もっとも俺もちゃんと手は打ったけどね。両親の話を聞いて花卉農園の仕事は辞めて、花屋への配送に仕事を替えたんだ。どうあっても花と関わりのある仕事がやりたかったからね。あはは。

阿金の両親が示したのは農民の農村に対する絶望の具体的な表明であった。両親が抱く苦衷を阿金はよくわかっていた。

農家がどうこうだとは思わないでほしい。彼らのプライドはとても高いんだ。彼らは人から見下されるのを恐れている。人から子供に見込みがない、街にいたたまれなくなって家に戻ってきたといわれるのを恐れているんだ。実のところ本心では俺にとても戻ってほしいと思っているのはわかっている。いずれにしろ〔両親は〕もう歳で手伝いがいる。誰かそばにいる人間が必要なんだ。

一九八〇年代中期以降、資本の大量の外部移転によって工場が閉鎖され多くの労働者が職を失った。政府が外国人労働者の移入を開放してのち、さらに多くの自国労働者が職を失った。農村からやってきた労働者は失業後都市にとどまることができず、農村へ戻ってインフォーマル部門《セクター》で生計を立てている。

阿金が花屋で働き出して間もなく、両親は再度「体裁がいい」仕事を探すよう彼に求めた。とうとう阿金は土地へつながる理想を捨てて、ある自動車部品工場へつとめた。不幸にも働き始めて一年にもならないうちに、工場は一九八〇年代中期以降の閉鎖ブームの中で東南アジアへ資本移転を行った。職を失った阿金はやむを得ず故郷に戻った。息子の栄達を望んだ両親は阿金が家で農業手伝いをせざるを得ない事実を受け入れるしかなかった。

一九八〇年代中期以降、阿金のように失業によってやむを得ず故郷へ戻った若者は、農村ではいっそうやむない状況となった。台湾が工業化・都市化しグローバル化する中で、農業衰退の影響を受けた男性や都市での失業によって故郷に戻った男性は、経済的に不利な地位に置かれたのみならず、〔社会的〕身分の上でも劣った地位に甘んじた。彼らの身の上には「お先真っ暗な男」の汚名がかぶせられた。農村地区の人びとは彼らが都市にいたたまれなくなって田舎に戻ってきたと考えたのだ。農村へとどまった未婚女性ですら彼らに嫁ぐことを望まなかった。農民生活の貧しさを彼女たちは当然わかっていたためである。

身体壮健な阿金は一般の人びとが想像する妻をとれない〔男性の〕イメージとは大きく異なっている。自らがインドネシア人嫁をめとろうと決めたことについて阿金はこう説明する。

昔よそにいたころは、女の子と付き合ったこともある。もっともあの頃は若かったから結婚したいとは思わなかった。田舎に戻ってきてから、女の子と付き合うなんてとても考えられなくなった。わざわざ華やかな街での生活を捨てて、ここで俺と苦しい生活を共にしてくれるなんてとってもね。

阿金の心配は決して杞憂ではない。隣に住む阿杰《アージェ》も同様な苦境に直面している。台中で働いていた阿杰は何度か女性と付き合ったことがあるが、彼女を親元へ連れて行くたび、彼女の両親のほうが阿杰の実家が農家だと聞いてすくみあがってしまうのだった。孫を手に抱きたくてしょうがない両親は、仲人へ連絡して阿杰にインドネシアで妻を探すよう説得した。阿杰の母親は息子の結婚面での不遇に心を痛め、憤っている。

田舎者の何が悪いんでしょうね。田舎の子たちはとてもまじめなのに、彼女たちはなんだってこんなに馬鹿にするんでしょう。私たちにも意地がある。人の顔色をうかがう必要なんかない。嫁が見つからなければインドネシアへ行けばいい。

農村へとどまった若者のみでなく、工場で働く若者も類似の状況を抱えている。彼らの多くは工場のブルーカラーで、俗に「黒手《ヘイショウ》」と呼ばれる人びとである。三交代シフトの仕事のため、彼らの社会生活は大きな制限を受ける。収入がさほど低いわけではないが、「実入りが多く、仕事が少なく、家から近い。夜は眠って自然に起きる」ことをめざす中産階級ホワイトカラーの価値観の中で、彼らはマイノリティの地位に甘んじている。

福新《フーシン》は兵役のあと化学工場へ勤めた。収入はかなり安定していたが、三〇歳を過ぎても女性と付き合ったことはなかった。父親に促され彼はインドネシアでのお見合いを決めた。どうしていつまでも彼女を作ろうとしなかったのか聞くと、彼は優しげな笑顔をたたえていった。

三交代シフトで勤務していると、毎日働くほかは家に帰って眠るぐらいしかないんだ。そもそも友達をつくる気力がなくなる。よくわかってるだろうけど、彼女を作るには時間がいる。お付き合いしようと思ったら眠る時間もなくなってしまうんだ。まして僕が休みのときにはみんな仕事をしてる。人が週末休みのとき、僕は仕事してるんだ。これじゃデートなんてとんでもない。

私は、追加勤務をへらして人と交流する時間がつくれないのかと尋ねた。

前は実入りが良くなればいいと思ってた。それから景気が悪くなった。ほかの仕事は探せない。下手すりゃ工場がつぶれちまう。上司が働くチャンスをくれるんだから、素直に話を聞いて、働き口がなくならないようにしないとね。

表 6-5 有効な外国人居留証を保持する台湾の東南アジア人配偶者女性数　　（単位：人）

	ヴェトナム	インドネシア	フィリピン	タイ	マレーシア	ミャンマー	カンボジア	合計	比率
台湾全体（福建地区を含む）	3924	3824	2012	1426	549	493	439	12667	
台北県	447	344	248	208	145	298	41	1731	13.7%
宜蘭県	202	76	16	44	11	3	5	357	2.8%
桃園県	220	799	150	265	68	78	37	1617	12.8%
新竹県	47	133	30	36	6	10	1	263	2.1%
苗栗県	24	51	5	8	2	3	6	99	0.8%
台中県	307	185	92	91	26	14	38	753	5.9%
彰化県	407	210	139	107	13	8	52	884	7.0%
南投県	220	139	29	50	6	—	13	457	3.6%
雲林県	387	301	27	50	7	6	11	789	6.2%
嘉義県	233	229	50	51	4	—	23	590	4.7%
台南県	71	18	9	4	—	3	12	117	0.9%
高雄県	298	260	133	83	25	9	35	843	6.7%
屏東県	243	358	648	90	15	3	52	1409	11.1%
台東県	80	52	53	11	1	—	3	200	1.6%
花蓮県	12	9	4	5	1	2	—	33	0.3%
澎湖県	42	68	1	1	—	—	7	119	0.9%
基隆市	24	22	20	29	13	4	4	116	0.9%
新竹市	30	78	26	33	10	2	2	181	1.4%
台中市	110	64	33	33	27	7	14	288	2.3%
嘉義市	33	38	16	13	5	1	15	121	1.0%
台南市	90	53	38	30	22	1	5	239	1.9%
台北市	162	85	140	96	102	31	23	639	5.0%
高雄市	227	236	105	86	39	8	40	741	5.8%

出所）内政部警政署（1999 年 4 月末まで）
注）「外国人嫁」は台湾居住満一年経過後に外国人居留証が申請できる。

統計数字の示すところでは「外国人嫁」をめとる台湾人男性の大部分が社会階層の底辺にいる。地理的な分布へ着目すると、「外国人嫁」をめとった台湾人男性は農業県あるいは都市周辺地帯に集中している。内政部警政署の統計によれば〔福建地区を含む〕台湾全体で外国人居留証を所持する「外国人嫁」は（表6―5を参照）、主に台北県（一三・七パーセント）、桃園県（一二・八パーセント）、屏東県（一一・一パーセント）、彰化県（七・〇パーセント）、高雄県（六・七パーセント）、雲林県（六・二パーセント）、台中県（五・九パーセント）と高雄市（五・八パーセント）へ分布している。このうち屏東県・彰化県・雲林県は代表的な農

表6-6 台北県・高雄県の「外国人嫁」分布

台北県		高雄県	
郷鎮	人数	郷鎮	人数
万里	28	新興	18
金山	11	前金	15
板橋	199	苓雅	73
汐止	75	塩埕	12
深坑	18	鼓山	71
石碇	0	旗津	83
瑞芳	28	前鎮	137
平渓	3	三民	143
貢寮	6	楠梓	56
新店	11	小港	142
坪林	154	左営	43
烏来	0		
永和	90		
中和	342		
土城	157		
三峡	59		
樹林	137		
鶯歌	59		
三重	202		
新荘	217		
泰山	36		
林口	38		
蘆洲	79		
五股	37		
八里	28		
淡水	49		
三芝	16		
石門	12		

出所）内政部警政署（1999年10月末まで）

業県であり、桃園県・高雄県・台中県は半工半農地域である。台北県については板橋・新店・新荘・三重・土城・樹林・中和など工業人口が主の台北周辺地区へ集中している。高雄市では工業労働者が比較的多い前鎮区・小港区などと、農村からの移住者が多い三民区が主である（表6―6を参照）。

職業へ着目してみると、東南アジアで妻をめとる男性の大多数が工業労働者・農業労働者階級であることがわかる。筆者が駐インドネシア台北経済貿易代表処の「結婚証明書申請手続き検査調査票」について行った二〇〇件のサンプル統計では、そのうち一七・二パーセントが農業従事者であり、一六・五パーセントが農業とその他の臨時労働の兼職（土木・木材加工など）、五四・三パーセントが工業部門で非熟練労働を行っていた（旋盤、電子、運搬など）ほか、一二パーセントが小規模経営へ従事していた（屋台、朝食販売など）。専業農家は大部分が果物や茶葉といった高付加価値の経済作物を栽培していた。その他の農業従事者については農業収入の低さから農閑期において臨時労働を行っていた。

「外国人嫁」をめとる男性の年齢層に着目すると、大多数が三〇歳から四〇歳であった。筆者が駐インドネシア台北経済貿易代表処の調査に対し行った分析によれば、台湾人男性が一九九三年にインドネシアで妻をめとった年齢分布は、二〇歳から三〇歳が二七・七パーセント、三一歳から四〇歳が五五・五パーセント、四〇歳以上は一六・八パーセントだった。これとは別に駐ホーチミン台北経済文化弁事処の統計によると、一九九一年一月から六月にヴェトナムで妻をめとった台湾人男性二九七二名のうち二〇歳から三〇歳が一八・一パーセント、三一歳から四〇歳が六〇・三パーセント、四一歳以上が二一・五パーセントだった。彼ら台湾経済と同時に成長した農村の若者たちにとって、〔国全体の〕経済発展過程は彼らの経済的地位を周辺化したのみならず、国内結婚市場における地位をも周辺化させてしまったのであった。

東南アジア

A　植民地主義と低開発

東南アジアのおかれた状況は帝国主義発展の文脈の中で考察されなければならない。帝国主義の由来がいかなるものであるか、その論法の多様性についてここでは多言を要すまい。大部分の論者が認めているのは、帝国主義の来源と資本主義発展の危機の間には関連があるということである。帝国主義は資本主義発展の危機を解決するための手段として理解される。資本主義発展の危機に関する各論者の意見は大きく異なっているが、〔それでも〕おおむねのコンセンサスは存在する。利益率の低下が資本家による投資の低下をもたらし、失業・消費力低下など一連の資本主義発展に不利益な状況が生み出される（Cheng & Bonacich 1984）。この文脈のもとで帝国主義は安価な労働力・天然資源・新しい市場を求めて拡張を行うのだ。

東南アジアの開発は早くから帝国主義発展のもとにあった。第二次大戦後、東南アジア各地は次々と植民地から独立したが、それに続く発展は植民地の歴史と西欧帝国主義の影響を被っていた。少なからぬ論者が戦後に成立した世界銀行と国際通貨機構などのブレトン＝ウッズ機構が帝国主義を生き延びさせ、先進国の資本を拡大蓄積させたとしている。

西洋の帝国主義はかねてから東南アジアの豊富な天然資源をうかがってきた。インドネシアを見れば、その範囲は広大で一七〇〇〇余りの島嶼を含む。豊かな天然資源があり石油・スズ・金を埋蔵する。肥沃な土地にはゴム・胡椒・ビンロウ・シュロ・コカ・コーヒー・米・砂糖といった農作物を産する。オランダによるインドネシア植民は三四〇年の長きにわたった。第二次大戦時には日本軍の占領を受け、戦後独立を宣言した。しかしオランダ政府は承認を拒絶し、双方四年にわたる戦争となって、一九四九年になってようやくオランダ政府はインドネシア独立を認めた。

だがこれら豊富な天然資源は植民地主義メカニズムのもとでインドネシアに「低開発」(underdevelopment)をもたらした。〔インドネシアは〕宗主国への原料供給源となり自らは工業発展によって自国の人びとの富を生み出すことができなかった(たとえばKnight 1982; Aas 1980)。独立後もインドネシアでは植民地期以来の発展モデルが継続した。原料輸出を主要な外貨収入源としたのである。国際市場に対する高度な依存ゆえに、主要な農工業原料の価格変動がひとしく外貨収入へ影響し、経済発展全体に影響することにもなった。たとえばインドネシアは一九六九年から石油産品依存型の輸出を主たる外貨収入源としてきた。一九八〇年代初頭、石油および関連製品は総輸出額の八二パーセントを占めた。

一九八二年から一九八五年にかけて国際石油価格が大きく下落し、インドネシアは大きな衝撃を受けた。財政赤字と外債比率の上昇によって平均経済成長率は四パーセント以下へ下がった(駐印尼台北経済貿易代表処 1995)。一九八五年以降も石油価格が持続的に低迷したことから、インドネシア政府は輸出志向型工業を拡大し非石油産品の輸出を奨励した。一連の措置のもとで、輸出工業に関する原料輸入関税の撤廃、一般輸入関税の引き下げ、輸入規制の緩和、投資の奨励、外国資本投資項目の拡大、輸入・投資申請手続きの簡便化などが行われた。石油・天然ガス輸出へ過度に依存した貿易からの脱却のためインドネシア政府はとりわけ非石油産業・一般製造業への投資開発を奨励して、紡績・靴類・木材加工品など非石油産品輸出の強化を図った（駐印尼台北経済貿易代表処 1995）。

実は、一九六五年にスハルトがスカルノ政権を転覆した時点で、インドネシア政府はすでに国内市場の開放と外資誘致を望んでいた。しかしながら国内抗議が絶えず、やむなくスハルト政権は一九七〇年から一九八〇年にかけての経済政策において自由経済と計画経済の間を揺れ動いた。一九八〇年代半ばインドネシアは二〇〇余りの国営企業を有していた。石油ブームが去ってのちインドネシアの経済政策ははっきりと自由経済へと転換していった。一九八六年に石油価格が暴落すると、石油収入はもはや自国工業を補うに十分でなくなり、インドネシア政府はあわてて規制緩和政策をとった（Robertson-Snape 1999）。

年平均経済成長に着目してみると、規制緩和など自由主義的政策ははっきりとインドネシア経済の発展を促進したわけではなかった。インドネシアが一九六九年から行った第一期五カ年経済発展計画では一九七四年までに、年平均経済成長七・三パーセントを出した。一九七四年から一九七九年の第二期五カ年経済発展計画では年平均経済成長七・五パーセント、一九七九年から一九八四年まの第三期五カ年経済発展計画では年平均経済成長六パーセントであった。一九八四年から一九八九年までの第四期五カ年経済発展計画では外資奨励措置が導入されたが、この期の年平均経済成長は五・一パーセントへ下落した。一九九〇年から開始された第五期五カ年経済発展計画は当年の経済成長率が六・二パーセント、一九九三年の経済成長率ではわずかに六・二パーセントへと回復した（駐印尼台北経済貿易代表処 1994a）。

総じていえばインドネシアは植民地期以来、国際市場へ依存した開発モデルをとってきた。このため外貨が石油など天然資源価格の下落によって減少すると、その他の開発戦略をとって外貨を稼ぎ巨額の外債を返済しなければならなくなった。

一九九三年、インドネシアは国外からの債務総額が七三六億米ドルに達し、同年の外貨残高は一二一億米ドルであると公式に発表した。外債の第三世界開発に対する影響についてチョスドフスキー（Chossudovsky 1997）はグローバル経済の発展が世界的な「借金取り」のプロセスに制約されているとする。このプロセスは第三世界国家に限られ、労働・経済活動の破綻、社会動揺、民族衝突さらには内戦をも生み出すという。一九八〇年代初期の債務危機（debt crisis）以来、国際資本カルテルは各種の自由化メカニズム戦略をもって利潤の最大化、経済システム間の境界の打破、多国籍企業への便宜供与を図ってきた。ブレトン＝ウッズ機構はこのグローバル経済の解体と再構築のプロセスにおいて主導的役割を果たした。

B　資本のグローバル化と労働大衆の苦境

ブレトン＝ウッズ機構が推し進めてきた「グローバル化」をロマンティックな「地球村」の顕現として理解することはできない。グローバル化が実際に含意するのは民営化であり、規制緩和であり、自由化である。これらの措置は地球人口の大多数を占める労働者にたいし失業・飢饉・疾病といった基本的生存条件への脅威として具体的にたちあらわれてくる。ブレトン＝ウッズ機構が提出する「開発の処方箋」――構造調整プログラム（Structual Adjustment Program, SAP）は表向き東南アジア発展途上国の経済成長を促し、タイ、インドネシア、フィリピン、マレーシアをアジアＮＩＥＳに続く開発の星とすることをめざした。しかし一九九七年のタイに始まったアジア金融危機は、一九六〇年代以来続いてきた各種の東南アジア経済成長に関する楽観主義への重大な挑戦となり、新自由主義的経済開発モデルに対する批判が噴出した（たとえばDixon 1999）。

一九八〇年代初頭以降、融資と開発振興に名を借りて世界銀行とＩＭＦが行ってきた構造調整プログラムによって世界で数億人に貧困化がもたらされたとこれらの批判は指弾する（Chossudovsky 1997）。構造調整プログラムには医療・教育など社会福祉予算の削減、国営事業の民営化、租税引き上げなどが含まれた。プログラムはＡＰＥＣ、ＷＴＯら国際機関を先頭に自由化・民営化・規制緩和を推し進めた。こうした措置は多くの発展途上地域において各種伝染病の蔓延をもたらした。世界銀行は「貧困をなくす」ことと環境保護をその使命にもつが、ダムなど世界銀行のサポートした大型プロジェクトは、むしろ環境破壊を加速させ、数百万人が居場所を失うこととなった。

ＩＭＦと世界銀行の計画下、東南アジアなど発展途上国は経済発展において外国資本に頼った輸出志向（export-oriented）・輸入依存（import-dependent）とならざるを得ず、軽工業を多国籍企業の世界的生産ラインへ組み込んでいった。こうした設計ゆえ発展途上国は国際市場の揺らぎに影響され、国家間での競争を激化させられるとともに、マイノリティを犠牲とするような優待条件を次々と掲げさせられた。労働条件の引き下げ、減税・免税によって外資を誘致したのである。

農業の破綻

農業部門における自由化政策は自給自足の農業システムを破壊し、農村荒廃を招いた。フィリピンの農政部局が強力に推し進めた自由化発展戦略には転作（crop conversion）と土地転用（land conversion）が含まれた。もともとフィリピンでコメ・トウモロコシを栽培していた五〇〇万ヘクタールの土地のうち三一〇万ヘクタールがアスパラガス・カリフラワーなど高付加価値の経済作物へ転作されるか、輸出のための畜産へと転用された。工業団地と周辺設備の設置によって外国資本を誘致するのに合わせ、一九九六年には三〇万ヘクタールを超す農地が高級住宅地・ゴルフ場・レジャーセンター・工業用地へ変わり、影響を受けた農業従事者は六〇万人に及んだ。フィリピン農民連盟（Kilusang Magbubukid ng Philipinas, KMP）の推計によれば、農業自由化による農民の破産でフィリピンの主要農産品だったコメがすべて輸出されるようになり、二〇〇五年には毎年二三万九〇〇〇トンのコメを輸入することになるという（Center for Women's Resources 1998）。

フィリピンでは大規模な転作・土地転用が生み出した農業破綻によって、大量の農村失業人口が都市スラムに身を寄せた。多くは低賃金・過密労働の下請部門でひどく劣悪な労働条件に耐えた。フィリピンが外資誘致のために定めた「組合なし・ストなし」(no-union, no-strike) など「労使協調」政策のもと、経営者側はためらいなく低い労働条件・環境をとった。極度の公共設備の欠乏によってスラムさえも農村破綻によって失業した人びとの住処とはなりえなかった (Largoza-Maza 1996)。

ヴェトナムの場合は人口の八〇パーセントが農民であった (外貿協会駐胡志明市弁事処 1999)。世界銀行と食糧農業機関 (Food and Agriculture Organization, FAO) の指導によってヴェトナムは一九八六年に農業改革を実施した。一九八一年に制定された地方食糧の自給自足政策は廃棄され、農民が各地域の優位な条件を活かして「専門化」して「高付加価値」の経済作物を輸出のために栽培することが奨励された。水稲栽培に最適なメコンデルタや南部のドンナイ省でさえも転作が奨励された。ヴェトナム中部ではコーヒー・キャッサバ・綿花・カシューナッツなどの作物が過剰に栽培されながら、国際価格の低下と輸入農業設備価格の高止まりが続いたことから、農民の経済作物栽培はコスト割れを起こし局地的な飢餓をもたらした。

さらに穀物市場が完全に規制緩和されたことで、国営食糧企業が消え、食糧不足の地域における穀物価格の上昇がきわめて顕著となった。地域生産専門化政策によってコメは変わらず国際標準価格より低いままで輸出されたことから、ちぐはぐな状況が生まれてしまった。水稲栽培を放棄した地域においては食糧不足が生じながら、メコンデルタではコメ余りが生じたのである (Chossudovsky 1997)。

飢餓の発生はかねてから食糧が不足してきた地域に限らない。都市部、あるいはメコンデルタなど食糧が元来過剰だった地域などにも事実上の影響が及んでいる。世界銀行のレポート (World Bank 1993) によれば、メコンデルタ地域の二五・三パーセントの成人が毎日摂取するカロリーは一八〇〇キロカロリー以下である。都市部では通貨安と補助金・価格制限の撤廃によってコメなど主要食料価格が高騰した。

転作のみならず土地転用も農村破綻を生み出した。紅河流域とメコンデルタでは多数の農民が土地を追われた。世界銀行が指導した土地法が一九九三年に通過すると、同法に則って農地の自由な長期「転用」、ローンの担保化が可能となった。ローンが返済できない場合、土地は「転用」されるか売りに出される。結果生じたのは、高利貸しと土地小作制の再現であった。とりわけ南部において土地集積の状況はより明白である。多数の国営農場が合弁資本の農場となり、無期雇用の労働者および季節労働者を雇用するようになった。土地なし農民が農村人口に占める割合はますます高まり、富農や合弁農場で季節労働を探すものもいるが、大部分は仕事を求めて都市に向かっている。

発達しえない自国工業

農村破綻によって押し出された農民たちは都市・工業部門にあっても安心しうる職場を見つけることができない。工業部門もきわめて困窮しているためである。各種の外資誘致政策によって小規模な自国企業は生存困難となりリストラや閉鎖に追い込まれた。さらには「柔軟な」労働戦略のもとに多数の労働者がインフォーマル部門《セクター》に追い込まれた。その労働量・時間量あたりの所得は大概フォーマル部門よりも低い。

フィリピンの行政統計によればフィリピン女性の失業率は一〇・二三パーセント、男性は八・一六パーセントである。だが行政統計においては毎日の労働時間が一時間以上の場合には失業人口として計上されず、事実上の失業人口は行政統計よりもはるかに多いはずである。深刻な失業と政府の人材輸出政策によって毎年数万人のフィリピン人が国外での出稼ぎを強いられている。フィリピン政府は「フィリピン海外就業管理局」（Philippine Overseas Employment Administration）を設立し、海外労働市場の開拓を専門的に担っている。その統計によれば一九九五年だけで六五万四〇二二人が国外へ出て移住労働者となった。人材輸出はすでにフィリピン最大の外貨収入源となっているのだ。フィリピンの移住労働者は約七二〇万人と推計されるが、行政統計によれば一九九六年第1四半期だけで一六億七〇〇〇万米ドルもの外貨を稼いでいる（Largoza-Mazza 1996）。

改めて外資開放が比較的遅かったヴェトナムの例を見てみよう。一見無害に思える「自由」市場メカニズムと「経済改革」措置は生産能力のマヒをもたらした。一九九四年までに一万二三〇〇あった国営企業のうち五〇〇〇余りが閉鎖した。一九九〇年に成立した国営企業管理・整理法によって工業部門はさらなる縮小を迫られた。一九九一年から一九九二年にかけて四〇〇〇余りの国営企業が閉鎖した（Chossudovsky 1997）。

ヴェトナム政府は国営銀行と財政機構の整理を通じて〔地方信用合作社の解消など〕自国生産者の中長期ローンを凍結した。短期ローンは一九九四年に年利三五パーセントに高騰した。そのうえＩＭＦはヴェトナム政府が国営、および出現したばかりの私営企業に補助を与えることを禁止しながら、外国資本に対して各種の減免措置を与えることを要求し、国営企業に対する税率は四〇パーセントから五〇パーセントにまで達した。いわゆる「経済改革」は実際のところヴェトナムの工業部門を弱体化させたとともに、重工業や、石油・天然ガスほか天然資源開発、コンクリート・鉄鋼生産をみな再編させて、しまいには外国資本に取って代わらせる結果を生んだ。そのうえ関税保護の撤廃が迫られたためヴェトナムの軽工業は大量の輸入商品で代替され、いっそう自国工業発達の余地が狭められた。

公共投資の削減

ＩＭＦ借款をえるためには「構造調整プログラム」を受け入れ、各種公共投資の削減と、投資項目の設定が必要とされた。ヴェトナムを例にとってみよう。サイゴン政権〔南ヴェトナム〕がヴェトナム戦争時に各国から得た債務の引き受けが第一世界諸国との経済貿易関係の「正常化」とアメリカ対越禁輸の解除〔一九九四年二月〕条件であったため、〔統一〕ヴェトナムはＩＭＦからの借款を迫られた。一九八〇年代半ば以降の構造調整プログラムはヴェトナム社会に破滅的な結果をもたらした。診察所・病院の大量閉鎖や局地的な飢饉の頻発が国内の四分の一以上の人口に影響を及ぼした。「経済改革」実施後の四年間でマラリア死亡率は三倍にまで激増した（Chossudovsky 1997）。

「経済改革」がもたらした公共投資の明確な減少は、一九八五年から一九九三年までの間で、政府資本支出（government capital expenditure）がＧＤＰに占める割合を八・二パーセントから三・一パーセントに引き下げた（六三パーセントの減少）。農業・林業部門においてはとりわけ顕著で、支出一・〇パーセントが〇・一パーセントへ低下（九〇パーセントの減少）、工業および公共事業では二・七パーセントから〇・一パーセントへ低下（九六パーセントの減少）した（World Bank 1993a）。ブレトン＝ウッズ機構のコントロール下で国家はもはや自主的に資源を用いたインフラ建設を行いえず、債権者が公共投資プロジェクトの「ブローカー」となったのみならず、世界銀行主導の「公共投資プロジェクト」（Public Investment Program）がいかなるインフラ建設がヴェトナムに適合し、援助を受けうるかを決定する権利を有するようになったのだ。

「経済改革」が教育において生んだマイナスの影響はより明確であった。一九五四年から七二年の間、北ヴェトナムの小中学校就学率は七倍の成長を遂げた。一九七五年に南北ヴェトナムが統一されてから、南ヴェトナムでは文盲一掃プロジェクトが実施された。ＵＮＥＳＣＯの統計によれば（九〇パーセントにもなる）ヴェトナムの識字率と就学率は東南アジアでも最高であった。「経済改革」はきわめて計画的に教育予算を削減し、教員の給与引下げ・（職業教育・中高教育を含む）学費徴収などの措置を通じて教育システムを瓦解に追い込んだ。ヴェトナム教育省の資料によれば経済改革の最初の三年で七五万人の就学者が中学校の退学を余儀なくされた。かつて国家が支えていた中学教育は商品化の道を歩んでいった。

Ｃ　結婚に活路を求めて

上記のようなねじれ発展のもとフィリピン・インドネシア・ヴェトナムなど東南アジアの農工業労働者階級の生

存空間は日増しに狭められ、国外出稼ぎが多くの人びとにとって唯一の活路となっていった。東南アジアの女性においては国外出稼ぎ以外に「結婚」も苦境を脱する活路であった。

インドネシアから来た阿雪《アーシュエ》は、はじめ出稼ぎで出国し、最終的に台湾へ嫁いできた典型的なケースである。阿雪は長女であったから、幼いころより弟や妹の世話を担わなければならなかった。弟・妹を養うお金を稼ぐため、阿雪はシンガポールで二年間メイドをした。インドネシアでの給与に比べ、シンガポールでの収入は十分なものであったから、二年の契約後も彼女は雇い主との契約更新を考えていた。ある日、彼女はカリマンタン島〔ボルネオ島〕から母親が送った手紙を受け取った。手紙には家に一度戻ってくるようにとあった。もともと母親は阿雪が国外でずっとメイドをして結婚という人生の大事をのがすことを心配していた。隣人が台湾からやってきた男性を紹介してくれた際、母親はこれを絶好の機会と考え、阿雪へすぐ戻ってお見合いするよう伝えたのだった。「私は一生結婚するつもりはなかった。海外でしばらく働いて、できるならお金を貯めて、家に戻って少しばかりの商売をしようとしてた。でも母は私が嫁に行けないのを心から心配しててさ。そりゃ、母に心配はかけたくなかったから、〔台湾へ〕嫁いでくることを決めたんだ」阿雪はこう回想する。

同じくインドネシアからきた阿芳《アーファン》はカリマンタン島近くの小島の出身である。小さな草葺きのあばら家が一家八人の住まいであった。阿芳は小学校を卒業できなかった。家族が〔学費を〕負担できなかったためである。彼女は十代でジャカルタに行き、店番の仕事を見つけた。給料は実家へ送り弟の学費にあてた。ある日、店の女主人が彼女を「男性と会いに」誘った。何人かの友人との顔合わせと思っていたが、現場へついてはじめて台湾からお見合いに来た人たちだとわかった。家に戻り、阿芳は迷った。はたして台湾へ嫁に行きたいのだろうか。「台湾はあも遠くて、どんなところかも知らない。私は本当に怖くなって。幾晩も考えて、考えすぎて頭が割れそうだった」。考え抜いたすえ、阿芳はついに人生の大事を決断した。「インドネシア人は貧乏だから、台湾人に嫁いで家の助けになればと思って。すくなくともコンクリートの家は建つだろうと」。故郷の島での日々を思い返すとき、阿芳は今なお苦しげに話をする。「夜明かりもないくらい〔の貧しさ〕だったね。食事のあと今度いつ次の食事ができるかもわからなかった」。阿芳の母親は名残惜し気ではあったが、それでも娘の決定を支持してくれた。「女はどこに嫁ぐにせよ、嫁いで出て行かなければならないのは一緒。どこにせよ自分の家じゃない。私は娘がいい男性に嫁げて、子供たちが将来〔自分と〕同じように哀れで、学校にいけないほど貧乏になってほしくはないと望むだけ。彼女が国外に嫁いで行けさえするなら、どこの国だろうと、インドネシアよりは生活がいいだろうから」。

阿芳は台湾にきたのち妹にも台湾人の夫を紹介しようと考えた。ちょうどパートナーになる〔夫側の〕親戚もいた。けれど妹はかくも遠い場所へ嫁ぐことは望まず、台湾で仕事だけ探して、いくらか貯えを作ったら実家に戻りたいと望んだ。さりながら膨大な仲介費用は家族が負担しきれるものではなかった。数年後、一九九七年のアジア金融危機とインドネシアの政治混乱を受けて、妹は当初の考えを変えざるを得なかった。阿芳へ台湾での結婚相手を探してくれるよう頼んだのだった。

ヴェトナムからきた翠華《ツイホア》は、阿芳に比べればいくらか幸運だった。中学まで通うことができたからだ。幼いころの生活は決して豊かではなかったが、家で植えるコメで一家七人は十分食べていくことができた。学校へ行くのにも学費は何ら要らず、翠華の長姉が家の生活を支えていた。痩せてひ弱そうな身体で、太陽の照りつける日も雨にしとど濡れる日も、田んぼで毎日働いていた。彼女はいう。「今はみんな変わってしまった。何をするにもお金が要って、田植えをしても家で食べていけるだけ、支出に間に合わない」。姉は妹に台湾へ嫁ぐ件を話した。「台湾へ嫁ぐのがいいよ。ここの私たちみたいに苦労する必要もなくなる……」。姉の口ぶりは、幾分かの無念さと、幾分かのうらやみがにじんでいた。通訳をしてくれた友人がヴェトナム語で尋ねた。「あなたは台湾へ嫁ごうとは思いませんか？」翠華の姉は傍らの母へちらと目をやると、こくこくと頷いた。

数年の間、筆者が行ってきた現地インタビューでは、ほぼすべての「外国人嫁」が生活上の困難が台湾へ嫁ぐことを決めた大きな原因であると述べた。実家の状況が安定している数少ない「外国人嫁」たちも母国の経済・政治的な不安定さを挙げ、将来の生活が予想できないゆえに、経済が相対的に安定した国家に嫁いで自分の子供に安定した生活を享受させることを望んでいた（詳しくは第四章を参照）。

結婚仲介の発展

台湾資本の移転方向と男性の「外国人嫁」探しの間には並行関係がある。それは結婚仲介の類型分析を通じて検証可能であろう。第一の類型は、もともと東南アジアの台湾人経営者のもとで働いていた人びとである。美濃鎮の仲人・啓文《チーウェン》さんはその一例だ。彼は農家出身で、大家族の長男であった。弟・妹たちが都市に向かったのちも、実家を守って畑を続けていた。〔折しも〕米価低下を受けマッシュルームなど経済作物への転作をすすめていた。一九九〇年、インドネシアで小型の食品缶詰工場に投資する台湾人経営者が、マッシュルーム栽培に長けインドネシアで現地指導を行ってくれる農家を探し、巡り巡って啓文さんに話が回ってきた。二年後、インドネシア人を安価で雇えるようになった経営者が啓文さんを必要としなくなったことから、彼は故郷に戻った。〔このころ〕ある隣人の三十代の息子は美濃鎮で家業の手伝いをしていた。それまでに二十数回お見合いをしたがとうとう結婚相手を見つけられなかったのだという。老父は非常に気をもんで、啓文さんがインドネシアから帰ってきたと知るとすぐに訪ねていった。啓文さんはインドネシアで知り合った華僑の友人と連絡を取り、お見合いの取り持ちを頼んだ。彼らこそ最初の台湾・インドネシア間のカップルであった。口コミが伝わり次々に啓文さんのもとへ嫁探しを頼む人が訪れた結果、彼は結婚紹介業を始めた。

第二の類型は、もともと国際結婚の当事者であった人びとである。台湾の男性側と東南アジアの女性側の実家の社会的ネットワークに頼って婚姻の仲介を行っている。たとえば美華《メイホア》は、台湾へ嫁いできて二年めに、夫の阿金の遠縁からの依頼を受けてインドネシア人女性を紹介した。それが彼女の仲人としての生活の始まりだった。インドネシアに健在の母親が自身の人間関係からお見合いに格好な女性を探し出し、同時にインドネシアでの宿泊・旅程・ビザ等の業務を担っている。

第三の類型はより専門的な結婚ブローカーである。彼らの多くはもともと東南アジアで投資を行う台湾人経営者であった。結婚仲介業の利潤の高さに着目して兼業で仲介を始め、あるいは専業で仲介を行うようになった。あるヴェトナム人嫁を対象とした結婚紹介所の例を見てみよう。経営者の話では、もともとこの紹介所は台湾企業がヴェトナムに投資して開設した中小工場であった。工場労働者と彼らの友人たちのネットワークから次第にヴェトナムでの人間関係を広げていき、台湾から来た経営者はチャンスに乗って結婚紹介の業務を始めたのである。もう一つのインドネシアの工場で使い捨て食器を製造する台湾人経営者によればこの数年は売り上げが予想よりも伸びなかったため、収入の底上げのため仲介業を始めたという。現在では婚姻仲介による利潤が工場の収入を上回っている。この台湾企業は当初インドネシア現地の華人労働者の紹介によって細々と女性の仲介を行っていた。のち業績がどんどん向上していき、華人労働者たちはそろって仲介業専従の人員となっていった。女性の紹介・送迎・申請手続を担当するのみならず、彼らの家の広間がお見合いの場となった。一方、台湾人経営者は台湾人男性への声かけを担い、苗栗市にオフィスを開設した。

第四の類型は〔結婚を望む〕当事者自身である。台湾で働くフィリピン人のメイドや工場労働者で労働期間中に台湾人男性と知り合う人びとは少なくない。しかしながら台湾の外国人労働者管理法に従えば、彼女たちは台湾人と結婚することができない。ゆえに一旦フィリピンへと戻り、再度結婚ビザを申請して台湾へ戻ってこなければならない。フィリピン国籍の珍妮《ジェンニー》は台湾へ出稼ぎにやってきていた。雇用主はメイドの名義で申請を行っていたが、実際には珍妮は彼の工場で働いていた。雇用主の家のトラック運転手が四十近い歳で結婚しておらず、雇用主の紹介で珍妮は結婚を決めたのであった。珍妮はまず国に戻り、ブローカーを通じて各種の手続きを取ったのち、結婚ビザによって改めて来台しなくてはならなかった。珍妮の語るところでは、彼女のようなケースは非常に多いという。なおかつ彼女たちは台湾での労働中に中国語をいくらかマスターしているため、他の中国語を解さない東南アジア人女性に比べて台湾人男性に気に入られやすいという。

上にあげた四種類の類型のうち前三者は台湾資本の東南アジアへの外部移転につれて生み出されていった。一方、四番目の類型は台湾が引き入れた安価な東南アジアからの労働力である。四者はいずれも「結婚移民」と台湾—東南アジア間の経済貿易における関係性を代表している。

国際結婚が資本のグローバル化から受けるフィードバック

先だっては国際結婚が形成される構造的文脈について述べた。次は国際結婚がこうした構造に対して生み出す影響について分析したい。まず国際結婚は「外国人嫁」の故郷に対する外貨収入を大きく引き上げた。ヴェトナムを例にとりたい。駐ホーチミン台北経済文化弁事処が一九九九年に交付した「邦人およびヴェトナム籍女性の婚姻についての参考注意事項」（国人与越籍女子結婚参考注意事項）によれば、結婚証明書およびパスポート申請に要する費用はそれぞれ一五〇米ドルおよび一五米ドルであり、ホーチミン市外務庁が台湾発給の文書（単身証明書、出身証明書など）審査に要する費用は文書ごとに一二米ドルである。ヴェトナム側担当部局が発給した文書の審査にはそれぞれ約九・四米ドル。男女双方がヴェトナムの病院で行う健康診断費用は約五二米ドル。男性が女性側に送る結納金と結婚式の費用は約二〇〇〇米ドルから三〇〇〇米ドル。ヴェトナム側の仲人には約五〇〇米ドルが贈られる。

ホーチミン市のホテルは一日当たり平均二〇から二五米ドルがかかる。こうしてヴェトナムに一週間とどまった場合、すべての手続きの申請を終えこれに結納金を加えれば、ヴェトナム人嫁をめとる男性がヴェトナムで費やす費用は一人当たり約三五〇〇米ドルとなる。台湾の結婚ビザを取得したヴェトナム人女性は一九九九年七月現在で二万三六七八人であり、各人平均三五〇〇米ドルと計算すれば、総計八二八七万米ドルとなって、ヴェトナムの外貨収入に対する影響としては十分なものである。

上に記したような結婚手続きに要する費用のほか「外国人嫁」が実家へ送金する金額も十分注目に値する。報道によれば台湾からインドネシアのサンバス県（西カリマンタン州）への送金額は毎日平均六〇〇万ルピア（約三二〇〇米ドル）にも及ぶという（Napitupulu and Kakiailatu 1995）。これ以外にも国際結婚はかなりの程度台湾人の東南アジアにおける消費を促進している。鴻毅《ホンイー》旅行社が行ったアンケート調査によればヴェトナム人嫁は毎年平均一・六回実家に戻るという。一九九九年七月現在までに発給されたヴェトナム人嫁のビザ総数二万三六七八人から、各人平均一・六回実家に帰っているとして、各回のヴェトナムでの消費を粗く五〇〇米ドルと見積もれば、ヴェトナムでの消費は総計一八九四万二四〇〇米ドルに達する。

国際結婚の東南アジアの消費成長に対する刺激のほどは、インドネシア政府の華人排斥政策に対する調整からも看取できる。一九九四年八月、急増した華人観光客と投資ブームに対応してインドネシア政府は公共の場所での華語禁止令解除を布告した。近年、インドネシアでは台湾およびその他の地域の華人が絶え間なく観光に訪れ、華人資本も大量に入り込んでいる。両者はいずれもインドネシアの経済発展を大きく促した。インドネシア観光局の駐台北代表処統計によれば、一九九三年には三〇万人の台湾人観光客がインドネシアを訪れ、インドネシアでの受け入れ順位は日本・ドイツ・アメリカ・オーストラリアに次ぐ第五位であった。インドネシアの航空会社では元来（漢字字幕を含む）中国語映画・中国語雑誌が禁止されており、中国語ができるＣＡもインドネシア国籍でなければならなかった。日増しに増加する台湾方面での業務のため、航空会社は一たびならずインドネシア政府に対し中国語制限の緩和を求めてきたが、とうとう正面からの回答を得ることができた。インドネシア政府は同時に空港を東ジャワの中心都市スラバヤ及び北スマトラの中心都市メダンの華人観光客に対して開放した（中央日報海外版、一九九四年八月六日）。

台湾にとり国際結婚は農工業労働者階級の再生産メカニズムを確保し、新しい廉価な労働力を供給してくれるものであった。日本政府は農村の若者の未婚問題を解決するため各種のルートを通じて外国籍女性との結婚を奨励し、農村労働力の再生産メカニズムを維持しようとした（佐藤隆夫 1989）。台湾政府は日本政府ほど積極的に国際結婚を推進しなかったが、その労働力再生産に対する機能は同様であった。筆者が国際結婚家庭に対して行ったインタビューによると九五パーセント以上が結婚後の一年めないし二年めに第一子をもうけていた。確かに「外国人嫁」をめとった男性の多くがのべるように、後継ぎに対する家族の圧力がなければ彼らは東南アジアで嫁探しをすることはなかったであろう（第四章を参照）。

「外国人嫁」は台湾で家族の面倒をみ、跡継ぎを育てながら、生産活動へも従事している。鴻毅旅行社がヴェトナム人嫁に対して行った調査によれば、彼女たちのうち仕事があるのは一〇・三パーセント、平均月収一万四八一〇台湾ドルで最低賃金基準よりも低かった。筆者が高雄県美濃鎮で行った聞き取りでは、三二パーセントが給与ありの労働に従事しており、いずれも電機工場・縫製工場・内職請負など低技術・低賃金の労働であった。ある屏東県の縫製工場の例を挙げよう。陳《チェン》社長は十年以上前にインドネシア華人を妻にした。不幸にして最初の妻を交通事故で失い年若いインドネシア人女性と再婚した。陳社長の縫製工場は全面的にインドネシアから嫁いで来た女性を雇用している。そしてインドネシア国籍の妻は工場のマネージャーをつとめている。農村にとどまって働く「外国人嫁」は多くが農業に従事しており、部分的ながらも農村の厳しい労働力不足を緩和している。阿芳はインドネシアから初めて美濃鎮へ嫁いできたとき、高齢の義父母が毎日畑に出てつらい労働をしているのを見てある種の新鮮な感じを抱いた。というのも彼女の実家は貧しく耕作できる土地がなかったからだ。だがもう一面で慣れない農作業に向きあういら立ちを覚えてもいた。彼女は長男の嫁であったから、すべからく義父母から農作業を受け継ぐべきことを理解していた。一九九四年に美濃鎮へ嫁いで間もない阿芳は、私へ苦境を訴えた。

毎日朝から義父母についてて仕事を手伝うんだけど、見てて頭がくらくらしてしまう。もともと全く見たことがなかったから。煙草を得るのは本当に大変。義父母はあんな歳でも農作業をしようとして、私もお手伝いをしたいんだけどできないんだ。毎日畑までくっついていって見てても、見ているだけでも太陽にやられてしまいそう。将来私たちへ仕事が回ってきたら、どうすればいいのだろう。

台湾へやってきて六年、阿芳は二人の子供をもうけた。当初阿芳はもっぱら子供たちの世話と、一日三食家族の食事を作っていた。二年前、義父が分家相続を決めたため、阿芳と夫は畑仕事を担わなければならなくなった。もともとタバコの植え付けには全くの素人だった阿芳は、すぐに手慣れて隣近所から「美濃いち若いタバコ農家」といわれるようになった。(1)

国際結婚――国際分業の個人的関係化とジェンダー関係化

資本のグローバル化や国際分業に対する政治経済学的分析はきわめて抽象的な構造分析を行ってきた。その影響を深く受ける労働者階級にとって自己の生存の困難さは確実に実感しうるものであるが、自己が置かれている貧困と国際分業の間の密接な関係についてはわずかにしか意識しえない。だが国際結婚の形成とともに、もともと抽象的あるいは言及・思考もされてこなかった国際分業関係が〔個々の〕人間関係の中へ決定的な作用をもたらすようになっていった。

資本のグローバル化はねじれ発展をもたらした。だが我々は同時に当事者たちによって行われるさまざまな形式の抵抗や活路を探し求める試みを無視するべきではない。先に示した阿金・阿芳と彼・彼女らに類似した境遇の多くの人びとはいずれも積極的に活路を見いだそうとしている。国際結婚とは中心と周辺の両地域で、資本主義の発展とともに排斥され周辺的地位に追いやられた労働者たちが生存を求めて形成した結合なのである。台湾側の男性にとって国際結婚は後継ぎをもうけるべしとの圧力を解決するものであり、女性側にとっては結婚の形を借りた貧困からの脱出である。

さりながら周辺的人びとの結合は同盟と等価なものとは必ずしもみなしえない。また「地球村」の理想がローカルに顕現した姿とロマン化することもできない。なぜなら国際結婚現象は実際のところ資本主義発展の産物であり抽象的なグローバル政治経済関係を人同士の不平等な社会関係として実体化するものだからである(2)。

第三章、第四章の分析でみたように、台湾の主流メディアおよび行政側の言説において「外国人嫁」は台湾で偽装結婚・詐欺をはたらき、社会問題を生み出す存在とされる。筆者が一九九四年から多年にわたり積み重ねてきたインタビュー・観察にもとづけば「外国人嫁」をめとった台湾人家庭と彼らの友人はメディアから得たマイナス面の報道〔イメージ〕をかなりの程度彼ら自身の「外国人嫁」への認知へと内在化している。結婚の早期には新婦が逃げ出したり金銭をだまし取ったりしないかが男性側と友人たちにとっての最大の心理的負担だった。たとえば「外国人嫁」は法規則により入国後六カ月以内に出国しなければならない。通常彼女たちはこの機会に実家へ戻る。これがこの種の国際結婚が成功するかどうかの最大の鍵となる段階である。インドネシアから来た雪芬《シュエフェン》は実家へ戻る前に義母から「早く戻ってくるように。人様に笑われないように」と戒めを与えられた。雪芬が実家へ戻って一週間、隣人は義母に会うと興味深そうに「嫁は戻ってきたか」と尋ねた。義母は一方で「彼らはずっと面白い出来事を待っている。私たちを笑いものにできるのを待っている」と憤りながら、もう一方では嫁が噂に聞く「逃げ出す外国人嫁」なのではないかと思っていた。「外国人嫁をもらうのは全く面倒。果たして誠意があるものかどうか。もし逃げられでもしたら、どうしよう」と。このように「外国人嫁」がいかなる理由であれ嫁ぎ先を離れる、実家に送金をしなければならないといったことがあれば、主流メディアの「外国人嫁」に対する評価の「正確さ」が証明され強化されることになる。秀杏《シウシン》は前夫を失い、ヴェトナムに子供がいた。台湾へ嫁いでのちも常々ヴェトナムの子供へ生活費を送金していたことから、夫と絶え間なく口論になっていた。秀杏はとうとう機会を見つけてヴェトナムへ帰り、以降は夫と連絡しないことに決めた。夫と周囲の友人たちはこの件に関して「彼女たちは新聞でいっているのと同じように台湾にカネをだまし取りにやってきているんだ」と論じた。

だが仮に「外国人嫁」が「とてもよく」家に尽くしたとしても、男性側と友人たちがもつ主流的価値観を変えるには不十分である。なぜなら彼らは見知った「よい外国人嫁」を個別の事例として「例外化」（exceptualization）するためである。幸福な結婚をした台湾人男性はこう述べる。「私の妻はとてもありがたいです。家族と楽しく生活してくれます。ほかの人たちはここまで幸運ではないかもしれません。〔妻が〕逃げ出してしまうというようなことも聞きますから」。「外国人嫁」と正面から向き合った経験は、決して主流メディアが「外国人嫁」へ注入したマイナス報道を覆すには至らないのである。

国際結婚において生じる生活上の摩擦ないし衝突は、しばしば経済力に基づく台湾の東南アジアに対する偏見を強化する。たとえば結婚当事者がコストの高さについて質問した際、ある仲人はあたかも当然のごとく答えた。「手続きのプロセスが多いんですよ。早くしたいなら袖の下を出さなきゃ。後進国ってのはこうなんですよ。みんなカネ、袖の下文化です」。ほかにも「外国人嫁」は実家への送金を希望するが、これは元々さして豊かでない農工業者である台湾人家庭の負担を増し、衝突の原因となりがちである。「外国人嫁」の夫たちは妻が実家への送金を望む現実に対し、第三世界の貧困というマクロな観点から理解することができない。「台湾にカネ目当てでやってきた」と「外国人嫁」特有のものとしての解釈を行って苦情をいうのみである。

筆者は台湾人男性およびその家族たちとインドネシア、ヴェトナムなどへ何度かお見合い・里帰りに同行している。彼らの言葉の端々からは現地の貧困に対する解釈が漏れ出ていた。あるジャカルタでのお見合いへ同行した際、私たちはジャカルタ近辺の観光スポットをめぐった。一箇所は大きな芝生の公園であったが、ある男性の母親はこの平らで肥沃な草原をみて感慨深げに話した。「こんないい土地を無駄に使って、台湾だったらあたしらが畑にしてるよ」。同行者たちは口々に同意し、一人はさらに論点を強化して述べた。「あたしは嫁の実家に行ったんだけど、客間はみんな空っぽなんですよ。椅子だってない。あたしら台湾人なら、苦しくたってなんとかするでしょうよ。銭がなきゃ石っころでも探して椅子にするさね」。傍らにいたインドネシア人妻持ちの男性が同意した。「そうそう。彼ら怠け者なんでこう貧乏なんでしょう。さもなきゃこんな豊かな土地で銭がないってことはない」。こうして日常生活において生じたさまざまな微妙な差異と衝突が周辺国家の成員がもつ「固有の特質」として理解されていく。たとえば「シャワー」は大したことのない生活の一部のように思えるにもかかわらず、衝突を引き起こしがちである。「外国人嫁」の夫と義父母たちは、しばしば彼女たちが一日三回シャワーを浴びることへ苦情をいう。そして「彼女らは節約ってことを知らないから、ああも遅れてるんだ」と解釈する。このような衛生的習慣が熱帯性の気候に対応したものであると思いやろうとはしない。

本質論的な、因果転倒的な周辺国家の未発達および同国の女性たちの「下品さ」は、実際には歴史的で動態的な資本主義発展によるものであり、シンプルな文化環境上の差異としては分析・逆転・理解がいずれも不可能な必然的結果なのである。同時にこれらの認識のあり方が、中心・半周辺・周辺国家の不平等な分業関係から国際結婚における個人的関係およびジェンダー関係をつくりだす。それは国際的分業を「個人的関係化」し「ジェンダー関係化」することでもある（personalization and en-gendering of international division of labor）。

小結

「外国人嫁」は台湾特有の現象ではない。相対的に低発展の国家の女性が相対的に高発展な国家へと嫁ぐグローバルな現象の一部である。本章では「商品化された国際結婚」を資本主義発展の副産物として捉える分析枠組みを提示した。資本主義発展は中心・半周辺・周辺の間に不平等な国際分業をつくりだすとともに、それぞれの国家内にねじれ発展を生み出す。「商品化された国際結婚」はねじれ発展によって周辺化された両端の男女が資本のグローバル化と労働の自由化のなかで、国際結婚に借りて活路を求めた結果である。さらに国際結婚は中心・半周辺・周辺国家に対するフィードバックを生み、資本主義を一層発展させていく。

邱琡雯は大量の「外国人嫁」が台湾へとどまることで、地域へ多元的文化を取り込み、台湾の各自治体に「グローバル・ヴィレッジ」の理想を実現させるとする（邱琡雯 1999）。だが、筆者は国際結婚が必ずしも「グローカル」の産生ないしアンチ〔グローバル資本主義〕構造的な力の生成につながらないことを強調しておきたい。なぜなら国際結婚を通じて国際的分業が不平等な個人間関係として具体化して立ち現れるからだ。あるいは国際結婚こそが資本のグローバル化の最も進行した段階であると大胆な指摘を行うべきかもしれない。それは資本のグローバル化につれて中心（ないし半周辺）と周辺国家から不平等な発展ゆえに押し出された男女が結婚を通じて見いだした結果であるというにとどまらない――国際結婚は資本のグローバル化の影なのだ。国際結婚は国際的分業の不平等な関係を人びとの思考・認知のシステム〔「知識のストック」stock of knowledge〕〔Schutz 1962〕にまで染み渡らせ、不平等な個人間の関係に根を張っていく。「グローカル」は批判意識を備えた社会運動によってこそ可能になる〔第七章を参照〕。なおかつ、私のいう社会運動は「多元的文化」の強調によってただちに完成するようなシロモノではない。そこには政治経済的な分析との対応がなければならない。そうしてはじめて文化間の不平等なヒエラルキーやふるまいの形成が指摘できるのである。

〔さらに〕加えるならば、フェミニストにとって国際結婚現象はグローバリズムのなかでジェンダーの議題がますます階級的ないし資本の国際的発展の文脈を離れては論じ難くなっていることを示すものである。相対的に豊かな国家における男性の地位が日増しに女性によって脅かされるなかで、資本の国際的移転が彼ら男性へ貧困地域へ家父長的関係性の継続を求める抜け道を提供する。この流れは——資本家と同じ方向に流れる——自国の労働者が労働条件向上を要求するなかで貧困地域へ転じ、自国労働者への威嚇を試みる。こうした現象が私たちへ示してくれるのは、資本のグローバル化のなかで、一国女性主義はもはや成り立ち得ないということだ。国際的連携は必須であり必然である。グローバルな視座をもつフェミニストは資本のグローバル化に対し批判をなさなければならない。新自由主義者と踊ることはないのだ。

【注】

（1）他の台湾農村と同様、美濃鎮における農業人口の高齢化はきわめて深刻である。「美濃いち若いタバコ農家」とは冗談めかしたいい方ではあるが、「外国人嫁」が高齢化によって衰退していた農村に与えた影響のほどを示しているのである。

（2）国際結婚の当事者がいかに自身の境遇を認知・解釈して活路を求め努力しているかについては第四章に詳しく記した。当事者がいかに自己と類似した背景の人びとを「他者化」しているかについては第八章を参照されたい。

【訳注】

〔1〕中国語の「異化」は英語の alienation（日本語では疎外）と distancing effect（日本語では異化効果）に同時に対応する訳語として用いられ、しばしば混同される。英語の「distancing effect」（または defamiliarization）自体もともとは文学理論・演劇論で用いられる独語の Verfremdungseffekt を翻訳したものである。ドイツの劇作家ブレヒト（Brecht）は自身の演劇論のなかでとくに好んでこの語を用いた。彼は自身の演劇を、舞台への感情移入を重視した伝統的な演劇とは異なる「非アリストテレス的演劇」であり、舞台を通じ理性によって現実社会を把握する「叙事的演劇」（叙事演劇〔独〕Episches Theater）であると主張した。「異化（効果）」とは、舞台で展開される情景を通じ、それを見る人びとが「あたりまえ」と感じている事柄や概念に違和感を生み出させる演劇技法である。演劇を見る人びとへ舞台で展開される情景と自身を同一化させ感情を発散させるカタルシス（〔希〕*κάθαρσις*、〔英〕catharsis）効果と対比される。

◉ 第七章　識字の教室、姉妹の教室

自省

思わぬことで美濃《メイノン》出身の知識青年たちと「美濃帰還」をはたして以来、私は自身が幼い頃より内面化してきた「アメリカン・スピリット」を洗い流そうと試みた。そうすることでアメリカニズムが私たちの心に刻みつけたしるしを内省しようとしたのだ。一九九一年に、秀梅《シウメイ》・永豊《ヨンフォン》・允斐《ユンフェイ》たちと美濃で「六堆《リウドゥイ》客家サマーキャンプ」の活動を行ってから、私の心はすっかり草の根学習へ向いていた。その後まもなく私はアメリカに渡り、数年の留学生活がはじまった。

アメリカ文化の植え付けに対する批判的な想いを抱いたまま、私は一面であこがれ、もう一面で恐れていた英語で授業を受けた。教室で私はずっと寡黙で、ただただ講義を聞くのが精一杯で、何とか教授の話していることを理解しようとした。クラスメイトたちがみんな笑っている時でも、口の端を歪めてなんとなくわかっているふりをするしかなかった。授業が終わって誰も私に話しかけようとする人がなかったのも、あるいは言葉が通じずに気まずい思いをするのを避けようとしたからなのかもしれない。言葉が通じなければ、私の姿はたちまち見えなくなってしまうのだ。

はじめの頃、アメリカ人のクラスメイトたちは誰も私と積極的には議論しようとしなかった。あたかも英語がいまいちだから思考も鈍いとでも思っているかのようだった。授業でのグループワークになると、いつも私たち外国人学生は一つの「国」を作っていた。はじめての試験で私はクラス唯一の満点を取り、ようやくアメリカ人のクラスメイトも私をコーヒーに誘って課題に関する議論をするようになった。ゆっくりとではあったが、私の思考力は言語のとばりを押し開けて広がっていけるようになったのである。

やってきたばかりの「外国人嫁」が、言葉の通じないばかりに無知な子供のごとく扱われるのをみるにつけ、私はアメリカで劣等生として扱われていたころの経験を思い出す。「外国人嫁識字教室」の活動は、あのころ自身が不当に扱われた辛い経験を癒そうとする行動であったのだろう。

前章では「外国人嫁」現象が構成する要素と不平等構造が、いかにして国際結婚の商品化構造を強化しているかについて分析を行った。しかしこうした構造は決して完全に行為者を拘束するものではない。ただ「個人関係化」が不平等構造を強化する循環を断ち切るためには、社会運動のスタイルをとる必要がある。以下、筆者が長年にわたり推進してきた「外国人嫁識字教室」について論じ、実践式研究がいかにいしてこの循環を断ち切る起点となるかを明らかにしよう。

「外国人嫁識字教室」の実践式研究プロセス

久しき異郷はまた故郷（外国人嫁識字教室の歌）

天は広々、地は広々
縁なし際なし太平洋

左想って、右懐《おも》う
出口は何処に在るなりや
天は果てなし、地は果てなし
親なし故なし頼るは夫
月はきらきら、心はざわり
故郷は遠きに在るならん
朋友つくる、識字班
隅を出づれば孤独なし
識字教室、姉妹班
学びをともに、ともどもに
姉妹教室、協力班
信じて愛して、手を延べて
協力教室、四方につなげ
久しき異郷はまた故郷
——鍾永豊・夏暁鵑 2001(1)

「外国人嫁」たちとともに過ごす中で、中国語を話せない・書けないことが彼女たちの生活における主たる障碍であることに筆者は気づいた。そこで筆者は、親しいインドネシア出身者のためボランティアで中国語教室をはじめた。何度かの授業ののち、美濃愛郷協進会の同志たちによって授業対象が全美濃鎮の「外国人嫁」へ拡大されることが決められた。一九九五年七月三〇日、「外国人嫁識字教室」は正式に開講された。識字教室の経費は高雄県政府の成人教育プログラムからの助成であったから、手続上、学校機関を通じて申請を行わなくてはならなかった。そこで美濃愛郷協進会は地元小学校の校長に協力を求めた。以前行ったコミュニティ活動で、校長と美濃愛郷協進会は良好な協力関係を作っていたのだ。

一九九五年八月、筆者はふたたびアメリカへ赴き、翌一九九六年九月に台湾へ戻って論文を仕上げた。それとともに鍾喬《ジョンチアオ》——詩人であり「民衆演劇」活動家——を招いて識字教室第四期へ参加してもらった。一〇回のワークショップでは、筆者と美濃愛郷協進会の女性メンバー数名が集中的に議論し、「被抑圧者の演劇」の理念と方法から新たな識字教室プログラムを設計した。これらは識字教室第五期プログラムで試験的に実施され、検討がなされた。

一九九七年、筆者は世新大学社会発展研究所へ着任した。美濃での「外国人嫁識字教室」に参与しながら、研究所助教の呉静如《ウージンルー》・釈自淳《シーズーチュン》の協力のもと「外国人嫁識字教室」を他地区へも拡大させていった。加えてより体系的な初級・中級・上級の識字プログラム教材と教本の作成も行っていった。

被抑圧者の教育法と識字教室

「外国人嫁識字教室」の設立目的は、中国語を知ることを通じ「外国人嫁」が自ら声をあげ、組織を作って自らの手で権利を獲得できるようにしてゆくことにあった。それは「外国人嫁」たちへ、孤立状態を脱し、自主的な行為主体・集団を形成できるようになってもらおうとするものであった。「識字教室」は「外国人嫁」の台湾社会に対する適応能力を高めて同化をめざすものではなかった。識字教育に対するこの捉え方は、パウロ・フレイレ(Paulo Freire)の教育観に通じる——教育を自身と自身のおかれた環境に対する批判的認識、および世界を改変する動力としていくというものだ。フレイレ（Freire 1985）によれば、資本主義社会にあって、教育は知識・技能・社会関係の再生産システムとして、既存体制を順調に維持するため必要な存在となっている。もはや教育は批判思考や状況改造的な行動を養うためのツールではない。既存の政治経済体制に奉仕する道具となってしまっているのだ。

社会変革への意義をもった教育方式を生み出すため、フレイレは「批判的な言語」（language of critique）と「可能性の言語」（language of possibility）を結合させた解放教育の観念を提唱している（Giroux 1985）。前者は批判社会学の伝統を引継ぎ、教育が既存の政治・経済・文化の再生産システムとなっている事実を指摘していこうというものだ。ただしフレイレは、批判にとどまり希望を探さない冷笑家をつくろうとしたのではなかった。より一歩進んだ「可能性の言語」の考え方を打ち出し、希望と改造のための集団行動の重要性を強調したのである。簡略にいえば、フレイレによる解放の教育学とは、希望・批判的反省・集団行動を組み合わせたものといえる。彼は七〇年代のブラジルとチリで農民識字運動を推進した。その目的は、成人識字教育を通じて、一つには農民へ自身がおかれている構造的問題を認識させ、もう一つには有機的に結びついたグループを形成させて共に自身の運命を改変させようとするところにあった。フレイレによる解放の教育は「文盲」とは社会病理で専門家の救済が必要だとの見方を覆した。文字を「順応イデオロギー」（ideology of accomodation）を伝え「沈黙の文化」（culture of silence）を強化する道具へ変えてしまうことを拒絶したのである（Freire 1985, p9）。こうした解放の教育のムーブメントは、ラテンアメリカからアフリカへ、更には欧米へと拡大し社会改革の担い手となっていった。

一九九五年七月三〇日、「外国人嫁識字教室」が正式に高雄県美濃鎮で開講した。社会の「外国人嫁」に対する関心を呼び込むため、私たちは盛大な開校式を開いて地元の名士たちを招待した。国民大会立候補者（県知事夫人でもあった）、美濃愛郷協進会の理事長と総幹事、小学校の校長と地元村長などである。この識字教室は台湾で初めての「外国人嫁」専門に設計されたプログラムであったから、多数のメディアからの注目を集めた。開校式で来賓たちはヒューマニズムあふれる祝辞を連ねた。地元の人びとには「外国人嫁」が台湾社会に溶け込むのを助ける責任があるという具合だ。

最初のプログラムは筆者が設計した。まずは美濃の環境について紹介して、ナイトマーケット、郵便局、銀行や空港で出くわすであろう中国語会話の解説をする。「標準的な」中国語を習得することが最終目的ではない。ゆえにあえて専門の講師を招いた授業はしなかった。主婦の春英《チュンイン》さんを励ましつつ授業をしてもらって、それをもって彼女にも自信をつけてもらおうと考えた。「外国人嫁」たちもこのお母さん的な先生に気楽さを感じるだろうと信じていた。一つ目の課題は達成された。春英さんはコミュニティ誌の特集号へ「外国人嫁」について文章を寄せた。

その日、暁鵑は私に突然電話をかけてきた。彼女は「外国人嫁識字教室」の立ち上げへすでに手を付けているという。そこで私はお祝いを述べたのだが、彼女は私に授業をもってほしいと誘いをかけてきた。びっくりするやら嬉しいやら、とても急には引き受けられなかった。全く経験がなかったというのもあれ、思えば幼い頃から学校ではずっと隅っこだった。大勢に向かって発言する機会が少なかっただけでなく、自分の座席で先生に当てられぬよう祈っていた。もし名前を呼ばれたなら、もう緊張で頬も赤らみ心は泳ぎ、どもりにどもって何をいうかもわからなくなるのだった。社会に出てからも一人で切り盛りをする機会はなかった。暁鵑は誠実かつ辛抱強く、私を説得し、カンフル剤を打ってくれた。こうして私はやってみようという気になり、それはいまもなお続いている。（『月光山雑誌』第三号、一九九六年四月二九日）

「被抑圧者の演劇」の「外国人嫁識字教室」への応用

〔アメリカ留学のため〕私自身で当初の構想を実現できなかったゆえに、春英さんともう一人の先生は識字教室の運営に困難を感じることとなった。彼女たちが幼少期から受けてきた教育に則って授業をすすめざるをえなかったのだ。たとえば、注音符号[1]からはじまって、アクセントに書き順、果ては文字を書く姿勢の矯正、といった具合である。美濃愛郷協進会の幹部はコミュニティ活動へ熱心な小学校の校長に助けを求め、校長は台北市政府教育局が編纂した成人識字プログラムへの変更を提案した。しかしその教材は伝統的な識字教育観の産物で、「識字」を重視するばかりで「意識」に関心を払うものではなかった。内容に至っては「外国人嫁」の生活と大きな隔たりがあった。このため識字教室によって「外国人嫁」の話す・書く能力以外の中国語での自立能力を養おうとする当初の試みは実行できなかったのだ。

「識字教室」を立ち上げてから、私はフレイレの解放の教育法を学び始めた。同時に第三世界から発達した各種の解放教育のスタイルへ接触することにもなった。とくに「被抑圧者の演劇」は最も私の関心をひいた。「被抑圧者の演劇」とは何か。欧米でアウグスト・ボアール（Augusto Boal）の「被抑圧者の演劇」を実践しているエイドリアン・ジャクソン（Adrian Jackson）が次のような優良なまとめを行っている。

> いわゆる「被抑圧者の演劇」とは、パフォーマンス（行動）をことばよりも、質問を回答よりも、分析を受容よりも重視することをいう。（Boal 1992 p.xxiv）

ボアールはブラジルの社会運動家兼芸術家で、フレイレの影響を受けている。ボアールは基本的にいかなる人に

もパフォーマンスが可能と考え、演劇はプロが独占すべき領域でないとする。彼によれば、

演劇とは自ら確かめる芸術である。人はだれもが演者（actors）であり観衆（spectors）である（演技し観察しているのだ！）。彼らは観察者であり演技者（spect-actors）である。（同上 p.xxx）

と、ボアールがいうには、act には二重の意味がある。演じることと行動を選ぶということである。ボアールに従う演劇は改造のための力であってブルジョアの娯楽ではない。

演劇……それは我々が自身と自身が生きる時代の理解を深めるものでなくてはならない。我々は自身が生きる世界を理解して、さらに改変していかなければならない。演劇は一種の知識の形式である。それはすべからくして、かつなるべくして社会を改造する一つの手段なのだ。演劇は我々が未来を築く助けとなるものだ。未来はただ待つものではない。（同上、p.xxx）

ジャクソンが形容しているように、

……もし「被抑圧者の演劇」にあって……ボアールがアリストテレス的なカタルシス論（catharsis）を、社会がその成員の非社会（asocial）的な傾向に向けて行う浄化行為だと解釈するとしよう。そうすると、ボアールが本書において行っている新しい定義とは、個人と広義の社会そのものに対して、カタルシスを通じた改造が可能だと暗示していることになる。ゆえにカタルシスは統治グループ専属の領域ではなくなるのだ。カタル

シスは任意の一方向を指し示す武器となりうる。ボアールによるカタルシス論は障碍物を取り除くためのものだ。欲望を取り除こうとするものではない。情念は明確なものとされ、強化を受ける。馴化されてしまうことはない。ここでボアールは、カタルシスを通じて社会制度が監禁した情念を開放する。個人の精神錯乱――あるいは社会そのもの、国家そのものが錯乱しているのかもしれないが――はこの二つの現象間に何らかの関係性をもつのかもしれない……。（Jackson 1995、訳者序）

一九九六年九月に台湾に戻ってから、私と美濃愛郷協進会の幹部たちは「外国人嫁識字教室」を再起動させる可能性について討論した。私は「被抑圧者の演劇」のローカライズへつとめる演劇活動家との協力を提案した。同年一一月、「被抑圧者の演劇」（Boal 1979）と組み合わせた方法での新識字プログラムが始められた。

識字教室は過去にも被抑圧者の演劇の方法を採用したことがあった。このときは民衆演劇の活動家、鍾喬と協力した。鍾喬が初めて被抑圧者の演劇と出会ったのは第三世界（特にフィリピン）の民衆演劇（People's theater）の活動者を通してであった。この後、彼はずっと演劇を通して「第三世界」と「発展した国家」の間を往来する台湾人となった。そしてボアール式のカタルシスを探し求めたのであった。知識人（学生時の筆者も参加して深く惹きつけられた）は鍾喬が過去に比較的慣れ親しんだ対象だったが、「外国人嫁」に対して「民衆演劇」式の考え方の識字プログラム設計を行うのは彼にとってとても挑戦的なことだった。私にとっては「民衆演劇」ワークショップ方式の活発なやり方は、識字教室の杓子定規なスタイルを揺り動かすとともに「沈黙の文化」を打破して「意識覚醒」へむかうという目標を達成するためのものであった。第四期識字教室は被抑圧者の演劇の方式と組み合わされたカリキュラムを採用して、以降の系統的なプログラムの基礎づくりをめざした。以下、この一〇回のワークショップの理念と、その成果について議論したい。

先に述べた通り、「外国人嫁」に中国語の読み書きを教えるということは、それ自体が目的ではなかった。それを媒介として彼女たち自らが自己表現できるようになることをめざしていた。ワークショップにおいては、参加者が自由に体をのばせるような広い空間が必要である。我々は識字教室を通常の教室から、授業用机がないフローリングの教室へと移した。鍾喬は第一回目の授業で、「外国人嫁」へ演劇とゲームを通じ、どのように拘束された身体を自由にしていくかを述べた。さらにはこれらを通して囚われた精神を自由にし、自己表現の力を育むのであると伝えた。たとえば体を地面によこたわらせ、樹木になることを想像してみる。そしてリズムに乗って伸びたり縮んだりするのだ。他にもゲームによって参加者に意識の問題について考えてもらった。たとえば二人で一組になる。一人は目を閉じ、もう一人の引かれるにまかせる。そのあと役割を交換する。ゲームが終わったあと恐れと信頼の問題について議論を行う。こうした身体や触覚の意識に関するゲームは大学生に対して成功していたが「外国人嫁」にとってはとても受け入れ難いものであった。たとえ楽しいものとして感じられたとしてもである。彼女たちはこっそり私に向かっていった。こういったゲームをやっていられるのは子供くらいだと。中国語を学ぶために彼女たちは家族に子供を預かってもらっているのであって、遊びに来たわけではないのだと。

私は彼女たちにワークショップが普通の授業よりも面白いかどうか尋ねた。彼女たちはそうだと答えた。しかしそうであるにもかかわらず中国語の単語を覚えることがやはりちゃんとした授業だと述べたのであった。何人かに至っては、プレッシャーがあってこそ努力するのだからテストを行うべきだと提言した。学習速度が比較的速い「外国人嫁」も私たちに向かってテストで学ぼうとしない人たちを真面目にできる、勉強がうまくいかないのは努力が足りないからだと自覚させられると述べた。学習というものが残酷な事柄へと変わってしまっていたことを私たちは悲しみつつも理解した。周辺化された人たちにとって、識字教室は自らについて知り、想像力を発展させるための場ではなく、技能を磨き競争力を引き上げるためのものになってしまっているのであった。こうした現象はラテンアメリカで抑圧されている農民の「二重性」（duality）と一致する。フレイレ（Freire 1970）が指摘しているように、被抑圧者は抑圧者の性質を同時に持っている。つまり「外国人嫁」は抑圧者の意識（oppressor consciousness）を既に内在化させているのであって、その観点から自身とその他の被抑圧者を認識しているのである。私と鍾喬は議論し、彼女たちにとってより受け入れやすいであろう方法を取り入れることにした。そうやって彼女たちの抑圧者的な意識を打破しようとしたのだ。二回目の授業の前夜、私は「外国人嫁」それぞれに電話をして以降の授業の重点を中国語会話に移すことを決めたと伝えた。過去の彼女たちは大部分の時間を文字学習に割いていて、ほとんど中国語を話す時間がなかったからである。我々はもう一度普通の机がある教室へと戻った。彼女たちは再び自由な境地に戻ったようにみえた。彼女たちの観念では教室というのはこうあるべきものであったからだ。

鍾喬は何種類かの〔授業〕技法を設計して、「外国人嫁」に自分たちが役に立つものを学んでいることをわかってもらおうとした。それは読み・書き・話す中国語であり、彼女たちが自身を表現しうる機会なのだと。始めたばかりのころ、鍾喬は三種の図案を用意する抽象的な技法をなおも用いていた。たとえば三枚の絵――蝶、仮面、地球――を用意して、彼女たちにそれぞれの絵から何を連想するか形容してもらうのである。鍾喬はこれらの絵を手がかりに彼女たちが自由に感じたことを表現できるようになることを期待していた。感じ取ったものには決まった答案がない。だがおそらく図案が日常生活からあまりに遠くかけ離れていたため、彼女たちは先生の考えてることをわかりかね、関心を欠くことにもなってしまった。自ら進んで自分のことを話し出そうとする人はなかった。苦し紛れにあて推量で答えを述べる人があった後、他の人たちは往々にして「彼女と一緒です」と答えるのだった。

鍾喬は「外国人嫁」たちの生活経験とより直接に結びつくような手法を試していった。たとえば「私の一日」という活動がそうだ。「外国人嫁」に彼女たちが一日の朝七時、一〇時、正午、午後二時、夜八時それぞれの時間に聞いたこと・見たこと・かいだことについて話してもらうのである。活動を始めるまえ、鍾喬は各自目を閉じて彼女たちが毎日やっていることを思い出してもらった。それから各自の回答を述べてもらった。そして我々は彼女たちが話した内容を中国語にして、その日の識字教室の内容にした。彼女たちの反応は大きかった。各自の答案はどれも違っていたのだ。たとえば世花《シーホア》の一日は、

八時、ベッドから起きて子供の泣き声を聞いた。
一〇時、私は窓からお隣さんが工事をしているのを見た。
一二時、私は厨房で炒め物をするにおいをかいだ。
午後二時、私は犬が吠えるのを聞いた。それから多くの犬を見た。
午後四時、私はコンクリートを使って作業した。
夜八時、私は子供に暗算を教えた。

美珠《メイジュー》の一日は、

朝七時、ベッドから起き子供が泣くのを聞いた。
一〇時、パパが畑から戻ってくるのを見た。
一二時、炒め物のにおいをかいだ。
午後二時、私はパパがベッドから起きて彼が仕事に行くのを見た。
夜八時、私はまたテレビを見た。

フレイレによる解放の教育法は、識字と発達の間の関連性を強調する。「人は自身の置かれている現実について読み取ることができるように、そして彼ら自身の歴史を記すことができるようにならなくてはならない」。彼は広範な発達の議題について論じ、被抑圧者の意識覚醒の重要性を述べているが、しかし同時に彼は被抑圧者個人の状況と密接に絡み合って各々の議題が生じてくることの重要性を強調している。識字こそが批判意識を刺激し、変革への行動を刺激することができるとする。ゆえに行動は強い感情／情緒を動機としなければならない。第三世界諸国において識字教育は当事者の実践的な必要から出発しているのだ。

識字教育においては、受講者のみが識字を通じ彼らの基本的ニーズが満たされることを知りうる。とくに彼らが属するコミュニティでの意思決定の必要性についてはそうである。識字教育と参加は分離することができない。参加は識字教育の目的であり条件でもある（ＦＡＯ（国連食糧農業機関）1976, p145)

被抑圧者の演劇を運用し始めた当初、我々はいまだ知識人流の抽象的思考へのこだわりから逃れることができていなかった。抽象的な図案を用いて「外国人嫁」の討論を活発化させようとしていたのだ。結果はフレイレのいう通りの失敗に終わった。我々は彼女たちの生活に糸口を求めて、そこから文字・言語の学習を進めていった。学習に関わる事柄を（生徒間で）シェアする段階に至ってはじめて「外国人嫁」はそれまでの沈黙の状態を打ちやぶり、積極的に議論へ参加するようになっていった。ワークショップのあと、再検討を経て編纂された教材には「外国人嫁」の生活が基本ベースとして用いられた。これは彼女たちに身近さを感じさせるものであって、さらなる関心や議論に向かう熱心さを呼び起こすものであった。ある「外国人嫁」は識字教室のボランティア（講師）である春萸さんに、なぜ物語が自身にとってこんなにも身近なものに思われるのかと尋ねたという。私たちが教科書を編纂した手法を聞くと、春英さんは悟ったように、「なるほど、私も知人たちも、こんな偶然あるのだろうかと思っていました。あなた方はとてもすごい。私たち〔美濃鎮の庶民〕が何を考えているのかみんな知っているようでした」。

ワークショップ以前と比べてみると、彼女たちは大いに笑い、自由に話をするように、問題提起を行って相互に助け合うようになっていった。ワークショップ以前、彼女たちは先生が話すことを繰り返すのみであった。先生が一人で教科書を読み上げさせると、彼女たちはすっかり怯え上がってしまって、問題提起などは不可能に近かった。とくに驚いたのは、一年間ものあいだ一緒に授業を受けながら、彼女たちは互いの名前を呼ぶこともできなかったし、同じクラスの人がどこに住み何をしているのかも知らなかったことだ。一体感などは問題外だったのだ。春英さんは私に向かってなんどか愚痴ったものだった。教室に「みんな」の感情を呼び起こしえない自身の非力を責めていたのだ。生活経験とリンクした学習の後、彼女たちはお互いについて、自身についてそれまでと比べれば理解するようになっていった。

衝突と改造

もっともこうした新しい理解は時に緊張を呼び起こすこともあった。たとえば、ある授業のテーマは彼女たちが台湾にやって来た時の経験に関するものだった。まず鍾喬は生徒それぞれに目を閉じてもらった。それから喜多郎の「シルクロード」を流して、故郷を離れるとき、飛行機に乗っていたとき、彼女たちが何を感じたのか思い出してもらった。彼女たちが台湾に対して抱いていたイメージや台湾に対する第一印象などである。音楽が終わったあと、鍾喬は各自の経験をシェアしてもらった。

春梅《チュンメイ》はいう。

私はシンカワン〔地名〕から離れるとき、カモメの声と船の音を聞いた。そしてポンティアナックの空港から飛行機に乗って、悲しむ乗客たちを見た。私は飛行機で、台湾はきっと進歩した場所で、ビルが並んで、機械化された農業がある、そんなふうに想像していた。

これらの練習は「外国人嫁」に故郷に背を向ける複雑な感情を表現する環境を与えるものであった。彼女たちはそれぞれの似通った思いを知る機会を得た。彼女たちは大いに悲しみ語り合うことができたのだ。もともと授業中の春梅は静かすぎるぐらいだった。彼女は何回かの授業を欠席していたし、中国語のレベルも他の人たちより遅れていた。面白いのはワークショップでの彼女はそれでも他の生徒たちよりも表現において優れていて、リーダーシップをとれる「外国人嫁」の一人であったことだ。彼女は家を離れる前の晩、自身がどれほどパニックに陥っていたか話してくれた。〔その晩〕彼女はふと台湾へ嫁ぐインドネシア人嫁の一人が、両親へ台湾に行きたくないと告げるのを耳にした。女性の両親は心配することはないと述べ、台湾に嫁いだ後はちゃんとやっていけるだろうと伝えた。台湾での未来について思いやると、春梅は非常な恐ろしさにとらわれたという。「私は中国語もできないし、夫や嫁ぎ先とうまくやっていけるのだろうか。かもめの声と汽笛を耳にした時、私の心はすっかり縮こまってしまって」。鍾喬は春梅とクラスの生徒たちにいった。「あなたの経験〔の語り〕は中国の偉大な詩人、李白ととても似ています。全ての人が詩人になることができるのです」。鍾喬は李白の詩を黒板の上に書いて彼女に読み上げさせた。

「外国人嫁」の夫のなかには、教室への行き帰りを共にして、授業中は教室の後ろに座る人もいた。妻が授業を終えるのを待って一緒に帰るのである。嫁たちが台湾へやってきた時の悲しみを述べるのを耳にして、夫たちは不安にかられた。二人の夫は我々に対して恨み言を述べた。「あんたたちは彼女を家に逃げ帰らせたいのか」。彼らの恨み事を聞いて、私たちはジレンマへ陥ってしまった。私たちは「台湾人夫」たちの不安感を理解できたし、同情もできたが、同時に彼ら夫たちが妻が授業に来るのを阻止しようとするのではないかと心配もした。家族のサポートこそ彼女たちが識字教室に参加する最も重要な要素であったからだ。さりとて、この種の家父長権を強化するつもりは私たちにはなかった。私たちの目標は、「外国人嫁」たちが批判的に自らの経験を振り返るサポートをすることであったからだ。鍾喬と私、そして美濃愛郷協進会の幹部たちは、苦しい状況について話し合った。その上でこの授業形式の継続を決めた。たとえ「外国人嫁」と夫の間で授業によって衝突が生まれようとも、彼女たちの感情と表現が抑圧されることよりもはるかに良いと考えたからだ。しかしながら私たちは、衝突を激化させて将来の活動の妨げとしてしまうことを望んでもいなかった。よって時にはさほど脅威とならない活動を行う必要もあった。たとえば病院の行き方〔についての活動〕がそうだ。同時に、私たちは反対意見を持つ夫たちとコミュニケーションをとり、故郷を離れた「外国人嫁」たちが感情を発散する必要性をわかってもらうようつとめた。いくどかの努力ののち、夫の反対で授業を欠席する「外国人嫁」はいなくなった。夫たちは以後も教室の後ろに座って授業を「傍聴」し続けた。子供を連れてキャンパスの中を散歩して授業が終わるのを待つ夫もいた。つまるところ、授業は無料であったし、夫たちも妻たちが授業から実用的な知識を学ぶのを見ていたのだ。彼女たちが非常に楽しそうな様子を見てもいた。春梅の夫はいう。

彼女が授業に通って中国語を学ぶようになってから、自分をより表現するようになった。友達ができて楽しくおしゃべりをするようにもなったよ。

識字教室の努力とともに、私たちは夫婦の両性関係に一定の変化がもたらされるのを目にした。「外国人嫁」たちの子育て負担を減らすため、私たちは託児業務を提供した。それでも多くの夫たちは妻が授業に出られるよう、自発的に教室の後ろで子供の面倒を見た。子供を連れて外を散歩する夫たちもいた。彼らは授業が終わったころに、妻を迎えにくるのであった。家にとどまって子供の面倒をみる夫もいた。阿雪《アーシュエ》はあるとき得意気に私へいった。

授業に出る時にはいつも彼が子供の面倒を見てくれる。私がちゃんと授業に出られるように。授業に出る前は子供の面倒を見てくれたりなんてしなかったのに。

我々はまた「外国人嫁」たち自身の変化をみてとることができた。授業へ出ていない「外国人嫁」と比較してみると、出ている「外国人嫁」は比較的リーダーシップをとることができ、なおかつ自己肯定的で団体意識に満ちていた。ある時、日曜日に仕事のある――それはワークショップの時間でもあるのであった――「外国人嫁」たちがワークショップの評判を聞いて参加を申し出てきた。そのため私たちは授業時間を日曜日の朝から月曜日の朝に変更した。はじめて参加した「外国人嫁」たちは名前を呼ばれるだけで明らかに怯え上がってしまった。するとワークショップですでに自己表現に慣れている古くからのメンバーは、親切に新しいメンバーを勇気づけ、積極的な発言を行ってくれたのであった。

識字教室に参加した「外国人嫁」たちは自分の意見を積極的に表現した。それは次の例からも見てとれる。ある回のワークショップのテーマは環境汚染だった。彼女たちは三枚の絵《イラスト》を用いた。一枚目は一軒の家で、脇には綺麗な川が流れている。二枚目はやはり一軒の家、傍らには工場からの排水で汚染された川が流れている。三枚目は一個のクエスチョンマークである。鍾喬は彼女たちに向かって説明した。「もしあなたが一枚目の家に住んでいたとします――傍らには綺麗で美しい川があります。それから工場がやってきました。そのせいで川は汚されてしまいました。二枚目の絵のように。一枚目の絵のような綺麗な川が戻ってくることを望むなら、あなたはどのように行動すべきでしょうか」。はじめの二人の「外国人嫁」はお隣さん達と一緒に警察に願い出て政府に解決を求めると述べた。続けて雪芬《シュエフェン》が自分一人で行ってみると話した。鍾喬はどうして彼女の考えが先の二人と異なっていたのか気になって尋ねてみた。彼女は自信ありげに答えた。「なぜ同じでなければいけないの。考え方はどの人も違うのに」。ワークショップ以前であれば、「外国人嫁」たちは決して自ら問題提起を行おうとしなかったであろう。尋ねられた時であっても、積極的に回答しようとはしなかった。名前を呼ばれてやむを得ず答えるが、大抵は「前の人と同じです」と答えるのであった。過去のやりとりと比べてみると差異は明らかであった。彼女たちは積極的に発言したのであった。驚いたのは、彼女たちが権威（教師）に対して疑問を提示できるようになったことだ。伝統的な「秩序」を強調する教育観のもとでは、「外国人嫁」が教師に対して疑念を呈することは脅威とみなされ回避されるべきもので、抑え込まれることさえあった。しかし解放の教育の立場からすると、こうした疑問の提示は「沈黙の文化」の解体とみなされる。そして我々の技法の有効性を示すものでもある。鍾喬は雪芬の質問をほめ、皆に向かって述べた。「そうです。それぞれの考え方は違ってもいいのですよ」。

最後のレッスンでは、それぞれが故郷のお菓子を持って一緒に楽しむことにした。鍾喬が彼女たちへ一〇回の授業に出て何を学んだか尋ねると、中国語をずいぶん話せるようになったと答えた。何か新しい認識を得たとの答えこそなかったが、私たちは彼女たちが以前より自信を持って能力を発揮できるようになったと肯定的にとらえている。たとえばおしゃべりの最中、美濃愛郷協進会のボランティアが客家の歌をみなに教えようと、歌詞を「外国人嫁識字教室」の授業の様子に変えて歌った。突然、インドネシアからやって来た「外国人嫁」たちが、楽しげにインドネシア語で話をはじめた。鍾喬と私、美濃愛郷協進会の幹部たちは何が起こっているのかわからなかった。しばらくして、美珠が私たちに向かって述べた。「インドネシアの歌を一曲、歌ってみようと思います」。そうして彼女たちは手拍子で歌を歌ってくれた。美珠は私たちに歌詞の大意を教えてくれた。「この歌は友達と一緒にいられる時の楽しさを歌うものです。何かを知りたい時には一緒にいたいから、愛しい友達がいなくなればとても悲しいのです」。続けて私たちは彼女たちへインドネシアの歌を教えてくれるよう頼んだ。美珠が志願して先生になってくれた。別の「外国人嫁」は別のインドネシアの歌を歌ってみようと提案してくれた。こうしてインドネシアの童謡が響き渡ったのだ。

これは初回のワークショップと比べるとあきらかに対照的であった。当時、美濃愛郷協進会の幹部たちはケーキを準備して教室開講一周年を祝った。私は彼女たちへインドネシアの歌を一曲、お祝いに歌ってくれないかと頼んだ。しかし彼女たちは恥ずかしげに笑うだけで、職員たちは気まずげに棒立ちになっていたものだ。

フレイレ（Freire 1985）は伝統的な識字教育が非識字者を「無能」とみなすことを批判するとともに、教育者が自ら救世主（Messiah）をもって任じることを批判している。フレイレは、「文盲」に対するねじれた観点——すなわち非識字者をその他の人びとと全く異なる他者とみなし、彼ら自身の体験とそこから汲み取った知識へ配慮しない立場について指摘している。非識字者を受動的で馴化された存在とみなす識字教育は、非識字者にとっては「自身の本質を見失う」疎外の経験である。彼らが自身を現実の変革に対し何らかの貢献をなしうる存在として感じ取ることは不可能である。ゆえに受講者をいかに受け身の受益者から主体的な参加者、貢献者となしうるかが、被抑圧者の教育における中心的テーマなのだ。一〇回のワークショップで私たちはさまざまな媒体を用いて「外国人嫁」が意見を表明できるよう努めてきた。それは受動を能動へと転化させるプロセスであった。彼女たちは最後の授業において主動的にインドネシアの民謡を歌おうと求めたのであったが、これこそが転化のはじまりであった。

美濃鎮における「外国人嫁」への態度も変わった。さまざまなメディアが作り出していた「外来者」や「他者」

のイメージは、美濃鎮の人びとによって「私たち」へと切り替えられていった。ある日、美濃愛郷協進会の会員であり美濃ロータリークラブのメンバーでもある友人が私と話をしていた。話題が「外国人嫁」と識字教室へおよび、コミュニティがいかにして「外国人嫁」と共存してくべきかへと議論が進んだ。彼はロータリークラブが新年に「外国人嫁」と家族たちを招待することを提案した。ロータリークラブのほうは彼が話をつけておくとも話した。私は美濃にいる「外国人嫁」の名簿を手渡して、ロータリークラブに招待状を出してくれるよう頼んだ。招待状には、美濃に住まう一員としての立場から、地域の新しい成員――「外国人嫁」をパーティへ招待したいとあった。こののち、新年のたび美濃ロータリークラブは鎮内すべての「外国人嫁」と家族をクラブメンバーとともに忘年会・新年会へ主動的に招待するようになった。一九九八年、ロータリークラブは母の日に地元の言語（客家語）で母親への感謝の想いを伝えるスピーチ大会を開いた。大会では「外国人嫁」のために特別枠が設けられ、彼女たちが美濃鎮の住民に向け母親への想いを伝える機会が与えられた。一九九九年から美濃ライオンズクラブも活動に加わり、「外国人嫁」に関する座談会と中秋節（中秋の名月）の活動を重点的に行なった。二〇〇一年、美濃のインディーズバンド「交工楽隊」は新アルバム『菊花夜行軍』のうち二曲を「外国人嫁」をテーマとして作った。そのうちの一曲「久しい異郷はまた故郷」は「外国人嫁識字教室」メンバーが歌を担当している。「交工楽隊」が美濃で毎年一回行われる黄蝶フェスで新曲発表ライブを行った際、「外国人嫁」たちがボーカルを担当した。ステージに集まった観衆は熱烈な拍手をもって迎えた。ライブが終わった後、大勢の観衆が曲からとても多くの感銘を受けたと述べた。ある労組運動のリーダーは感動にたえない様子で話した。「外国人嫁たちのライブを見て、私は労組がかねてから外国人労働者へ非友好的な態度を取ってきたことを反省しました。私たちは本当に反省しなければならないでしょう」。

もう一つ私たちへ教えてくれる経験がある。数年間にわたる私たちの努力で、コミュニティが緩やかに「外国人嫁」をメンバーとして受け入れるようになったことだ。一九九七年夏、第一期識字教室の終了前、私たちはクラス一同とその家族たちで一日旅行を実施した。道すがら伯公（客家人による土地神（土地公）の呼称）で老人が昼の休憩を取っていた。老人は若い人びとが伯公のもとで休憩しようとするのを見て、客家人たる行儀を戒めていった。「伯公に向かってご挨拶をしなさい」。続けてその老人は、興味深げに私たちがどこからやってきたのか尋ねた。協会スタッフが、大部分が東南アジアから美濃に嫁いできた嫁たちだと伝えた。すると老人は一緒に伯公へ挨拶しようと告げた。彼は丁寧にお祈りをささげた。「彼女らは遠く南洋からここに嫁いできた娘たちです。彼女たちは家を遠く離れやってきました。どうぞ彼女たちの平安無事をお守りください」。

徐々にコミュニティが「外国人嫁」を身内とみなすようになったほか、「外国人嫁」たちの間にも互助のシステムが作られていった。美華や阿如たち古参メンバーは、周囲に嫁いできたばかりの「外国人嫁」がいないか気を配るようになった。積極的に彼女たちの現状を尋ねるとともに、識字教室やその他の活動へ参加を呼び掛けるようになったのだ。教室メンバーに家庭内の争いがあった場合、かつての彼女たちは先生に頼み込んで消極的な処理をしてもらっていた。それが次第に主動的なサポートをするようになっていったのだ。美華の友人はかねてから夫の嫌がらせに直面していた。彼女は友人の苦境を何度か耳にしていたので、あるとき機会をとらえて友人の夫に問い質し、妻への態度を改めるよう要求したのだった[2]。

鍾喬の協力で行った一〇回のワークショップ後も、私たちはワークショップ型の双方向的《インタラクティブ》な識字教室を続けた。そして実際の経験をもとに少しずつ美濃の「外国人嫁」に適したプログラムと教師ハンドブックを設計していった。教材は初級・中級・上級三クラスのテキストと教師ハンドブックに分けた。内容は生徒向けに、個人・家庭・コミュニティ・社会の四方面それぞれ二から三のテーマで構成した（表7―1を参照）。

生徒たちは基本の識字プログラムを通じ、自分たちに身近な家族・コミュニティ文化・仕事、および台湾社会の

表 7-1「外国人嫁識字教室」教材の構成

カテゴリ	レッスン	初級クラス 名称／課の目標	中級クラス 名称／課の目標	上級クラス 名称／課の目標
個人	第 1 課	自己紹介／メンバーの顔合わせ	お久しぶり／メンバーの休暇中の生活を理解する。メンバー間の相互理解	一緒になって／作文・会話表現
	第 2 課	私の故郷／互いの故郷での生活状況を理解する	みんな一緒に環境保護／環境保護の重要性を理解する	私の身分証／台湾の行政機関（派出所・戸籍事務所）
家庭／教育	第 3 課	私の一日／メンバーの日常生活を理解する	お見舞い／台湾の医療制度について理解する	郵便局へ行く／金融機関の紹介
	第 4 課	私の新たな家／メンバーの家族状況について理解する	うちの子が学校に上がって／台湾の教育制度について、教育の重要性について理解する	姉妹たちを見てみよう／高雄地域の女性組織について知る
	第 5 課	お暇なら我が家へ／自宅について紹介し、相互のつながりを深める	私のパートナー／メンバーの結婚状況、家族役割、暮らし方について理解する	私のたからもの／家族関係についてディスカッション
中間評価	第 6 課	授業評価		
地域／産業／労働	第 7 課	美濃の山すそで／歌を通じた交流と客家語、母国語	私のしごと／メンバーの収入源を理解し、労働条件についてディスカッション	職さがし／台湾の就職面での困難と解決策についてディスカッション
	第 8 課	新しい故郷・美濃／美濃の文化・経済・生活の紹介	美濃の団体／コミュニティ団体について知る	宝の島・台湾／台湾の歴史と社会・経済状況について
社会／団体	第 9 課	美しい美濃／美濃の名所を訪ねてみる	「外国人嫁」ってだれ／「外国人嫁」間の関係、直面する困難、メディアイメージについてディスカッション	遠くて近い東南アジア／台湾と東南アジアの関係について
	第 10 課	親愛なる友人たち／メンバーがさらに関係を深め、生活面の感想を交換する	母国へ里帰り／母国の特産品・文化・特徴について	ようこそ新しい同朋／同郷団体・互助会の重要性と実現可能性をディスカッション
	第 11 課	話したいことが／あいさつカードを書く	中秋おめでとう／台湾の年中行事について知り、台湾と母国の年中行事を比較する	まあちょっと座って／共同起業の可能性についてディスカッション
成果実演	第 12 課	私たちのクラス　修了式・授業評価・成果実演・修了座談会		

教育・経済・政治組織・制度について学びながら、東南アジアの社会と比較を行うこととなっていた。各回の授業は三パートからなる。第一パートはウォーミングアップである。テーマと関わるゲームを通じて、ディスカッションに入るための準備を行いながら、同時に生徒たちを議論モードへひきつけていく。第二パートは識字プログラムである。彼女たちの日常生活と密接に関わるテーマやストーリーから中国語の学習を進める。第三パートはテーマディスカッションである。グループワークほかの活動スタイルで当日のテーマについて議論を行う。

ゆっくりとではあったが、私たちは美濃以外の地区でも徐々に「外国人嫁識字教室」を広げるための団体を探した。一番最初に接触したのは高雄県守山区の紫竹林精舎であった。私の学生だった釈自淳との関係を通じて、精舎と同所属の香光比丘尼僧団嘉義安恵仏学院が「外国人嫁識字教室」を実施した。

一九九九年、内政部戸政司（戸籍の管理・帰化業務を担当）は国会質疑の圧力のもと、国内各地の関係部門を集めて「外国人嫁の生活適応及び言語訓練ならびにわが国生活環境への定着に対する補助の実施計画」会議を開いた。会議では美濃鎮「外国人嫁識字教室」をベースに、一シーズンの「外国人嫁生活適応サポート教室」の試験実施が決定された。これはその後の台湾各地での全面実施の基礎となった。一九九九年一〇月、試験実施の終了後、内政部戸政司は各県・各市自治体に文書を送致して「外国人嫁生活適応サポート教室」設立をすすめた。筆者はサポートグループが形式に流れ「外国人嫁」同化のためのツールと化すことを危惧していた。そこで識字教室の教師たちと公開会議を実施するとともに、個人的にメディアに投書（夏暁鵑ほか 2000）して戸政司へ教師育成実施を求めた。これを受けて戸政司は二〇〇〇年・二〇〇一年にそれぞれ教師育成訓練を実施した。内容は美濃識字教室の元メンバーが利用可能なさまざまな資源を結合して設計したものであった。

過去数年間の実践はすでに初歩的な成果をみせていた。「外国人嫁」は三方面において具体的な変化を遂げていた。第一に、スキル面である。中国語のリスニング・スピーキング・リーディング・ライティングの各能力が備わり、つねに他者の協力を必要とする境遇から脱出していった。第二に、心理面である。自信が生まれるにつれ外への不安は徐々に消えていった。第三に、社会方面である。人間関係と生活圏の拡大は、家族内の共通の話題をも広げた。またボランティア教師の側も、プログラム設計と授業へ参加した後では「外国人嫁」に対するステレオタイプな理解を取り払ったのみならず、自信と視野の拡大によって身近な女性問題を意識し、主体的にボランティアを組織していくようになった（詳しくは呉（2001）を参照）。

「外国人嫁識字教室」が教えてくれるのは

社会調査と実践の弁証法

美濃「外国人嫁識字教室」設立からまもなく、あるフェミニスト研究者が文章で識字教室を批判した。識字教室は「外国人嫁」へ良好な教育を提供して環境適合をサポートするが、実のところそれはより多くの男性に「外国人嫁」をめとらせ、父権的構造を強化するというのであった。一九九五年から一九九六年にかけて、筆者は台湾の主要なフェミニスト団体と接触し、「外国人嫁」福祉に関する公聴会の実施を願った。あるリーダーは、法令を制定して「外国人嫁」を母国へ送還するのが団体としての共通意見だと私へ告げた。それは「外国人嫁」の結婚が実際には純然たる売買婚であって、父権的構造のもとで女性が商品化された結果であるためだという。筆者は「外国人嫁」が商品化されているとの論点には同意するものの、「外国人嫁」を母国に送り返すことが彼女たちの最大の利益になるという見解へは絶対に同意できなかった。筆者には彼女と家族たちがいかに努力して困難な境遇から脱出しようとしてきたかわかっていたからである。また、識字教室が男性を「外国人嫁」探しへ向かわせる誘因となるとするのは、国際結婚現象と不平等な社会発展との間の関係について十分理解せず（第六章参照）、台湾人男性を単に加害者としてのみ見るものだ。

上にあげた二事例は社会調査と実践の間の重要な関係を説明してくれる。文章を発表して批判を行ったフェミニスト研究者と私が接触した女性団体は、いずれも女性の権利へ非常に着目していた。けれども、こうした視点が実際的な調査に基づくものでないなら、それは往々にして単なる脊髄反射的な行動へ結びつきがちである。すなわちホープとティンメル（Hope and Timmel 1984）がいうように、

行動の伴わない熟慮は絵空事にすぎないが、
熟慮の伴わない行動は行動至上論になる⑶

「外国人嫁識字教室」は実際的な「外国人嫁」の需要調査を通じて設立された。同時に、考察を通じ「外国人嫁」現象が単なるジェンダー問題ではなく国内・国際政治の発展が入り混じったものであることも理解していた。それは問題の矛盾の根源を不平等な発展構造とその代理人にあるととらえ、結婚当事者の男性にあるとはとらえないということでもあった。ゆえに私と美濃「外国人嫁識字教室」のスタッフは「台湾人夫」たちを罪人として扱ったことはない。むしろ彼らとの協力を通じて信頼関係を築き、妻たちがより自由に識字教室へ参加し、外部と交流できることを望んだ。「外国人嫁」の自立と社会ネットワークの形成は、彼女たちがもっていた夫への依存傾向を変え、更には夫たちのジェンダー的姿勢をも変えたのであった。こうした考慮をふまえていたため、（先の「シルクロード」の例のように）識字教室の意識覚醒のための活動が夫たちに不安を呼び起こした際には、私たちはその取り扱いへ注意した。彼らを安心させ、識字教室を継続させられるようにつとめたのである。

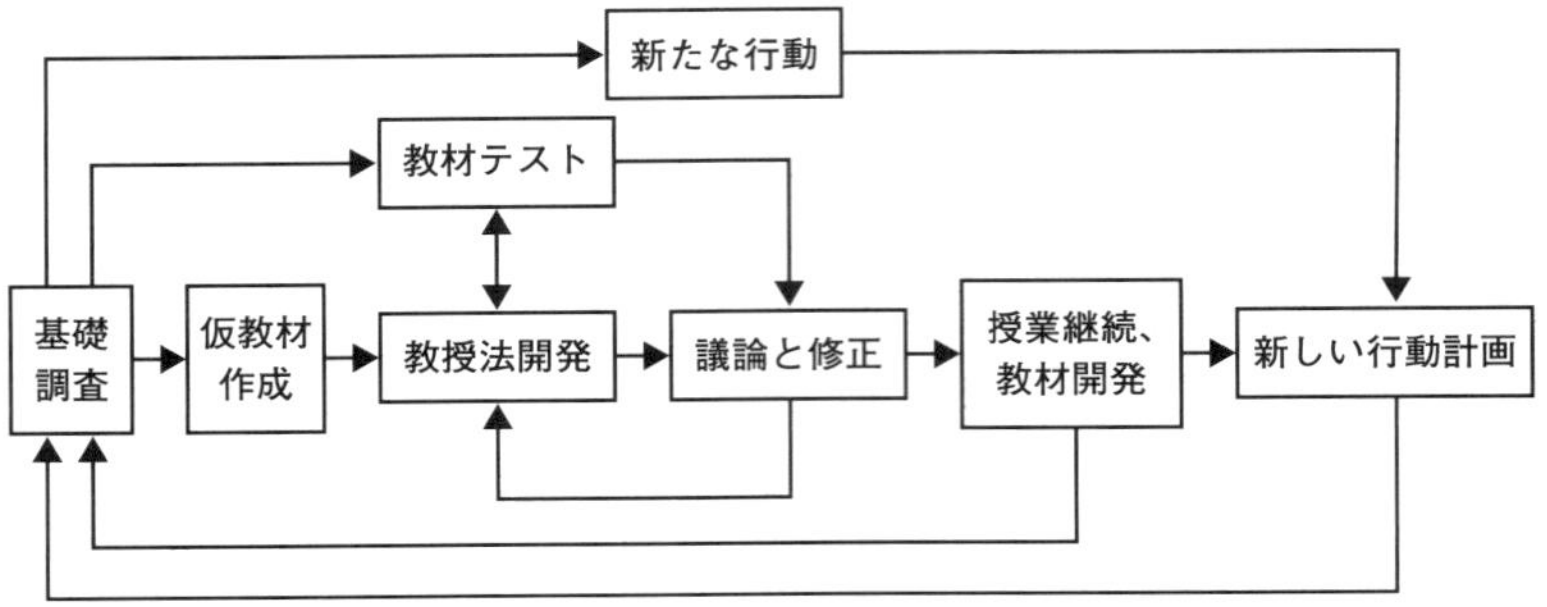

（呉美雲（2001）を修正）

実践は社会調査を行動指針としなければならない一方で、さらなる研究へ必要な資料を提供してくれる。識字教室は私たちと「外国人嫁」およびその家族の間に信頼関係の基礎をつくった。それゆえ本来はプライベートに属する問題を彼らは私たちとシェアしてくれた。時には後押しをするために、時には友人として耳を傾けるだけのこともあった。他にも、識字教室のプログラム設計で私たちは多くのディスカッションを行った。ディスカッションを通じて私たちは彼女たちの生活と苦境を理解した。たとえば「私のパートナー」という単元では「外国人嫁」自身の結婚状況、家族間の関係、共に生活する上での困難についてシェアした。また「外国人嫁とは誰か」との授業では、私たちは新聞切り抜きを使ってメディアによる「外国人嫁」の構築についてディスカッションした。二人の生徒は、はっきり取材を拒否したにもかかわらず写真を撮られた不愉快な経験について語った。これらの情報・問題は識字教室の中で明らかにされたもので、彼女たちと共に過ごして久しい筆者ですら意外に思うような話もあった。授業のほか、識字教室は新しいアクションプランを少しずつ発展させていった。たとえば識字教室の教師によるディスカッションでは、毎週一、二回の授業では「外国人嫁」の自立意識を高めることはできたが、彼女たちが自律的に組織をつくる能力を増していくのは無理だということになった。これを受けて二〇〇一年九月、二週間連続で週末二日の「外国人嫁希望ワークショップ」が開催された。私たちはテーマ討論が「外国人嫁」の自発的な組織形成のきっかけとなることを期待した。ワークショップ後、「外国人嫁」たちは共同で一つの拠点を探すことを決め、その場所を平日の集会や識字教室ほか学習プログラムの拠点とすることを決めた。拠点は「外国人嫁」によって共同企画・共同管理され、美濃愛郷協進会の幹部と識字教室ボランティアは最前線での活動者から徐々にサポーターへと変わっていった。

識字教室を例に社会調査と実践行動の間の関係を示したのが右の図である。

伝統的研究手法の運用

実践式研究は、単なる研究技法やテクニックではない。研究者の価値観や世界観に関わる方法論である。夏林清が指摘するように、伝統的な実証主義研究に比べ「実践志向の研究者はプロセスを通じて……人びとが（1）生活に隠された矛盾へ気づき、（2）既存の社会状況がいかに自己のメカニズムを維持し変化しがたいものとしているかを認識して、（3）より公平な社会が現在の社会のあり方に生み出しうる「可能性」と「いかにして」転化を発生させるかを見いだしていく」（夏林清 1993, p6）。したがってこうした認識を基本指針とした伝統的研究手法であれば、やはり実践目的を達成することができる。筆者が長年に渡り従事してきた「外国人嫁」の実践式研究では、そのプロセスにおいて参与観察・インタビュー・フォーカスグループ法[2]とともに実証主義研究が用いてきた質問票調査・統計データを活用した。これらの手法はいずれも実践目的を達成するために用いられた。以下、筆者がいかにして伝統的な研究方法を実践式研究に融合させてきたのか簡単に述べてみたい。

「外国人嫁識字教室」開始以前、筆者はすでに「外国人嫁」へ関する広範な調査を行っていた。用いたのは二次資料（公的統計・調査報告・メディア報道）・整理済みの質問票データ（インドネシアおよびヴェトナム駐在機関が「外国人嫁」ビザ発給時に用いた質問票）・参与観察およびインタビューであった。これらの調査・分析により「外国人嫁」現象の構造的要因と彼女たちの台湾における最優先課題について理解してから、筆者は「識字教室」を始動させたのであった。活動プロセスにあっても「外国人嫁」・家族・友人間のやりとりに対する参与観察は継続された。それとともに質問票による識字教室への評価を行い、教室アクションプランの修正・立ち上げの基礎となった。

識字教室のワークショップ（workshop）方式はフォーカスグループ（focus group）法の発展とみることもできよう。フォーカスグループ法は「短時間内に言語的なやりとりと対話を研究課題へ絞って観察でき、研究者はこれら対話ややりとりからデータと着想を得られる」（胡幼慧 1996）作用をもたらす。一方、ワークショップはデータと着想を得る以外に、意識啓発（conscientization）・エンパワーメント（empowerment）が目的に加わる。識字教室の小グループで、研究者／ボランティア教師は問題提起（problem-posing）スタイルを通じテーマディスカッションを進めた。それにより「外国人嫁」の生活状況を理解するとともに、問題解決の方法を共に探したのであった。識字教室のワークショップ以外でも、筆者とボランティア教師たちは「外国人嫁」家族をしばしば訪ねた。これらの訪問も正式ではないながらも一種のフォーカスグループ法といえる。彼女たちの家族生活を理解し、ボランティア教師と「外国人嫁」家族との協力によって信頼関係を構築しながら、家族へ「外国人嫁」が社会ネットワークを有しており、もはや孤立無援ではないことを意識してもらったのだ。

民衆演劇と解放教育を結合させた実践式研究

「外国人嫁識字教室」創設に際しては「外国人嫁」の批判意識〔育成〕と組織力の強化を主目的とした。しかしこうした理念はすぐには実現しえないものであった。先に述べたとおり、多様な試みをへて識字教室プログラムは三段階に系統化された。ウォーミングアップ、文字学習、ディスカッションである。この方法は民衆演劇と解放教育を組み合わせたものであった。

「意識啓発」と「エンパワーメント」を強調する実践式研究にはそれにふさわしい手法が対応していなくてはならない。さもなければただ抽象的な理論と崇高な理想に流れてしまうことになる。パウロ・フレイレによる解放教育の理念を知り啓蒙を受ける人は多いが、多くはどうやって実践に持ちこめばよいかを知らない（Hope and Timmel 1984）。フレイレの解放教育は「対話」（dialogue）を重視し、伝統的な「詰め込み」（banking）教育法へ反対している。「問題提起」（problem-posing）を通じて批判的自覚（critical awareness）をよびさますのである。ただし「問題提起」を強制式「拷問」としてしまわないため、対話空間をひらく手法が有効に用いられなくてはならない。これについて演劇の手法は協調的な空気を有効に生み出すことができる。フレイレと同時期にブラジルの演劇活動家アウグスト・ボアールが発展させた被抑圧者の演劇は解放教育の理念を演劇スタイルで具現化したものであった。「彫刻」「論壇演劇」などの手法によって人びと――「観賞者」（spectator）を演劇における受動的存在から主動的存在へ変え、演劇行為の改革者へと変えていったのである。ロールプレイングを通じてさまざまな解決方法を探り、変革のための戦略を議論することによって、被抑圧者の演劇（民衆演劇）は「革命のリハーサル」（rehearsal for the revolution）となった。

解放教育と民衆演劇の融合手法は、第三世界の草の根組織で広く活用された。ジャカルタの「姉妹演劇」はサトウキビ女工たちを組織して問題解決へ向かわせた（French 1987）。これ以外にも、一九七〇年代アフリカで発達した「変容トレーニング」（Training for Transformation）では、グループ方式のやりとりと創造的手法（ゲーム、ロールプレイング、演劇、ディスカッション）を通じたテーマ発見によって自己発見を推進することが強調されている（Hope and Timmel 1984）。

ホープとティンメル（Hope and Timmel 1984）はフレイレの理念を系統だった技法へと発展させた。彼らは「コード〔化された状況〕」（code）の使用によってグループを検討したいテーマへ導き、議論を促そうとした。「コード〔化された状況〕」とは適当な媒介（「ひらけゴマ」のような）を通じて更なる議論や行動を生み出すものである。媒介には絵やドラマなどさまざまな形式がありうる。ただし、媒介は七つの条件を満たさなくてはならない。すなわち、

（1）グループにとって強い思い入れのあるテーマを扱っていること
（2）日常生活で一般的なイメージであること
（3）対比や行動を通じて意識・問題の気づきを呼びおこすものであること
（4）一つのテーマのみで深い議論が行えること
（5）簡単・明確・わかりやすいこと
（6）混乱をもたらすような細かい部分、特にテーマ外の人や事物を避けること
（7）興味をひき、かつグループの心に触れるものであること

さらにディスカッションは六つの段階に分かれる。

（1）「コード〔化された状況〕」の描写――そこに何を見たのか
（2）初歩的な分析――彼らはどうしてそうしているのか
（3）現実の生活――現実生活で類似の事柄はないか
（4）関連する問題――どのような問題と関わりがあるか
（5）問題の根源――いかにして分析するか
（6）行動計画――どのようにしていけばよいか

当然ながら「コード〔化された状況〕」には綿密な社会調査が必要である。調査をふまえてこそ更なる思索や行動テーマが発見できるのだ（フレイレのいう「生成的テーマ」（generative theme））。また、意識の問題は往々にしてプライベートやタブー〔と関わってくる問題〕であるから、直接の接触は難しい。「コード〔化された状況〕」は参加者を一歩下がらせて客観的な角度から思考を促すものである。ホープとティンメルが設計した議論の技法では、まず参加者に演劇や絵のなかの「かれら」のことを議論してもらう。そうしてからゆっくりと現実の生活へ触れていく。以下、識字教室のある授業を例に説明してみたい。

第五期識字教室において、私たちは夫・家族の気配りや面倒見のよさゆえに、少なからぬ「外国人嫁」が次第に依存関係に陥ってしまっていることへ気づいた。幸福感にひたるあまり、台湾で自立して生きていく重要性へ気づけなくなってしまっていたのだ。それゆえに中国語の学習や友人とのネットワーク構築へも熱心にならないでいたのである。そこで私たちは、とある「コード〔化された状況〕」をつくって議論を促した。私は識字教室のボランティア教師と、「外国人嫁」に向かってある情況描写を行った。夫と家族は用事で外出しており、家には教室メンバーが一人で子供の面倒を見ている。真夜中、子供が高熱を出したため、病院で急患にかからなければならない。続けて一人のボランティア教師が看護師へ扮し窓口に座る（簡単な椅子、机、案内板でそれと示した）。私たちは識字教室のメンバーに代わる代わる人形を抱いてもらって、看護師と急患手続きのやりとりをしてもらった。看護師は一通り質問をしてから、病歴表を取り出して「外国人嫁」たちに記入を求めた。各生徒が「自ら」かかる状況を体験したのを確認して、私たちは議論をはじめた。私たちは、まず彼女たちに感想を尋ねた。彼女たちはそろって怖くて慌ててしまったと答えた。なぜだろうか。彼女たちは記入表が読み取れなかったのだ。家の住所がわからないという人もいれば、中国語でどう看護師に病状を説明すればいいかわからない、という人もいた。続けて私たちは、現実生活で似たような状況が発生する可能性はあるか、彼女たちがどう対処していくべきか議論した。春梅は、お隣さんとより良い関係を築いていく必要がある、と述べた。緊急事態が発生した時に彼らの助けを借りることができるからだ。阿雪は、クラスメイト同士で連絡先を伝えておき、普段から連絡を取り合っておくべきだと考えた。美華は、それぞれ心して中国語を勉強し、他の人と意思疎通ができるようにしておくと答えた。そうしておけば自分で表の記入もできるからと。この活動を通じ、生徒たちは自立と相互扶助の重要性を一層意識するようになったのであった。

実践式研究における民主的参与と要請

実践志向の研究者の多くは研究対象の参加を強調する。たとえばラーザー（Lather 1986）は研究プロセスを「民主化された探求のプロセス」（a democratized process of inquiry）にすべきという。グリーンウッドとレヴィン（Greenwood and Levin 1998）は「アクションリサーチでは研究者と地元団体の関係が民主化される」とみなす。アージリス（Argyris 1985）はこれらをさらに発展させ「共同研究」の手法を生み出した。夏林清が指摘するように、実践式研究において研究者と被研究者の関係は「資料収集者」と「被収集者」の関係ではない（夏林清 1993）。つまり被研究者にとって研究はある経験を理解し学習するプロセスである。一方、研究者にとって研究は自省（self-reflexive）のプロセスである。

しかし実践式研究における「共同参加」が社会矛盾や共同での社会変革を基本精神・基本目的としなかったならばどうであろう。「被研究者」を「共同研究者」とするのは単に形ばかりの民主化で、あるいは被研究者を「安価な研究助手」に利用していると批判されることともなろう。

いわゆる「民主」は単なる参加の形式ではなく、構造的な平等の問題へ関わってくる。実践式研究の向き合う対象はしばしば既存の政治経済構造のなかで抑圧された人びとである。構造的な抑圧ゆえ、彼らは（非識字のような）

「無能力」をさらすことになってしまっている。「能力」の問題において実践志向の研究者は批判的立場をとる。マジョリティの社会的価値がそれらを「当然視」（イコール政治経済面での構造的抑圧の無視）すること、ないしは個人の努力（怠慢）の結果とする「個人化」は批判される。同時に実践式研究は人びとの現状のロマン化も避けなくてはならない。実践式研究の基本精神はエンパワーメント（empowerment）にある。まず人びとのもつ（現状とは異なる）「潜在能力」を信じ、彼らが批判的に自己の境遇と構造との関係をとらえ、現状を変革していく能力を養っていかねばならない。実践式研究は被研究者の「参加」の精神を堅持するが、その「共同研究」の形式・程度は条件によって異なってくる。

フレイレが向き合ったラテンアメリカ農民の例をみてみよう。フレイレは非識字の現実を決してロマン化しなかった。彼は知識人としてのマクロ分析に立脚しつつ、非識字の構造的要因、識字と批判的意識の間の関係をみつめた。そうして人びとの社会変革への潜在能力を信じながら識字教室をすすめていったのだ。一連のプロセスにあって、農民たちはただちに「共同研究者」でありえたわけではない。そもそも識字プロジェクトは農民が自発的に計画したものではなかった。しかし識字内容と学習手法にあって研究者／教育者たちは計画的に農民へ参加感情をもたせていった。

被抑圧者に接するとき、彼らはしばしば各種の需要に関する情報を伝えてくる。（豊かな）社会的資源を体現する研究者からの援助を期待しているのだ。実践志向の研究者はそうした要求へ直面して「一緒に研究しましょう」とだけ答えるわけにはいかない。それでは人びとからの信任を得ることはできない。そのうえ自らが優位な社会的地位に身を置くゆえに発揮できる役割についてあまりに軽視している。鍾永豊（Chung 1996）はいう。「第三世界」にあって、高度にアンバランスな社会発展が重大な不公正をもたらしており、知識・情報のラインはエリートにコントロールされている。そうした状況下では社会学的介入がいっそう価値と重要性を増すのである。社会学者は自らの置かれた社会で特権を享受している。批判的かつ全面的な知識・情報へと接することができるうえ、既存の秩序とたたかう上で有利な位置にいる。社会学的関与は社会運動を広げかつ深化させていくのだ。

ラーザー（Lather 1986）は実践志向の研究は「虚偽意識」[3]が人びとの生活において持つ機能とその転化のメカニズムについて論じなくてはならないとする。「私たちが発見すべきは、いかなる条件のもとで人びとが自由にイデオロギーへ批判的な議論ができるかである。……実践志向の研究は相互的なやりとりと対話を重視した研究設計を行う。設計によって人びとの自己理解は転化のための弁証的な性格をもつものとなる。この弁証プロセスは研究者の自己フィードバックをもたらすとともに、概念枠組み・理論枠組みの発見のための議論空間を提供してくれる」（夏林清 1993, p37 から引用）。しかし対話（dialogue）は単なる会話（conversation）であってはならない。それは作り出されるべきものであり、対話を作り出すことはすなわちエンパワーメントの過程である。「外国人嫁」は台湾における現実のなかで、かつては「対話」はもとより「話す能力」すらなかった。つまり彼女たちがもともと持っていた能力は台湾にあって突然無効となり（成人教育でいう「機能性文盲」）、表現ができなくなってしまうのだ。もう一方で、フレイレのいう「沈黙の文化」、つまり被抑圧者の「無関心《アパシー》」（apathy）と「宿命論」（fatalism）は第一に打破されなくてはならなかった。それによって「民主的参加」がはじめて可能となるのだった。「外国人嫁識字教室」では、私たちがかなりの時間を割いて良好な相互的なやりとりと対話をつくりだしたゆえに、ようやく彼女たちの参加が可能となったのだ。それはたとえば共同での家庭訪問や識字プログラムの設計・検討などであった。

はじめたばかりのころ「外国人嫁」の参加は限定的だった。協力と信頼の関係が培われて数年の現在、ようやくにして「外国人嫁」が主、教師が副の段階に入りつつある。この段階に至るまでにはかなり長い時間を経た。私たちは「外国人嫁」による自主組織の可能性についてこれまでもプログラム中で絶えず議論してきた。彼女たちをつれて都市原住民の女性団体（高雄県都市原住民婦女成長協会）を訪問したこともある。だが「外国人嫁」たちは自分たちにその力がない、あるいは客観的な条件が許さない（子供の世話で忙しい、仕事がある、など）と考えていた。二〇〇一年九月の希望ワークショップで、私たちは再び彼女たちによる組織の可能性について提案した。回答はやはり残念なものだった。そこで識字教室の教師たちはより厳格な方式で「外国人嫁」と自主の問題について議論することにした。「論壇演劇」方式で、識字教室の教師たちが熱心に「外国人嫁」へ授業参加を求めるが、「外国人嫁」が各種の理由で欠席してしまう状況を演じてもらった。劇の終了後、私は「論壇演劇」における「道化役」（joker）をつとめた。なぜ教師たちが失望しているのか、「外国人嫁」たちはどう感じたかを尋ねていった。「外国人嫁」たちが教師たちの苦心と諦念を察したのをみはからって、私はそれぞれに向かっていった。「先生がこんなに疲れていて、生徒たちは積極的でもないのだから、私たちは識字教室をやめたほうがいい」。「外国人嫁」はすぐに強く反応した。「それは駄目。団結しないと」。こうして私たちは「識字教室」をいかに継続していくべきか、彼女たちがいかに積極的に関与できるかを議論した。最後にようやく興奮する結論が出た。自分たちの拠点を設けて、自己管理を行いたいと。それは成功した議論だった。具体的なアクションプランができたからだ。けれども識字教室の教師たちと「外国人嫁」の間に信頼関係の基盤がなかったなら、到底達成はできなかったろう。「外国人嫁」たちに教師たちの過剰な負担に気づいてもらえなかったならば、彼女たちは識字教室の終了を望まないと強く表明することはなかっただろうし、彼女たちが自主的に参加する意志を引き出すこともできなかっただろう。もし「外国人嫁」を（教室をはじめたばかりの段階から）「共同研究者」としていたとしたら、これらは達成できなかったはずなのだ。

グループ的協力の必要性

実践式研究は本質的に個人主義へ挑戦するものであるべきだ。研究が向き合うのは社会の構造的矛盾であり、それらはグループの力によってのみ揺るがしうるからだ。よって実践は集団的でなくてはならないし、実践式研究はグループ的協力に依拠してこそ続けていくことができる。

「外国人嫁識字教室」は長年にわたり行われてきた。しかし現在までのところ、彼女たちの無関心《アパシー》を打破できたにすぎない。「外国人嫁」へ積極的な参加を行ってもらう、自身の運命と構造との関係性を批判的にみつめてもらう、自立した団体を立ち上げてもらう、自身の権益のために戦ってもらうまでにはまだ長い道のりがある。活動では挫折やボトルネック、一人で処理しきれない事柄に少なからず出くわす。個人が挫折で尻込みしてしまったり、現実に直面して継続できなかったりするとき、グループの他のメンバーが激励役・代替役をつとめるのである。「外国人嫁識字教室」は美濃愛郷協進会の力で立ち上げられた。人的資源や社会的資源の仲介と開拓（地元学校・コミュニティとのつながり）、実施の細部（場所の設定、生徒との連携、授業実務）に至るまで愛郷協進会幹部・ボランティアはさまざまな協力を行ってくれた。「外国人嫁識字教室」は私の提案したものではあったが、当初から多数の人びとの協力で進められてきたのだ。二〇〇〇年以降は愛郷協進会幹部と友好団体の立案で体系的な地元ボランティアの育成が行われた。それは識字教室の発展に関わるものであったが、同時に地元女性を組織する新しいルートともなった。(4) 同時に識字教室の教師たちによって教材がグレードアップされ、新しいアクションプランが生まれていった。(5)

グループで実践された別の実践式研究の例、夏林清《シアリンチン》教授の事例を挙げてみたい。女性労働者、工場閉鎖による失業者、公娼それぞれの問題において、夏教授の実践式研究を支えたのは長期間活動してきた労働運動の幹部たちであった。実践志向の研究者は自己をグループの一員だと認識せねばならない。大局を単独で支える個人だと考えてはならない。活動にあっては絶えず多くの人びとを参加させ続けなくてはならないし、時には自身のキーパーソン的地位を徐々に薄めて人びとの能動性を高めなくてはならないこともある。そうすれば個人的意欲の消耗による活動中断を避けることができ、社会変革の目標に対し持続的に接近してゆけるようになる。グループの形成と参加の拡大は実践式研究の条件であり目標なのだ。現在の「外国人嫁識字教室」の状況についていえば、識字教室を担っている主体は愛郷協進会幹部・ボランティアたちである。私個人の役割は主要な推進者／実施者から参加者／討論者へと薄められている。むしろ傍観者／記録者／提案者であるかもしれない。

さらに実践式研究は、より広い社会運動へと結びついていかなければならない。さもないと不満に満ちた社会で「カタルシス」を得る馴化の道具となってしまう。「被抑圧者の演劇」の創始者アウグスト・ボアールはアリストテレスから〔東ドイツの劇作家〕ブレヒトに至るまでに演劇理論が遂げたイデオロギー上の変革について論じている。ブレヒトはアリストテレス以来の詩学／演劇のエリート的傾向を覆した。すなわち、悲劇が観客に与えるおののきの「カタルシス」(carharsis) 作用——それは観衆のおののきを観客席の上にとどめ、現実の不平等・不正義を抑圧するものであって、演劇を通した馴化 (domesticate) であるという。ブレヒトの叙事的演劇 (epic theater) は舞台上の矛盾した情況〔を通して「あたりまえ」への違和感〕へ観客を向き合わせる異化の効果を生み出す。ボアールはアリストテレス的な感情移入論への批判から出発したブレヒトの叙事的演劇をさらに発展させ、観衆を観客席から舞台へと、主役へと押し上げ、身体による自己表現を行わせた。このボアール式「カタルシス」は——被抑圧者に演劇を通じて現実批判を経験させ、ロールプレイングによってアクションプランの立案・訓練へと参加させるものだ。ゆえに「被抑圧者の演劇」は「革命のリハーサル」とも評される。第三世界諸国において「被抑圧者の演劇」は社会運動組織と連携して実際に「革命のリハーサル」の目的を果たした〔ジャカルタの姉妹演劇、フィリピン・ネグロス島のさとうきび工場など〕「抑圧者の演劇」が社会運動と分離してしまえば、奇妙にもそれらは巧みな「馴化」となってしまうであろう。現代社会の矛盾へ誰もが多かれ少なかれ不満をもち、改変の希望をもっている。「被抑圧者の演劇」が強調する観衆の演出参加、不満や期待の表明・行動は、彼らの感情のはけ口となりうるものだ。広い社会運動との連携がなければ「被抑圧者の演劇」はただのカウンセリングへと変じてしまう。不満感情は解消されるのみで、「身をもった体験」（ロールプレイング）が無行動の焦りを解体してしまう。

実践式研究も同様である。それは現実に不満を持ち改変を望む研究者へ活躍の場を与える。だが広い社会運動との連携がなければ、研究者を馴化するためのメカニズムとなってしまう。国際結婚の例でいうなら、フィリピン人女性は「メールオーダー・ブライド」によって第一世界へ嫁ぐようになり久しい。その現象は長期にわたるフィリピンの植民地化と第一世界からの抑圧の歴史と密接な関わりがある（Aguilar 1987）。フィリピンの草の根女性連盟ガブリエラ（GABRIELA）はこの問題をフィリピンの民衆運動、あるいは国際反帝国主義・反グローバル資本主義の運動と結びつけることに成功している。アメリカ、日本、オーストラリアなどフィリピン籍の「メールオーダー・ブライド」が多い地域において、ガブリエラは彼女たちを組織していった。彼女たちは自身の権利のために戦いながら、母国の社会運動や反グローバル資本主義運動と結びついていった。多数の実践志向の研究団体が彼女たちの広く深い運動と結びついている。ガブリエラと協働する非営利組織ＣＷＲ（Center for Women's Resources）は研究調査に従事しうる活動メンバーとボランティアによって組織されている。メンバーは女性への各種サービスを提供するほか、ガブリエラの組織行動を基礎として調査業務を行っている。同じように国際結婚のテーマを扱いながらも、「外国人嫁識字教室」は今のところ彼女たちの母国団体と連携できていない。ましてやグローバル資本主義に対して声を上げることもできていない。将来的なグループ協力の拡大と深化が必要とされているのだ。

実践式研究からの社会研究

伝統的な客観主義の研究においては、行動や参加は資料の客観性を損ない、研究を台無しにしてしまうと考えられる。しかし「外国人嫁」に対する実践式研究にあって、筆者は実践式研究が破壊をもたらさないどころか、むしろより良い社会研究の成果をもたらすと確信するようになった。

先に述べた通り、学術的な研究として筆者が常に向き合った問題はいかにデータを入手するかであった。「外国人嫁識字教室」に関する詳細な記述から、読者各位にはデータ入手には信頼関係がしばしば必須のものであることを感じ取ってほしい。そして信頼関係は友好的な態度によってただちに出来上がるようなものではない。より深い信頼関係は「再生」プロセスの共同経験が必要である。それは共同で現実の改変へ努力するプロセスだ。それゆえに実践式研究は深くかつ非形而上的な高品質のデータを提供してくれるのである。

社会研究における核心的問題は社会発展と変遷である。とりわけ重要となるのが変遷のメカニズムに対する問題意識であって、これこそ実践式研究の最終命題である。アクションリサーチの創始者クルト・レヴィン（Kurt Lewin）はいくつかの名言を残しており、それらは良い註釈となるであろう。グリーンウッドとレヴィン（Greenwood and Levin 1998）から引用したい。「良い理論とは実践的なものにほかならない」（Nothing is as practical as a good theory）、「何かを理解する上で最も良いのは、ためしにそれを変えてみることだ」（The best way to understand something is to try to change it）。レヴィンは研究者の役割と、研究の質の評価基準を新たに定義し直した。すなわち良い研究とは現実生活の問題を解決する助けとなる研究である。研究者の役割は伝統的な観察者から、具体的な問題へ入り込み解決する行動者へと変わったのだ（Greenwood and Levin 1998）。

アクションリサーチとは別に実践を志向する流れが批判民族誌〔4〕である（Lather 1986）。批判民族誌は社会的事実（social reality）を提示し、説明するものとして理解しえよう。その研究焦点は、（1）社会における構造的な制限と行動者の間の弁証関係、および（2）個体ないし集合的な行動者がこの弁証関係において有する相対的な自主性にある（the relative autonomy of human agency）。二つの研究焦点が最終目標とするのは、個体を抑圧・統制された社会メカニズムから解放することにある（夏林清 1993, p10）。

実践式研究がよりよい研究をなしうるとするのは、社会の構造的制限と転換のメカニズムが実践へ関わらない限り、ダイナミズムを捉えるのが困難だからである。「外国人嫁識字教室」普及の例をみよう。当初それは関係行政に全く重視されなかった。一九九九年、内政部戸政司が国会の圧力により慌てて「外国人嫁生活適応サポート教室」を立ち上げたとき、各自治体の民生部門は、いずれも「所轄範囲でない」と消極的抵抗を示した。内政部戸政司による調整会議では、教育部局は「外国人嫁」は「国民」でないためサービス対象とはならないと述べた。「外国人嫁」が望む場合は各地の予備校へ通えばよいというのだ。戸政司職員の強い推進によって、一部自治体の民政局がサポート教室を開講した。もっとも戸政司は推進へ乗り気でこそあれ、同化イデオロギーへいまだとらわれていた。教師陣についても授業内容に全く斬新さがなかった。そこで〔筆者は〕個人的に官僚・担当者と接触しつつ、論壇への寄稿を通じて外部的圧力をつくることで、内政部へ教師育成訓練を実施させた。第一期育成講座の当初、担当者とボランティア教師たちは万事にわたって不満を表明し、私たちに既存の教材提供だけを行うよう求めた。そこで私たちは各種のワークショップを通じて養成メンバーたちの「共感」を生んでゆくとともに、(6)「外国人嫁」へ服務する業務上の熱意を引き出していった。そうして彼ら自身の手での教材編纂と活動がなされていった。翌年の育成講座において、前年度のメンバーたちは明らかに異なる認識を示した。多くが第一期の講座の後で積極的に教材・活動設計に従事していたのだ。さらには行政がもつ既存の人的・社会的資源を活用して、「外国人嫁」と関わる活動がスムーズに行えるようにしていた。これら育成講座の例が示すように、たとえ一般に硬直した行政官僚とみなされているような人びとであっても、適切な方法によってその能動性を刺激すれば、硬直した見解も揺るがすことができるのだ。

一連のプロセスで、私たちは「構造による」制限〔政府職員や事務職員の「外国人嫁」に対するステレオタイプ〔によって自身も型にはまった対処しか取らなくなってしまうなど〕〕と、いかにすれば制限を緩めることができるかを経験した。実践を行うからこそ、構造はダイナミズムとして立ち現れてくるのであり（structuring。固定した structure とは異なる）、私たちも構造と行動の間の弁証関係を三次元的に検証できるのだ。

また、実践がメディアの注意を引いたがゆえに、知識の生産に作用する権力のあり方を自ら経験することもできた。〔私たちは〕周辺化された研究対象者たちへの介入を通じて、彼女たちの能力と自信を培っていった。これは声なき人びとのために声を発するに留まらず、統治エリートによる管理様式を暴くものでもあった（Feagin and Vera 2001）。繰り返しになるが、独創性と進歩性のゆえに「外国人嫁識字教室」はメディアからの興味を引いた。私と美濃愛郷協進会、メディアワーカーたちの間には絶え間ないやり取りが展開された。第五章でメディアとの交渉について詳述したとおり、メディアが「事実」（reality）を生産するメカニズムを私は身をもって体感することになった。私たちがどれほど批判的角度から「外国人嫁」現象を考察しようとも、メディアを完全に掌握することが不可能な以上、しばしば報道において「外国人嫁」はエキゾチックな「他者」として描かれてしまった。第五章のメディア分析は「主張形成」の政治的性質を検証したものである。知識生産プロセスにおいて作用する権力のあり方は、距離をとらない生身の経験を通じてのみ、一次的経験として観察可能なのだ。

自己批判のすすめ

消音のメカニズムという批判は研究者にも当てはまる。声なき者のために声を発する（to voice to the voiceless）こと、「下から上へ《ボトムアップ》」（from the bottom up）を堅持してきたのが社会学である。こうした使命は研究者を脆弱な立場へ置くものだ。識字教室の経験を通じ、「自己の表明」なるものが不幸にも知識人・専門家の特権となってしまっていることを私は遅ればせながら理解できた。意見の表明であるとか感想を述べるといったことを要求されるにあたって、特にある種のグループの前でそれを要求された場合に「外国人嫁」は「私は知らない」とか「私にはどういったらいいかわからない」と答えるのが常であった。こうした回答は常々「普通の人びと」の頭の単純さや無能さを証明するものとして用いられてきた。しかし解放の社会学の観点からは、こうした回答の方式は、「弱者」(underdog)が自身を守るために用いる戦略だととらえる(Miller 1993)。なぜなら彼らの考えや意見は、マジョリティの社会においては存在しないか、考慮されもしないからである。仮にそうなったとしても、マジョリティの社会は自らに特権を与え、自身の意見を声なきものに押し付ける。自省が可能な研究者であれば、すぐにその危険性を察しうるであろう。そして自身が同じように自分の意志を強引に通すようになることを防ぐであろう。この考え方は当然、行動をとらない(inactivity)という決定に陥りがちだ。これは一種の新保守主義(neo-conservatism)でもある。行動しないことは現況に服務することであるがゆえに、トゥレーヌ(Touraine)は我々に警告するのだ。

実際のところ、研究者は自身が持っている搾取的な部分に対抗しなければならない。ゆえに、彼は社会運動団体からの批判に身をさらさなければならない。自分の考えに固執することから逃れてはじめて、彼は運動の観点から発言することができる。(Touraine 1981, p230)

私とメディアのやり取りの経験からは、一人の実践志向の研究者がいかに脆弱な立場かがわかるであろう。メディアは切り貼りによる産出プロセスで、被抑圧者の声とイメージを操作する。「外国人嫁」側は私に対してメディアの横暴を訴え、私へ代わりに交渉を行ってくれるよう頼んだ。このとき私の批判に遭遇したプロデューサーは、私に向かって逆批判を行った。すなわち、私は「被抑圧者」の父母でも何でもないのだから、彼らに代わって話をする権利はないと(第五章を参照)。実践志向の研究者は、「被抑圧者」の立場に立ち続けなければならない。

しかしながら同時に自己の役割に対して懐疑的でなくてはならない。そして被抑圧者の代理人をもって任ずるようなことには気をつけなくてはならない。ヴェラ（Vera 1996）が示すとおり、苦境の解決には直ちに行うべき任務をはっきりさせることが必要である。もし直ちに行うべき任務が、暴行者か被暴行者かの立ち位置の選択であるのなら、我々はゆったりと行動の合法性について考え巡らすべきではない。我々は直ちに行動しなければならない。だが、私たちにとって暴力と見えるものが、愛の表現だったとするならば、その時はどうするべきなのか。その場合、やはり我々はリスクを冒さなければならない。人の生活にはリスクというものがある。人びとと同じように学者も誤りをおかすリスクをもつ。そのリスクは、不適切さ・愚かさ・過度の単純化と関わっている、実践志向の研究者は、真摯に人としての熱心さ・焦り・怯えといったものに向き合い、アカデミズム的な冷淡さに満足しないようにならなくてはならない。

【注】

（1）交工楽隊のアルバム『菊花夜行軍』収録。「美濃外国人嫁識字教室」メンバーが歌唱担当。

（2）美濃「外国人嫁識字教室」が「外国人嫁」へ及ぼした変化については呉美雲（釈自淳）の修士論文（呉美雲 2001）を参照。

（3）フレイレは、実践とは行動と省察が一体になったものとする（Freire 1970, p68）。「空虚な放言」（verbalism）は「行動を犠牲にすること」（sacrifice of action）であり、「行動至上主義」（activism）は「省察を犠牲にすること」（sacrifice of reflection）である。

（4）識字教室での業務は女性ボランティアのジェンダー意識を覚醒させるとともに、自信と集団意識を培った。識字教室によるボランティア育成については呉美雲（釈自淳）の修士論文を参照されたい（呉美雲 2001）。

（5）現在積極的に進めているのが「ＤＶセンター」の設置である。生徒に基本的なソーシャルカウンセリングを教えるとともに、内政部ＤＶ防止委員会との協力で仲介センターを設置している。これは各地の「外国人嫁」がセンターを通じて地元ソーシャルワーカーほか関係者と接触できるようにし、言語ほかの要因で孤立する状況を解決しようとするものだ。

（6）最も有効だったのは、字幕なしの英語の動画を流し、予告なしに英語で議論を行う手法であった。まず彼らに慣れない言語環境へ身を置いてもらい、続けて中国語で感想をシェアしてもらった。ほぼ例外なく、彼らは抑圧感を感じたと述べた。そして「外国人嫁」の台湾における境遇と地元の人びとが行いうるサポートへ考えをめぐらせていったのである。

【訳注】

〔1〕自国語としての中国語初級学習に際して現在の中華人民共和国では一九五八年に制定された拼音《ピンイン》とよばれるローマ字を用いたスペリングが用いられている（たとえば你好→ni hao とつづる）。これに対して台湾（中華民国）では辛亥革命後に漢字を簡略化して制定された独自の発音記号を現在も用いている（たとえば你好→ㄋㄧ ㄏㄠとつづる）。これを注音符号（通称「ボポモフォ」）という。

〔2〕第二章の訳注〔1〕インデプス・インタビューの項目を参照。

〔3〕マルクス主義の文脈で用いられる用語。人びとが有する特定の認識が、物質的な関係性の基礎を離れて存在して（しまって）いるとき、その認識は唯物史観の立場からは虚偽とみなされる。

〔4〕特定の人間集団（古典的な研究では特定の民族）について、研究者が観察をもとに彼らの社会生活全体について総合的に記述したものを民族誌《エスノグラフィー》という。人類学者（民族学者）や社会学者が執筆する著作がすべて民族誌となるわけではなく、また逆に教育学や開発学のような領域でも民族誌的な著作は作成されることがある。「オリエンタリズム」批判の進展やジェンダー研究の深化とともに、民族誌のような「異なる」人びとについて記述する手法について、それらの研究行為のもつ潜在的な権力に対して批判が向けられるようになった。民族誌的な手法をとって「異なる」人びとの記述を行いながらも、研究者自身と研究者が属する自らの集団のもつ認識のあり方について批判的な検討を試みる立場を、しばしば批判民族誌（ないし批判的民族誌）とよぶ。

◉第八章　課題・情勢・展望

自省

美濃「外国人嫁識字教室」設立から数カ月、ひとりの台湾のフェミニストがメディアへ寄稿して識字教室を批判した。この文章は客家文化がもつ父権的本質を非難するとともに、識字教室による「外国人嫁」教育は、客家人男性によるいっそうの「外国人嫁」買いを奨励し、父権を助長するに等しいと批判するものであった。

一年後、複数の台湾フェミニスト団体によって全国規模の女性会議が開催された。美濃愛郷協進会は「女性文化ナイト」での舞台劇上演のために招聘を受けた。会議は四つのテーマからなっており、エスニシティの問題と関わるテーマはなかったのだが、私たちは客家女性の声を表現するよう求められた。美濃愛郷協進会は女性グループを立ち上げ、台本についての討論を行った。そして私たちは現代の客家女性が直面する苦境について表現することで一致した。フェミニスト言説の面からすれば客家文化は漢人の父権性の象徴である。ところが別の一面からみると、客家文化は強力な福佬文化の侵入のもと消滅の危機に瀕している。私たちは劇を通じこうした苦境に対する議論を促そうと試みたのであった。

だが「女性文化ナイト」のプログラムは、そもそも討論のために組み立てられてはいなかった。その散漫さからすれば、精々が「おたのしみ会」より気が利いた程度のものであった。別に招聘を受けたマイノリティ団体は、ある原住民部落からやってきていた。彼女たちのプログラムは文化ナイトの最後に配置されていた。主催団体は彼女たちが来場者とダンスして、それを団結の象徴としたいといった。他にも会議が終わる際、主催者は宣言文を回覧して美濃愛郷協進会の女性代表に客家語での朗読を求めた。もっともこの宣言は起草に際してマイノリティの女性たちを議論に参加させていなかった。にもかかわらず各グループの代表がそれぞれの言語での朗読を要求され、それが「姉妹の絆」であり団結の象徴であるとされたのである。当然、美濃愛郷協進会の参加者は屈辱を感じた。主催者はマイノリティの女性に娯楽のため、宣言を朗読するための道具役を演じさせたのだ。

美濃愛郷協進会の参加者はこの現状についての討論を行い、演出家と私の二人で会議の背後にあるイデオロギーを批判する文章を新聞へ発表することに決めた。そしてそれによって議論を促そうとした。数日後、主催者側の一人が回答の文章を書き、私を批判対象に取り上げた。彼女は私のことを漁夫の利を得る女性学者と書いた――フェミニスト運動の苛烈な闘争に乗っかって「女性問題」を研究し、学術的地位を得ていると。そればかりか彼女は私が運動の先駆者たちの貢献に敬意を払っていないと攻撃した。もっともこの批判者は我々が美濃鎮で行なっている「外国人嫁」プログラムについて把握していた（識字教室と関連するテーマの活動を含む）。したがって私たちは彼女の批判の背後に隠された前提について論理的に推定することができた――「外国人嫁」とそれに関わる業務は「正当な女性運動」には含まれないのだ。そうすると問題は「どんな女性ならフェミニスト運動の対象となる資格があるのか」へと変わってくる。

これらの例は、主流派フェミニズムの言説が、階級とエスニシティの面でもつ盲点を説明している。（元解放奴隷の黒人人権活動家）ソジャーナ・トゥルース（Sojourner Truth）の「私は女ではないの」（Ain't I a Woman）演説は階級的・エスニシティ的な挫折に直面したマイノリティ女性を的確にとらえている。一人の客家女性として、私はアメリカのフェミニストとアメリカの影響を受けた台湾のフェミニストから幾度質問を受けたかしれない。だが主流派フェミニズムのもつ救世主式教義からすれば、私が毎度とる反抗的な態度も

「いまだ啓蒙されざる」対象としてでなく「父権の保存者」として解釈され笑われるようなものなのだ。私はフェミニストではないのだろうか。私にはわからない。少なくとも私は人生経験と自身をとりまく世界を理解するための「正しい」あり方を一方的に教えられるのは拒否してきた。

これらの失望ゆえ、私は「外国人嫁」自身と夫たち自身が事象を理解するあり方に敬意を払うべきことを学びえた。彼女たちの世界観は高等教育を受けた人びとと同様に正統なものであるべきだ。私たちの信念や価値観なるものは、みな私たちが存在する社会的な場に根差したものなのだから。

「外国人嫁」現象に行政・メディア・大衆が関心を持つのは、「彼女ら」がいかに問題を生み出し、「我々」にどう影響するかという点に他ならない。それはあたかも「彼女ら」の境遇から「我々」は学び取るべき課題を見いだせないというがごとくである。この数年間「外国人嫁」のテーマへ身を置くなかで、私の頭へ次第に浮かんできたのは、「彼女ら」が生み出す問題をいかに解決すべきかではなく多くの啓発であった。「彼女ら」を通じて、多くの「我々」が当然と考えている価値であるとか心理といったものが、実のところかなり囚われたものであると見えてきたのだ。

結婚の「誠実なフィクション」

国際結婚における東南アジア人女性と台湾人男性は、社会進歩の残余物として構築されるか、さもなくば無知な被害者とみなされる。これまでの章で見てきたように、行政機構と社会は「外国人嫁」の結婚を一種の社会病理とみなしている。ここで結婚は単なる取引にすぎず、そこに愛情はない。ある著名な台湾の女性家庭セラピストの文章を例に挙げてみよう。

こうした「外国人嫁」の存在は我々に一つの現実を教えてくれます。私たちは社会が進歩したと考えていますが、その進歩は限定されたものにすぎないということです。なぜなら結婚が相変わらず金銭交易のもとにあるのですから……。

台湾人が外国人を妻とするのはお金がある故ではありません。彼らは現代的結婚たるものを全く理解していないのです。結婚でお金を得る外国人嫁たちも、身体で物質的な問題を解決しようとしているだけなのですから、やはり結婚について理解していないのです……。

外国人嫁を買う行為にはとても悲しい気分にならざるをえません。なぜ二〇世紀のこの時代に、相変わらず女性が商品とみなされるのでしょう。

自主結婚の時代にあってどうしたら「自由恋愛」を捨てて「売買婚」へ走るのでしょう。それはひとえに結婚がいかなるものか知らないからなのです。(陳艾妮 1996)

この文章ではっきりと強調されているのは、国際結婚を作り出す要因はつまるところ現代的結婚に対する決定的無知に根ざしているということである。この著者は現代社会に模範的結婚が存在することを示唆している。そしてこうした結婚は交易を超越したものである、結婚は神聖なものであって純粋に精神上の恋愛に基づく、といった論は、高等教育を受け文明人をもって任じる台湾人にありふれたものだ。たとえば駐インドネシア台北経済貿易代表処の陳《チェン》秘書は国際結婚を「これらの結婚は本物ではないのです。取引であって感情に基づいていないから」と軽蔑していた。

だが、当事者の語りとの比較を行ってみるなら、人びとの結婚に対する理想は階級化された社会で各自が置かれた社会経済的な位置に深く根ざしていることへ気がつくであろう。新富《シンフー》はインドネシア人女性を妻にしたとき三五歳だった。彼へ先のような批判にいかなる感想を抱くか尋ねてみた。すると彼は皮肉めかして答えた。

そう。俺たちは身分が低くて人も荒っぽい。確かに結婚が何かもわかっていないさ。もし俺もあんな風に暇で懐具合が良ければ、きっと結婚がどうこうと語れるだろうね。

「外国人嫁」現象における当事者は自身の結婚の取引的な性格を認めている。一方自ら「文明人」をもって任じるブルジョア階級の台湾人は、自身の結婚をロマン化している。後者にとって結婚は純粋・神聖な恋愛が行き着く誓約である。だが、彼らがいかに恋愛における取引関係を憎悪しようとも、ホモガミー（同質的結婚、homogamy）がしばしば見られるモデルであることは、すでに多数の研究が指摘するところだ。これらの研究は人びとが同一の人種、年齢層、エスニックグループ、宗教的セクトの中で、あるいは同一母語や同じ教育レベルによって配偶者を選ぶ傾向があるとする（Surra 1991）。台湾人の結婚形態に関する研究においても、張維安が示すように、お見合い結婚が遅れた現象とみなされている一方で、階級が選択の基礎となっているホモガミーはなお有力である（張維安 1983）。なぜなら同じ階級の男女は類似した価値観や相対的に多くの交流機会を有しているからである。

ブルジョア階級は一般に結婚とは非取引的な性質の上に築かれるものと信じている。こうした考え方は「誠実なフィクション」（sincere fiction）とみなすべきものだ。「誠実なフィクション」とは、ブルデュー（Bourdieu 1977）がマルセル＝モースの贈与（gift）論から着想した概念である。モース（Mauss 1954）は「無償の贈与」（free gift）なる概念には誤解が伴っているとする。贈与には返礼義務が伴い、それは社会的結合の最も根本的な基礎だとした。

ある「誠実なフィクション」は、一種の集団的誤解（collective misunderstanding）であって、ほんとうの社会的プロセスを隠蔽するものであり、あらゆる文化的な理念・規範の背後にある権力関係を隠蔽するものである。

結婚は純粋な双方の恋愛の結果とみなされている。こうしたフィクションは、人の「魅力」は自然的かつ精神的なものの現れだとロマン化する。それは社会的地位の産物ではないとするのだ。フィクションを誠実というのは、大部分の人が他の理解の可能性について全く気づいていないからである。ゆえにこの理念と抵触する結婚は、いずれも誤ったもの、かつ不道徳なものとみなされる。結婚が持つフィクションは、これら好みや魅力など、人の「特質」が社会的にもつ基盤を曖昧にする。ブルデュー（Bourdieu 1984）が『ディスタンクシオン』（Distinction: A Social Critique of the Judgement of Taste）のなかで結論したように、好みとは教育の結果であって、天性のものではないのだ。

> ある種の芸術品は特定の文化的能力、つまり、あらかじめコードされた文化的コードを有している人にとってのみ意味と面白みを有する。我々が明示されてあったり隠されていたりする枠組みに従って、意識無意識のうちに行う認識や鑑賞こそが隠された条件である――我々は特定の時代、特定の流派あるいは特定の作者を知ることによって、もっと広くいえば作品を熟知していることをもって、審美の前提条件としているのだ。（Bourdieu 1984, p2）

文化的能力ないしコードに対する習熟度は社会内部での異なる地位と強く結びついている。そして異なる階級やグループがもつ特性と密接に結びついている。

それぞれの社会で認知される芸術のヒエラルキー、それぞれの芸術のジャンル・流派・時代区分のヒエラルキーには、常にそれと対応した消費者の社会的ヒエラルキーがある。（Bourdieu 1984, p1）

配偶者の好みも同様だ。人びとが教育プロセスで獲得した審美的センスに深く根ざしている。「結婚しうる」（marriable）対象になる条件は社会的価値観である。しかし審美的センス同様、配偶者の好みからは往々に政治的属性が取り除かれる。配偶者の好みは「自然な」感情として構築される。そしてそれは経済的・社会的条件と関わりがないものとされる。好みの脱政治化そのものに政治性があるのであって、権力関係を曖昧にする。権力関係の中にある緊張と矛盾は中和される。ブルデュー（Bourdieu 1993）が「認識カテゴリーとしての家族」（Concerning the Family as Realized Category）において結論しているのは、

（だが）社会的特徴を自然なものとして扱うことで、次のような事実は無視される。家族とよばれる現実を可能にするためには、普遍的でもなければ、公平に分配されてもいない社会的条件を寄せ集めなくてはならない。要するにオーソドックスな定義の家族には普遍的な規範としての価値付けがなされている。これは事実上《ラ・ファクト》の特権だが、そこには象徴上の特権が示唆されている。正常であることから象徴上の利益を得るためには、これらの所謂特権は正当で規範的なものでなくてはならない。ほんとうの家族をもつ特権のある人びとは自由にそれを求める一方で、彼らが当たり前に求めている条件（一定の収入やマンションの所持など）がどこまで当たり前なのか問うことをしない。

筆者は本書において結婚上の好みが有する政治性を明らかにしようとした。そのために結婚の理想と行為がいか

に社会空間上の異なる地位――階級、エスニシティ、ジェンダーなど――へ関わっているかを検証しようとした。本書では、マジョリティ側の言説から蔑視される国際結婚は、現実には国際的・国内的な階級、ジェンダー、エスニックグループの階層化と結びついていると解した。しかし本論の主人公たちは完全に構造へ拘束されているわけではない。本書において国際結婚は一種の抵抗としても理解される。東南アジア人女性と台湾人男性は国際結婚を通じ、彼らがおかれた周辺的境遇に抵抗しているのだ。つまり「外国人嫁」現象は、相対的な低開発国の女性が相対的な先進開発国に嫁ぐグローバル現象の一環である。資本主義の発展は不平等な国際的分業をもたらし、中心・半周辺・周辺の諸国内にねじれた発展をもたらした。「商品化された国際結婚」は双方のねじれた発展によって周辺化された男女が、グローバル資本主義のもとでの労働力自由化プロセスにおいて、国際結婚を通じた活路を求めて生まれたものだったのだ。国際結婚は中心・半周辺・周辺の諸国へのさらなるフィードバック、さらなる資本主義の発展をもたらす。国際結婚において国際的分業は不平等な人間関係として具現化する。国際的分業の人間関係化とでもいえるであろうか。

公共言説の領域で、不平等な発展と国際結婚の関係を無視することは、交易を基盤とした結婚を、低級なもの、打算的なもの、卑賤で自主性を欠いたものと退けるということだ。ここには階級的優越の肯定が隠蔽されている。彼ら言説の主は、昇華され、細やかで、寡欲で、金銭的な返礼を求めず、高尚かつ神聖な喜びにのみ満足する存在として自身を定義している。

結婚――家族の事柄

結婚における愛情の真実性を信じるのみならず、中産階級は結婚に対する「誠実なフィクション」のもと、結婚はカップル二者間の事情であると考えている。この考え方は個人主義イデオロギーの重要な一部分をなしており、中産階級において一般的となっている。第四章で述べたように国際結婚の当事者は大部分が工場労働者や農家である。彼らは結婚とは家族のために行うものと考えている。以下では彼らの結婚プロセスについて分析を行ってみたい。彼らにとって結婚は男女双方のみでなく、家族を巻き込んで進める事柄である。かつ結婚における集団主義的性格は、個人主義的な結婚理念と家族の分解こそ家庭内暴力の触媒となっていること、多くの主流派フェミニズムの言説が示すような解放の指標ではないことを示唆してくれる。

お見合い——交換のプロセス

台湾人男性と東南アジア人女性との国際結婚は伝統的なお見合いの段取りを復活させた。これらの段取りは集団的なプロセスで、当事者が孤立した個人となることはない。金生《ジンション》は両親の介護をする必要に迫られており、彼の語ったインドネシアでの嫁探しの経験は一例といえよう。

インドネシア人の仲人は、彼に対して秀慧《シウフイ》という女性を紹介した。彼は秀慧の家でお見合いをした。その場には秀慧の両親、おじ、おばがいた。二日目、秀慧の別のおじが金生との顔合わせを求めてきた。数日後、秀慧と金生は婚約の日どりについて話した。そこで秀慧は金生に「契約書」を書くよう求めた。金生の仕事と家庭状況について記載し、もし契約書と事実が合わなければ、彼女は直ちにインドネシアへ帰国するとのことであった。契約書をつくるのは秀慧の家族——とりわけ彼女の両親、おじ、おばたちによる考えであった。金生は契約書を書くことを拒否した。そのため秀慧の家族はお見合いの進行を断ってきた。秀慧と金生の縁談は集団的な意思決定の結果であり、参与した集団には秀慧の両親や親戚たちが含まれていた。

軽度の脳性マヒを持つ明成《ミンチョン》と芬宜《フェンイー》の縁談も、双方の家族が進行したものであった。明成の父親は彼を連れてジャカルタでお見合いをした。明成はその場にいたが、意見の交換と調整はすべて父親が行った。芬宜のほうは姉婿が仲介した縁談であった。明成父の回想によると、

　息子の体は一般の連中みたく正常じゃない。だから俺は多くを求めない。条件があんまりいい娘は息子を気に入らないだろう。俺はバナナ栽培と養豚をしてる。一年に一〇〇万から二〇〇万（台湾ドル）は稼げるかな。まあ問題はない。俺たちの稼ぎは、普通のしょうもない給料取りよりずっと多いんだ。息子（明成）は昔工場に行っていたことがあるから、べつに馬鹿なわけじゃない。周《ジョウ》さん（インドネシア人の仲人）が台湾にやってきたとき、俺はあの人へ家に来てくれるようにいった。家の環境を見てもらうためにね。周さんは何もしなかったし何の返事もしてこなかったんだが、インドネシアへ行ったとき、三人の娘に段取りをつけてくれた。最初の二人はだいぶお喋りだった。三人目（芬宜）はとても物静かだった。翌日、彼女の姉と姉婿が俺を訪ねてきた。俺たちは部屋で膝詰めの話をした。俺はわざわざシャツ一枚で会いに行った。俺の体が健康で丈夫だと見せるためにね。息子は小さいころに高熱を出したのであって、遺伝なんかじゃないと証明したかったんだ。俺は彼らにいった。あの娘（芬宜）の心配をする必要はない。もしあの娘が息子に嫁いでくれるなら、俺はあの娘を実の子のようにかわいがる。要は娘が一人いるようになるだけだと。

芬宜の姉と姉婿は、明成の父と芬宜の息子の将来について協議した。明成に嫁ぐことについて芬宜はいいとも悪いともいわなかった。芬宜の話では、彼女は明成父に会ってから家へ戻り、姉と姉婿と一緒に話をしたという。

　私たちは戻って話したんだ。私には彼へ嫁いだものかわからなかったから。姉さんと義兄さんは、明成には

少し障碍があるけど人は良さげで、彼の父親も気の利く人そうだといってた。姉さんは私の条件（一人の子供もち）ではいい夫を探せないといったし、私もそれはわかってた。義兄さんも彼との縁談は悪くないと言った。だから私は明成に嫁ぐことにしてね。翌日、彼の父親に話をしたわけ。

上記の内容をまとめると、決定のプロセスにおいて多数の人が集団的に関与していた。もちろん最後の決定は特定の個人によるものであったが、だからといって当事者が孤立した個人だとは結論できないであろう。

結婚後の交換

研究者の多くは結婚後の交換〔つまり取引〕は、配偶者の間に「限定されている」（restricted）と考えている。レヴィ＝ストロースは限定交換（restricted exchange）を、「効果的ないし機能的に社会集団を一定の数量の交換対《ペア》へ区分し、任意のX—Y対《ペア》がつねに一種の互酬的関係をもつようにするシステム」（Levi-Strauss 1969, p146）と定義している。この類の交換システムは「パートナー間、ないし二の倍数のパートナー間でのみ互酬メカニズムをはたらかせる」（Levi-Strauss 1969, p178）という。〔ジェンダー研究において〕大部分の学者はレヴィ＝ストロースの「集団を一定数の対《ペア》に区分する」という概念を二人の人間〔のペア〕を現すものとして理解した。またレヴィ＝ストロースのいうパートナーは個人を指すもので集団を指すものではないと矮小化して理解した。たとえばスキャンゾーニとマルシリオ（Scanzoni & Marsiglio 1993）は限定的交換を「通常二名に限定されるもの」と定義している。限定的交換に関する研究では、たとえばグラーフェンホルスト（Gravenhorst 1988）の「性的友情」（erotic friendship）とスキャンゾーニほか（Scanzoni et al. 1989）の「性によって結びつく一次的関係」（sexually bonded primary relationship、結婚・同棲・異姓婚・同姓婚など）のように、カップル二人の間の交換へ主として着目している。これらの研究は個人主義的な当事者を前提としているのだ。だが、以下の明成と芬宜による台湾・インドネシア間の結婚についての語りが説明してくれるように、表面上は夫婦間個人の限定交換に思えても、実際には二グループ間の交換であって個人間の交換ではないのだ。

先に述べたとおり縁談は明成と芬宜の家族間で行われた。芬宜が強調するところでは、彼女の結婚へ報いるため、明成の家族は毎月彼女の姉へ送金して息子の養育費とすることに同意したという。しかし明成父はこの協定の存在を否定した。彼によれば、彼と芬宜の姉婿で話をつけたのは結納金に息子の養育費も含まれるとの件だったという。怒る芬宜は明成との同衾を拒否して懲らしめとした。

明成は私によくしてくれるし、優しいよ。でも彼の両親には怒ってる。とくに父親にはね。私はここで衣食に困ってないけど、息子へはお金が行ってないから。明成にはお金を求められないよ。彼はお金を持ってないんだもの。彼の両親は自分たちの代わりに私に息子を産んでほしいんだろうね。彼らが送金してくれない限り、私は子供をつくらないよ。

彼女が懲らしめた対象は、明成個人ではなく、彼の属する家族であった。芬宜の抗議の間に明成父は考えを変えるようになった。彼が父親としての役割を何も果たせないということを恐れたからである。

誓ってもいいが、俺があの子の姉婿と話をつけたのは、毎月の送金じゃなかった。結納金の額についてだった。俺にはどこで間違いが起こったかはわからない。もしかしたら俺がインドネシア語を話せないからかもしれない。あの子の姉婿も中国語を話せなかった。だから、俺たちは周さん（インドネシア人の仲人）に通訳を頼んでた。もしかしたら通訳で間違いがあったのかもしれない。けれどあの娘は送金しろっていい張るんだ。さもなきゃ息子とは寝ないって。わかるかね、それがどれほど残酷か。連中は俺に多額の送金を求めてきた。でも俺にどんな選択があったんだ。跡継ぎができなきゃ結婚には意味がない。送金しなきゃ父親としての役割はどうなる。ほんとに多額だったけどな。

この限定交換には確かに二つの集団が存在する。明成と芬宜の家庭である。先の例において、カップルの行為は彼らが所属する集団を代表するもので、非利己的なものだ。すなわちA集団のメンバーからのB集団のメンバーへの要求はそれ以外の集団メンバーによっては実現されえない（逆も同じ）。たとえば、芬宜――A集団のメンバー――は明成と彼の父――B集団のメンバー――に対してしか送金の要求ができない。もし目的が達成されなければ、芬宜とA集団のメンバーは明成と家族へペナルティを課すことができる。当時の規定では結婚後半年で、芬宜はインドネシアへ帰る必要があった。帰国後、芬宜は明成へ連絡をとらなかった。明成の電話を取ろうともしなかった。明成が彼女の姉と姉婿に、芬宜の居場所を尋ねると、彼らは「わからないね。彼女の息子が学校でお腹を空かせているんだから、あんたが養ってくれなきゃ芬宜とは話をさせたくない」と返事をよこした。

この分析事例はエケ（Ekeh）がいう「集団主体の一般交換」（the group-focused net generalized exchange）に当てはまる。エケの議論では、この交換に関わる個人は「持続的にある単位の集団のために何がしかを負担し、のち集団の一部分としてその他のメンバーから見返りを受ける」（Ekeh 1974, p53）。このメカニズムは次のようなものだ。A→BCDE、B→ACDE、C→ABDE、D→ABCEおよびE→ABCDである。この交換にあって集団は実体をもちかつ個人と対立した存在である。個人は集団に対し一定の義務を有している。そして個人の権利は集団の責任に即したものである。こうして集団が一定の権利と義務を有しているのである（Ekeh 1974, p54）。

たとえば台湾人男性が結婚して子供をもうける義務は、彼らの集団に対する――すなわち家族全体に対する責任であって、個別の家族・祖先に対する責任ではない。また、集団（祖先全体）に利益をもたらした人物が集団の個別のメンバー（両親や兄弟）に見返りを強要することもできない。

裏返しの集団主義

これらの結婚が集団的であるのは、当事者の教育レベルの低さゆえに「個人の自由」の理念的導きを得ていないからだという人もあるかもしれない。あたかも個人主義が、あらゆる抑圧からの解放の鍵でもあるかのように。個人主義なるものには「裏返しの集団主義」(reverse collectivism) とでもいうべき別の解釈がありうる。たとえば、ある別の研究で私はアメリカに留学している何名かの華人系留学生をインタビューしたことがある。彼らに対して交際相手や未来のパートナーの選び方について尋ねると、共通して返ってくる反応が、それは純粋な個人的選択に属する事柄だというものだった。「個人的選択」とは何をいうのだろうか。ティナ (Tina) の回答では、

うーん、それは**私の**（強調）結婚だから。私の決定に影響を与えられる人はいないよ。私は若いし、高学歴で開放的だから。伝統的な女性、そう、両親や祖父母の時代の女性とは違うんだ。彼女たちは自分が何をしたらいいかも知らなかったしね。ときどき私の両親とか友達が彼氏について意見をいったりするよね。ちょっと困ったりもする。ただ絶対そんな意見に邪魔されたりはしたくない。私は独立した個人。誰も私の代わりに決定はできないから。

「伝統的な女性とは違う」との考えは「自己」と「他者」の境界線をつくりだす。自己を確立するために対比的

性格の他者を構築するのだ。ゆえに自己と他者は寄り添いあった存在である。自己はつねに「他者でない」存在として定義される。「両親とか友達が彼氏について意見をいったりするよね。ちょっと困ったりもする」との語りは、ティナの「独立」した「個人の」決定なるものが、彼女の属するコミュニティから分離したものではなかったことを暗示している。その決定は孤立した状況で完結するものではなかった。むしろ彼女が「自主的に」決定を下したとき、他の人びととの意見がすでに考慮されていた。つまり自己を伝統的女性と異なった存在とするために、彼女は他の人びとからの影響を受けてはならなかったということだ。皮肉なことだが、彼女が行った決定はやはり両親や友人たちの集団的参与の結果であった。集団性の向かう方向が逆になっただけなのだ。

個人主義のロマンス──解放か孤立か

フェミニズム的な啓蒙を受けた人びとが、「外国人嫁」に関して注意を払っているのがドメスティック・バイオレンスの問題である。彼らは「外国人嫁」の夫たちの教育レベルが高くないと考え、父権性ゆえ容易に暴力へ訴えるであろうと想定している。同様に、適切な教育を欠いているゆえ「外国人嫁」たちも夫の行為が不当な行為であるとは考えまいと想定している。駐インドネシア台北経済貿易代表処の陳秘書が評するように。

人道的角度からすれば正直不適切だと思います。なぜ結婚できないからといって妻を買わなければならないのでしょう。なぜ女性たちは買われていくのでしょう。彼らはここの女性は苦労をいとわずおとなしいといいます。それは言葉が通じないから、殴りさえすればいうことを聞くのでしょう。支配されていても言葉が通じないから従うしかないんでしょう。それでもおとなしいというのでしょうか。本当におとなしいのではなくて、どうしようもなくて素直にしているだけでしょう。もし台湾のみなが教育を受けていれば、男女平等の観念があれば、こんなことにはならないでしょう。教育を受けていないから奥さんを殴ったりするんですよ。

修士号を持つフェミニストの記者のインタビューを受けたことがある。彼女は「外国人嫁」に関する特別記事を書こうと考えていた。テーマは「ドメスティック・バイオレンスの深刻さ」についてだという。私は彼女にドメスティック・バイオレンスが「外国人嫁特有」のものと思うかどうかを尋ねた。彼女ははっきりと自身の問題意識について述べた。

もちろん、都市部の家族にも暴力の問題はありますよ。私は彼女たち外国人嫁がドメスティック・バイオレンスについてどう考えているか知りたいのです。御存知の通り、農村の女性や教育程度が低い女性は簡単に夫の虐待を愛の表現とみなしてしまうから。

彼女が仮定しているのは、ドメスティック・バイオレンスは農村部の家族にありふれており、そのうえ農村女性は夫の虐待を容易にロマン化してしまうというものだ。こうした思考は主流派フェミニズムにおけるイメージから導かれたものである。すなわち都市／農村の対比を、進歩／落伍の二分法でみなしてしている。

一般的な考えとは異なり「外国人嫁」たちは、はっきりドメスティック・バイオレンスの可能性を認識している。先にも述べたとおり、国際結婚は多くが伝統的なお見合い手続きによって進められる。お見合いには有力な社会的ネットワークが必要であり、そうしたネットワークの存在は「外国人嫁」の不安をやわらげ結婚を決める後押しをしている。私は阿芬《アーフェン》に台湾へ嫁ぐことを決めた際、ドメスティック・バイオレンスの問題を考慮したか尋ね

てみた。彼女が説明するには、

夫は私のおばさんが紹介してくれたから。おばさんは彼を友人だと考えてた。私はおばさんのことを信じてたから、彼はきっと大丈夫だと思ったんだ。

とのことであった。これは多くのインドネシア人女性と共通する考えである。阿芬は台湾へ嫁ごうと決めたとき、ドメスティック・バイオレンスについてどのように考えていたかを教えてくれた。

暴力を振るう夫のことはあちこちで聞いたことがあるよ。でも私は怖いとは思わなかった。もし彼が私を殴ったら、逃げればいいのだから。そもそもビザの規定で六カ月経てば私は台湾を離れないといけないのだし。もし夫が私によくしてくれなきゃ、私は戻らない。インドネシアは大きい国だから、私を探し出すなんてできないでしょ。

つまり「外国人嫁」たちは、フェミニストが望むほど宿命論的で孤立無援の存在ではないのだ。彼女たちは反抗手段を持っている。男性側の観点が中心のメディアと行政は「家からの逃亡」を証拠に「外国人嫁」の邪悪さを示そうとしている。一方、主流派フェミニストたちはそれを厳重な搾取がもたらした絶望的行為とみなしている。「開化された」姉妹によって助けられる宿命の被害者として規定されるのだ。別のフェミニスト的観点では、女性たちは自身の置かれた不利な立場と取りうる抵抗戦略を胸に秘めていると理解している。つまり「家からの逃亡」は弱者（underdog）戦略（Miller 1993）として理解される。いわゆる「弱者戦略」とはマイノリティが常用する抵抗戦略だ。ミラーが考えるように、マイノリティはただ座して死を待つ存在ではなく、常時かすかな抵抗スタイルをもって対応する存在である。しかしこれらの戦略は、マジョリティの社会から無視されたり、蔑視されたりしがちである。

「外国人嫁」たちが用いる「弱者戦略」は、女性が常に用いる戦略でもある、「井戸端会議」だ。台湾人と「外国人嫁」の結婚は家族メンバーの集団的参与がついて回り、親族のみでなく隣人や仲人を巻き込んでいる。それは仲人の家庭も重要な役割を果たしているということでもある。たとえば、啓文《チーウェン》さんは本書でインタビューした「外国人嫁」の多くの仲人である。彼は美濃にタバコ乾燥場を持っていたが、家族がタバコ生産をやめて久しいため、彼が仲介した夫婦の集会所にリフォームした。集会の際には啓文さんの妻と両親もそばにいる。時には、インドネシアへお見合いに行く台湾人男性を励ましもすれば、しばしば家庭内の争いの調停の場ともなる。たとえば阿芳《アーファン》は夫・富国《フーグオ》の博打好きにかなり悩んでいた。彼女は直接夫に反抗するのではなく、個人的に啓文さんの奥さんへ助けを求めた。そして奥さんを通じて啓文さんへ家庭の隠れた危機を伝えた。啓文さんはその情報を得ると、それを富国の父親・錦田伯《ジンティエンボー》に伝え、錦田伯から富国に警告がいった。阿芳はこうした細やかな戦略を通じて夫に社会的圧力を加え、行いを正さざるを得ないようにした。ある時、阿芳と富国の夫婦は一緒に私のもとを訪ねてきた。私が彼女の結婚後の生活を尋ねると、富国は笑っていった。

　彼女は賢いから、すっかり尻に敷かれてしまってるよ。周りが彼女のことを好きだから。彼女のために俺を見張ってるのさ。

阿芳はいかなる連携の機会をも逃さなかった。「暁鵑《シアオジュエン》、富国は博打好きで酒飲みで」彼女は恥ずかしげに笑いながら、私にいった。そして富国が注意をそらした隙に、私へ目配せをして富国を諭してくれるよう伝えた。

女性同士の連携や「秘訣」の交換も重要な戦略である。啓文さんの奥さんは若い「外国人嫁」たちへ夫を「使いこなす」手ほどきをするのが常だ。この種の術は彼女の長年の経験に基づくもので、いくつかはさらに以前の女性から伝えられたものである。家計のやりくりは一番重宝される戦略である。

だが、これら「舞台裏の」戦略は、女性が抑圧され孤立無援状態の兆候として解釈されがちである。ミラー（Miller 1993）のいうように、「主張の提起」（claim-making）のあり方と権力とには関わりがある。男性が公共領域で行う理性的・抽象的主張は優位におかれ、政治的主張のスタンダードとされる。優位とされたあり方へ対比されるのが、家庭で個人的ないし伝え聞きの形で行う会話であり、それらは「女性的」（「おばさん」的な）かつ「単なるうわさ話」とみなされる。なおかつ、それらは「ほんとうの」観点からの議論、ないしは「ほんとうの」道徳的立場の表明、「ほんとうの」問題の解決に向けた交渉とはみなされない。女性の抵抗戦略がうわさ話（gossip）として定義されると、彼女たちの声は消滅してしまう。女性によるこの種のひそやかな「主張の提起」の形式は、彼女たちの社会で周辺化された地位が生み出したものである。だが、彼女たちの立場がいかに周辺的であっても、彼女たちは常に「主張を提起している」のであって、常に抵抗しているのである。主流派フェミニズムは女性の細かく技巧的な抵抗スタイルを無視する。女性の弱く孤立無援の存在としてのイメージを強化し、奇妙なことにフェミニストが抑圧された女性の救世主として持ち上げられていくのだ。

主流派フェミニズムが個人主義を最終的な解放の道として強調するのは、女性にとってむしろ致命傷となる。先に論じたとおり、社会的ネットワークは「外国人嫁」の生存のキーとなるものだ。多くのフェミニストが着目するドメスティック・バイオレンスは、孤立無援の女性にとって致命的となりうる。社会的ネットワークが相対的に密な農村地域において、暴力を受ける女性はむしろ容易に助けを求められるのだ。次の例からは、農村部の人びとにあっては、都市部のように家族の事柄はプライベートな事柄とされず、むしろ集団的に危機解決が試みられていることがわかるであろう。

啓文さんは「インドネシア人嫁」の仲介業を行っていたが、嫁たちが夫とともに自発的に友人を紹介していくようになっていくと、徐々に関わりが減少していった。啓文さんと奥さんの関係も、収入の減少とともに次第に冷えこんでいった。諍いや暴力までもが日常茶飯事となり、親戚や隣人たちの耳にも届くようになっていた。啓文さんの奥さんは、周囲の人びとに夫が彼女を殴ると訴え、妹の家に逃げた。そして夫にもう家へ帰らないと脅しをかけた。啓文さんは家族と隣近所に口添えを頼み、奥さんのゆるしと帰宅を求めた。家族の危機は最終的に集団の努力によって解決をみた。暴力もより回避されやすくなったといえる。親友たちが特別な注意を払うようになったからだ。

個人主義が人びとの孤立化を進める状況下で、女性は独力で抑圧に向き合わなければならない。多くのメールオーダー・ブライドたちの虐待にまつわる悲惨なストーリーが教えてくれるのは、ドメスティック・バイオレンスにさらされている女性にとって孤立がとりわけ危険な状況を作り出しかねないことである（たとえばConcon など1982, de Stoop 1994）。個人主義は抑圧に対して最終的な救いとはなりえないのだ。デル＝ロザリオ（del Rosario 1994）が認めるように、フェミニストはメールオーダー・ブライドを助けていると自認しているが、しばしばその逆へ突き進んでいる。フェミニズムが反父権を反集団主義および個人主義の称揚と同一視するなら、それは父権の本質を捉えそこなうのみか、女性、とりわけマイノリティの女性を危険な境遇へと追いやってしまう。

「自己」と「他者」の構築

本書は台湾人男性と東南アジア人女性の国際結婚をロマン化しようとするものではない。そしてそれが穏やかなものであると粉飾するものでもない。私が強調したいのは、彼らの結婚は他の結婚と同じであって、非道徳的なものではないということだ。私はインドネシア人嫁の母に、娘が遠方に嫁いでさびしく感じないかと尋ねたことがある。すると彼女は淡々と答えた。

女はどこに嫁ぐにせよ、嫁いで出て行かなければならないのは一緒。どこにせよ自分の家じゃない。私は娘がいい男性に嫁げて、子供たちが将来〔自分と〕同じように哀れで、学校にいけないほど貧乏になってほしくはないと望むだけ。彼女が国外に嫁いでいけさえするなら、どこの国だろうと、インドネシアよりは生活がいいだろうから。

「伝統的」な老母の話は私に気づかせてくれた。「外国人嫁」とあらゆる父系社会における女性は同じなのだと。彼女たちは結婚制度を通じて必ず母親のもとを離れるよう求められ、新たな家族での苦難へと投げ込まれるのだ。春梅《チュンメイ》は「外国人嫁識字教室」で瞳から溢れる涙を抑えながら、故郷を離れる時の心情について話してくれた。

家族は港まで送りに来てくれてた。私は汽笛とカモメの声ですっかり心が縮こまってしまって。空港につくと、同じように台湾へ嫁ぐ娘たちがいてね、出発前の彼女たちに両親が何くれと注意をしてた。そのとき私は家に帰りたい衝動に駆られたんだ。はるか遠く見知らぬ台湾で、言葉も通じない。私はどうしたらいいのかわからなかった。

あらゆる女性が結婚で遭遇する問題や戸惑いは、「外国人嫁」が向き合わなければならないものである。しかし台湾の女性と比べて、あるいは遠く見知らぬ国に嫁ぐ必要のない女性たちと比べると、「外国人嫁」はさらに故郷から離れての孤立へ向き合わなくてはならない。そして階級やエスニシティの面で多重的な搾取を受ける。ブルデュー（Bourdieu 1993）は、家族と結婚は社会秩序を支えるキーとしての役割を果たすとしている。それは生物的な再生産にとどまらず、社会的な再生産をも含むものだ。「外国人嫁」と台湾人男性の国際結婚は、国際的な分業、各国内の階級、エスニックグループ、ジェンダー面の不平等な文脈のもとに置かれている。あらゆる女性が結婚で遭遇する戸惑い以外に、「外国人嫁」は台湾人から向けられる排外意識や差別と向き合わなければならない。彼女たちは外国人であり、「劣った他者」としてまなざされるのである。

劣った他者

他者の構築（othering）は「外国人嫁」現象のあらゆる構築の中に存在している。第三章・第五章でそれぞれ分析したように、行政・メディアの言説、すなわち「外国人嫁」現象に関する公共の言説は国際結婚の当事者を「劣った他者」として構築し、彼らを他の無辜の人びとへ害をなす存在として描き出す。彼らの国際結婚を教育程度が低い男女の卑しい結合として定義することで、彼らの子供たちは台湾の人材の質を将来的に低下させる存在とみなされる。行政職員や記者たちは、先覚者然と警告を発する。「彼ら低レベルの人たちは、必ずや我が国の民度に影響するであろう」と。

これらエリート主義的な言説は、台湾の歴史的文脈へ照らせばずいぶんと皮肉めいたものだとわかる。台湾人は、破れ車にボロをまとって山野を開いた己が先祖たちをたたえる。私たちが引き合いに出す先祖たちは、断じて富豪の出でもなければ、詩書に耽溺する細腕の書生でもない。大部分は貧困・戦火を逃れ、異郷へ逃れた底辺の人びとであった。同じように社会の底辺からやって来ながら、先祖は私たちの英雄となり、「外国人嫁」と「台湾人夫」は卑しむべき「劣った人びと」とみなされてしまう。

台湾人の先祖たちへの構築と、「外国人嫁」に対する構築が異なってしまうのは、それらが自己の規定する語りの立ち位置に根ざしているためである。台湾人は自己と先祖の双方を「われわれ」のカテゴリーへおき、先祖たちの英雄譚をつくる。一方、「外国人嫁」と「台湾人夫」は「彼ら」のカテゴリーへ置かれ、不道徳な賤しい「他者」としてイメージされる。

優れた自己

自己の構築と他者の構築は並行して同時に行われる。「他者」とは「自己」の反対の姿なのだ。心理的に「自己」がおよそ認めたくない性質は、「他者」イメージの中へ盛り込まれる（Takaki 1990）。フィーギンとヴェラ（Feagin & Vera 1995）が示すように、過去のアメリカ社会学がエスニシティ研究で無視してきたのは、白人が他のエスニック・グループを劣った存在とみなすと同時に、「白い私」（White self）を作り出すことの心理的効果である。「他者」がいかなる存在としてつくられたかを検証するに際しては、「自己」をいかなる存在としてきたかが検証されなくてはならない。

「外国人嫁」と夫たちを「劣った他者」として描くと同時に、行政とメディアは台湾の他の人びとを――もちろん彼ら自身を含むのだが――「優れた自己」として描いている。そして「劣った他者」は生活の質を壊す脅威だとするのだ。

「他者」を厄介な存在とし、自己を被害者として描き出すことで、人びとは社会問題へ向き合わねばならない焦りから抜け出すことができる。なぜなら彼／彼女はすでに問題の原因を見つけているからだ。社会問題は特定の「個人」――「劣った他者」の非道徳的な性質へ帰されることで、「自己」は社会悪（social ill）への関わりを免れる。ゆえに、既得権益を持つ階級、エスニック・グループ、ジェンダーからすれば、彼らの「個人的」成功がいかに社会システムで周辺化された集団に根ざしているか――いかに彼らの成功が社会での地位・関係と緊密に結びついているかは、無視されてしまう。社会問題を個人化する視点は、個人の成功と失敗がもつ社会的基盤を無視してしまうのだ。

「被抑圧者」間における自己／他者の構築

第四章で示したとおり、国際結婚の当事者たちは劣った他者として描かれることを憎んでおり、同時に自己を社会問題の「被害者」として構築している。マジョリティの言説がいうような社会問題の「製造者」ではないと。にもかかわらず、被害者意識が国際結婚の当事者間へ団結を生み出すとは限らない。いかに行政・メディアの言説へ強烈に反駁したとしても、彼らの自己認識そのものが、劣った他者とされる言説の肯定・強化の上に成り立っているのだ。当事者たちは大衆の彼らの結婚に対するとらえ方を熟知している。結婚の理由について尋ねられると、大抵の当事者たちは国際結婚の特徴に関する大衆的イメージは正確だと答える。自分たちは「例外だ」というのだ。阿金《アージン》は修士号もちのインドネシア人嫁と結婚した。彼の語りは被抑圧者による「例外化」（exceptionalization）の典型だ。

多くは（インドネシアに行って嫁を貰うのは）障碍もちだね。酒癖が悪いやつも一杯だ。そんな奴らと結婚する娘がいるもんか。多くは嫁いできてから後悔するんだ。逃げ出した娘たちのことは聞いてるだろ。そんな連中に嫁いだ娘たちだよ。俺はそうじゃない。俺は昔から何人か女の子と付き合ってた。でもその時には結婚しようとは考えなかったんだ。楽しむだけでね。結果今じゃ歳なんで、嫁探しが大変なんだ。

金生は小児マヒ患者である。彼も自己を「典型的」な「外国人嫁」をめとる台湾人男性と別な存在として描いている。

外国人嫁をめとるやつは、脳みそか神経（精神）に問題があるのさ。俺は脚がよくないけど、それでも正常だ。ひどいいい方だけど、あんたは「アタマがパーな」（頭脳に問題のある）奴と付き合いたいかい。連中の結婚が問題なのは当然だよ。

明成は幼児期の高熱で脳に損傷を受けている。彼にも同じような自己構築がみられる。

連中は俺のことを鈍いっていう。でも俺はバカじゃない。俺は連中みたいに毎日酔っ払って嫁を殴ったりはしてない。俺は嫁によくしてるよ。

これら当事者の言説からみてとれるように、彼ら自身も「劣った他者」の構築を通じて自己の構築を行っている。他の国際結婚の当事者を劣った他者として構築し、自己を大衆から見た当事者像中の例外として描くのである。

国際結婚の当事者である男女は、自身を「例外化」するのみならず、同様な境遇の男女を「劣った他者」として構築している。彼らも問題を自国の異性へ転嫁する傾向があるのだ。第四章で当事者の構築についてみたように、「外国人嫁」は自国男性の怠惰と飽きっぽさを自己の離郷の原因としていた。一方、台湾人男性は台湾女性の計算高さゆえに、自身が南方で嫁探しをするはめになったのだと考えている。両者は共に、自身の一生の大事と不平等な発展形態の間の関連性を批判的に結びつけて考えることをしていない。むしろ不平等な構造内で他のマイノリティへ問題を転嫁している。これら被抑圧者がもつ連鎖式の認識は、趙剛・侯念祖が台湾の外省人コミュニティへ指摘した例と同様である（趙剛・侯念祖 1995）。外省人男性は社会上昇における焦りを外省人女性に転嫁していた。フレイレ（Freire 1970）は被抑圧者がもつ二重性について指摘している。彼らは被抑圧者の意識を持つのみならず、抑圧者の意識を内在化してもいる。被抑圧者がもつ転嫁型の自己認識は不平等な構造をさらに強化することとなる。

社会的不平等の延長

自己構築は「他者」を劣等者として構築することを前提としている。「自己」と「他者」の階層的構築（hierarchical construction）は、不平等構造が延長されたものである。第六章で論じたとおり、国際結婚は国際的・国内的に階層化された社会関係へ根源をもっている。だが「自己」を優越した存在とし、「他者」を劣った存在とすることで、社会問題を劣った他者へ転嫁することは不平等構造への挑戦ではない。国際間の不平等関係を「個人関係化」させてしまうものだ。行政・メディアは、国際結婚における男女が階層的な社会発展からいかに見捨てられてきたか決して探求することはない。彼らを社会発展に追いつけない劣等者として形容・診断するだけだ。一方、商品化された結婚における男女は、マジョリティによる構築を否定したり、抗議したりしてこなかった。自己を「典型的」な「悪者」の例外とみなすのが常であった。「他者化」は特定の集団が独占・当然視している特権を合理化するとともに、特権階級のせいで味わった挫折への対抗を抑え込んでしまうのだ。

横断性――異／同の合一

あらゆる個人は自身のライフヒストリーを有している。しかし個人はついぞ孤立した生物であったことがない。私たちの思考や行動は、それらが形成される条件と社会的基礎を有している。にもかかわらず、マジョリティ言説の中で「差異」こそが「まなざし」をひきつけるものである。たとえば「第一世界」の労働者は「第三世界」からやってきた移民労働者（migrant workers）を決して自己と同じブルーカラーとみなさない。前者は後者の「劣った」国籍と食い扶持を奪おうとする「邪悪な」意思へ「まなざし」を向ける。結果、世界各地で安価な労働力を搾取し利益最大化を試みる国際資本の戦略は決して挑戦を受けることがない。

本書が提示するのは、階層化された自己／他者の境界が社会秩序の再生産の基礎となっているということである。だが「横断性」（betweenness）はその循環を打ち破る鉄槌となりうる。フェミニスト言説を例に取ってみよう。初期フェミニストたちは、「姉妹的連帯」によって父権へ対抗する基本戦略を提示した。それらの言説は男女対立の二元的世界を構築し、女性の中の「同質性」（sameness）を強調するものであった。女性間の差異へ言及する言説は、いかなるものであれ女性の団結への脅威とみなされた。近年、マイノリティ出身のフェミニストの増加によって、これら大同団結的な言説に潜む白人中心主義的イデオロギーは批判を受けている。しかし皮肉というべきだが、マイノリティ文化を白人文化に優越させて描く傾向が近年のエスニック・マイノリティ出身のフェミニストにみられる。たとえばデル＝ロザリオ（del Rosario 1994）の主張によるなら、フィリピンの原住民文化は平等を強調するのに対し、西方文化は悪徳に満ちたものとなる。アフリカ中心主義的な言説の多くにおいても、アフリカ文化は理想的な平等主義とされ、邪悪な白人ヨーロッパ文化と対比される（たとえばAni（1994））。アブー＝ルゴット（Abu-Lughod 1993）はこれらの傾向を評して「逆転したオリエンタリズム」（reverse orientalism）という。これらの傾向は決して階層化された他者化の構造に挑戦するものではないからだ。構造を単純に逆転させたものに過ぎない。当初は「劣った他者」の生産プロセスへ挑戦しながら、最後は「他者化」構造の中へ陥ってしまうのだ。「自己」と「他者」の境界線を引くことは避けられない。我々が「我々」とか「彼ら」といったとたん、境界線は引かれてしまう。けれども境界線の出現は必ずしも階層の出現ではないのではなかろうか。中国古来の陰陽思想は、選ぶべきもうひとつのモデルを提供してくれる。自己と他者はいずれも一つの円の中にある。自己の中に他者があり、他者の中に自己がある。両者は決して階層関係ではない。陰陽モデルにおいて重視されるのは自己と他者との「つながり」であって、差異ではない。いかに他者の中へ自己を見いだし、自己の中へ他者を見いだすかにこそまなざしは向けられるべきである。たとえば、白人女性は黒人男性ほど切実な経験をもたないかもしれない。しかし女性として抑圧を受けた経験を、黒人として抑圧を受けた経験と結びつけることができる。人種差別とジェンダー差別は表面上、別の事柄である。しかし経験の中の「関連性」と「横断性」に着目してみるならば、両者はいずれも尊厳を求める中で生み出された闘争・挫折の結果であって、類似点をもつことに気がつくだろう。

経験のもつ横断性は「深い共感」の門を開きうるものだ。経験がつくられる構造的文脈へ批判的な目を向けられるようになる。「外国人嫁識字教室」講師育成プログラムの例を挙げてみたい。育成プログラムの中で最も有効だったのは、中国語字幕のない英語の動画を流し、その後予告なしに英語によって討論を行うというものであった。受講者たちを慣れない言語環境のもとへ放り込んだ後、改めて中国語で感想をシェアしてもらった。ほぼ例外なく、誰もがとても圧迫感を感じたと述べ、続けて「外国人嫁」の台湾における境遇や地元の人びとにできる手助けについて考えるようになった。筆者が幾度か幼少時の米軍の子どもたちとのやりとりについてシェアすると、聴講者たちは彼らも類似の経験を持つことを話し、「外国人嫁」に寄り添った理解を示すようになっていった。

他者化の記述

本書序文で述べたように、伝統的なアカデミズムの記述は被研究者を「劣った他者」として構築する。アカデミズムの記述における「他者化」効果を薄めるため、筆者は己のライフヒストリーを素材に自己と被研究者の間の「横断性」について分析してみせた。近年の研究者は周辺化された人びとのために声を上げなければならないという記述をしきりに行うようになった。これらは全くヒューマニズムから出たものであるが、多くの場合、知らず知らずに人びとを力なき被害者として描き出してしまっている。被研究者はつねに自己の声を持っているのであって、彼らが声を出そうとしても、声が常に打ち消されてしまうだけである。研究者がいかに同情を示そうとしても、その発言は単に自身の立場を表明するものに過ぎない。自己の「まなざし」を中立化し客観化するため、私はそれらをオープンにすることで自身の持つアカデミックな自己防衛を解除し、被研究者からの詰問を待っている。

だが研究者の立場をオープンにすることはしばしば攻撃を招きやすい。私の個人的な経験はそれを証明している。私は本論の書き出しの一部をかつて『聯合報』に掲載した（夏暁鵬 1997）。掲載後、文章はかなりの注目を集めた。私が序文でアメリカ人の人類学者を例に引き、アカデミズムが被研究者を客体として取り扱ってきたこと、被研究者がそれに対していかに反撃したか記した。折しも掲載の数日後、ある国際学術会議が台北で開かれた。テーマは台湾における人類学発展の回顧と反省というものであった。ある台湾人人類学者が私の文章を引用し、人類学者と被研究コミュニティ間の搾取関係への批判を行った。当のアメリカ人人類学者はちょうど傍聴席に座っていた。彼は直ちに、私の文章は全くの虚構であって、これまで調査対象者への義理を欠いたことはないと来場者へ述べた。会議後になお一悶着があった。生来怖いもの知らずの私はいくらか驚いたものの、彼の反応こそが被研究者は無反応なモノでないこと、必要に応じて彼／彼女は反撃を行いうることを説明していると確信したのだった。

「研究者」から突如として「被研究者」となったことで、来場者たちは「他者化」される感覚を実感できたかもしれない。それでもなお、研究者は被研究者の大部分より多くの特権を有している。研究者はアカデミズムの言語とルールに通じているからだ。アメリカ人人類学者の場合、彼は会議への招聘を受けており、虚構だというロジックで私の論点へ反駁することができた。彼は学問的に高名な人物であったから、同業者たちは当然のように防衛に乗り出した。会議後、人類学者の一部が特別会合を開いてこの件を討論し、いくつかの対処案を持ち出した。すなわちこのアメリカ人人類学者の名誉が私の文章によって汚されないようにしようとするものであった（対処案の一つにはアメリカ人学者に対する私の謝罪文掲載を求めるというものもあった）。多くの被研究者の反撃が声を消されるどころか辱めを受けているのに比べれば、このアメリカ人人類学者は自身の声を広く遠く伝える特権を享受しているのだ。

反省は始まり　実践の道行きへ

たとえさらにさらに深く反省したとしても、我々はある事実を無視するわけにはいかない。「外国人嫁」の一層の商品化である。もともと国際結婚の多くは社会的ネットワークにより形成され、仲人もネットワーク内の関係者であった。だが次第に専業仲介業者が多数参入するようになったことで、国際結婚の更なる商品化が進んでいった。大通りにも裏道にも、「外国人嫁」の案内広告が次々に掲げられるようになった。インターネットの発達は事業参入を望む人びとを一層増やした。仲介業者のサービス項目の細かさには驚くばかりだ。ブリスベン国際（移民）有限公司という業者の宣伝広告では、七項目の取扱項目と標準予算を示している。（一）結婚手続き（台湾ドル一〇〇〇元から一五〇〇〇元）、（二）離婚手続き（台湾ドル三万元）、（三）代理母出産（米ドル二万）、（四）国際養子（米ドル一万）、（五）国際文書、（六）ビザ（台湾ドル六〇〇〇元）、（七）国籍放棄・身分証、である。これら以外にも「結婚カウンセリング」が行われている。すなわち台湾人男性に対し「妻を持つ利点」[1]「嫁選びの方法」「結婚後の注意事項」「嫁の来台後の注意事項」を教えるものだ。赤裸々に「外国人嫁」を商品的に陳列する広告よりさらに驚くべきものが、テレビ番組がおおっぴらに仲介業の発展を推奨していることである。二〇〇一年夏、中天ニュースの「失業を救え」という番組が、失業に喘ぐ台湾人がいかに創業し生きていくかを特集をした。一つめのアイデアは屋台であった。二つ目のアイデアは何と「外国人嫁仲介」であった。ますます「専業化」（つまり商品化）していく国際結婚のなかで、地縁や社会的ネットワークは重要さを失いつつある。「外国人嫁」は一層容易に孤立するようになり、境遇は困難さを増していくであろう。

商品化の進行に対して、研究者の反省は最低限の要求にすぎない。実践へ身を投じることこそが重要である。商品化された国際結婚とグローバル資本の発展は密接な関わりをもっている。実践戦略は必ず国際的な流れと軌を一にしなければならない。筆者が進める「外国人嫁識字教室」は、台湾の人びとに「外国人嫁」のテーマがもつ重要性を啓発し、「外国人嫁」の自発的組織の形成を促したにすぎない。だが、私たちがより根源的なもの――資本のグローバル化に向き合うとき、自国の組織のみに頼る活動は挑戦の力を持たない。たとえば労働運動であれば、グローバル資本主義の情勢下において国際的な連帯戦略を採らなければならない。「外国人嫁」と彼女たちの母国との連携をはからなくてはならないのは、一つには彼女らが異国に渡った根本的原因が母国の不十分な発展にあるためである。もう一つは、国際的な協力によってはじめて不十分な発展の根源――資本のグローバル化へ向き合うことができるためだ。フィリピン人女性は「メールオーダー・ブライド」で第一世界に嫁ぐようになって久しい。この現象はフィリピンが長期間にわたって植民地として第一世界の圧迫を受けてきた歴史へ深く関わっている（Aguilar 1987）。フィリピンの草の根女性組織ガブリエラ（GABRIELA）は、このテーマをフィリピンの民衆運動、国際的な反帝国主義・反グローバル資本主義運動へと結びつけることに成功している。近年、世界各地で反グローバリズム運動が生起してくるなか、ガブリエラは積極的な役割を演じてきた。「外国人嫁」現象は、台湾の女性フェミニストへ資本のグローバル化と女性の境遇の関連へ批判的思考を向けることを可能にし、私たちの視野・行動を深化させうる存在である。

「外国人嫁」は資本主義の洪水へ押し流されつつも、荒波にあらがい這い上がる陸を見いだした。上陸後の身の置き場が足りないにすぎない。この資本主義の洪水は、いつでも人びとを押し流すことに、彼女たちも私たちも注意しなければならない。あたかも二〇〇一年の台湾が遭遇した記録的水害のように。なおも脆弱な生存条件の人びとを飲み込んで、行き場を失わせてしまうかもしれないのだ。

【注】

（1）この業者が挙げる結婚の利点は完全な費用計算になっている。「（1）月収二万元とすると年収約二四万元、（2）寝れる——嫁がいれば女探しも不要。年八万元が節約可、（3）働かせられる——嫁は洗濯・料理・家事可。月一万元で年一二万元、（4）嫁がいれば——年に三〇万元から四〇万元稼げる、（5）子供ができる——跡継ぎ代償なし。最高、（6）結婚は利点多数——結婚するかどうかは、アナタ次第」

◉日本語版のための補章

台湾の「外国人嫁」現象は一九九〇年代初頭よりメディアの注目を集めだした。東南アジアと中国大陸から結婚を通して台湾へ移民してくる人びとは年ごとに増加し二〇〇二年にピークへ達した。行政院主計処（二〇一二年より主計総処。毎年の予算編成・統計資料作成を主管する中央官庁）の統計によると、ピーク時には新婚カップルの四組に一組は台湾籍と外国籍のカップルであった。この数字は二〇〇三年以降下がっているものの、毎年全体の一三パーセントから二〇パーセントの間で推移している。外国人配偶者の主体は現在も東南アジア・中国出身の女性である。内政部の統計では[1]外国籍・大陸籍（含香港・マカオ）の配偶者数は二〇一六年一二月現在で五二万一一三六人である（一九八七年一月から起算）。これは台湾原住民の人口（五五万三二八七人）へ近く、女性が大部分（九二パーセント）を占める。うち中国大陸籍の女性が三二万六七六二人、他の外国籍女性が一五万二八一七人（ヴェトナム六二・六パーセント、インドネシア一八・六パーセント、タイ三・八パーセント、フィリピン五・三パーセント、カンボジア二・八パーセント）である。

結婚を通した入国のほか、台湾は一九八〇年代末より「外国人労働者[2]」を各産業部門に投入してきた。現在その数は六一万人へ達している。国外からの人口移入の増加につれて移民／労働者にまつわるテーマが次第に台湾社会の着目を集めるようになった。台湾におけるこれらの現象は決して特別なものではない。国連統計（United Nations 2013）によると、二〇一三年の全世界での国際移民は二・三二億人に達している。二〇〇〇年から三三パーセントの増加であり、うち五九パーセントが先進国へ移住している。地域的にはヨーロッパが最大の受け入れ地域（七二〇〇万）で、アジア（七一〇〇万）、北米（五三〇〇万）と続く。

遠距離間の人口移動はたしかに注目を集めているとはいえ、決して新しい現象ではない。資本主義発展のもたらす必然的結果だ。〔労働が生む〕剰余価値〔の一層の搾取〕を求めて、安価な労働力の不断の開拓が資本主義の発展には不可欠である。「グローバル労働市場」はそれ〔発展〕への対応物なのだ。アイルランド人のイングランドへの移民、奴隷貿易が発展させた大陸間の三角貿易から、今日の「移民の時代」（Age of Migration）（Castles and Miller 1993）に至るまで、〔いずれも〕資本主義発展が生み出してきたものだ。一見異質な結婚移民と労働力移動はともに資本主義のグローバル化が生んだ現象なのである。

国際的な人口移動にまつわる現象の中で筆者が長年着目してきたのが、近年顕在化しつつある「移民の女性化」（feminization of migration）である。国際的な人口移動に女性が占める割合は過去五〇年間大きく変動をしてこなかった（一九六〇年に四六・七パーセント、二〇一〇年が四八・四パーセント）。大きな変化は女性が独自に国際的な労働力移転を行うようになったことだ。夫に従っての移動ではなくなりつつある（United Nations 2007）。より重要なのが、国際的に移動する女性が家族の領域、プライヴェートな領域での「親密性労働」（intimate labor）（Constable 2009）へ従事するようになりつつあることだ。そこには家事や介護サービスへ従事する女性の移民労働者、家庭で次世代を育てる結婚移民の女性が含まれている。

資本主義の発展につれ労働コストが上昇して資本家の利益率は低下する。打開策を求め資本家は低開発の地域に安価な労働力を求めだす（Bonacich and Cheng 1984）。打開策の一つが生産拠点を安価な労働力に富む低開発の国家へ移転して「生産構造の建て直し」（restructuring of production）を行うことだ。日・米・欧の資本主義が発展した国家では一九六〇年代末からアジアへの転回がすすんだ。新しい国際分業体制のもと一九七〇年代に急発展した「アジア四小龍〔ことアジアＮＩＥＳ〕」（韓国、台湾、香港、シンガポール）が生まれたのである。もう一つの打開策が、相対的に低開発の国家から「外国人労働者」の労働力を輸入することである。

けれども労働力は商品として特殊性をもつ。労働力は生きた人びとに随伴した商品〔commodity〕であるから、資本が労働力を買う場合には「生産」労働を利用するばかりでなく、その「再生産」面にも配慮しなくてはならない。労働者の「生産のための労働」（productive labor）には「再生産のための労働」（reproductive labor）の基礎がなくてはならない。再生産のための労働とは、家族の、プライヴェートの領域において従事する労働であり、生産のための労働はこれがゆえに順調に行われるようになる。そこには労働力の「メンテナンス」（maintenance、調理や清掃）と労働者の「世代更新」（renewal、子供の出産と育成）が含まれる（Burawoy 1976）。

資本主義社会において再生産のための労働は女性の家族成員によって無給で提供される。家事労働は家父長制的イデオロギーのもとで女性の「天職」として構築される。労働力の再生産コストは個々の家族へ転嫁されるから、資本家はより安価に（低賃金で）労働力を買うことができる。ゆえに生産コストが下がって有利に資本蓄積を行えるようになる（Mies 1986）。コスタとジェームス（Costa and James 1997）が述べるとおり、主婦が家庭で再生産のための労働を担うことこそ男性が生産のための労働へ従事する前提条件（precondition）なのだ。資本主義と家父長制が結びついた構造のもと、女性による再生産のための労働は「愛」であり「天性のもの」とされ、あたかも生産や資本蓄積とは無関係であるかのように扱われる。女性による再生産労働が資本によって搾取されている事実は隠蔽される。

資本主義の絶え間なき拡大は、有給の労働市場へ参入する女性を増やしてもいる。国家が提供してきた社会福祉はグローバルな資本主義的競争の激化によって切り下げられ続けてきた。再生産労働ももはや女性による無給の家内労働によってはまかないきれず、介護ワークの需要はいや増すばかりである。ところが賃金上昇ゆえにホームヘルパーや看護師の雇用コストを少なからぬ家族が負担しきれない。そこで安価な外国籍のケアワーカーが導入されてくる。労働者家族では外国籍のケアワーカーも雇えず、「外国人嫁」をめとって彼女たちに無報酬で家事や子育ての再生産労働を担わせるのだ。相対的に低発展の国家の女性が相対的に高発展の国家へ再生産のための労働力を提供する現象は「グローバル・ケア・チェーン」(global care chain)を出現させているのである(Hochschild 2000)。グローバル資本主義の発展プロセスからすると、それらは本質的に「再生産構造の建て直し」(restructuring of reproduction)である(Hsia 2010, 2015b)。送出国の女性と受入国の女性の間で「ケアの国際的移転」(international transfer of care taking)が生じているということだ(Parreñas 2001)。

資本主義のグローバル化は国際移動の規模を大きく広げ、再生産労働も世界レベルで再構築されている。相対的に高発展の国家へ移動してきて再生産労働を提供する女性移民/労働者の数は日増しに増加している。彼女たちは相対的に高発展の国家にあって生産のための労働力の「メンテナンス」および「世代更新」をサポートしているのだ。女性移民は労働者としてホームヘルパーや介護といった「有給」の再生産労働に従事しているが、妻・母・嫁として「無給」の労働に従事してもいる(Piper and Roces 2003)。結婚移民(marriage migration)と移民労働者(labor migration)現象は相対的に低発展の国家から相対的に高発展の国家への再生産労働力の提供として並行した存在である(Hsia 2015b)。

これらの現象について私は資本主義の「再生産の危機」(crisis of reproduction)の結果であると分析したことがある(Hsia 2010, 2015b)。資本主義のグローバル化が進行するにつれ〔大きな政府の〕福祉国家体制は脅かされ(コミュニティ保育や高齢者ケアセンターといった)社会福祉予算が削減されてゆく。基本的なニーズがどんどん個人・家族が提供するものから市場サービスの購入によって充足されるものとなってゆく。相対的に高開発な国家の上昇する生活支出、不完全な社会福祉システムが女性たちに安価な代理人による家庭の維持を行わせるようにしてゆくのだ。多くの国家は外国人ヘルパーを政策的に導入して(Kofman et al. 2000)「再生産構造の建て直し」を試みている(Hsia 2010, 2015b)。再生産労働における低発展の国家から高発展の国家への女性たちの移動は〔生産拠点の国外移転による〕

「生産構造の建て直し」とは逆のベクトルをもっている。もっとも外国人ヘルパーの導入は対症療法でしかない。子育てにかかるコストの上昇によって高発展の国家では出生率の低下が続いている。中産階級の家族であれば外国人ヘルパーを雇うことができるが、農工業労働者の家族ではこうした雇用は難しい。高発展の国家の男性たちは資本の外部移転の流れに従って、相対的に低発展の近隣国でパートナー探しを始める。

台湾に限れば、家父長制的な伝統は現在もなお存在する。女性が家族の一員として担う高齢者介護は家族の私領域の問題とみなされている。政府は長期ケアサポートの提供においてごくごく小さな役割しか果たしていない。女性就業率の上昇・高齢者人口の増加によって、台湾の女性が家庭で必要とされるケアワークを担うことは困難となっているから、彼女たちがそれを担い得ない、ないしは担うことを望まない場合には、代理人雇用の戦略がとられる。公共政策面の介入を欠いた状況にあって一九九〇年代初頭ごろから家事労働が有力なマーケットとなり始めた（Wang 2010）。

わが国では個人雇用の看護師コストが高い。そのためごく富裕な家族でもなければ雇用コストは負担できない。さりとて政府が助成する家庭内ケアサービス、看護福祉センターに頼るだけではごくごく部分的な高齢者介護の需要しか充足し得ない（Wang 2010）。いやます家庭内ケアの必要性に対応するため台湾政府は賛否両論うずまくなか、一九九二年より毎年外国籍の看護師とホームヘルパーを招致するようになった（林津如 2000）。彼らは安価な高齢者介護を提供するとともに、在宅介護サービスの主たる提供者となった。政府はこの外国人ケアワーカーの導入政策を社会福祉モデルの一つとして美化してさえいる（外国人労働者は産業類と社会福祉類の二カテゴリーへ分かれる。外国籍看護師と外国籍ホームヘルパーは後者へ含まれる）。皮肉なのはこれら社会福祉サービスの提供者は市場であって政府ではないことだ。政府が行ったのは家族が市場へ参入していけるようにしただけである（Wang 2010）。

台湾政府が正式に外国籍労働者を導入してから、社会福祉類が〔全体に〕占める割合は増加し続けている。行政院労働委員会〔労働省に相当〕の統計を引いてみよう。一九九六年には産業類（農林漁業・畜産業、製造業、建築業など）に外国籍労働者の八七パーセントが従事しており、社会福祉類は一二・八パーセントにすぎなかった。ところが社会福祉類は急成長をとげ、二〇一〇年には四九パーセントにまでなった。再生産労働に従事する移民労働者の増加は、女性移民労働者比率の増加としても反映した。一九九八年に女性移民労働者は外国籍移民労働者の二六・四パーセントであったが、二〇〇一年に初めて男性の人数を上回り、二〇一〇年には〔全体の〕六三・一パーセントを占めている。さらに契約上、女性移民労働者が「看護師」ないし「ホームヘルパー」として雇用されていても、実際の両者の区分はあいまいである。外国籍ホームヘルパーを雇用する上での制限の多さから、雇用主はしばしば外国籍看護師の名義で女性労働者を雇用し、実際にはホームヘルパー業務や両種の業務を兼任させるなどしている（夏暁鵑・王増勇 2010）。

移民労働者はかなりの程度までケアサービスの需要を満たしているとはいっても、農工業労働者家族の多くは彼女たちを雇用するコストを負担できない。高齢者介護ばかりでなく、彼らは妻を迎えて家の継続をはからなくてはならない。政府の開発政策は長期にわたって都市部門・工業部門に重点を置いてきた。なおかつ近年の国際化圧力のあおりを受けて農村は空洞化しており、非熟練労働者にとってはきわめて生きにくい。周辺化された非熟練労働者の男性は経済的な苦境に立たされたのみか、結婚市場にあっても評価されなくなってしまった。一方、東南アジア地域では資本のグローバル化が生み出した農村破綻・失業問題によって相対的に高開発の国家へ移動して生存をはかる労働者たちが生まれていた。両地域のニーズを熟知したブローカーの後押しもあって、台湾・東南アジア間の「結婚移民」がここに出現することとなった（夏暁鵑 2002）。これこそ本書の分析の焦点でもあった。

相対的に低開発の国家出身の結婚移民女性たちは台湾でさまざまな苦境に出くわした。言語と文化の壁、越えがたい経済的な苦境、はびこる汚名、限定された家族・社会生活、法的な抑圧などである（夏暁鵑 2005）。台湾人の夫たちは多くが農工業労働者であったから、その経済的苦境は容易に想像がつく。なおかつ「外国人嫁」のような差別的呼称からは、彼女たちが台湾で追い込まれた不名誉な境遇を察しうる。本書の第五章ではメディアがいかにして行政と共謀して結婚移民女性を「社会問題」として構築してきたかという分析を行った。メディアも行政も結婚移民女性を「社会問題」として言挙げしていた反面、単身でサポートもなくやってきた女性たち自身は夫の家に生活を限定されることが多く、まして台湾の言語・文化へと通じていないことから、彼女たちの声を社会がすくい上げることはほとんどなかった。結婚移民女性の声のなさが、さらに彼女たちの無能力という社会的イメージを強化することともなった。そこで一九九五年設立の「外国人嫁識字教室」では結婚移民女性のエンパワーメントと結集、ひいては彼女たちによる主体的な主張と権利空間の獲得に目標をすえた。二〇〇二年出版の本書で行ったのは、識字教室における結婚移民女性たちのエンパワーメントに関するごく初歩的な成果分析であった。とはいえ当時の彼女たちは外部へ声を上げることもなく、権利獲得へはなお遠い道のりがあった。

私たちは識字教室におけるエンパワーメントについて模索をつづけた。結婚移民女性が中国語をマスターしていった後、二〇〇二年からは子女教育のためのプログラムをはじめた。早期に台湾へやってきた結婚移民の子供たちはすでに学齢に達していたが、当時の台湾社会には彼女たちの教育能力および子供たちの「発達の遅れ」などの偏見が満ちていた。移民女性も子女教育に対して危惧を有していたことから、私たちは彼女たち親のための教育プログラムを追加で設けることにした。これについてはやはり紆余曲折をへたが、集団でのディスカッションと分析を通じて危機を乗り越えていった。八年間のプロジェクトのすえ、二〇〇三年に結婚移民女性たちが取り組む「南洋台湾姉妹会」が発足した（詳しくは夏暁鵑 2006; Hsia 2015a）。

南洋台湾姉妹会は結婚移民女性が孤立状況から社会の参与者へ転換することを設立趣旨とした。この目標のために姉妹会が掲げたのは三カテゴリーの目標である（組織化とエンパワーメント、社会教育、政策提言）。各カテゴリーは密接に関わりあっており、それぞれ具体的な成果を整理してみると次のようになる。

まず第一の組織化とエンパワーメントの分野について。実用的カリキュラム（中国語・子女教育プログラム、司法通訳、東南アジア言語・文化教室）でワークショップ方式の対話と経験共有の機会を設け、自信の強化と公共活動への参与を促した。新住民を東南アジアの言語・文化・多元性教育のための講師として育成して、台湾各地で彼女たち移民の経験をシェアしてもらうとともに、母国の文化・言語および多元性の概念について講座をもってもらった。これは台湾社会の新住民（とくに女性の）に対するステレオタイプと差別を改善し、文化的多元性の息吹を吹き込んでいった。

第二に、社会教育の分野について。社会の新移民に対する非友好的な姿勢を変えていくために、さまざまな機会に座談会・講演会・メディア出演が行われた。これ以外にも都市から田舎まで、学校や地域社会において創意をこらした社会教育が試みられた。例を挙げれば、ドキュメンタリー『Let's Not Be Afraid』の製作、新住民が毎年創作・演出する巡回演劇（南洋姉妹劇団）の創設、新移民自ら作成・録音した音楽アルバム『Drifting No More』（のパフォーマンス）などである。大人から子供まで、新移民の境遇と文化的多元性についての認識と価値観が深められていった。

第三に、政策提言の分野について。文化的多元性を単なる異国情緒にとどまらせないためには、新移民へ平等な権利を法的に保障させることが必要であった。ゆえに南洋姉妹会は成立直後から関係法令の改正へつとめてきた。団体設立の同年には、他の移民・移民労働者の権利問題に関わる団体と共同して「移民／移住人権修法連盟」（略称「移盟」）を立ち上げている。「移盟」は一〇年余りの努力の末、移民関連の法改正を数多く勝ち取った。『出入国および移民法』、『台湾地区および大陸地区人民関係条例(3)』、『国籍法』の改正によって結婚移民の権利はより大きく保障されるようになった。たとえば集会・デモの権利、ＤＶ被害者の居留権、強制送還手続の透明化、中国大陸出身配偶者の身分取得期間の短縮（八年から六年へ）、国籍取得の経済力規定の撤廃などである（Hsia 2008, 2009）。

二〇〇二年、本書を出版したころの私たちはまだ政策提言活動を行っていなかった。結婚移民女性も自己の権利主張をする団結力をもっていなかった。政府はといえば具体的な移民政策はなにもなかった。「外国人嫁」現象を「社会問題」とみなしつつも、十分な取り扱いを行うことはなかったのだ。二〇〇二年に具体的な統計が出たことではじめて外国籍配偶者に関する数字が明らかとなり、各界の注目が集まったのである。(4) とりわけ行政院長〔首相に相当〕の游錫堃《ヨウシークン》が二〇〇三年に「外国籍配偶者ケアサポート基金」（略称「外配基金」、二〇〇五年に正式成立）設置を発表すると、予算獲得を巡って各政府官庁と民間団体がさも長期にわたって「外国籍配偶者」のテーマへ着目してきたかのように主張しはじめた。表面上、社会の姿勢は前向きに変化したように見えたが、実際のところ潜在化した差別は依然として存在していた。彼女たちの国際結婚は依然として「社会問題」であり外国籍配偶者は「劣った他者」（inferior other）なのであった。かつては該当する人びとも少なかったため政府も自然消滅を待てばよかった。ところが「外国人嫁」の人数がもはや把握できぬほど増加するに至って、各種の施策が設けられ、「社会問題」の矯正と彼らの劣った「人材品質」の底上げが試みられだしたのである（夏暁鵑 2005; Hsia 2007）。

二〇〇三年より台湾政府は駆けこむように各種の法令・政策を通じて結婚移民の制限を試みた。その多くが移民の基本的人権を抑圧するものでもあった。移民というテーマは、エスニシティ、階級、ジェンダー、福祉システムといった各レベルの矛盾をあばきだす。異なるテーマを取り扱う団体が団結してこそこれらの病根を切り開きうるのだ。筆者と南洋台湾姉妹会は移民／移民労働者の権利に関心を持つ団体及び専門家と連携して、二〇〇三年一二月に正式に「移民連盟」を成立させた。立ち上げ団体は女性団体、労働者団体、人権団体、移民団体の多岐に及び、これは正式に台湾の新移民運動のはしりとなった（夏暁鵑 2006）。

長年にわたるエンパワーメントを通じ、南洋台湾姉妹会が組織した結婚移民女性たちは、自信と主体性を有するようになっていた。彼女たちは移民運動の最前線で声を上げていったのだ。二〇〇三年末、「移民連盟」は初めての抗議デモを組織した。新移民自らが声を発し、注目を集めるために、デモにおいて新移民たちに簡単な行動劇を通じて要求を訴えてもらった。これはメディアの注目を集めた。初めてのデモ参加でいくぶん緊張の体ではあったが、彼女たちの振る舞いは自信に満ちたものであった。終了後の興奮は一方ならず、彼女たちはほかの団体や仲間たちと出会えたことを喜んでいた。その後も熱い議論は続き、台湾での不平等な待遇、デモへの政府の無理解、今後一層の参加を深めていくべきことなどへと話が及んだ。以後、結婚移民女性たちはたびたび抗議デモの最前線に立つようになっていった。例を挙げていけば、教育部次長の「外国籍・大陸籍の女性はあまり子供を生むべきではない」との発言に対し二〇〇四年七月一二日に行われた抗議活動、『国籍法』の国籍取得テストに対する二〇〇五年一月六日の行政院前抗議活動、台湾各地の結婚移民およびサポーターたち一〇〇〇人余りを集めた二〇〇七年九月九日の「反財力証明デモ」などがあった。集団活動に参加するたびに新移民の主体性はより高まっていった。参加することそのものが、彼女たち自身と団体が決して孤立していないことを体感してゆく機会となっていった。加えて参加によって移民に対する社会の意識は確実に変わっていった（メディアは友好な報道へ）のみか、政府のお決まりの行動を変えたこと（教育部次長の謝罪、法律・政策の修正）が彼女たちに自身と他の人びとの運命を変える力を実感させ、さらには構造・歴史への挑戦に向かわせていった。

南洋台湾姉妹会の経験は台湾各地の団体との交流を生み出したのみならず、他国のメディアおよび関連団体の注目を集めることにもなった。訪れてきた各国の友人たちと経験をシェアしつつ、姉妹会は国際的な団体交流活動へ取り込むようになり、次第に国際的視点からの協力ネットワークを切り開いていった。とりわけ重要だったのが二〇〇七年に南洋台湾姉妹会、筆者勤務の世新大学社会発展研究所、国際組織ＡＰＭＭ（Asia Pacific Mission for Migrants）が共同で台北において行った「出入国管理と新移民女性エンパワーメントに関する国際会議」（International

Conference on Border Control and Empowerment for Immigrant Brides）であった。日本、韓国、香港、オーストラリア、カナダ、フィリピン、タイ、インドネシアの移民／移民労働者団体の代表と専門家たちが二日間にわたって熱いディスカッションを行い、二つの重要な決議がなされた。一つは国際的なネットワークを立ち上げ結婚移民のエンパワーメントと権利拡大につとめること。もう一つは「foreign brides」〔外国人嫁〕という呼称を「marriage migrants」〔結婚移民〕に改めてゆくことであった。第一の決議は二〇〇八年に実を結び、フィリピン・マニラで草の根的な国際ネットワーク、ＡＭＭＯＲＥ（Action Network for Marriage Migrants' Rights and Empowerment）（詳しくはHsia 2010を参照）が組織された。「marriage migrants」の語もＡＭＭＯＲＥと構成団体の努力で各国及び関係する国際会議、インターネット、さらには国連文書にもあらわれるようになった。九年間の運営を通じて、ＡＭＭＯＲＥは結婚移民のテーマを国際的な移民／移民労働者運動の重要テーマへのせることに成功した。二〇一七年三月二四日にタイ・バンコクで正式に国際ネットワークの立ち上げが行われ、略称ＡＭＭＯＲＥのまま組織名称の変更がなされた（Alliance of Marriage Migrants for Rights and Empowerment）。同団体は各国レベル及び国際レベルで結婚移民の権利向上に努めている。

二十年余りの努力で結婚移民女性の台湾での境遇は徐々にではあるが改善している。先に記した法改正・政策修正以外にも社会全体の雰囲気が徐々に友好的なものとなっている。政府・メディアはもはや「外国人嫁」と呼称せず、「新住民」が公的用語となった。現在この語はメディア・社会で広く使用されるようになっている。もっとも法改正などと同様に政府が積極的に取り込んだわけではなかった。「外国人嫁」の呼称変更はやはり民間団体の運動に由来するものであった。

私たちが一九九五年に「外国人嫁識字教室」を立ち上げたころにも「外国人嫁」の呼称が第三世界の女性に対する差別に満ちていることは明らかだった。ただし当時の私は括弧付の「外国人嫁」でこの名称の背後にある問題を示唆することを選んだ。自ら望んでその名称を選んだわけではなかった。当時の台湾社会は「外国人嫁」の呼称で東南アジア・中国大陸出身の結婚移民女性のことを表現していた。もしその他の名称を用いていたならば、外部の人びとは私たちが取り組んでいる対象を理解できなかったであろう。私たちが中国語学習を通じて結婚移民女性のエンパワーメントを行おうとした目的の推進も難しかったに違いない。もう一つには、私が結婚移民女性の主体性の形成こそが重要と考えていたことがある。第三者が彼らの代弁人とはなり得ないのである。ゆえに命名の権利は彼女たちが持つべきものだと考えた。よって私たちは「外国人嫁」の名称をそのまま、括弧付の「外国人嫁」で潜在的な差別的意味合いを示すにとどめた。

二〇〇三年、識字教室によるエンパワーメントにも十分な蓄積ができてきていた。筆者は台湾で最も歴史の長いフェミニスト組織「婦女新知基金会」の招きを受けた。この機会を利用して筆者は同団体主催の「『私を呼んで』新移民女性自己表現作文コンテスト」を実施してもらった。東南アジア・中国大陸出身の配偶者たちに自らの母語ないし中国語で彼女たちが「外国人嫁」「大陸嫁」と呼ばれることに対する考えを記してもらい、彼女たち自身がどう呼ばれることを望むのかについてつづってもらった。入賞者には何名かの識字教室出身者もいた。インドネシア出身の雷玲《レイリン》はシンプルながらも力強く記している。

　来て間もないころ、私は外国人嫁だった。気づけば六、七年。今の私には身分証も国籍もある。私は私の未来の主だ。私は外国人嫁だったことを忘れたけれど、人びとはなお鮮明に覚えている。

作文コンテストに続いて婦女新知基金会は〔外国人嫁〕改名運動を立ち上げた。東南アジア出身の外国人配偶者および中国大陸出身の配偶者からの最多票をえた名前は「新移民女性」であった。これをうけ私たちは新移民女性へと呼称を改め、パブリックな場や文字媒体でこの名称を用いていくとともに、「外国人嫁」という言葉の問題について批判を行なった。世論の反応を受けて内政部は通知を発し、関係機関に「外国人嫁」「大陸嫁」の呼称改正を求めたことから、以後行政文書から「外国人嫁」の呼称が消えた。「外国人嫁」の語に潜む差別を社会が顧みるよう、私は二〇〇五年九月に中国語教室より蓄積してきた新移民女性の文章と絵画を集めて本にした（もちろん上記コンテスト入賞作も入れた）。この本には『外国人嫁と呼ばないで』（原題『不要叫我外籍新娘』）というタイトルをつけて台湾の人びとへ新移民の女性たちの声を「見つめて」もらった。

行政サイドが「外国人嫁」を「外国籍配偶者」と改称し、その後さらに「新住民」への改称を行ったことで、台湾社会全体の雰囲気も友好的なものとなっていった。とりわけ二〇〇五年の「外国人配偶者基金」成立以降、各地で結婚移民女性向けの（とりわけ東南アジア出身者向けの）プログラム、文化活動ができていった。東南アジアの行事、グルメ、文化紹介が行われるとともに、新住民サービスを冠した団体も次々に現れた。テレビ芸能人となる東南アジア出身の新移民女性も現れ、二〇一六年には初めての新住民立法委員（国会議員に相当）が出現した。(5)「血」に依拠した市民なるものが挑戦を受け、「多元文化的な市民」とよぶべきものが支持を受けつつあるといえよう。もちろん、プラスの変化の背後に潜む危うさもある。

台湾政府はもともと結婚移民女性を軽視してきたにもかかわらず、二〇〇二年ごろから突如として積極的な政策介入を始めた。変化のキーが「新・台湾の子」にまつわる言説である（夏暁鵑 2005）。「新・台湾の子」なる語は、二〇〇三年三月一日の『天下雑誌』第二七一号特集が初出である。本特集号は大量の「外国人嫁」と子供たちが台湾の各方面へ与えた衝撃を伝えるものであった。本号は大きな注目を得、二〇〇四年に新たに『新・台湾の子』というタイトルの専門書も出た。「新・台湾の子」はたちまちにしてメディア、一般大衆、さらには政府によって「外国人嫁」子女の代名詞となっていった。

「新・台湾の子」なる語は、台湾社会が「外国人嫁」の子供たちの「質」の問題に最も敏感となっている時期に現れた。二〇〇二年に立て続けに公表された政府統計は「外国籍配偶者」の子女数がもはや目をそらしえない水準に達していることを示していた。当時のメディアは「外国人嫁の子供たちの発達の遅れ」を攻撃する報道を繰り返した。もっとも、これらの報道は全く科学的な根拠を欠いたものであって、学校や医療機関の一部における部分的な状況を取り上げて「発達の遅れ」との報道を行うものであった。反面、教育部門はこれらの子供たちが将来的に台湾へ「人材の質」の低下を招くことをかなり危惧しており、実証研究を欠いたまま「質」の底上げに対する施策が提案されていった。たとえば台北県（現・新北市）は台湾全体で「外国籍配偶者子女」数が最も多い地区である。台北県教育局は教育部の助成を得て二〇〇三年に県内小学校用の「外国籍配偶者子女」向け課外教材を作成した。本教材はこの子供たちが学習についていけないという仮定のもとに作られていたのだが、そもそもこの仮定にははっきりとした根拠がなかった。というのも県内の外国人配偶者子女に対する学習調査が準備段階であったのにもかかわらず、先に教材ができあがってしまったのだった。メディアの流布した情報に従って、はっきりとした根拠を欠いたまま「新・台湾の子の質の底上げ」プランがつくられたことは、結果的に外国籍配偶者子女へのレッテル貼りとなった。台湾社会が結婚移民女性とその家族にかぶせた汚名を強化することにもなったのだ（夏暁鵬 2005）。

二〇〇五年に「外国籍配偶者基金」が正式に立ち上げられてより「外国籍配偶者へのケアサポート」「文化的多元性の拡大」を掲げる活動が慌しく立ち上げられた。一方で法制レベルにおける外国籍・大陸籍の配偶者に対する制限は軽視されたままで、「移民連盟」のような少数の団体だけが制度的な改変を訴え続けていた。二〇一二年末に移民署が「全国新住民ともしびプログラム」を立ち上げて以降、「外国籍配偶者基金」からは多くの人的・資金的資源が投入された。新住民子女の東南アジア言語・文化学習をメインとする活動が、外国籍配偶者に対する「ケア」「サポート」へ代替されていったのである。やがて「新二代」（新住民の二世）の用語が「新・台湾の子」に代えて用いられるようになっていった。メディア・行政情報にあって「新二代」が東南アジア言語の面で有するアドバンテージが言挙げされるようになっていった。かつては「人材としての質が低い」「子供の教育ができない」とみなされていた東南アジア人女性が、突如として東南アジアの言語や文化を教えることを奨励どころか要求されるようになったのだ。そうして子供たちを台湾企業・多国籍企業のよきサポーターとして「東南アジア戦略のリーダー」[6]とすることが試みられた。「母語をバネに　三〇歳未満で年収三〇万台湾ドルの鄭堯天《ジョンヤオティエン》〔人名〕」[7]といった見出しが大手メディアに表れるようにもなった。母親の母国語ができたゆえに台湾企業のインドネシア支社で高給取りとなった鄭堯天は、新住民の子女が「南向政策のリーダー」となる「成功エピソード」とされた。二〇一六年に民進党が政権を奪還すると、蔡英文《ツァイインウェン》総統は直ちに「新南向政策」を発表した。行政院〔内閣〕は二〇一六年九月五日に正式に「新南向政策推進計画」を発表、その中で「人材交流」が四大事業の核として位置付けられた。人材交流の三つの項目の一つが「新住民の能力を活かす」というものであった。すなわち「一世の新住民が自己の言語・文化的なアドバンテージを生かし、関係する許認可の取得ないし就業〔母語教育、観光など〕を行うことをサポートをするとともに、大学・高専へ南向専門の専攻・カリキュラムを設置して東南アジア言語にアドバンテージを持つ学生に対して入学加点を行うことで二世の新住民を南向人材の芽として育成していく」という。総統自ら発起した「新南向政策」は「東南アジアブーム」を加速し、「新二代」は「南向の芽」たることをいっそう期待されていった。

　政府が「新・台湾の子」について「低クオリティの人材」という認識から突如として「南向のリーダー」としての「新二代」という認識へ転じた背景を理解するために、私たちは「南向政策」が台湾で生じてきた背景を理解すべきであろう。

　まずは中国大陸の改革開放政策である。一九九二年に鄧小平《ドンシアオピン》が南巡講話を通じて改革開放を宣言して以降、中国は「世界の工場」となっていった。中国の巨大な（経済的）吸引力にひかれて台湾の製造業・サービス業はこぞって大陸進出を進めた。中国市場の急拡大に対する脅威から、一九九三年に李登輝《リードンフイ》総統によって「南向政策」が発表された。もともと三年期限だった計画は東南アジア諸国連合（ASEAN）の状況に対応して二〇〇二年までに二回延長された。民進党の陳水扁《チェンシュイビエン》総統も、就任後、台湾と東南アジア間の関係継続を重視し、二〇〇二年七月に「南向政策」を再起動させた。国民党の馬英九《マーインジウ》政権は「南向政策」の名前こそ使わなかったが、実態は李登輝・陳水扁の時代から大きな変化はなかった。主たる貿易投資はすすめながら、政策の中の政治色を薄めるにとどめたのである（黄奎博・周容卉 2014）。

南向政策は当初台湾の対中経済依存の引き下げに成功し、対中投資ペースは下がった。一方、対ASEANの貿易額は伸び続け台湾の対外貿易に占める割合を大きく上昇させた（黄奎博・周容卉 2014）。ところが一九九七年にアジア金融危機が生じると、東南アジア諸国の政治的混乱が続き、台湾企業にも損失が生じた。相対的に中国市場は安定していたため、南向政策に加わっていた台湾企業も対中投資へと転じていった（蔡宏明 1998）。

アジア金融危機以降、台湾内部では外国籍配偶者が台湾の「人材の質」を低下させるとの懸念が沸き上がってきた。金融危機後のグローバルな競争の開始がメディアの主関心となったのだ。中国市場が世界へ与えた衝撃を目の前に、メディアは外国籍・大陸籍の配偶者の「質」の低さが台湾の人材を「逆淘汰」してグローバル競争に不利益を生むとの言説を展開していった。

こうした「人材の質」についての言説について筆者は新聞資料からの分析を行ったことがある（Hsia 2007）。「人材の質」についての言説は一九五〇年代の末期にまでさかのぼることができる。当時、台湾は経済発展を通じて海峡対岸の共産中国へ対抗しようとしており、アメリカの援助を得た政府は「家族計画」に取り組みだしていた。一九九一年以前の家族計画において、「人材の質」との記述は生理的な疾病を避けること、すなわち優生学的に女性の高齢出産による先天的疾病のリスクをなくすよう教育することを提言するものであった。一九九四年、高齢化の兆候の出現とともにかつて人口抑制を目標とした家族計画は「新家族計画」への転換が試みられた。計画内容が「適齢結婚、適量出産」へと改められたのである。この時期の「人材の質」についての言説はやはり優生学的な視点が中心で、教育レベルの問題は時折出現するのみ（条件不利地域や原住民地域の教育について）であった。一九九八年、メディアがはじめて「外国人嫁」と優生学的な問題を関連付けた。それまで家族計画の主たる対象は障碍者・低収入世帯であったが、一九九八年になって「外国人嫁」が対象へ加え入れられた。これには何の理由の説明もなく、「外国人嫁」が劣った子女をつくりだしうるとの主張がされるのみであった。一九九七年のアジア金融危機以降、中国市場の圧力にさらされた台湾国家には「優良人材」を通じた国際競争力の強化が求められた。メディアと社会が、それまで自国の農工業労働者や障碍者へ向けてきた「質」の危惧を増加する外国籍・大陸籍の配偶者に向けていった。

一九九八年に初めて「外国人嫁」が家族計画の主要対象となってから、二〇〇〇年、二〇〇一年に前後して「外国人嫁」の人材の質の低さ、ないし台湾の人材に対する「逆淘汰」作用についての言説が現れるようになった。そのロジックによれば、台湾の人口は減少に向かっており、出生率低下のなかで「外国人嫁」の出産率が上昇することで、台湾全体の人材の質が下がり、グローバル競争力がダメージを受けるのだという。こうして二〇〇二年以降、それまで無関心の態度をとり続けていた各レベルの行政部門は、急速に積極介入の姿勢をとるようになっていった。「外国人嫁」と「新・台湾の子」に対してさまざまな「質向上」を試みるプランが提示されたのみでなく、新法制定によって外国籍配偶者が国籍を取得するハードルを引き上げた（帰化に際した高レベルの財力証明など）。外国籍配偶者と「新・台湾の子」に対する排除ないし矯正を行いつつも、政府は積極的に投資家やハイレベルな人材を国民として迎え入れようとしていった。つまるところ、台湾の移民政策は階級主義に満ちたものであった（曾嬿芬 1997)。一連の法令が陳水扁政権が二〇〇二年七月に「南向政策」を再起動させてから制定されていることに注目したい。この時期の南向政策は依然として東南アジアを「劣った他者」(inferior other) としてみなすものであった。南への志向は安価な労働力、土地資源を求めてのものであり、東南アジアの人びとは「優れた我々」(superior us) と同レベルの素質を備えているとはみなされなかった。排除されるべきは排除し(たとえば「外国人労働者」)、排除しようのないもの(「外国人嫁」や「新・台湾の子」)は方策を立てて「矯正」を試み、質を高めることで「我々」へ近づけていこうとしたのである。

ただし、二〇〇二年の「出入国および移民法」改正によって高い技術力を持つ人材の永住権取得を可能にしたにもかかわらず、政府の意図に十分な効果は出なかった。高スキルの外国人は中華民国の国民となることを望まなかったのだ。その主要因は「国籍法」の規定において帰化条件に原国籍の放棄を定めていることにあった。一九八〇年代、資本主義のグローバル化によってグローバルな移民市場が出現した。原国籍放棄によって帰化を認める規定は台湾のグローバルな居留者マーケットにおける競争力を低下させるもので、世界システムの中で相対的に低い地位にある東南アジア・中国大陸の結婚移民だけが帰化による国籍取得を望んだのであった。高スキルの国外人材〔輸入〕に対する阻害要因とみなされた原国籍の放棄規定は二〇一六年末の『国籍法』修正で撤廃された。同時に民進党の蔡英文総統が発表したものこそ「新南向政策」である。

李登輝・陳水扁の両政権期における南向政策の主目的は台湾企業の東南アジア投資奨励によって対中投資ブームを和らげることにあった。もっとも中国大陸は持続的な経済発展をつづけ、世界第二の経済主体となった。ASEAN 諸国は世界から注目される新興市場であるとはいえ、中国企業も主要な投資元となっているから旧「南向政策」の時期に行われたような台湾マネーの優位をもって工場開設・投資を行うスタイルはもはや困難である。二〇一六年に「総統府南向政策オフィス」の黄志芳《ホアンジーファン》主任は「新南向政策」と旧「南向政策」の差異についてこのように述べている。「新南向政策は過去の政策とは異なり貿易額のような数字でなく人を中心とした新しい対外経済戦略である……台湾とＡＳＥＡＮ・南アジア諸国の人材・産業・教育投資・文化・観光・農業といった双方向の交流協力関係を推進して、ＡＳＥＡＮ・南アジア諸国と二一世紀の新しいパートナーシップづくりをめざしている」[8]。「台湾が先方に出向くというだけではなく、彼らがやって来てくれること、観光客の来訪・投資についても期待している」[9]。

「新南向政策」における「人を中心とした」とのキーワードは東南アジアの台湾企業が台湾出身者ではなく中国出身の幹部を多数登用していることに起因している。黄志芳によれば「ヴェトナムには六四〇〇の台湾企業があり、毎年数百万の雇用を生んでいる。ただしこれらの台湾企業はコスト削減のため、八万人の大陸出身者を幹部として雇用している。……東南アジアの台湾企業は後継者と幹部の不足という問題を抱えているのだ」[10]。さらに台湾の国内市場の小ささから、「新南向政策」では東南アジアを国内市場の延長として位置付け、人材投入による市場の開拓・連結をめざしている。やはり黄志芳によると「人材の育成こそ我々がＡＳＥＡＮ・南アジア諸国への道を切り開く「ツボ」である。ポストができれば産業問題も解決する」[11]。「新南向政策」がもつ切迫性についても黄は率直に述べている。「台湾のもつアドバンテージは五年分くらいかもしれない……。イニシアチブが取れなければ我々がＡＳＥＡＮ諸国に持つアドバンテージはなくなってしまう」[12]。

行政側によるこれら「新南向政策」に関するコメントからは、なぜ民進党の陳水扁政権時代に「新・台湾の子」たちが突如として「劣った他者」から「南向の芽」とみなされはじめ、東南アジアからの外国籍配偶者のもつ言語・文化が重視されていったのかの理由がわかってくる。台湾がＡＳＥＡＮでもつ五年分のアドバンテージを維持するため「新二代」と東南アジア出身の新住民へ市場獲得のためのサポーターとなってくれることを期待しているのだ。彼らこそ台湾の中で最も東南アジアと関係が深いグループだからである。東南アジア諸国の国際的な経済地位の上昇とともに、東南アジアの言語・文化に関する活動も新たなるマーケットとなった。これらに関連する文化活動・文化的シンボルは「いい商売」となったのであった。

「新南向政策」の文脈からは結婚移民に対するマジョリティ言説の転換も理解しうるであろう。もともと「低クオリティ」と扱われた「外国人嫁」と「新・台湾の子」は東南アジアでの言語的アドバンテージを有した「新住民」と「新二代」となった。「負担」とみなされていた東南アジアの言語・文化が今や「資産」となったのだ。二〇〇二年に教育部が「質」を懸念した小学生たちは、二〇一六年の二〇歳の成人に際して突如「南向の芽」とみなされるようになったのだから、あまりなことではある。彼らが幼いころ母親の言語・文化は「子供に害をあたえる」とされ、奨励されるどころか、学習を禁じられさえしていた。今になって成人となった彼らへ、直ちに台湾と東南アジア市場の間を結びつける「ツボ」となってくれることを期待するとはどういうことであろう。インドネシア出身の新移民がこう感じているのもこれだけ極端ならば納得である。「批判されていた時は縮こまってたけど、大事にされると何だかうそくさい。まったくね」[13]。

東南アジア出身の結婚移民とその子供たちが「社会問題」から「社会的資産」に変わっていったことの背景には、資本主義のグローバル化にともなう各国の世界システムのなかでの立ち位置の変化がある。それらの地政学(geopolitics)的な変化の文脈のもとにあって私たちは多元性・平等性に彩られた文化活動のベールの下に隠れたものを見いだしうるであろう。現在の台湾政府は「新南向政策」の推進と法改正によって高スキルの外国人が中華民国国籍を取得することを容易にしてはいるが[14]、東南アジア出身の外国人労働者の権利については何の改善策もとっていない。さらには追加された「国籍法」の条文によって、結婚移民は「生涯無国籍」で暮さなければならなくなる恐怖とともに生きていかねばならない[15]。

もちろん、なお多大な困難があるとはいえ、暗がりの先に見える光はきっちりと見すえておくべきである。二〇年前にゆっくりと中国語教室からエンパワーメントを始めた新移民の人びとが「移民連盟」の法改正への着実な試みによって、いまや大きなネットワークを作るようになっている。上記のような不合理な国籍法新条項についても新たな政策提言を行っている。AMMOREでは結婚移民に関するテーマをより多くの国々へと波及させ、各地の結婚移民組織が権利獲得に立ち上がる手助けを行ってもいる。これらの道はなおも長く入り組んでいるがその先には美しい光景が見えている。

【注】

(1) 詳しくは sowf.moi.gov.tw/stat/gender/ps05-13-99.xls を参照。

(2) 英語圏での呼称には migrant workers、foreign workers、guest workers がある。後二者には「ゼノフォビア」(xenophobia、よそ者嫌悪)のきらいがあることから国際的には migrant workers が多用されている。台湾の行政・メディアは通常「外国人労働者」(外籍労工)、略して「外労」を用いる。労働者団体と研究者のなかには、排外意識を反映するこの語に代えて「移住労働者」、略して「移工」を用いる人びともいる。

(3) 台湾と中華人民共和国はその特殊な関係ゆえ中国大陸出身の移民は「外国人」に含まれない。本条例は彼らが『移民法』『国籍法』の規定の適用を受けないことから制定されたものである。

(4) たとえば内政部大陸委員会の統計によると、二〇〇二年一二月現在で東南アジア・中国大陸出身の配偶者が生んだ子供の出生率は一二・四六パーセントと高い。一方、邦人の出生率は毎年減少を続けており、政府内で外国籍・大陸籍の配偶者の子供たちが将来的に学校内の主要エスニック・グループになるのではとの認識を生んでいる。同時期に教育部も統計を発表している。二〇〇二年度に小中学校へ入学した「外国籍配偶者子女」の大部分は東南アジア出身の「外国人嫁」の子供たちであった。特に小学校一年生における外国籍配偶者の子女数は一九九六年の五倍に達していた。二〇〇三年度に就学した小学校一年生における外国籍配偶者の子女の比率は一二・四六パーセントで、一九九八年度の比率五・一二パーセントと比べて明らかな増加をみせている。

（5）カンボジア出身。国民党から全国比例区で立候補したもので直接投票による小選挙区選出の議員ではない。

（6）「台湾「新二代」布局東南亜的尖兵」『聯合新聞網』二〇一四年八月一八日 http://vision.udn.com/vision/story/7689/735688

（7）「母語当跳板 鄭堯天不到30歳年薪百万」『聯合新聞網』二〇一四年九月一日 https://vision.udn.com/vision/story/7697/735624

（8）蔡英文総統が二〇一六年八月一六日の対外経済貿易戦略会議で通過させた「新南向政策」政策綱領に基づき行政院は同年九月五日に「新南向政策推進計画」を発表した。

（9）「【政策指南針】 李登輝和陳水扁的南向政策都一敗塗地、蔡英文要什麼突破重囲?」『亜洲週刊』二〇一六年五月三〇日 https://buzzorange.com/2016/05/30/go-to-south-asia-2/

（10）「黄志芳：台湾在東協的優勢 可能只有5年」『中時電子報』二〇一六年五月一七日 http://www.chinatimes.com/realtimenews/20160517003417-260407

（11）注（10）に同じ。

（12）注（10）に同じ。

（13）二〇一二年、移民署は「ともしびプログラム」を開始して小学校での東南アジア言語・文化の学習活動を推奨した。ただし当時のそれは「外国籍配偶者基金」の活用による活動であり、活動のレベルと規模は二〇一六年に「新南向政策」および「新南向オフィス」が発表されて以降のものへは遠く及ばなかった。

（14）二〇一六年一二月九日に通過した「国籍法」の新条項は次の通りである。「外国人で次の状況に符合する者は、国籍喪失の証明書提出を免除される」。このうち第二項には「中央の主管機関が科学技術、経済、教育、文化、芸術、スポーツおよびその他の領域における高レベルの専門的人材を推薦した場合、中華民国の利益にかんがみ、内政部が招聘する公平な社会人士および関係機関が共同で審査と認可を行う」とある。

（15）二〇一六年末に修正された国籍法の第十九条は次の通りである。「中華民国への帰化・国籍喪失あるいは国籍回復を行ったのちは、〔本法〕第九条第一項の規定に即してその帰化の許可を取り消す場合を除き、内政部は本法の規定と合致しないとされた日から数えて二年以内にその取り消しを行うことができる。ただし中華民国への帰化・国籍喪失あるいは国籍回復の日から五年を経過している場合はこれを取り消すことができない。裁判所判決により虚偽の結婚ないしは養子縁組を通じて中華民国国籍を取得したとみなされるものは前記の取消措置期間の制限を受けない」。この条文は表面上正当なものに思われるが、国際結婚の実情を無視したものである。結婚移民が台湾へ到着する以前に申請したさまざまな書類の中の小さな瑕疵を取り上げる、あるいは知人との間の紛争が原因で偽装結婚であると通報されてしまうことによって、現実に結婚している移民たちが偽装結婚と認定されて国籍取得の取り消しを迫られるような事案が現在までに数多く発生している。

◉訳者あとがき

本書は二〇〇二年に台湾社会研究社から刊行された夏暁鵑『流離尋岸 資本国際化下的「外籍新娘」現象』の全訳である。原著の刊行からすでに一六年がたち、本書が取り扱う外国人女性配偶者（「外国人嫁」）たちをとりまく状況にも大きな変化が生じている。そこで「台湾学術文化研究叢書」としての日本語版刊行にあたり、著者の夏暁鵑先生へ依頼して日本語版のための補章を書き下ろしていただいた。また日本の台湾研究者として台湾／インドネシア華人間の国際結婚のテーマへ取り組んでこられた横田祥子先生（滋賀県立大学）へ日本の読者向けの「解説」を執筆していただいた。この場を借りて両先生に心よりの感謝を表明したい。

訳出にあたっては中国語による原著出版に先立って執筆された著者の博士論文（Hsia, Hsiao-Chuan. 1997. Selfing and Othering in the "Foreign Bride" Phenomenon—A Study of Class, Gender and Ethnicity in the Transnational Marriages between Taiwanese Men and Indonesian Women. University of Florida. Ph.D Dissertation.）を参考としている。この博士論文は六つのチャプター（章）から構成されており、原著の大部分は本論文を改稿して書かれている。原著のうち第六章と第七章は博士論文では第二チャプター「研究方法 Methodology」の一構成部分であったが、その後の著者の研究・活動の進展に合わせて加筆し独立した章としたようだ。英語からの重訳と思われる部分など文意の分かりづらい点については適宜この博士論文の対応部分を参照して翻訳した。

本書の研究の舞台となった美濃鎮（二〇一〇年の高雄市への合併で美濃区）は、台湾客家文化の中心地のひとつとして有名である。この台湾客家の「ふるさと」としてのイメージとは別に、美濃鎮を有名としたのが反ダム建設運動をはじめとした多様な住民運動であった。本書でもたびたび名前の出る「美濃愛郷協進会」（一九九四年設立）はこれら住民運動の中心的存在であった。著者の取り組む活動と美濃鎮のもつもうひとつのバックグラウンドを念頭に入れることで、本書へのより深い理解が可能となるであろう。幸い美濃鎮における住民運動の展開については『現代台湾コミュニティ運動の地域社会学　高雄県美濃鎮における社会運動、民主化、社区総体営造』（星純子著、御茶の水書房、二〇一三）という日本語の好著がある。本叢書中の『族群　現代台湾のエスニック・イマジネーション』（王甫昌著、松葉隼・洪郁如訳、東方書店、二〇一四）とともにご参照頂ければ幸いである。

原著のメインタイトル『流離尋岸』はいささか日本語に直訳しにくい。意訳するなら「さまよい流れ、寄る辺を求めて」とでも訳せるであろうか。著者によれば二〇〇一年の台風一六号（ナーリー台風）で発生した水害にインスピレーションを得て書名をつけたという。今回の翻訳にあたっては訳者と編集との判断で『「外国人嫁」の台湾』というささか直接なタイトルへと変更させてもらった。もちろん著者が「外国人嫁」（原文では外籍新娘。外籍は「外国籍」、新娘は「花嫁・新婦」）という単語の取り扱いへ非常に留意していることは把握しているつもりである。今回それでもタイトルへこの語を用いたのは、日本の多くの読者にとって台湾における外国人女性配偶者のテーマ自体そもそも認知されていないと考えたためだ。著者も「補章」中で言及していることだが、まずは本書を目にした人びとにテーマの存在自体を認知してもらい、手に取ってもらうことが重要だと判断した。その判断の上でせめてタイトルを「台湾の外国人嫁」ではなく倒置風の「外国人嫁の台湾」としてみた。著者による本書の執筆意図が、「台湾」という主体を理解するための付属物として「外国人嫁」について知ってもらうことではなく、「外国人嫁」という主体の台湾における生について思考してもらうことにあると汲んでいただければ幸いだ。

最後に本書の訳出・刊行へご協力いただいた皆様へ感謝を差し上げたい。冒頭にも記した通り、本書の原著者・夏暁鵑先生、「解説」担当の横田祥子先生にはお忙しいさなかの執筆へご協力いただきまこと感謝に堪えない。一冊の学術書翻訳を若輩者の訳者へ一任してくださった洪郁如先生（一橋大学）・田原史起先生（東京大学）の両先生には随分ご心配をおかけした。文字通り深謝する。また校正・編集に奔走していただいた東方書店の家本奈都氏、生硬な訳文のチェックにご協力いただいた鈴木洋平氏（東京都市大学）のご協力あればこそ本書をなんとか刊行にこぎつけることができた。深く御礼申し上げる。

二〇一八年五月三〇日

前野　清太朗

◉台湾の結婚移民現象に関する夏暁鵑のポジション

横田祥子

本書の筆者である夏暁鵑（Hsia Hsiao-Chuan）は、台湾の国際結婚や結婚移民の研究において第一人者と言って良い。彼女は、一九八六年に台湾大学に入学し、一九九一年にアメリカのフロリダ大学へ留学した。アメリカで博士号を取得したのち、一九九七年から台湾の世新大学社会発展研究所（大学院に当たる）にて教鞭を執っている。アメリカの大学院に留学中、本書のテーマとなっている台湾における国際結婚と結婚移民について調査を開始し、その過程で一九九五年に高雄県美濃鎮（現高雄市美濃区）にて結婚移民を対象にした「識字教室」（中国語教室兼サポートグループ）を設立した。

一九九〇年代半ば、台湾ではとっくに国際結婚ブームが進行していたが、台湾政府は積極的に対処せず、移民に対する支援も行っていなかった。当時、台湾では台湾ナショナリズムへの関心が強く、台湾独立を見据え「台湾人」像をどのように規定するのか、また多様なエスニックグループの対立をいかに解消するのかが喫緊の課題であった。その議論が紛糾する傍ら、全く新たなタイプの住民が増えつつあることに、台湾社会は注意を払っていなかった。いや、結婚移民の増加は十分に認知されていたが、新住民が近い将来、「台湾人」の主体を一定程度占める存在になることをまだ意識していなかった。そのような時代に、夏たちは「識字教室」を作り、試行錯誤の後、支援実例として台湾社会にその必要性と方法を提示したのである。

夏が主に調査地とした美濃鎮とは、台湾人にとっては社会運動の聖地ともいうべき農村である。一九九二年、美濃でダム建設計画が持ち上がっていることが発表されると、地元ではダム建設反対運動が起こった。ダム建設反対運動は、環境保護運動、客家文化の発揚運動、フェミニズム運動、さらには結婚移民に対する支援活動の展開を巻き起こした。夏は、ダム建設反対運動の中核となった美濃愛郷協進会のメンバーと緊密な関係を保ちながら、社会学や社会運動の理論や実践例を活用し、国際結婚と結婚移民当事者の研究と支援に従事してきた（夏 2002、星 2013）。

解説者が筆者・夏暁鵑を知ったのは、二〇〇三年に台湾に留学した際であった。当時は、新規国際結婚件数がピークに達し、台湾社会の高い関心を集めていた。解説者もその後、台湾、インドネシアの結婚移民について研究を行うようになった。本書の中国語版原書を、解説者の書棚の手の届くところに常に置き、幾度となく参照してきた。台湾の結婚移民現象を総合的に分析した大著として、また共感的な姿勢を教えてくれたバイブルとして。数年前に、日本語による翻訳本が出版されると聞き喜んでいたが、まさか自分が解説文を書かせてもらえるとは思わなかった。今回、日本語版の本書を読むと、原書では気に留めていなかったものの、重要な部分がたくさんあったことに気づいた。また不思議なことに、筆者の優しいまなざしをより強く感じることができた。日本語で読める幸せに感謝するとともに、そしてそれを可能にしてくださった訳者を労いたい。

本書の特色

さて、台湾では他の先進諸国と同様に、一九七〇年代から国際結婚のあり方に大きな変化が生じ、国際結婚、結婚移民、はたまた家族は、社会学、文化人類学の分野にとどまらず、経済学、教育学、人口学、社会福祉学、医学の領域においても強い関心を集めるようになった。

経済規模が相対的に小さな開発途上国出身の女性が、経済規模が相対的に大きい先進諸国の男性と結婚し、家族を形成するという現象は、世界的に進行中である。さらにこうした国際結婚は、仲介業者による斡旋を経ることが多く、結婚を商業的なものにしている。

商業化された国際結婚では、夫婦そして家族のうちに、国家間の経済格差や不平等、ジェンダー関係の非対称性を容易に見て取ることができる。また、商業化された国際結婚の成立過程から、その結婚は愛と性と生殖の三位一体として考えられている近代的家族概念に挑戦するものとして受け止められる。さらに最悪の場合、人身取引につながりかねない。

しかし本書では、商業化された国際結婚の性質や家族の再編といった問題を追究するというよりは、台湾における結婚移民現象をめぐる台湾の人々の認識の形成と社会問題化していく過程、そしてその脱構築、さらには結婚移民の支援に最大の関心が置かれている。本書の目的として、商品化された国際結婚の理論的な分析枠組みを構築することが掲げられているが、理論重視というよりは具体的で豊富な事例を用いて、台湾における結婚移民を、理解しがたい、劣った「他者」と仕立て上げることを批判し、共感を持って本現象を理解することを提唱し、支援のプロセスを記述することに紙幅が割かれている。理論的分析枠組みを提示することが到達点ではなく、言説の脱構築を通じた現象の解釈を通して、結婚移民現象に関する表象、認識のあり方の再考を促すことこそ、筆者の意図であるように読み取れる。以下では、筆者が取った研究手法、並びに研究姿勢について、まず整理したい。

本書の研究手法

本書は、一九八〇年代以降の文化論的展開以降、社会学、文化人類学分野で飛躍的に広がった研究手法をとっている。本書は、社会構築主義、批判的ディスクール分析、ポストコロニアル主義、オリエンタリズム批判の立場をとる。一九九〇年代末から二〇〇〇年代にかけて、大学院にて文化人類学を学んだ私（解説者）にとって、彼女の研究手法は親しいものである。筆者は当時、最先端の研究手法をフルに活用して、台湾の国際結婚という現象の分析に取り組んだと言えよう。

構築主義、ないし構成主義は一九六〇年代にバーガーとルックマンによって提示された。一九八〇年代から一九九〇年代にかけて、この語の使用は飛躍的に広がった。社会構築主義は、事象や現象を社会的起源のものとして説明し、それを成り立たせているものについて特に言語とその使用の重要性を強調するものである。中でも、社会問題に対し構築主義的視点からの研究が広く行われるようになった。また、ディスクールとは、個々の述べられたこと「言表」が一定の形成の規則のもとにまとめられたものを言い、それが諸制度の複合的体系に充当された知をなしている。

「社会問題」の脱構築

本書の中国語の原題は『流離尋岸　資本国際化下的「外籍新娘」現象』(『さまよい、岸を求めて　資本の国際化における「外国人嫁」現象』)である。副題に「現象」とつけ、第三章、第四章、第五章を「真実の社会的構築」と題しているが、それぞれ異なるアクターが「外国人嫁」現象について見解を述べ、どのように「社会問題」として構築しているかを異なる角度から描いている。

第三章では、政府と言っても駐インドネシア台北経済貿易代表処の職員の「語り」と、職員と配偶者ビザの申請にやってきた台湾人男性とのやりとりの観察から、職員が国際結婚当事者について述べる際のレトリックを解釈する。

彼らは、政府見解のスポークスマンを務めているわけではないが、国際結婚、及び国際結婚当事者に直面する第一線からの報告は、政府見解さらにはメディアの国際結婚についてのディスクールを形成する契機ともなりうる。

彼らは、日々ビザ申請者と接触し、彼らの属性を分析し、「問題の多い集団」として国際結婚当事者を同定していく。

また第五章では、一九八八年から一九九六年までの新聞記事が「外国人嫁」現象を報じる際に用いたレトリックを分析している。例えば、台湾人男性が東南アジア諸国に見合いにいくことを「南下」すると表現している箇所があるが、これは「台湾＝北＝より先進的」、「東南アジア諸国＝南＝より遅れた」という意識の表出といえる。さらに、国際結婚を「売春」、破綻が予定されているものと描き、さらには次世代の子供たちは人材として「質が低い」と断定している。

また、新聞記事は、女性を無力な被害者、従順で純粋な存在と描いたかと思えば、その真逆の神秘的、狡猾な存在として危険を呼びかける。さらには国際結婚をした台湾人男性のことを、社会にとって無用の存在として切り捨ててしまう。

さらにはメディアがろくに取材をせず、互いの記事を剽窃し合っていることも指摘し、不確かな情報に基づいて、「外国人嫁」現象を「社会問題」化させる報道が量産されていることを批判する。

このように国際結婚が「社会問題」として構築される過程は、記者や行政機関など権力を有する側に圧倒的に掌握されている、と筆者は指摘する。声を失ったかのように見える人々の声を蘇らせること、それが筆者の、筆者に賛同する人々の任務であると呼びかける。

国際結婚当事者からのクレイム

第三章、第五章の間の第四章では、国際結婚の当事者が結婚や移住の決断をどのような経緯から行ったのかが記されている。「外国人嫁」側には家族を援助せざるを得ない事情があったり、台湾人夫側には医療技術の犠牲となり障がいが残り、結婚が難しくなったりというそれぞれの事情が提示されている。

この章で興味深いのは、国際結婚の当事者を、彼らを含めて「社会問題」が構築されている只中に置き、それに対し、当事者はいかなるクレイムを挙げているのか、どのようにアイデンティティを構築しているかについて丁寧に記している点である。当事者がディスクールに対し、また当事者を「劣った他者」「不道徳者」と表象するオリエンタリズムに抗する機会を作り出している。

さらに、第四章において筆者は、個人主義を人間解放の普遍的指標とすることの危険性を指摘する。国際結婚の当事者は、結婚に当たって個人の利益よりも家族や親族の利益を考慮する傾向にあり、経済的、社会文化的にそうせざるを得ない状況がある。その当事者を、個人主義のイデオロギーを以って判断することは、彼らの救いにならないという。同時に筆者は、家族研究が個人主義モデルに従っていることも批判している。

この点を解説者なりに深読みすると次のことが言えそうである。ロマンチック・ラブと性と生殖に支えられた近代家族概念を一旦見直さない限り、商業化された結婚とそれを契機に作られる家族は、異端で不道徳的、前時代の遺物として扱われかねない。しかし、商業化された結婚は台湾に限らず、世界的に見られる現象であり、そこから多くの家族が形成されている。こうした結婚や家族を異端視せず、グローバル化が産み出した一つの現象として受け止め、家族や結婚のイデオロギーを再考すべきではないだろうか。

マクロ的視点からみた結婚移民

そもそも結婚移民現象はどのようにして生じたのだろうか。その説明として、第六章と日本語版の補章が当てられている。

筆者は、台湾と東南アジア諸国との間の経済的依存関係が形成され、台湾からの資本投下の代わりに、人材という資本が台湾へ還流するメカニズムを示した。第六章では、台湾と東南アジア諸国との国際分業のあり方が、ジェンダー化していると指摘する。世界システムによる分業が、国際結婚における人間関係やジェンダー関係を作り出しているとする。

筆者の指摘は、再生産労働の国際分業化が進展することで人間関係やジェンダー関係が作り出されていると言い換えることができる。補章では、再生産労働に関する研究蓄積を用い、再度、台湾における結婚移民現象を説明しなおしている。再生産労働とは、人が誕生し育ち死を迎えるまでの過程で必要とされる、出産や養育、家事、介護といった労働のことを言う（Truong 1996: 33）。

先進諸国などのグローバル・シティで専門的知識を持つ労働者に対する需要が高まると、それを支える単純労働に従事する低賃金の労働者に対する需要も高まり、それまで労働市場に参入していなかった女性と、海外からの移民が後者の労働者として編入されていった（Sassen 2002: 255）。特に、再生産労働は、伝統的に女性の領域であったため、女性の移住労働者が必要とされ、「移民の女性化」が生じたのである。

それと結婚移民がどう関係があるのか、と読者は思われるかもしれない。Truong によると、「越境結婚」者、家事労働者、サービス労働者、セックス・ワーカーは、再生産労働者として位置付けられている。さらに、台湾では一九九〇年代半ばより、家事や介護といった分野において外国から移住労働者を受け入れており、二〇一六年一二月現在、六三万四七六八人に上っている（中華民国労動部 2017）。外国人介護士の出身地は、奇しくも、労働移動を認めていない中国大陸を除いて、結婚移民と同じく東南アジア諸国が多い。

つまり、筆者がもともと第六章で指摘していたように、世界システムの国際分業が、ジェンダー化された移住と労働を生み出しているのである。

実践研究の模索

第七章は、「識字教室」での試行錯誤の過程が主に描かれている。筆者たちは、被抑圧者に対する教育法をフレイレに学び、実践していく。本章で、結婚移民が自身の経験を言語化し、自立性を取り戻していくにつれ、台湾人夫が教室は嫁に反抗的になるよう扇動しているのではと懐疑的になる場面がある。美濃鎮に限らず、結婚移民の自立と台湾社会への統合を促す教育に対し、台湾人夫（としばしば舅、姑）に協力的になってもらうことは困難を伴うことが多い。筆者が調査した台中市のある地方都市でも、こうした緊張状態は、広く見られるものであった。

第七章で改めて驚くのが、当時フェミニスト団体が「識字教室」は国際結婚を助長させると主張していた点である。団体は、さらに法令を制定し、「外国人妻」を母国に送還させるべきであるとも主張していた。国際結婚当事者の決定を尊重せず、台湾人夫を一方的に加害者扱いする、かなり強引な主張である。

本書の第六章と補章に記されているように、結婚移民現象は、マクロ的には世界システムの分業、さらには再生産労働の国際分業によって生じたものである。そしてローカルな背景と当事者、当事者を取り巻く様々な事情から、国際結婚という決断が下されている。台湾人女性のジェンダー不平等指数の低さ（不平等の小ささ）はアジアでトップ、世界的にも上位である。

ジェンダー不平等指数（GII=Gender Inequality Index）とは、男女間の相対的社会的格差を明らかにすることを目的とした、人間開発の指標と能力を活用する機会の指標とを統合したものである。①リプロダクティブ・ヘルス（妊産婦死亡率、若年出産率）、②エンパワーメント（国会議員の女性割合、中等以上教育の修了率）、③経済活動への参加（労働市場への参加）などから算出し、0～1の間で低いほど平等を示す。

このジェンダー不平等指数に関して、二〇一三年、台湾はアジア随一、世界的にも二位という好成績を収めている（行政院主計綜処 2013）。さらに、日本、韓国の女性就労率がいわゆるM字カーブを描くのに対し、台湾ではM字を描かず、高い就労率を保ったままである。しかし、この「好成績」が台湾人女性だけの努力で達成されたものではないことは、読者も想像されることであろう。高度な知識を要する労働を支える移住労働者と結婚移民がその背後にいるものと思われる。

再び、フェミニスト団体の発言に戻ると、当時はフェミニスト団体と結婚移民の女性との間に連帯は結ばれていなかったことがわかる。その後は、連帯が生まれ、新たな共通認識が形成されたというよりは、諸団体は結婚移民の社会統合とそれを通じたエンパワーメントに邁進していったものと思われる。しかし、この過程で筆者が指摘した、周辺化された人々に対し、個人主義による個人の解放を推し進めることの危険性が十分に認識されたのかは、注意する必要があろう。

再び、個人主義は解放の道ではない

第八章では、近代家族の概念やロマンチック・ラブを当然のものとしてとらえ、商業化された国際結婚やその家族を異端視することを批判している。ここでは、オーソドックスな文化人類学的分析手法を用いて、婚姻関係における交換を説明している。私たちは、ロマンチック・ラブに基づき配偶者を選び、結婚は交易ではないと思いがちだが、実際は類似した属性を持つ集団から相手を選んでおり、結婚には様々な財と資本の交換が伴っている。その普遍的な交換のあり方からみれば、国際結婚の家族間の交換もまたとりわけ非難されるべきものではないのである。

筆者は、ここでも結婚移民の女性に個人主義を説き、それによって解放を目指すことに反対を表明する。国際結婚の事例からも、結婚が個人同士の結びつきではなく、むしろ家族同士の結びつきであり、家族の危機に際して農村では集団的に解決が図られることが示される。このように、筆者は事例から主流派フェミニズムへ疑問を投げかけている。

自我と他者の構築、研究者と研究対象の境界性の再考

本書を通じて筆者が常に意識しているのは、研究者の持つ権力性についての自戒と立場の取り方である。読者は、各章の冒頭に記された、長い筆者の回顧録、ないしエピソードに違和感を覚えたかもしれない。知りたいのは筆者の経験ではない、と訝しんだかもしれないが、ここには筆者の研究対象への向き合い方が反映されている。

本書の冒頭と各章の「自省」で示されているように、夏は研究対象を自らとかけ離れた「対象」として扱うことを拒否している。筆者は、本書のテーマを実体験の延長、ないしはアナロジーとして捉えている。彼女の母親世代の台湾人女性の就学、就労、そしてアメリカ人の軍人と結婚した親戚のエピソードを通じて、資本主義世界システムにおける中心と周辺、都市と農村との関係が、人々の就労や結婚、それに伴う移動をいかにして規定してきたのかを提示している。

自身と周囲の人々のエピソードを通じて、国際結婚当事者の決断と、彼らのアイデンティティ構築の過程を、遠い「他者」の物語ではないことを示す。さらには、読者を事例の登場人物に対し、強い共感を持って理解するよう誘う。

第八章では、筆者がエピソードを多用した意図がさらに明確に表される。筆者はあらゆる「他者化の記述」に再考を促す。ブルジョワジー台湾人は結婚をロマンチック・ラブに基づくものと考え、商業化された国際結婚は「結婚ではない」と考えがちである。「われわれ」台湾人とは、冒険心に満ち困難を克服した祖先と豊かになった自分たちを含む。その一方、「かれら」国際結婚をする人たちは、モラルにかけた「他者」であるとする。「かれら」は劣った存在で、「われわれ」は優れている……こうした「われわれ」と「かれら」の線引きは、権力を持つ方が一方的に行うことができる、と筆者は指摘してきた。そして「社会問題」を構築しながら、問題の責任を「かれら」に押し付けているという。

筆者は、「われわれ」と「かれら」の線引きは、伝統的アカデミズムの記述にもみられるとする。研究者の持つイデオロギーが、研究対象を「劣った他者」と構築してしまっていると指摘する。研究者自らのまなざしを問い、研究対象との間の境界を薄くするため、筆者は自分のライフヒストリーをちりばめたのだと告白している。

そして、第八章の最後、筆者のオープンな姿勢が改めて表明されている。

> 自己の「まなざし」を中立化し客観化するため、私はそれらをオープンにすることで自身の持つアカデミックな自己防衛を解除し、被研究者からの詰問を待っている。（三二九頁）

筆者がこのような姿勢を取るに至った経緯は、一つには当時のアカデミズムにおける、研究対象の他者化に対する反省が挙げられよう。研究者、記述する側が持つ権力性についての自覚は、研究者に広く自問と自省を呼び起こした。しかし、筆者はそれ以上に、結婚移民現象をめぐる言論のアリーナを俯瞰し、参入するなかで、本現象をどのようにとらえ、記述していくのかについて深慮していったのであろう。それが本書に通底するテーマであり、章構成にもよく表れている。

解説者自身も、二〇〇四～二〇〇五年の調査時に、自らの持つイデオロギーを見直す機会に恵まれた。普遍的に思われる価値観、個人主義に基づく結婚観を押し付けるだけでは、人々のローカルな論理に寄り添えない。「政治的に正しい」とされることもまた見直す必要がある（横田 2017）。商業化された国際結婚は、そのような複数のモラルを見つめ直すことを人々に迫る現象だといえる。

実践面の功績

夏暁鵑の実践面での功績についても記したい。解説者が、彼女の存在を知ったのは二〇〇三年に台湾に留学した時であった。当時、国際結婚ブームはピークを迎えており、本書でも記されているようにネガティブな報道が溢れかえっていた。国際結婚や結婚移民、子供たちが「社会問題」として構築されている只中、同年一二月「南洋台湾姉妹会」が高雄県美濃鎮に設立された。本会は、結婚移民女性がメンバーの三分の二以上、占めることを会則に定めており、結婚移民の中国語による表現能力の向上、心理面での充実及びコミュニケーションの拡充を図ることから開始した。その後、二〇〇五年には台北県永和市（現新北市永和区）にも北部オフィスが設置された。

夏と「南洋台湾姉妹会」は、次々と台湾社会に対話を求めて行った。二〇〇三年には、結婚移民が記した文章と絵を収めた、『不要叫我外籍新娘』（私を外国人花嫁と呼ばないで）という書籍を出版した。また、ドキュメンタリー『姉妹、売冬瓜』（二〇一〇年）などの公開を通じ、配偶者たちが移動の経験をどうとらえ、台湾で困難を乗り越えるため、どのように奮闘しているのかなどといった、彼女たちの「声」を届けている。メディアにより一方的に表象されることが多かった彼女たちが、自らの言葉で「声」を上げた取り組みであった。

さらに二〇〇四年には教育部次長が、「外国人嫁はたくさん子供を産むな」という発言をしたり、結婚移民に関する調査結果が政府の仮説に沿うように恣意的に改ざんされたりと、政府による人権侵害が明るみになった。その度に、夏や「南洋台湾姉妹会」は抗議を行い、是正を求めてきた。続いて、中国籍結婚移民の居留証申請にかかる財力証明の廃止を要求するなど、結婚移民の市民権の回復や、台湾人向けにベトナム語教室を開講するなど、結婚移民の支援と同時に、新たな多文化主義の推進に貢献してきた。

解説者が、二〇一五年初めに新北市の「南洋台湾姉妹会」に話を伺ったところ、結婚移民のスタッフと台湾人スタッフが協力して運営しているとのことであった。結婚移民の社会統合にかかる支援は、すでに行政機関、ないしはその委託を受けた各種団体に任せている段階に入ったという。会としては、政策の監督と国際的な連携を中心に進めているとのことであった。

筆者は、国内外で台湾の結婚移民現象と、彼女が組織し、参与してきた結婚移民のエンパワーメント運動に関して、精力的に講演活動を行っている。そして、今日も結婚移民とその子供たちの状況を注視し続けている。

参考文献

星　純子 2013『現代台湾コミュニティ運動の地域社会学　高雄県美濃鎮における社会運動、民主化、社区総体営造』御茶の水書房

横田祥子 2017「第4章　政治的な正しさの背後にかくれたローカルな論理によりそう：商業的国際結婚と家族」白石壮一郎・椎野若菜編『社会問題と出会う（FENICS 100万人のフィールドワーカーシリーズ 7）』古今書院

Sassen, S 2002 Global Cities and Survival Circuits. In B. Ehrenreich and A. R. Hochschild (Eds.), *Global Woman: Nannies, Maids, and Sex Workers in the New Economy*. New York: Owl Books.

Truong, D. 1996 Gender, International Migration and Social Reproduction: Implications for Theory, Policy, Research and Networking. *Asian and Pacific Migration Journal*, 5 (1)

夏　暁鵑 2002『流離尋岸　資本国際化下的「外籍新娘」現象』《台湾社会研究》雑誌社
―――― 2005『不要叫我外籍新娘』左岸文化

政府統計

行政院主計総処 2013「国情統計通報」(105)(http://www.dgbas.gov.tw/public/Data/491716362790WG0X9I.pdf　最終閲覧日二〇一四年一〇月一三日)
中華民国労動部 2016「表 13-1　産業及社福外籍労工人数―按開放項目分」『労動統計年報 105 年』(http://statdb.mol.gov.tw/html/year/year05/313010.htm　最終閲覧日二〇一八年六月一〇日)

新聞記事

自由時報　二〇一六年八月一七日「新南向政策綱領 明訂十大行動準則」

映像

南洋台湾姉妹会紀録片小組 2010『姉妹、売冬瓜』

参考文献

本文

英語文献（アルファベット順）

Aas, Svein. 1980. "The Relevance of Chayanov's Macro Theory of Java." In E. Hobsbawm et al., *Peasants in History*. Calcutta: Oxford University Press.

Abu-Lughod, Lila. 1993. *Writing Women's Worlds: Bedouin Stories*. Berkeley: University of California Press.

Aguilar, Delia M. 1987. "Women in the Political Economy of the Philippines." *Alternatives*. 12: 511-526.

Ani, Marimba (Dona Richards). 1994. *Yurugu: An African-Centered Critique of European Cultural Thought and Behavior*. Trenton, NJ: Africa World Press.

Argyris, Chris. 1983 "Action Science and Intervention." *Journal of Applied Behavioral Science*. 19: 115-140.

---------. 1985. *Action Science*. San Francisco: Jossey Bass Publishers.

Becker, Howard S. 1963. *Outsiders*. New York: Free Press.

Berger, Peter L. and Thomas Luckmann. 1966. *The Social Construction of Reality*. Garden City, NY: Doubleday.

Blumer, Herbert. 1969. *Symbolic Interactionism*. Berkeley: University of California Press.

Boal, Augusto. 1979. *The Theatre of the Oppressed*. Translated by Adrian Jackson.London: Pluto Press.

---------. 1992. *Games for Actors and Non-Actors*. Translated by Adrian Jackson. London and New York: Routledge.

---------. 1995. *The Rainbow of Desire: The Boal Method of Theatre and Therapy*. Translated by Adrian Jackson. London and New York: Routledge.

Boguslaw, Robert and George R. Vickers. 1977. *Prologue to Sociology*. Santa Monica, CA: Goodyear.

Bourdieu, Pierre. 1977. *Outline of a Theory of Practice*. Translated by Richard Nice. Cambridge, England: Cambridge University Press.

---------. 1984. *Distinction: A Social Critique of the Judgement of Taste*. Translated by Richard Nice. Cambridge, Massachusetts: Harvard University Press.

----------. 1993. "A propos de la famille comme catéorie réalisée" Actes de la Recherche en Sciences Sociales. 100: 32-36. Translated to English by Hernán Vera for the seminar of Sociology of Knowledge, Spring 1997.

Brewer, Brooke Lilia. 1982. *Interracial Marriage: American Men Who Marry Korean Women*. Syracuse University. Dissertation.

Campbell, Richard and Jimmie L. Reeves. 1989. "Covering the Homeless: The Joyce Brown Story." *Critical Studies in Mass Communication*. 6:21-42.

Carrithers, Michael, Steven Collins and Steven Lukes. (eds.) 1985. *The Category of the Person: Anthropology, Philosophy, History*. Cambridge: Cambridge University Press.

Center for Women's Resources. 1998. *Worsening Poverty and Intensified Exploitation: the Situation of Women under the Philippines 2000 of Ramos Administration*. Quezon City, Philippines: CWR.

Cheng, Lucie and Edna Bonacich. (eds.) 1984. *Labor Migration under Capitalism: Asian Workers in the United States before World War II*. Berkeley: University of California Press.

Chossudovsky, Michel. 1997. *The Globalization of Poverty*. Penang, Malaysia: Third World Network.

Chung, Yung-Feng. 1996. *Sociology and Activism: The Meinung Anti-Dam Movement 1992 to 1994*. University of Florida. Unpublished master's thesis.

Cohen, Myron L. 1976. *House United, House Divided.* New York: Columbia University Press.

Coles, Romand. 1991. "Foucault's Dialogical Artist Ethos." *Theory, Culture and Society.* 8: 99-120.

Collins, Patricia Hill. 1990. *Black Feminist Thought: Knowledge, Consciousness, and the Politics of Empowerment.* Cambridge, MA: Unwin Hyman.

Concon, Theresa, R. Garcia, C. Gratuito, T. Panganiban and S. de. Santos. 1982. "Filipinas for Sale." *The Diliman Review.* July-August: 25-27.

Cooke, Fadzilah M. 1986. "Australian-Filipino Marriages in the 1980s: The Myth and the Reality." Research Paper No. 37 of the Center for the Study of Australian-Asian Relations, the School of Modern Asian Studies, Griffith University.

del Rosario, Virginia O. 1994. *Lifting the Smoke Screen: Dynamics of Mail-Order Bride Migration from the Philippines.* Institute of Social Studies, The Hague. Ph.D. Dissertation.

de Stoop, Chris. 1994. *They Are So Sweet, Sir : The Cruel World of Traffickers in Filipinas and Other Women.* Translated by Françis Hubert-Baterna and Louise Hubert-Baterna. Limitless Asia.

Denzin, Norman K. 1978. *The Research Act: A Theoretical Introduction to Sociological Methods* (2nd. edition). New York: McGraw-Hill Book Company.

----------. 1989. *Interpretive Biography.* Newbury Park, CA: Sage Publications.

Devereux, George. 1939. *From Anxiety to Method in the Behavioural Sciences.* The Hague: Mounton.

Dixon, Chris. 1999. "The Developmental Implications of the Pacific Asian Crises: the Thai Experience." *Third World Quarterly.* 20(2): 439-452.

Donato, Katharine Mary. 1988. *The Feminization of Immigration: Variability in the Sex Composition of U.S. Immigrants.* State

University of New York at Stony Brook. Dissertation.

Douglas, Mary. 1986. *How Institutions Think.* Syracuse. NY: Syracuse University Press.

Durkheim, Emile. 1961. *The Elementary Forms of the Religious Life.* New York: Collier-Macmillan.

Ekeh, Peter P. 1974. *Social Exchange Theory: The Two Traditions.* Cambridge, MA: Harvard University Press.

Ellis, Carolyn. 1995. "Emotional and Ethical Quagmires in Returning to the Field." *Journal of Contemporary Ethnography.* 24(1): 68-98.

England, Kim V. L. 1994. "Getting personal: Reflexivity, positionality, and feminist research." *Professional Geographer.* 46 (1): 80-89.

Fals-Borda, Orlando and Muhammad Anisur Rahman. 1991. In Walter Fernandes and Rajesh Tandon (eds.) *Action and Knowledge: Breaking the Monoply with Participatory Action Research.* New York: The Apex Press.

Feagin, Joe R. and Clairece Booher Feagin. 1996. *Racial and Ethnic Relations.* Fifth Edition. Upper Saddle River, NJ: Prentice Hall.

Feagin, Joe R. and M. P. Sikes. 1994. *Living with Racism: The Black Middle-Class Experience.* Boston: Beacon Press.

Feagin, Joe R. and H. Vera. 1995. *White Racism: The Basics.* New York and London: Routledge.

----------. 2001. *Liberation Sociology.* Boulder, Colorado: Westview.

Filmer, Paul, Michael Phillipson, David Silverman and David Walsh. 1973. *New Directions in Sociological Theory.* Cambridge, MA: MIT Press.

Fine, Michelle. 1994. "Working the hyphens: Reinventing Self and Other in Qualitative Research." In N. Denzin and Y. Lincoln (eds.) *Handbook of Qualitative Research.* 70-82. Thousand Oaks, CA: Sage.

Fishman, Mark. 1978. "Crime Waves as Ideology." *Social Problems*. 30: 13-25.

----------. 1980. *Manufacturing the News*. Austin: University of Texas Press.

Food and Agriculture Organization (FAO). 1976. *Literacy Report*.

Foucault, Michel. 1972. *The Archaeology of Knowledge*. New York: Pantheon.

----------. 1973. *The Birth of the Clinic*. New York: Random House.

----------. 1979. *Discipline and Punish: The Birth of the Prison*. Translated by A. Sheridan. Harmondsworth: Penguin Books.

Freire, Paulo. 1970. *Pedagogy of the Oppressed*. New York: Continuum.

----------. 1985. *The Politics of Education: Culture, Power and Liberation*. Translated by Donaldo Macedo. Granby, MA: Bergin and Garvey Publishers.

French, Joan. 1987. "Organizing Women through Drama in Rural Jamaica." In Miranda Davies (ed.). *Third Women, Second Sex*, 147-154.

Garfinkel, Harold. 1967. *Studies in Ethnomethodology*. Englewood Cliffs, NJ: Prentice-Hall.

Gitlin, Todd. 1980. *The Whole World is Watching: Mass Media in the Making and Unmaking of the New Left*. Berkeley: University of California Press.

Giroux, Henry A. 1985. "Introduction." In Paulo Freire, *The Politics of Education: Culture, Power, and Liberation*. Translated by Donaldo Macedo. Granby, MA: Bergin and Garvey Publishers.

Glasgow University Media Group. 1980. *More Bad News*. London: Routledge and Kegan Paul.

Glodava, Mila and Richard Onizuka. 1994. *Mail-Order Brides: Women for Sale*. Fort Collins, CO: Alaken, Inc.

Goffinan, Erving. 1959. *The Presentation of Self in Evervday Life*. New York: Anchor Books.

Gravenhorst, Lerke. 1988. "A Feminist Look at Family Development Theory." In D. Klein and J. Aldous (eds.) *Social Stress and Family Development.* 79-101. New York: Guilford.

Greenwood, Davydd J. And Morten Levin. 1998. *Introduction to Action Research: Social Research for Social Change.* Thousand Oaks: Sage Publications.

Gubrium, Jaber F. 1988. *Analyzing Field Reality.* Newbury Park, CA: Sage Publications.

---------. 1993. *Speaking of Life: Horizons of Meaning for Nursing Home Residents.* New York: Aldine De Gruyter.

Gubrium, Jaber F. and James A. Holstein. 1987. "The Private Image: Experiential Location and Method in Family Studies." *Journal of Marriage and the Family.* 49: 773-786.

---------. 1990. *What Is Family?* Mountain View, CA: Mayfield.

---------. 1990. "Family Discourse, Organizational Embeddedness, and Local Enactment." *Journal of Family Issues.* 14: 66-81.

---------. 1997. *The New Language of Qualitative Method.* New York: Oxford University Press.

Hall, Budd. 1979 "Knowledge as a Commodity and Participatory Research." *Prospects.* 9 (4): 393-407.

Herman, Edward S. and Noam Chomsky. 1988. *Manufacturing Consent: The Political Economy of the Mass Media.* New York: Pantheon Books.

Holstein, James A. 1992. "Producing People: Descriptive Practice in Human Service Work." In G. Miller (ed.) *Current Research on Occupations and Professions.* 7; 23-40. Greenwich, CT: JAI Press.

---------. 1993. *Court-Ordered Insanity: Interpretive Practice and Involuntary Commitment.* New York: Walter de Gruyter.

Holstein, James and Gale Miller. 1993 (eds.) *Reconsidering Social Constructionism: Debates in Social Problems Theory.* New York: Aldine de Gruyter.

Hope, Anne and Sally Timmel. 1984. *Training for Transformation: A Handbook for Community Workers*. Gweru: Mambo Press.

hooks, bell. 1984. *Feminist Theory from Margin to Center*. Boston: South End Press.

----------. 1989. *Talking Back: Thinking Feminist, Thinking Black*. South End Press.

Hsia, Hsiao-Chuan. 1997. *Selfing and Othering in the "Foreign Bride" Phenomenon -- A Study of Class, Gender and Ethnicity in the Transnatinonal Marriages between Taiwanese Men and Indonesian Women*. University of Florida. Dissertation.

Hsia, Hsiao-Chuan and Yung-Feng Chung. 1998. "Participatory Research: A Way for Empowerment and an Invitation for the Power Game of Reality Production." Paper preseted at the Annual Meeting of American Sociological Association, August 21-25, 1998, San Francisco, California.

Jackson, Michael. 1989. *Paths Toward a Clearing: Radical Empiricism and Ethnographic Inquiry*. Bloomington: Indiana University Press.

Jackson, Andrian. 1995. "Introduction." In Augusto Boal. *The Rainbow of Desire: The Boal Method of Theatre and Therapy*. Translated by Adrian Jackson. London and New York: Routledge.

Jary, David and Julia Jary. 1998. *Harper Collins Dictionary of Sociology*. New York: Harper Perennial.

Kitsuse, John I. and Malcolm Spector. 1973. "Toward a Sociology of Social Problems." *Social Problems*. 20: 407-19.

Knight, G. Roger. 1982. "Capitalism and Commodity Production in Java." In Hamia Alavi et al. (eds.) *Capitalism and Colonial Production*. London: Croom Helm.

Largoza-Maza, Liza.1996. "The Impact of Imperialist Globalization: Displacement, Commodification and Modern-day Slavery of Women." Presented at Workshop on Women and Globalization, Quezon City, Philippines, Nov. 23.

Lai, Tracy. 1992. "Asian American Women: Not for Sale." In Margaret L. Andersen and Patricia Hill Collins (eds.) *Race, Class, and Gender: An Anthology*. Belmont, CA: Wadsworth Publishing Company.

Latapi, Pablo. 1988 "Participatory Research: A New Research Paradigm?" *The Alberta Journal of Educational Research*. 34(3): 310-319.

Lather, Patricia. 1986. "Research as Praxis." *Harvard Educational Review*. 56(3): 257-277.

Learner, David and Lucille W. Pevsner. 1958. *The Passing of Traditional Society: Modernizing the Middle East*. Glencoe, DL: Free Press.

Lévi-Strauss, Claude. 1963. *Structural Anthropology*. New York: Doubleday & Company.

----------. 1969. *The Elementary Structures of Kinship*. Boston: Beacon Press.

Lincoln, Yvonnas, and Norman Denzin. 1994. "The Fifth Moment." In Norman Denzin and Yvonnas Lincoln (eds.) *Handbook of Qualitative Research*. 575-86. Thousand Oaks, CA: Sage.

Lipton, Michael. 1976. *Why Poor People Stay Poor*. Cambridge: Harvard University Press.

Loseke, Donileen R. 1992. *The Battered Woman and Shelters*. Albany, NY: SUNY Press.

Luzon, J. G. 1987. "Brides for Sale -- the Mail Order Bride Business in Switzerland." In *Woman Today* (25 February). Manila.

Maguire, Patricia. 1987. *Doing Participatory Research: A Feminist Approach*. Amherst, MA.: Center for International Education, University of Massachusetts.

Mauss, Marcel. 1954. *The Gift: the Forms and Functions of Exchange in Archaic Societies*. Translated by Ian Cunnison. Glencoe, IL: The Free Press.

Miller, Gale. 1991. *Enforcing the Work Ethic*. Albany, NY: SUNY Press.

----------. 1992. "Human Service Practice as Social Problems work." In G.Miller (ed.) *Current Research on Occupations and Professions*, vol. 7, 3-22. Greenwich, CT: JAI Press.

Miller, Leslie J. 1993. "Claims-Making From the Underside: Marginalization and Social Problems Analysis." In J. Holstein and Gale Miller (eds.) *Reconsidering Social Constructionism: Debates in Social Problems Theory*. 349-376. New York: Aldine de Gruyter.

Naficy, Hamid and Teshome H. Gabriel. 1993. *Otherness and the Media: The Ethnography of the Imagined and the Imaged.* Langhorne, PA:Harwood Academic Publishers.

Park, Peter. 1989. "What Is Participatory Research? A Theoretical and Methodological Perspective." Unpublished Paper, University of Massachusetts, Amherst, MA.

Paules, Greta. 1991. *Dishing It Out: Power and Resistance Among Waitresses in a New Jersey Restaurant.* Philadelphia: Temple University Press.

Pollner, Melvin.1987. *Mundane Reason.* Cambridge: Cambridge University Press.

Probyn, Elspeth. 1993. *Sexing the Self: Gendered Positions in Cultural Studies.* London and New York: Routeldge.

Randall, Donna M. and James F. Short. 1983. "Women in Toxic Work Environments: A Case Study of Social Problem Development." *Social Problems.* 30: 410-424.

Reinharz, Shulamit. 1992. *Feminist Methods in Social Research.* New York: Oxford University Press.

Rhee, Siyon Yoo. 1988. *Korean and Vietnamese Outmarriage: Characteristics and Implications.* University of California, Los Angeles. Dissertation.

Rho, Jung Ja. 1989. *Multiple Factors Contributing to Marital Satisfaction in Korean-American Marriages and Correlations with*

Three Dimensions of Family Life Satisfaction. Kansas State University. Dissertation.

Richardson, Laurel. 1992. "Trash on the Corner: Ethics and Technology." *Journal of Contemporary Ethnography*. 21: 103-119.

Riessman, Catherine Kohler. 1993. *Narrative Analysis*. Newbury Park, CA: Sage Publications.

Robertson-Snape, Fiona. 1999. "Corruption, Collusion and Nepotism in Indonesia." *Third World Quarterly*. 20(3): 589-602.

Ronai, Carol Rambo. 1995. "Multiple Reflections of Child Sex Abuse: An Argument for a Layered Account." *Journal of Contemporary Ethnography*. 23: 395-426.

----------. 1997. "Discursive Constraint in the Narrated Identities of Childhood Sex Abuse Survivors." In Carol Rambo Ronai, Barbara A. Zsembik and Joe R. Feagin (eds.) *Everyday Sexism: In the Third Millennium*. 123-136. New York: Routledge.

Rosaldo, Renato I. 1984. "Grief and a Headhunter's Rage: On the Cultural Force of the Emotions." In E. M. Bruner (ed.) *Text, Play, and Story: The Construction and Reconstruction of Self and Society*. 78-95. Washington: Proceedings of the American Ethnological Society.

Rosenwald, George C. and Richard L. Ochberg. 1992. *Storied Lives: The Cultural Politics of Self-Understanding*. New Haven, CT: Yale University Press.

Rousselle, Ann. 1993. *Effects of International Intermarriage on Family Functioning and the Identity and Attachment Behavior of Children*. State University of New York at Buffalo. Dissertation.

Said, Edward. 1978. *Orientalism*. New York: Pantheon Books.

Sampson, Edward. 1988. "The Debate on Individualism: Indigenous Psychologies of the Individual and Their Role on Personal and Societal Functioning." *American Psychologist*. 43(1): 15-22.

----------. 1993. *Celebrating the Other: A Dialogic Account of Human Nature*. Boulder, CO: Westview Press.

Scanzoni, John H. 1995. *Contemporary Families and Relationships: Reinventing Responsibility.* New York: McGraw-Hill.

Scanzoni, John H. and William Marsiglio. 1993. "New Action Theory and Contemporary Families." *Journal of Family issues.* 14(1): 105-132.

Scanzoni, John H., Karen Polonko, Jay D. Teachman and Linda Thompson. 1989. *The Sexual Bond: Rethinking Families and Close Relationships.* Newbury Park, CA: Sage.

Schneider, Joseph. W. 1985. "Social Problems Theory: The Constructionist View." *Annual Review of Sociology.* 11: 209-229.

Schutz, Alfred. 1962. *Collected Papers: The Problem of Social Reality.* The Hague: Martinus Nijhoff

---------. 1970. *On Phenomenology and Social Relations.* Chicago: University of Chicago Press.

Shaffir, William B. and Robert A. Stebbins. (eds.) *Experiencing Fieldwork: An Inside View of Qualitative Research.* Newbury Park, CA: Sage.

Sjoberg, Gideon and Leonard D. Cain. 1971. "Negative Values, Counter System Models, and the Analysis of Social Systems." In Herman Turk and Richard Simpson. (eds.) *Institutions and social exchange: the Sociology of Talcott Parsons and George C. Homans.* 212-229. Indianapolis: Bobbs-Merrill.

Smith, Dorothy E. 1978. " 'K is Mentally Ill': The Anatomy of a Factual Account." *Sociology.* 12: 23-53.

---------. 1987. *The Everyday World as Problematic: a Feminist Sociology.* Boston: Northeastern University Press.

---------. 1990. *The Conceptual Practices of Power: A Feminist Sociology of Knowledge.* Boston: Northeastern University Press.

Spector, Malcolm and John I. Kitsuse. 1977. *Constructing Social Problems.* Menlo Park, California: Cummings.

Surra, Catherine A. 1991. "Research and Theory on Mate Selection and Premarital Relationships in the 1980s." In Alan Booth (ed.) *Contemporary Families: Looking Forward, Looking Back.* 54-75. National Council on Family Relations.

Takaki, Ronald. 1990. *Iron Cages: Race and Culture in 19th-Century America.* New York and Oxford: Oxford University Press.

Touraine, Alain. 1981. *The Voice and the Eye: An Analysis of Social Movements.* New York: Cambridge University Press.

Vaughan, Ted R. 1993. "The Crisis in Contemporary American Sociology: A Critique of the Discipline's Dominant Paradigm." In Ted R. Vaughan, Gideon Sjoberg and Larry T. Reynolds (eds.) *A Critique of Contemporary American Sociology.* 10-53. New York: General Hall.

Vera, Hemán. 1996. Personal communication via Electronical Mail.

Wagner, Helmut R. 1970. "The Phenomenological Approach to Sociology." In Alfred Schutz. *On Phenomenology and Social Relations.* 1-50. Chicago: The University of Chicago Press.

Wang, Mu-Hen. 1990. "The New Trends and New Characteristics of Foreign Investment in Indonesia. *Southeast Asia* (4).

Wang, SH. & Apthorpe, A. 1974. *Rice farming in Taiwan：three villages studies.,* The institute of Ethnology, Academia Sinica.

Wiener, Carolyn L. 1981. *The Politics of Alcoholism: Building an Arena Around a Social Problem.* New Brunswick, NJ: Transaction.

World Bank. 1992. *Viet Nam - Population, health and nutrition sector review.* Washington D.C.

----------. 1993. *Viet Nam, Transition to the Market: an economic report.* Washington D.C.

中国語文献（筆画順）

外貿協会駐胡志明市弁事処（1999）『如何在越南設立行銷拠点』不明

宋鎮照（1993）「中華民国与東協四国之経済依頼発展関係」『台湾経済』203: 16-36

呉美雲（釈自淳）（2001）『識字作為一個「賦権」運動：以「外籍新娘生活適応班」為例探討』世新大学社会発展研究所碩士論文

邱琡雯（1999）「在地国際化：日本農村菲律賓新娘」『当代』141: 108-117
邱福松（1995）『台湾速成新郎南向与印尼新娘成婚之現況及因応』駐印尼台北経済貿易代表処
胡幼慧（1996）「焦点団体法」胡幼慧主編『質性研究：理論、方法及本土女性研究実例』pp223-237、巨流図書公司
夏林清（1993）『由実務取向到社会実践：有関台湾労工生活的調査報告（一九八七—一九九二）』張老師出版社
——（1996）「実践取向的研究方法」胡幼慧主編『質性研究：理論、方法及本土女性研究実例』pp99-120、巨流図書公司
夏暁鵑（1995）「外籍新娘在美濃」『中国時報』一九九五年一〇月一七日
——（1997）「在美濃外籍新娘面前——一個客観主義死亡的過程」『聯合報副刊』一九九七年三月号
——（2000）「資本国際化下的国際婚姻——以台湾的「外籍新娘」現象為例」『台湾社会研究季刊』39: 45-92
——（2001）「「外籍新娘」現象的媒体建構」『台湾社会研究季刊』43: 153-196
夏暁鵑・宋長青・釈自淳（2000）「外籍新娘識字班官方版流於方式」『中国時報』二〇〇〇年六月一六日
陳玉璽（1995）『台湾的依附型発展』人間出版社
陳艾妮（1996）「外籍新娘的省思」『中華日報』一九九六年一一月二二日
陸年青編（1962）『台湾省作物栽培調査統計』台湾土地銀行総行研究処
彭懐恩（1991）『台湾発展之政治経済分析』風雲論壇出版社
張維安・王徳睦（1983）「社会流動与選択性婚姻」『中国社会学刊』7: 191-214
趙剛・侯念祖（1995）「認同政治的代罪羔羊——父権体制及論述下的眷村女性」『台湾社会研究季刊』19: 125-163
駐印尼台北経済貿易代表処（1994）『経貿商情月報——印尼地区』不明
——（1994a）『華僑与印尼』不明
——（1995）『印尼投資環境基本資料』不明

劉清榕（1979）「農村青年的煩悩与輔導」『中央研究院民族学研究所専刊』24: 265-277
鍾永豊（2001）「阿成下南洋」『菊花夜行軍』（CDアルバム）串連有声出版社
鍾永豊・夏暁鵑（2001）「阿芬摎人」『菊花夜行軍』（CDアルバム）串連有声出版社
――――（2001）「日久他郷是故郷（外籍新娘識字班之歌）」『菊花夜行軍』（CDアルバム）串連有声出版社
鍾秀梅（1997）「解厳後台湾農民運動――試以客家農運経験分析」『美濃鎮誌』下冊、美濃鎮公所
蕭新煌（1981）「台湾与南韓的農業策略：鉅視社会学的研究」『中央研究院民族学研究所専刊』九
瞿海源（1990）『一九八八年台湾社会評估報告』台北市二十一世紀基金会

その他言語文献

Napitupulu, Sarluhut and Toeti Kakiailatu, 1995. “From Singkawang Looking for Love.” *Gatra Magazine*. Vol. 30. (in Indonesian)
佐藤隆夫編著（1989）『農村（むら）と国際結婚』日本評論社

日本語版序文および補章

英語文献（アルファベット順）

Bonacich, Edna and Lucie Cheng. 1984. “Introduction: A Theoretical Orientation to International Labor Migration.” In Lucie Cheng and Edna Bonacich (eds.) *Labor Immigration under Capitalism: Asian Workers in the United States before World War II*. 1-56. Berkeley and Los Angeles, California: University of California Press.

Burawoy, Michael. 1976. "The Function of Reproduction of Migrant Labor: Comparative Material from Southern Africa and the United States." *American Journal of Sociology*. 81(5): 1050-87.

Castles, Stephen and Mark Miller. 1993. *The Age of Migration: International Population Movements in the Modern World*. New York: Guilford Press.

Constable, Nicole. 2009. "The Commodification of Intimacy: Marriage, Sex and Reproductive Labor." *Annual Review of Anthropology*. 38: 49-64.

Costa, M. R. Dalla. And James, Selma. 1997. "The Power of Women and the Subversion of the Community." Rosemary Hennesy and Chrys Ingraham (Eds.) *Materialist Feminism : A Reader in Class, Differences and Women's Lives*. pp.40-53. New York : Routledge.

Dalla Costa, M. R. and Selma James. 1997. "The Power of Women and the Subversion of the Community." In Rosemary Hennessy and Chrys Ingraham (eds.) *Materialist Feminism: A Reader in Class, Differences and Women's Lives*. 40-53. New York: Routledge.

Hochschild, Arlie R. 2000. "Global Care Chains and Emotional Surplus Value." In Will Hutton and Anthony Giddens. (eds.) *On the Edge: Living with Global Capitalism*. 130-146. London: Jonathan Cape.

Hsia, Hsiao-Chuan. 2007. "Imaged and Imagined Threat to the Nation: The Media Construction of 'Foreign Brides' Phenomenon as Social Problems in Taiwan." *Inter-Asia Cultural Studies*. 8(1): 55-85.

----------.2008, "The Development of Immigrant Movement in Taiwan - the Case of Alliance of Human Rights Legislation for Immigrants and Migrants." *Development and Society*. 37(2): 187-217.

----------. 2009. "Foreign Brides, Multiple Citizenship and Immigrant Movement in Taiwan." *Asia and the Pacific Migration*

Journal. 18(1): 17-46.

----------. ed. 2010. *For Better or for Worse: Comparative Research on Equity and Access for Marriage Migrants.* Hong Kong: Asia Pacific Mission for Migrants.

----------. 2015a. "Reproduction Crisis, Illegality, and Migrant Women under Capitalist Globalization: the Case of Taiwan." In Sara Friedman and Pardis Mahdavi. (eds.) *Migrant Encounters: Intimate Labor, the State and Mobility Across Asia.* 160-183. Philadelphia:University of Pennsylvania Press

----------. 2015b. "Action Research with Marginalized Immigrants' Coming to Voice: Twenty Years of Social Movement Support in Taiwan and Still Going." In Hilary Brabury (ed.) *The Sage Handbook of Action Research,* Third Edition, 315-324. Thousand Oaks: Sage Publications.

Kofman, Eleonore A., Phzacklea P. Raghuram and R. Sales. 2000. *Gender and International Migration in Europe: Employment, Welfare and Politics.* London and New York: Routlege.

Mies, Maria. 1986. *Patriarchy and Accumulation on a World Scale: Women in the International Division of Labor.* London: Zed Books.

Parreñas, Rhacel S. 2001. *Servants of Globalization: Women, Migration, and Domestic Work.* Palo Alto, CA: Stanford University Press.

Piper, Nicola and Mina Roces. (eds.) 2003. *Wife or Workers: Asian Women and Migration.* Lanham. MD: Rowman and Littlefield Publishers, Inc.

United Nations. 2007. Gender, Remittances and Development. Feminization of Migration 2007. (http://www.renate-europe.net/wp-content/uploads/2014/01/Feminization_of_Migration-INSTRAW2007.pdf)

United Nations. 2013. International Migration Wallchart 2013. (http://www.un.org/en/development/desa/population/migration/publications/wallchart/docs/wallchart2013.pdf) 309-328

Wang, Frank TY. 2010. "From Undutiful Daughter-in-Law to Cold-blooded Migrant Household Worker." In Kirsten Scheiwe and Johanna Krawietz. (eds.) *Transnationale Sorgearbeit - Rechtliche Rahmenbedingungen und gesellschaftliche Praxis*. 309-328. VS Verlag für Sozialwissenschaften.

中国語文献（筆画順）

林津如（2000）「「外傭政策」与女人之戦：女性主義策略再思考」『台湾社会研究季刊』三九

夏暁鵑（2002）『流離尋岸：資本国際化下的「外籍新娘」現象』台湾社会研究雑誌社

――（2005）「尋找光明――従「識字班」通往行政院的蜿蜒路」夏暁鵑主編『不要叫我外籍新娘』左岸文化事業有限公司

――（2006）「新移民運動的形成――差異政治、主体化与社会性運動」『台湾社会研究季刊』六一

夏暁鵑・王増勇（2010）「逾期居留移民之実証研究」『全国律師』九月号

黄奎博・周容卉（2014）「我国「南向政策」之回顧与影響」『展望与探索』一二（八）

曾嬿芬（1997）「居留権的商品化：台湾的商業移民市場」『台湾社会研究季刊』二七

蔡宏明（1998）「金融風暴後南向政策之探討」『経済情勢暨評論』三（四）

308, 331
優れた自己　31, 81, 85, 93, 323
ステレオタイプ　iii, xvi, 4, 23, 97, 98, 171, 176, 280, 296, 340
世界システム　vii-xi, 221, 350, 352

た

台湾人夫　17, 22, 31, 34, 101, 104, 138, 164, 172, 214, 272, 281, 322
他者　xi, xii, 4, 21, 24, 26-30, 32, 33, 37, 68, 70, 110, 123, 124, 136, 165, 166, 196, 205, 207, 254, 275, 280, 297, 314, 315, 320, 323, 326-329
ダブルバインド　96-99, 176
知識のストック　70, 179, 254
駐インドネシア台北経済貿易代表処　2, 16, 18, 35, 36, 44, 75, 78, 79, 81, 93, 99, 100-102, 104, 106, 126, 127, 132, 136, 139, 147, 193, 214, 219, 221, 224, 232, 315
中心・半周辺・周辺　viii, 216, 218, 253, 308
沈黙の文化　261, 265, 274, 290

な

（新）南向政策　16, 37, 219, 220, 347, 348, 350-352, 354
二重性　54, 159, 267, 326

は

売買婚　3, 17, 18, 81, 82, 91, 125, 134, 135, 151, 304
被抑圧者の演劇　42, 56, 64, 260, 263-265, 269, 285, 293
被抑圧者の教育法　54, 260
ブライド・トレード　x, xi, 4, 7, 8, 10

ま

まなざし　7, 8, 9, 10, 11, 27, 74, 110, 327-329
美濃愛郷協進会　40, 42, 47, 56, 64, 183, 195-199, 202, 203, 208, 259-261, 263, 265, 272, 274-276, 283, 292, 297, 301, 302
メールオーダー・ブライド　x, 4-6, 21, 31, 62, 176, 179, 215, 216, 294, 320, 331

ら

ロマン化　218, 250, 289, 305, 306, 316, 320

索引

あ

アイデンティティ　xi, xii, 19, 22, 40, 65, 109, 110, 118, 139, 148, 159, 227
アクションリサーチ　iii, 49, 51, 64, 288, 295
エスニシティ　ix, 213, 214, 301, 302, 308, 321, 323, 341
エンパワーメント　iii, iv, 49, 52, 54, 57, 284, 285, 289, 290, 339-344, 353
横断性　29, 30, 327-329
劣った他者　5, 31, 34, 81, 84, 93, 98, 164, 176, 322-325, 328, 341, 350, 351
(お) 見合い　1, 2, 11, 15, 42, 44, 48, 62, 87, 116, 122, 147, 167, 172, 181, 184, 185, 187-189, 230, 242, 244, 245, 252, 309, 310, 316, 318

か

外国人嫁　iii, iv, xi, xiii-xvii, 3-5, 7-9, 11, 15-18, 20, 22, 31-36, 39-44, 48, 49, 56, 58, 62-64, 68, 73-75, 90, 101, 110, 111, 114, 120, 122, 125, 127-130, 132, 134, 139, 141, 145, 148, 151, 159, 160, 164-171, 174-178, 180-183, 186, 187, 190, 192, 194-200, 204-208, 214-216, 218, 219, 224, 225, 231, 232, 244, 246-248, 250-254, 258-260, 262, 263, 265-267, 269, 271-284, 287, 290-292, 294, 296-305, 308, 315-319, 321-325, 328, 330-333, 335, 339, 341, 343-346, 349, 350, 352, 353
外国人嫁識字教室　iii, xv, xvi, 33, 42, 43, 48, 49, 55-57, 170, 183, 199, 208, 258, 260-263, 265, 274, 276, 278-281, 283, 284, 290, 292-297, 299, 301, 321, 328, 331, 339, 343
外省人居住区（眷村）　xiii-xv, xvii, 14, 159
語り（ナラティブ）　23, 31, 46, 47, 78, 81, 91, 93-98, 107, 110, 111, 116-118, 120, 124, 125, 135, 136, 141, 146, 152, 159, 176, 194, 197, 204-207, 271, 305, 312, 315, 322, 324
家父長制　ix-xi, 335, 337
結婚移民　iii, iv, xi, 215, 216, 218, 223-225, 246, 334, 336, 338-346, 350, 352, 353, 355
言説　5, 9, 26, 27, 30, 31, 68, 70, 74, 80, 93, 94, 196, 206, 207, 250, 301, 302, 308, 309, 322, 324-327, 345, 348, 349, 352

さ

実践式研究　33, 49, 51, 52, 55, 56, 207, 258, 283-285, 288, 289, 291-296
社会構築主義　68, 70, 74, 107, 179, 183, 204, 207
社会的構築　xi, 67, 69-71, 109, 163, 183, 203
周辺化　xi, 5, 34, 40, 46, 49, 97, 176, 186, 196, 205, 206, 223, 233, 253, 266, 297, 308, 319, 323, 329, 338
商品化された国際結婚　ix, x, 4, 5, 6, 7, 34, 35, 211, 215, 216, 219, 225, 253,

著者略歴

夏暁鵑（HSIA Hsiao-Chuan）

世新大学社会発展研究所教授。専門領域は国際移民、市民権、エンパワーメント、社会運動に関する実践を交えた研究。1994 年より「外国人嫁」の研究に取り組む。研究と実践の両立をめざし 1995 年に高雄県美濃鎮（現・高雄市美濃区）に「外国人嫁識字教室」を開講した。2003 年には過去「外国人嫁」とよばれた新住民女性が参与する「南洋台湾姉妹会」を結成。以降、移民／移民労働者に関わる専門家・民間団体と連携しつつ人権運動・社会運動に関わるとともに、台湾国外の組織幹部をつとめる（Asia Pacific Mission for Migrants (APMM)、Asia Pacific Women, Law and Development (APWLD)、Alliance of Marriage Migrants Organizations for Rights and Empowerment (AMMORE)、International Migrants Alliance (IMA) など）。

訳者略歴

前野清太朗（MAENO Seitaro）

東京大学大学院農学生命科学研究科博士課程。専門領域は農村社会学・社会史、「地域おこし」の社会学。主な業績に Maeno, S.2017. Uniting Food and the Countryside: The Contemporary Taiwanese Case. In: M. Muramatsu, & M. Ishikawa, eds. *International Conference Food and Civil Society.* Tokyo: Integrated Human Sciences Program for Cultural Diversity. 前野清太朗（2017）「ゆらぐ社会の結集軸と蔡英文政権の行方」『東亜』第 595 号、前野清太朗・井上真・田中求（2015）「台湾「コミュニティづくり」団体の公的支援への対応―台湾中部農村の団体運営事例から―」『村落研究ジャーナル』第 22 巻第 1 号ほか。

原書：《流離尋岸　資本国際化下的「外籍新娘」現象》
夏暁鵑 著，《台湾社会研究》雑誌社，2002年

台湾学術文化研究叢書
「外国人嫁《がいこくじんよめ》」の台湾《たいわん》
グローバリゼーションに向《む》き合《あ》う女性《じょせい》と男性《だんせい》

二〇一八年八月三一日　初版第一刷発行

著　者●夏暁鵑
訳　者●前野清太朗
発行者●山田真史
発売所●株式会社東方書店
東京都千代田区神田神保町一－三　〒一〇一－〇〇五一
電話〇三－三二九四－一〇〇一
営業電話〇三－三九三七－〇三〇〇
組　版●（株）シーフォース
装　幀●冨澤崇（EBranch）
印刷・製本●シナノパブリッシングプレス

定価はカバーに表示してあります

ISBN978-4-497-21814-8　C0036

「台湾学術文化研究叢書」刊行予定

【編集委員】

王徳威　ハーバード大学東アジア言語及び文明学科 Edward C. Henderson 講座教授、台湾・中央研究院院士

黄進興　台湾・中央研究院副院長、歴史語言研究所特聘研究員、中央研究院院士

洪郁如　一橋大学大学院社会学研究科教授

黄英哲　愛知大学現代中国学部教授

王甫昌／松葉隼・洪郁如訳『族群　現代台湾のエスニック・イマジネーション』二〇一四年一一月刊
（『当代台湾社会的族群想像』群学出版有限公司、二〇〇三年）

張小虹／橋本恭子訳『フェイク　タイワン　偽りの台湾から偽りのグローバリゼーションへ』二〇一七年五月刊
（『假全球化』聯合文学、二〇〇七年）

王徳威／神谷まり子・上原かおり訳『抑圧されたモダニティ　清末小説新論』二〇一七年六月刊
（*Fin-de-siecle Splendor: Repressed Modernities of Late Qing Fiction, 1849-1911*. Stanford: Stanford University Press, 1997）

李孝悌／野村鮎子ほか訳『恋恋紅塵　中国の都市、欲望と生活』二〇一八年七月刊
（『昨日到城市——近世中国的逸楽与宗教』聯経出版、二〇〇八年）

夏暁鵑／前野清太朗訳『「外国人嫁」の台湾　グローバリゼーションに向き合う女性と男性』二〇一八年八月刊
（『流離尋岸　資本国際化下的「外籍新娘」現象』《台湾社会研究》雑誌社、二〇〇二年）
蕭阿勤／小笠原淳訳『現実へ回帰する世代　１９７０年代台湾文化政治論』
（『回帰現実──台湾１９７０年代的戦後世代与文化政治変遷』中央研究院社会学研究所、二〇〇八年初版、
二〇一〇年二刷）
黄進興／中純夫訳『孔子廟と儒教　学術と信仰』
（『聖賢与聖徒──歴史与宗教論文集』『優入聖域──権力、信仰与正統性』允晨文化、二〇〇一年、
一九九四年初版・二〇〇三年二刷より編集翻訳）
石守謙／木島史雄訳『移動する桃源郷　東アジア世界における山水画』
（『移動的桃花源──東亜世界中的山水画』允晨文化、二〇一二年）
許雪姫／羽田朝子訳『離散と回帰──満洲国の台湾人』
（『離散与回帰──台湾人在満洲国与台湾之間』、二〇一五年）
黄進興／工藤卓司訳『孔子廟と帝国──国家権力と宗教』
（『聖賢与聖徒──歴史与宗教論文集』『優入聖域──権力、信仰与正統性』允晨文化、二〇〇一年、
一九九四年初版・二〇〇三年二刷より編集翻訳）

※書名は変更される場合があります。